本书受浙江省哲学社会科学重点研究基地浙江师范大学江南文化研究中心资助出版

江南城市与社会研究丛书

陈国灿 ◎ 主编

以上海为中心：沪宁、沪杭甬铁路与近代长江三角洲地区社会变迁

岳钦韬 ◎ 著

中国社会科学出版社

图书在版编目（CIP）数据

以上海为中心：沪宁、沪杭甬铁路与近代长江三角洲地区社会变迁／
岳钦韬著．—北京：中国社会科学出版社，2016.2

（江南城市与社会研究丛书／陈国灿主编）

ISBN 978 - 7 - 5161 - 6101 - 2

Ⅰ．①以…　Ⅱ．①岳…　Ⅲ．①铁路运输建设 - 影响 - 长江三角洲 -
社会变迁 - 研究 - 近代　Ⅳ．①F532.9②K295

中国版本图书馆 CIP 数据核字（2015）第 095003 号

出 版 人	赵剑英
责任编辑	任　明
特约编辑	芮　信
责任校对	李　楠
责任印制	何　艳

出　　版	中国社会科学出版社
社　　址	北京鼓楼西大街甲 158 号
邮　　编	100720
网　　址	http://www.csspw.cn
发 行 部	010 - 84083685
门 市 部	010 - 84029450
经　　销	新华书店及其他书店

印刷装订	北京市兴怀印刷厂
版　　次	2016 年 2 月第 1 版
印　　次	2016 年 2 月第 1 次印刷

开　　本	710 × 1000　1/16
印　　张	27
插　　页	2
字　　数	452 千字
定　　价	88.00 元

总　序

　　《江南城市与社会研究丛书》是浙江省哲学社会科学重点研究基地浙江师范大学江南文化研究中心有关研究项目的系列成果，目的在于从城市与社会的视角来认识江南区域文明和文化的发展演变及其内在特质与基本特征，推动江南文化研究学科领域的拓展和理论体系的深化。

一

　　"江南"是一个兼具地理和人文意蕴的空间概念。从最初的自然区域指称，到后来的多重文化符号，江南的具体地理范围因时而异，其所标识的人文社会内含也处于不断变化之中。

　　历史上，江南作为一个自然地理概念在先秦时就已出现。《左传》宣公十二年（公元前497）载，楚军围郑，郑伯肉袒牵牛请降，谓楚君曰："孤不天，不能事君，使君怀怒以及敝邑，孤之罪也，敢不唯命是听！其俘诸江南，以实海滨，亦唯命。"这里郑伯所说的"江南"，是指楚国南部地区。春秋时，楚国兼跨长江中游南北，江以南即泛称"江南"。清代学者高士奇考证说："自荆州以南，皆楚所谓江南也。"① 到战国时期，随着楚国势力的东扩，"江南"的地域范围也不断扩大，进而用来泛指今长江中下游以南的广大区域，并为秦汉时期的人们所沿

---

① 高士奇：《春秋地名考略》卷八《楚上》，清文渊阁《四库全书》本。

用。司马迁《史记》和班固《汉书》有不少这方面的例证。如《史记》卷一《五帝本纪》："（舜）践帝位三十九年，南巡狩，崩于苍梧之野，葬于江南九嶷，是为零陵。"同书卷二《夏本纪》："禹会诸侯江南，计功而崩，因葬焉，命曰会稽。"同书卷六《秦始皇本纪》："王翦遂定荆江南地，降越君，置会稽郡。"《汉书》卷二八下《地理志下》："今之会稽、九江、丹阳、豫章、庐江、广陵、六安、临淮郡，尽吴分也。……江南卑湿，丈夫多夭。"

值得注意的是，秦汉时期的"江南"已被赋予经济地理和文化地理的某些意涵。司马迁《史记·货殖列传》根据经济状况和文化习俗的不同，将当时全国划分为四大区域，其中之一便是泛称为"楚越之地"和"江淮以南"的江南："楚越之地，地广人希，饭稻羹鱼，或火耕而水耨，果隋蠃蛤，不待贾而足，地势饶食，无饥馑之患，以故呰窳偷生，无积聚而多贫。是故江淮以南，无冻饿之人，亦无千金之家。"《汉书·地理志》亦有类似描述："江南地广，或火耕水耨。民食鱼稻，以渔猎山伐为业，果蓏蠃蛤，食物常足。故呰窳偷生，而亡积聚，饮食还给，不忧冻饿，亦亡千金之家。"

汉末以降，北方持续大乱，而南方地区相对较为安定，由此引发大规模的"北人南徙"浪潮。特别是长江下游地区，大量人口的涌入，加上六朝历代政权的积极开发，经济和文化获得长足的发展。于是，人们开始用"江南"来指称这一区域，并与"江东"、"江左"等名称一起混用。如《三国志》卷一三《华歆传》注引华峤《谱叙》载，汉魏之际，"四方贤士大夫避地江南者甚众"。同书卷一《武帝纪》载："孙策受袁术使渡江，数年间遂有江东。"《晋书》卷六五《王导传》载："洛京倾覆，中州士女避乱江左者十六七。"这里提到的"江东"、"江左"之类的称呼，是与长江下游的河道走向有关。因为长江在今江西九江至江苏南京段呈西南——东北流向，长江下游地区位于此段河道的东部，故称"江东"；从中原角度看，长江下游又位于此河道的左边，故称"江左"。

唐王朝建立后，为了加强对各地监察，将全国划分为十个区域，称为"道"。其中的江南道，包括了西起今贵州东北部、东至大海的广大区域。当然，这种区划主要是依据自然地理特点。盛唐以降，对江南道的分置才较多地考虑到社会经济发展的地域特征。唐玄宗开元二十一年

（733），江南道分为江南东道、江南西道和黔中道三部分。其中，江南东道的范围包括今浙江、福建全部和江苏南部以及安徽南部的部分地区；江南西道的范围包括今江西、湖南全部和湖北南部以及安徽南部的部分地区。中唐时期，江南东道又进一步划分为浙西、浙东、宣歙、福建四个观察使辖区。

进入两宋时期，江南所指又趋于多样化和模糊化。有时是指江南东路（今江西东北部、安徽南部和江苏南京地区）和西路（今江西大部）；有时泛指江南东、西路和两浙路（南宋时分两浙东路和西路，今江苏南部和上海、浙江），合称"江浙"。如宋人虞俦谈到两淮地区的粮食生产情况时说："大率淮田百亩，不及江浙十亩。"①庄绰谈到南宋初北人南迁的情况时说："建炎之后，江浙、湖湘、闽广，西北流寓之人遍满。"②正是在此基础上，元朝所设的浙江行省，其辖域包括今浙江、上海全部，安徽南部和江苏南部，以及江西部分地区，一度还包括福建大部。

明清时期至近代，江南所指呈两极化趋向。一方面，就地域观念而言，用来泛指长江中下游及其以南地区。如明代地理学家王士性在所著《广志绎》卷四《江南诸省》中，将浙江、江西、湖广、广东等省均归入江南范围。另一方面，就经济和文化观念而言，则大多是指位于今江苏南部、上海和浙江北部的所谓"八府一州"，即南京（江宁）、镇江、常州、苏州、松江、嘉兴、湖州、杭州等府和由苏州府分置的太仓州。近代以降，更是缩小到镇江以东的江苏南部和浙江北部，也就是太湖流域。③

由于"江南"所指在不同历史时期和不同语境下有着很大的不同，故当代学者对江南地域空间的诠释也是多种多样。大致说来，主要有三种地域概念：一是所谓的"大江南"，泛指长江中下游及其以南地区，有时甚至包括长江上游部分地区；④二是所谓的"中江南"，泛指长江下

---

① 虞俦：《白尊堂集》卷八《使北回上展札子》，清文渊阁《四库全书》本。
② 庄绰：《鸡肋编》卷上《各地食货习性》，中华书局1997年版，第36页。
③ 周振鹤：《释"江南"》，《中华文史文化论丛》第49辑，上海古籍出版社1992年。
④ 如黄今言《秦汉江南经济述略》（江西人民出版社1999年版）所说的江南，包括长江以南和岭南以北的广大区域，还涉及今四川部分区域。

游地区；① 三是所谓的"小江南"，泛指以太湖流域为核心的长江三角洲及周边地区。② 基于中外学界的认识，考虑到城市和社会发展的地域性，本丛书之"江南"，以长江下游为视野，以环太湖流域的长三角为核心区域。

二

城市是社会发展的产物，是一定生产力条件下合经济、政治、文化、地理等因素于一体的社会综合中心。相对于乡村社会的孤立性和分散性，城市具有人口分布的密聚性、经济形态的非农业性、社会结构的复杂性、劳动职业的多样性和居民生活的丰富性等特点，因而在很大程度上能够更深刻地反映出一个国家、一个地区社会发展的既有水平、基本特点和演进趋向。

在中国城市发展史上，江南有着特殊的地位。它不仅是我国古代城市的重要发源地，而且在很长的时期里引领了全国城市的发展方向。直到今天，在现代化的城市建设和城市化进程中，江南地区依然扮演了举足轻重的角色。从古今历史演变的角度讲，我们可以将江南城市和社会的发展进程划分为先秦、汉唐、宋元、明清和近代以降几个阶段，每个阶段特定的区域文明状况和社会环境，造就了江南城市的不同形态和特色。

先秦是江南地区城市的起源和产生期。有学者指出，探讨城市的起源，"必须追溯到其最早的形态，不论这些形态在时间、空间和文化上距离已被发现的第一批人类文化丘有多么遥远。须知，远在城市产生之前，

①   如（日）中村圭尔《六朝江南地域史研究》（东京汲古书院 2006 年版）、张剑光《唐代江南工商业布局研究》（江苏古籍出版社 2003 年版）、（日）斯波义信《宋代江南经济史研究》（江苏人民出版社 2001 年版）、陈国灿《宋代江南城市研究》（中华书局 2002 年版）、从翰香《论明代江南地区的人口密集及其对经济发展的影响》（《中国史研究》1984 年第 3 期）等均采此义。

②   如范金民《明清江南商业的发展》（南京大学出版社 1998 年版）、刘石吉《明清时期江南市镇研究》（中国社会科学出版社 1987 年版）等均以明清时期的南京（江宁）、镇江、常州、苏州、松江、嘉兴、湖州、杭州等八府和太仓州来界定江南地区；樊树志《明清 江南市镇探微》（复旦大学出版社 1990 年版）、徐茂明《江南士绅与江南社会（1368—1911 年）》（商务印书馆 2004 年版）等缩小到环太湖地区的苏州、松江、常州、杭州、嘉兴、湖州、杭州、太仓六府一州之地；吴仁安《明清江南望族与社会经济文化》（上海人民出版社 2001 年版）、包伟民主编《江南市镇及其近代命运（1840—1949）》（知识出版社 1998 年版）等则扩大到浙东宁绍等地区。

就已经有了小村落、圣祠和村镇；而在村庄之前则早已有了宿营地、贮物场、洞穴及石冢；而在所有这些形式产生之前，则早已有了某些社会生活倾向——这显然是人类同许多其他动物物种所共有的倾向。"①江南地区城市的源起，也可以追溯到距今5000—4000年的良渚文化时期。按照部分学者的观点，"在良渚文化中晚期，应已形成共同的地域，共同的语言，共同的文化，共同的信仰和习俗，共同的经济基础"，"可能已进入'部落王国'时代，是'原始的国家'或'形成中国家'"。②有学者进一步断定："良渚文化时的礼制和大型礼仪性建筑及城市都已产生。"③尽管将良渚文化时代的中心聚落视为城市似模糊了原始古城与城市之间的内在差异，但良渚古城从某意义上折射出古代城市文明的曙光。正是基于这种深厚的历史基础，春秋中期以降，随着吴、越两国的崛起，江南地区经历了历史上第一次社会开发热潮，经济和文化发展获得显著发展，以吴国都城姑苏和越国都城山阴为代表的城市由此产生。

汉唐是江南地区早期郡县城市体系的确立和发展期。秦灭六国后，在全国范围全面推行郡县制，由此开启了以各级行政中心为依托的郡县城市时代。不过，在秦汉的大部分时间里，江南地区的社会开发一直较为滞缓，与同期北方中原地区相比，明显处于落后状态，部分地方由于人口外迁，甚至呈现出"得其地，不可郡县"④的荒蛮景象。从东汉中期起，尤其是汉末以降，随着北方人口的大量南迁，加上立国于东南的六朝诸政权的重视，江南地区经历了空前规模的开发热潮，郡县城市的数量大幅度增加，逐渐形成了以都城建康（建业）为核心的区域城市体系。史称，建康城"小人率多商贩，君子资于官禄，市廛列肆埒于二京，人杂五方。"⑤据《金陵记》记载，南朝萧梁时，建康城中居民一度多达"二十八万余户"。进入隋唐五代时期，江南社会持续发展，城市发展也达到一个新的水平。特别杭州和苏州，不仅是当时江南地区的两大中心城市，也是此期南方城市的典型代表。时人李华描述杭州说："水牵卉服，陆控山夷，骈

①　（美）刘易斯·芒福特著，倪文彦、宋俊岭译：《城市发展史——起源、演变和前景》，中国建筑工业出版社1989年版，第2页。

②　车广锦：《良渚文化玉琮纹饰探析》，《东南文化》1987年第3期。

③　林华东：《良渚文化研究》，浙江教育出版社1998年版，第489页。

④　《汉书》卷六四上《严助传》，中华书局1985年版。

⑤　《隋书》卷三一《地理志下》，中华书局1985年版。

檐二十里，开肆三万室。"① 诗人白居易亦对苏州赞叹有加："当今国用，多出江南。江南诸州，苏为最大，兵数不少，税额至多。"②

宋元是江南地区传统城市的转型和跃升期。这一时期，随着全国经济和文化重心南移过程的基本完成，江南全面跻身城市发达区域行列，开始引领城市的发展方向。一方面，城市形态发生重大变化，日益突破原有政治和军事性所构成的限制，经济、社会和文化功能显然增强；另一方面，以杭州（临安）为核心的新的区域城市体系，呈现出诸如综合型、商贸型、港口型等多样化的城市类型，以及包括基层城市、地方中心城市、跨地区中心城市和区域中心城市等不同层次的地域城市结构。与此同时，在广大乡村地区，各种市镇大量兴起。据不完全统计，到南宋时期，位于江南的两浙东路和西路仅至今尚有史可考的市镇就有 600 多处。③ 市镇属于正在形成中的新型经济都市，它与州县城市结合，构成了超越州县体制的城镇体系。

明清是江南地区传统城市发展的成熟期。此期的江南城市，就区域空间格局而言，发展重心向太湖流域北部转移，苏州取代杭州成为区域城市体系的核心。清康熙时人沈寓在《治苏》一文中说："东南财赋，姑苏最重；东南水利，姑苏最要；东南人士，姑苏最盛。"④ 19 世纪前期曾到过苏州的法国人耶德，在所著《成物讲解》一书中更是推誉该城是"世界最大的都市"和"江南茶丝之邦的首府"。就基本形态而言，则属于宋元变革的延续和完善，而且由于自身固有局限的日益突出和封建统治的全面僵化，显得缺乏进一步跃升的活力，面临又一个新的重大转折。相对而言，这一时期江南市镇的发展呈现出空前的兴盛。不仅数量显著增加，个体规模不断扩大，区域网络体系日趋完善，而且市镇经济专业化特色明显，居民结构更加复杂，文化和生活异常发达。特别是在环太湖地区，市镇社会的城市化进程基本完成。⑤

---

① 李华：《杭州刺史厅壁记》，《全唐文》卷三一六，中华书局 2000 年版，第 3206 页。

② 白居易：《苏州刺史谢上表》，《全唐文》卷六六六，第 6774 页。

③ 参见陈国灿《江南地区农村城市化历史研究》，中国社会科学出版社 2004 年版，第 79—82 页。

④ 贺长龄编：《清经世文编》卷二三，清光绪思补楼重校本。

⑤ 有关这方面的讨论，参见陈国灿《中国古代江南城市化研究》第五章，人民出版社 2010 年版，第 236—270 页。

晚清以降，江南城市经历了曲折的近代化进程。上海的快速崛起，不仅标志着江南城市发展地域重心的全面东移，也代表了江南城市由封闭转向开放、由传统走向近代的重大变革。但这种变革是在外力冲击下发生的，是一个被动的过程。如果说整个江南社会的近代转型是不自主的，在很大程度上属于非正常的，那么江南城市的近代转型同样也不是其历史发展的自然结果，因而呈现"半截子"近代化的特点。这种状况，在新中国成立以后，特别是在改革开放以来才发生根本性的变化。

三

围绕江南城市与社会的研究，既有区域意义，亦有全国意义。就前者而言，城市的发展是江南区域文明演进的一个缩影，反映了江南社会的内在传统和独特道路。江南地区古代城市的萌芽是原始稻作文明的产物，春秋至汉唐江南城市的产生和发展是区域开发不断深入的结果，宋代以降江南城市的兴盛是全国经济和文化重心南移的反映，近现代江南城市率先走上近代道路显示了江南地区在近现代中西文明碰撞和交流过程中的重要地位，当代江南城市的全面飞跃则代表了区域社会现代化的成功范式。就后者而言，江南地区是中国城市发展演变的典型"样本"。原始时代的良渚古城代表了古代城市源起的萌芽形态，先秦时期的吴、越都城代表了古代城市的产生形态，六朝时期的建康代表了古代郡县城市的早期形态，宋元时期的杭州代表了古代城市的调整形态，明清时期的苏州代表了古代城市的成熟形态，晚清以降的上海代表了近代城市的发展形态，当代的长三角城市群则代表了城市的现代化形态。

从中外学界已有的相关研究来看，可以说已取得了不少成果。概括起来，主要有三方面：

一是长时段研究。如（日）岸俊南编《中国江南的都城遗址》（京都同朋舍，1985 年），王卫平《吴文化与江南社会研究》（群言出版社，2005 年），张忠民《江南地区的"口岸"变迁：公元 750—1840 年》（《学术月刊》2010 年第 12 期），梅新林、陈国灿主编《江南城市化进程与文化转型研究》（浙江大学出版社，2005 年），陈国灿《中国古代江南城市化研究》（人民出版社，2010 年）、《江南农村城市化历史研究》（中国社会科学出版社，2004 年）、《浙江城镇发展史（杭州出版社，2008年），吴锡标、陈国灿《古代江南城镇发展与社会演变研究》（西泠印社出版社，2005 年），陈国灿、奚建华《浙江古代城镇史》（安徽大学出版社，2003 年），龙登高《江南市场史》（清华大学出版社，2003 年），傅崇兰《中国运河城市发展史》（四川人民出版社，1985 年），宗菊如、周解清主编《中国太湖史》（中华书局，1999 年），臧知非、沈华、高婷婷《周秦汉魏吴地社会发展研究》（群言出版社，2007 年），李伯重《多角度看江南经济史》（北京三联出版社，2003 年）等。

二是断代研究。这方面，具体涉及先秦、汉唐、宋元、明清、近代以降等几个时段。

1. 先秦时期。如曲英杰《长江古城址》（湖北教育出版社，2004 年），张驰《长江中下游地区史前聚落研究》（文物出版社，2003 年），郑建明《环境、适应与社会复杂化——环太湖与宁绍地区史前文化演变》（上海世纪出版集团，2008 年），方杰主编《越国文化》（上海社会科学院出版社，1998 年）等。

2. 汉唐时期。如黄今言主编《秦汉江南经济述略》（江西人民出版社，1999 年），范志军《东汉江南经济发展探讨》（郑州大学硕士论文，2002 年），刘淑芬《六朝的城市与社会》（台湾学生书局，1992 年），卢海鸣《六朝都城》（南京出版社，2002 年），贺云翱《六朝瓦当与六朝都城》（文物出版社，2005 年），许辉、蒋福亚《六朝经济史》（江苏古籍出版社，1993 年），范金民、胡阿祥主编《江南社会（六朝隋唐卷）》（中国农业出版社，2006 年），（日）中村圭尔《六朝江南地域史研究》（东京汲古书院，2006 年），张剑光《唐五代江南工商业布局研究》（江苏古籍出版社，2003 年），陈勇《唐代长江下游经济发展研究》（上海人民出版社，2006 年），郑学檬《中国古代经济重心南移和唐宋江南经济研究》，（岳麓书社，2003 年）等。

3. 宋元时期。如陈国灿《宋代江南城市研究》（中华书局，2002 年）、《南宋城镇史》（人民出版社，2009 年），梁庚尧《南宋的市镇》（《汉学研究》第 3 卷第 2 期，1985 年 12 月），范金民、高荣盛主编《江南社会（宋元卷）》（中国农业出版社，2006 年），龙登高《宋代东南市场研究》（云南大学出版社，1994 年），（日）斯波义信《宋代江南经济史研究》（江苏人民出版社，2000 年）等。

4. 明清时期。如王卫平《明清时期江南社会史》（群言出版社，2006 年），（美）林达·约翰逊主编《帝国晚期的江南城市》（上海人民出版社，2005 年），刘天振《明清时期江南城市商业出版与文化传播》（中国社会科学出版社，2011 年），刘石吉《明清时代江南市镇研究》（中国社会科学出版社，1987 年），樊树志《江南市镇：传统的变革》（复旦大学出版社，2005 年），陈学文《清明时期杭嘉湖市镇史研究》（群言出版社，1993 年），（日）川胜守《明清江南市镇社會史研究——空間と社會形成の歴史學》（日本东京汲古书院，1999 年），（日）森正夫《江南市镇研究——历史学与地理学的结合》（日本名古屋大学出版会，1992 年），安涛《中心与边缘：明清以来江南市镇经济社会转型研究》（上海人民出版社，2010 年），范金民主编《江南社会（明清卷）》（中国农业出版社，2006 年），冯贤亮《明清时期江南地区的环境变动与社会控制》（上海人民出版社，2002 年），陈江《明代中后期的江南社会与社会生活》（上海社会科学院出版社，2006 年），冯贤亮《太湖平原的环境刻画与城乡变迁（1368—1912）》（上海人民出版社，2008 年），吴建华《明清江南人口社会史研究》（群言出版社，2005 年），傅衣凌《明代江南市民经济试探》（上海人民出版社，1957 年），李伯重（《江南的早期工业化（1550—1850 年）》（社会科学文献出版社，2000 年），范金民《明清江南商业的发展》（南京大学出版社，1998 年），张海英《明清江南商品流通与市场体系》（华东师范大学出版社，2002 年），蒋兆武《明清杭嘉湖社会经济史研究》（杭州大学出版社，1998 年）等。

5. 近代以降。如茅家琦等《横看成岭侧成峰：长江下游城市近代化的轨迹》（江苏人民出版社，1993 年），张仲礼主编《东南沿海城市与中国近代化》（上海人民出版社，1996 年），李家鸿主编《中国城镇（浙江卷）》（中国城市出版社，1991 年），马裕祥、毛必林《浙江城市》（杭州大学出版社，1992 年），包伟民主编《江南市镇及其近代命运（1840—1949）》（知识出版社，1998 年版）李学功《南浔现象——晚清民国江南市镇变迁研究》（中国社会科学出版社，2010 年），李国祁《中国现代化的区域研究：闽浙台地区，1860—1916》（台湾"中研院"近代史研究所，1982 年），朱小田《江南乡镇社会的近代转型》（中国商业出版社，1997 年），马俊亚《混合与发展——江南地区传统社会经济的现代演变（1900—1950）》（社会科学文献出版社，2003 年）等。

三是个案研究。这方面，尤以围绕南京、杭州、苏州、上海等江南地区代表性重要城市的讨论最为活跃。

1. 南京。如南京市地方志编纂委员会《南京通史》（南京出版社，2009—2013 年），吕华清主编《南京港史》（人民交通出版社，1989 年），蒋赞初《南京史话》（江苏人民出版社，1995 年），茅家琦主编《南京经济史》（中国农业科技出版社，1996 年），郭黎安《六朝建康》（香港天马图书有限公司，2002 年），薛政超《五代金陵史研究》（中央编译出版社，2011 年），朱偰（《金陵古迹图考》（中华书局，2006 年），（美）牟复礼《明初南京城的变迁（1350—1400）》（台《明史研究专刊》第 7 辑，1984 年），杨国庆《明代南京城墙》（南京出版社，2002 年），王云骏《民国南京城市社会管理》（江苏古籍出版社，2001 年）。

2. 杭州。如周峰主编《南北朝前古杭州》（浙江人民出版社，1992 年版)、《隋唐名郡杭州》（浙江人民出版社，1997 年），《南宋京城杭州》（浙江人民出版社，1997 年)、《元明清名城杭州》（浙江人民出版社，1997 年），吴振华主编《杭州港史》（人民交通出版社，1989 年），全汉昇《南宋杭州的消费与外地商品之输入》（《中央研究院语言研究所集刊》第 7 本第 1 分，1936 年），林正秋《南宋都城临安》（西泠印社，1986 年），何王芳《民国时期杭州城市社会生活研究》（浙江大学博士学位论文，2006 年）等。

3. 苏州。如吴奈夫《先秦时代吴国都城的盛衰与变迁》（《苏州大学学报》1985 年第 4 期），林华东《苏州吴国都城探研》（《南方文物》1992 年第 2 期），阎立鼎《六朝时期苏州述略》（《苏州大学学报》1988 年第 1 期），（日）砺波护《唐宋时代的苏州》（收入梅原郁编《中国近世的都市文化》，日本京都大学人文科学研究所，1984 年），（日）伊原弘《江南都市形态的变迁——宋平江图的解剖》（收入《宋代史研究会报告第一集》，东京汲古书院，1983 年），（美）迈克尔·马默《人间天堂：苏州的崛起，1127—1550》（收入林达·约翰逊主编《帝国晚期江南的城市》，上海人民出版社，2005 年），王卫平《明清时期江南城市史研究：以苏州为中心》（人民出版社，1999 年），罗仑主编《苏州地区社会经济史（明清卷）》（南京大学出版社，1993 年），王正华《乾隆朝苏州城市图像：政治权力、文化消费与地景塑造》（台《中央研究院近代史所集刊》第 50 期，2005 年 12 月），赖惠敏《苏州的东洋货与市民生活（1736—1795）》（台《中央研究院近代史所集刊》第 63 期，2009 年 3 月），张海林《苏州早期城市现代化研究》（南京大学出版社，1999

年）等。

（4）上海。如熊月之主编《上海通史》（上海人民出版社，1999年），唐振常主编《上海史》（上海人民出版社，1989年），王曾瑜《宋代的上海》（《上海师范大学学报》1993年第1期），刘惠吾编《上海近代史》（华东师范大学出版社，1987年），罗苏文《近代上海都市社会与生活》（中华书局，2006年），丁日初《上海近代经济史》（上海人民出版社，1994年），（美）林达·约翰逊《上海：一个正在崛起的江南港口城市》（收入《帝国晚期江南的城市》，上海人民出版社，2005年），张仲礼主编《近代上海城市研究（1840—1949）》（上海人民出版社，1990年），戴鞍钢《港口·城市·腹地——上海与长江流域经济关系的历史考察（1843—1913）》（复旦大学出版社，1998年）等。

总得看来，中外学界围绕江南城市与社会的研究，呈现出五个特点：一是以宋代以降为主，宋代以前研究较为薄弱；二是市镇研究较为深入，城市研究相对不够系统；三是城市个案研究活跃，区域研究相对单薄；四是现象描述性研究较多，理论分析相对较少；五是重视历史学的考察与分析，多学科的综合分析有所忽视。

应该说，对江南区域城市和社会的研究既需要有坚实的资料基础和实证剖析，也需要立体化的多视角透视和综合性跨学科思考。本《丛书》的研究，重在将江南城市演进与区域社会发展结合起来，由城市看江南社会发展道路，由社会看江南城市演进模式，基于江南而又超越江南，努力使江南文化研究在不断深化的同时，有所突破，有所创新。

由于《丛书》出于众人之手，各著作陆续推出，难免会存在不少缺憾和不足。若有未能臻于读者要求之处，敬请专家学者批评指正。

是为序。

浙江师范大学江南文化研究中心

梅新林　陈国灿

2013年11月

目　录

图表目录

序

欣闻岳钦韬博士的大作《以上海为中心：沪宁、沪杭甬铁路与近代长江三角洲地区社会变迁》近日行将付梓出版，值得庆贺！这本著作是他在原有博士论文的基础上增补修订而成，更是他十余年来留心交通史特别是近代铁路问题并积累国内外各种史料的呕心沥血之作。现在该著问世，不仅对近代中国交通史的研究作出了贡献，也为学术界的研究园地再添了一支奇花。

近年来，有关近代中国交通史的研究成果不断涌现，举凡轮船航运、航空、公路等等的研究成果不断出现，在近代中国交通运输业中担当主力的铁路运输的有关研究成果，更是令人有目不暇接之感。尤为值得注意的是，这些研究成果大多出于中青年学者之手，这种现象既展示了改革开放后新时期学术界的一派新风，也显示出学术界梯队建设的成效和学术后劲发展之强，不能不令人感到衷心喜悦。

特别是进入新世纪后，随着脱胎于交通社会学的交通社会史这种提法的出现和研究的兴起，① 为过去的交通史研究注入了一股新的清风，学术界的关注点也更为多样化，举凡交通运输与社会生态进程、交通与人口、家庭、

---

① 该研究方向最早由现任南开大学历史文化学院院长的江沛教授提出，至今已召开了四届"中国近代交通社会史学术研讨会"，分别在南开大学（2009年）、杭州师范大学（2011年）、复旦大学（2013年）和苏州大学（2014年）举行，其中2014年年会专以"铁路与近代中国社会变迁"为题。

社区、社会心理等方面的关系；交通运输与城市经济、政治、产业组织、制度演变、运输政策与发展；交通运输的社会后果，包括能源和土地运用，运输分布的影响、与社会的互动等方面都逐渐进入研究者的视野。无疑，从历史发展和演进的角度及视野来观察近代中国交通的演进和对社会诸方面的影响及互动，能够更立体和更宽广的展示近代交通业的发展对近代中国的影响和作用。

细心的读者一定会发现，岳钦韬博士的这本著作，很大程度上正是从交通社会史的角度来观察和分析近代铁路对社会各方面的影响的。他的这本著作具有两个非常明显的特点：一是地域集中在近代中国经济最发达的地区——以上海为中心的长江三角洲；二是在交通与社会关系问题的研究中首次提出了"工程性影响"的概念。

何为"工程性影响"？岳钦韬博士认为，铁路从规划到建设再到运营的各个环节大致分为两个部分：一项是铁路的路线布置与工程建设；另一项是铁路部门的运输组织和经营管理，前者对沿线社会所产生的影响即为"工程性影响"。作者认为，当前的交通社会学的分析框架基本上都聚焦于交通的"位移"、"运行"等运营方面的内容，忽视了交通工程的设计、施工等所引起的社会变迁，或者仅仅将线路、设施的负面影响视作"交通公害"，未能对公害和社会两者的关系问题进行深入探讨。针对以上交通社会学往往脱离工程规划和建设这一重要环节的缺憾，岳钦韬博士的著作从历史的角度出发，通过具体分析沪宁沪杭甬两条铁路在长江三角洲地区建设的工程性影响，力图通过史实来分析和论证这一点，并通过这种论证对历史学研究的不足之处进行了弥补。

岳钦韬博士认为，铁路的工程性影响是铁路与经济社会议题中的重要环节，其意义主要有以下三点：

其一：运营性影响对沿线经济社会的促进作用毋庸置疑，但由工程性影响带来的地产纠纷、水利争端、妨碍生产等诸多负面效应也是其中不可分割的一部分。研究铁路建设带来的工程性影响这一领域，有利于纠正严重制约研究者思维空间的认知前提——即铁路作为先进交通运输工具和新的社会生产门类，必然强有力地推动中国的现代化。从而能够更全面的认识铁路在现代化进程中的地位作用和需付出的代价。

其二：既有研究表明，近代长三角地区经济社会变迁的交通主导力量当属水路运输，铁路只是处于从属地位，其本身的作用并不明显。但实际上，不明显只是体现在运输领域。由于长三角地区历来水网密布，水路运输除港口码头设施外，不需要进行大规模的运输通道建设，因此其工程性影响远低于铁路。但是，在这一地区，正是因为铁路的工程性影响远大于水路运输，其建设中带来的工程性影响所引发的区域经济社会变迁才更有意义，更加需要我们去关注和认识。

其三：从实践层面来看，经济发展中交通改善带来的效应如何，其所引发的社会经济发展成效所占比例如何，因统计数据匮乏，历来众说纷纭，尤其在水运发达地区，研究铁路的经济社会效应更容易莫衷一是和难以确定。但如果从铁路的工程性影响入手，如铁路的路线布置和工程建设影响等方面入手分析该问题，可以发现工程性影响对社会经济的因果性作用更为明显和更为直接。

正是考虑到以上这些因素，所以岳钦韬博士在著作的章节安排上颇具匠心：他首先从上海城市空间结构的演进为中心来考察铁路路线布置与铁路的工程性影响，这一步可说是从整体和纵向的角度对铁路与近代上海的关系进行较为宏观的把握。接着从第二章开始通过具体的领域进行深入的分析。第二章即重点分析沪宁和沪杭甬两条铁路的土地征收及其工程性影响；第三章以上海城市铁路的规划为中心进一步分析铁路改造与土地征收间的诸多事态和矛盾冲突；第四章将关注点转向另一个侧面——铁路建设对太湖流域水利的影响，进而展示了铁路在河湖水网地区修建带来的各种涉及问题和产生的各种利益纠葛。结语章从路线布置、土地征收与城市空间结构的演进；土地征收、工程建设与沿线社会的变迁两条主线进行总结和提炼。著作最后加有五个附录，进一步将读者带入当时的时空社会环境中，能够更贴实的体会到近代上海与这两条铁路建设间的互动关系和激发的一系列社会反响。

我很欣赏的一点是，岳钦韬博士这本著作的各章安排中，并非空泛的从理论出发进行讨论，而基本都是通过论述一系列的具体事件和矛盾冲突来展示该著所要达到的目的。如第三章"铁路改造与土地征收——以上海城市铁路规划为中心"之下设计了四小节，分别是第一节，早期改造：改造铁路平交道的计划与交涉；第二节，超越租界："大上海计划"中的铁路规划；第三节，战后复兴：铁路规划的继续推进与变动；第四节，现实逆转：1932年京沪沪杭甬铁路联运总站征地风潮。在每一小节下面再具体的将此节所要展示的内容突出重点，条分缕析。其余各章也均是如此。这样一来，呈现在读者面前的场景就并非仅仅是我们此前习见的铁路建成后对该地区的交通的改变、经济的发展和人口的流动，也并非仅仅是铁路本身的经济运行、管理和效益的状况。这里出现的，是更加立体的多层次的铁路与社会间的多方面联系和互动，是由一个个历史图景串联起来的社会变动图，她更多展现的不是铁路本身，而是铁路出现带来的对整个长三角的冲击和影响，这种影响，不仅远远超出交通本身，而且是持久和长远的作用于社会本身。

值得注意的是，这种影响并非都是正面和积极的，正如岳钦韬博士在该著最后总结的那样：铁路的工程性影响对跨越铁路发展的城市具有阻碍其空间结构拓展的负面效应，并往往淡化了铁路带来的积极影响，进而限制了铁路的经济社会效应；对沿线社会以搅动传统社会秩序、破坏生态环境为影响的主要方面，并且受到这些因素的反制。所以工程性影响在不同的时间和空间上具有不同的正负效应，体现出经济社会欠发展与不发展的各种面相。

以上所举该著的特点，挂一漏万，但读者一定可以发现，岳钦韬博士著作涉及的很多内容和领域，是此前有关交通史的成果中很少涉及或基本没有涉及的，因此也可视为岳钦韬博士的贡献。以岳钦韬博士的年龄，在此著作中所展现出来的功力和丰厚的积累，我们完全有理由相信，在不远的将来，岳钦韬博士还会带给我们更多更具创见的研究成果。

是为序。

朱荫贵

二〇一四年十二月三日于复旦大学历史学系

导　论

第一节　选题缘起

　　苏嘉路，贯通了沪杭、京沪两线的苏嘉路在负荷"非常时期"的使命。列车柯柯柯地前进。车头上那盏大灯不放光明，只在司机室的旁边开亮了一盏小灯，远望如一颗大星。原野昏黑而无际，但伴着列车一路的，却有一条银灰色的带子，这便是运河。而这善良的运河不幸成了敌机寻觅苏嘉路最好的标帜。①

这是文学家茅盾先生回忆 1937 年 10 月淞沪会战时期乘火车离开上海后的经历，而笔者研习历史的兴趣正是起源于 1996 年 6 月获知曾经存在"贯通了沪杭、京沪两线"的苏嘉铁路的那一刻。18 年后的今天，笔者将苏嘉一路扩展到京沪、沪杭甬两路，力图探讨铁路在"非常"与"平常"时期的各项使命，并谨以拙著献给苏嘉铁路！

问题缘起

铁路作为工业革命时代先进的交通运输工具和新的社会生产门类，具有促进产业发展、加速人员流动、重构贸易网络等独特功能，在近代中国经济与社会从传统向现代转型的过程中具有重要影响。那么，这种"重要影响"究竟有多重要？这个问题摆在了每一个研究铁路经济社会效应②的

---

　　① 茅盾：《非常时期（再续）》，《烽火》第 15 期，1938 年 5 月，第 21—22 页。后收录于《茅盾全集》第 11 卷（人民文学出版社 1986 年版），改名为《苏嘉路上》。

　　② 指铁路对区域经济社会变迁的作用，而不仅仅是铁路本身在运营过程中所取得的经济效益。

学者面前。从现有的研究成果来看，要做到言之有理和避免空洞并不简单。

江沛先生（以下敬称略）已明确指出中国铁路是列强侵略背景下的舶来品，并非完全出自近代中国经济转型的内在需求。在铁路建成后相当一段时间内，线路不成网络，社会经济萧条，战乱破坏以及航运发达等各种制约因素致使许多铁路或难以正常运营，或处于亏损状态，对乡村经济转型、城市化进程的影响有限。正是基于以上历史事实，所以我们在研究过程中需要保持清醒的头脑：必须避免过分强调现代化初期铁路对经济社会变迁的意义，而应既注意到铁路对于经济社会变革的深刻价值，又要将其置于历史场景中去客观评述和把握。①

要做到这一点，笔者认为不宜直接通过比照铁路通车前后经济社会的发展情况来论证铁路发挥了多大作用抑或究竟有无作用，而应该先深入解析铁路的经济社会效应是怎样产生和变化的，在此基础上再来探讨"重要影响"的深度与广度。简言之，拙著希望通过研究铁路是怎样发挥作用的，来讨论铁路发挥了怎样的作用。

长江三角洲地区②是中国铁路的发源地——1867 年英国一公司首次确定了上海至苏州铁路的走向，1876 年作为"近代中国第一路"的吴淞铁路开通运营。而区域内最重要的是 1897 年开工、1909 年基本建成的沪宁、沪杭甬铁路③（以下简称"两路"），它们将上海与南京、苏州、杭州、宁波等长三角地区的主要城镇连接起来，对抗战爆发前长三角区域的经济社会变迁产生了不可忽视的作用。但据笔者目力所及，中外学界尚缺乏一部具有学术关怀的专题研究论著，补充此项课题的研究能进一步推动

---

① 江沛：《中国近代铁路史研究综述及展望：1979—2009》，载徐秀丽主编《过去的经验与未来的可能走向——中国近代史研究三十年（1979—2009）》，社会科学文献出版社 2010 年版，第 525 页。

② 即铁路沿线的上海、苏州、无锡、常州、镇江、南京、杭州、嘉兴、绍兴、宁波以及非沿线的扬州、南通、湖州等，因此与学界常用的"江南"并不完全吻合。

③ 沪宁铁路西起南京下关，东至上海北站，再由淞沪支线通往吴淞，国民政府定都南京后的 1928 年改称为京沪铁路，20 世纪 30 年代又建成了下关至浦口的铁路轮渡工程以及南京市内的京市铁路南延伸段，分别与津浦铁路与江南铁路（南京至芜湖）相连；沪杭甬铁路北起上海南站（有联络线与沪宁铁路相连），南讫杭州闸口，支线通向拱宸桥。杭州至宁波段最初仅建成曹娥江至宁波一段，未与沪杭段相连。抗战前，国民政府出于战备考虑兴建了钱塘江大桥衔接浙赣铁路，完成了连接两路、绕开上海的苏嘉铁路，淞沪会战期间杭州至曹娥江西岸段得以贯通。

江南史、上海史的深入发展。在长三角区域和城市轨道交通不断发展的今天，该研究也具有一定的现实意义。

再从学术关怀的角度而言，既有研究表明诱发近代长三角区域经济社会变迁的交通主导力量当属外海与内河的水路运输，铁路运输只是处于从属地位，[①] 这一点与华北铁路存在着一定的差异。[②] 笔者对此并不否认，问题是铁路交通除了作为运输工具外，还以建筑工程的形式横亘在区域内。因此在水网密布、传统经济发达的长三角地区，铁路交通在近代经济社会的转型过程中还扮演了哪些的角色？在不同时段又具有哪些不同的特征和效应？尤其是铁路的工程建设产生了什么样的影响？这些都是有待于进行开拓性研究的问题，而拙著的研究意义尚不止于此。

第二节　研究意义

一　对话交通社会学

近年来，交通社会史研究[③]蓬勃兴起，并逐步被学界与社会接受。据判断，该研究方向的理论基础应源于方兴未艾的交通社会学，而拙著认为该理论尚有进一步完善之处。

（一）交通社会学的发展脉络

据笔者目力所及，交通社会学（Sociology of Transportation）的概念最早由美国学者格伦·雅格（Glenn Yago）提出。他在 1983 年发表的论文中将交通的社会现象大致分为三个方面：①交通运输与社会生态进程，即交通与

---

① ［美］罗兹·墨菲：《上海——现代中国的钥匙》，上海社会科学院历史研究所编译，上海人民出版社 1986 年版，第 108 页；戴鞍钢：《港口·城市·腹地——上海与长江流域经济关系的历史考察》，复旦大学出版社 1998 年版；复旦大学历史地理研究中心编：《港口—腹地和中国现代化进程》，齐鲁书社 2005 年版；包伟民主编：《江南市镇及其近代命运：1840—1949》第三章，知识出版社 1998 年版。

② 参见张瑞德《平汉铁路与华北的经济发展（1905—1937）》，（台北）"中研院"近代史研究所，1987 年；熊亚平《铁路与华北乡村社会变迁（1880—1937）》，人民出版社 2011 年版。

③ 该研究方向最早由现任南开大学历史文化学院院长的江沛教授提出，至今已召开了四届"中国近代交通社会史学术研讨会"，分别在南开大学（2009 年）、杭州师范大学（2011 年）、复旦大学（2013 年）和苏州大学（2014 年）举行。

人口、家庭、社区、社会心理等方面的关系；②交通运输与城市经济、政治、产业组织、制度流程、运输政策和发展；③交通运输的社会结果（包括能源和土地利用，运输分布的影响，与社会的互动三个方面）。其中的重点是第一部分，因为后两者"已经被最近的研究超越"，但雅格仍认为三个方面应彼此结合，"提供一个全面的检讨"。① 此时的中国社会学正处于重建阶段，故无论是引进还是自创均未达到与交通学科发生交叉的程度。

随着中国铁路事业的发展，1993 年石家庄铁道学院学者程家明首次在国内提出了"铁路社会学"的概念，并将其定义为以铁路与社会、个人和组织及其相互间的关系作为基本问题，以研究铁路的人际关系及其互动而形成的组织结构，以及这种结构的运动变化规律为对象的学问，其基本构架包括宏观、中观、微观三个层次。② 同年，另有交通工作者提出建立交通社会学理论来解决城市交通问题，首次将城市交通社会学定义为"主要研究城市交通问题产生的社会性原因及其解决对策。它通过研究其他系统和交通系统的关系，并利用其作用和影响解决城市交通问题"。③可见，两位作者阐述的理论概念都不是针对所有交通形式，且未提出完整的理论体系，故可视为中国交通社会学的萌芽。

世纪交替之际，中国的高速公路迎来了跨越式的发展，交通与社会的议题终于得到了国内学界的重视，在引进西方理论的基础上结合中国国情做了进一步的深化。2001 年，科学技术哲学学者黎德扬等人首次提出了"社会交通"的概念，并在其著作中就社会交通的整体观、交通与社会政治的演进、交通与社会经济发展、交通与文明的创制和传播、交通与社会心理互动、交通与科学技术以及交通的未来与可持续发展等六个方面的互

---

① Glenn Yago, "The Sociology of Transportation", *Annual Review of Sociology*, Vol. 9（1983），pp. 171—190.

② 宏观层次探讨铁路与经济、政治、军事、文化、社会进步、社会突发事件（其中包括一般社会冲突、民族冲突以及自然灾害等突发事件）。这些内容的研究目的在于弄清铁路这一社会的子系统与整个社会大系统之间的关系，确立铁路在社会经济发展中应有的位置；中观层次主要分析铁路组织及其性质、结构和功能、管理系统、党政系统、群众组织系统、变迁与流动等内容。目的是探讨铁路内部组织建构、优化组织管理的途径和方案；微观层次则以铁路职工为本体研究其社会角色、社会心理、家庭问题等。参见程家明《中国铁路社会学初探》，《石家庄铁道学院学报》1993 年第 2 期，第 86 页。

③ 陶宝良：《建立交通社会学理论解决城市交通问题》，《东北汽车运输》1993 年第 1 期，第 16 页。

动关系进行了探索性研究。① 次年，社会学学者谷中原正式提出"交通社会学"的学科理论，并将其定义为探索社会交通行为、交通现象以及交通行业良性运行和整个交通系统与社会协调发展规律的一门社会科学。②

2003 年，谷中原与章辉美在上述基础上对交通社会学作了进一步的表达，其中有两点值得关注：首先，他们从学科特征的角度指出，该学科是探讨位移社会性的一门社会科学，更进一步而言就是探索交通良性运行和与社会协调发展的机制的学问；第二，他们以开放的心态认为自己所提出的交通社会学存在许多不足，"需要大家来完善和发展"。③ 次年，何玉宏、邢元梅借用工业区位论、古典人类生态学和新正统生态学三种理论拓展了该学科的研究方法。④ 2006 年，谷中原又深化了自己的认识，提出了该学科的九项研究任务，同时指出相关研究人员应将交通看成社会要素，"不要像交通工程学将它看成技术改造对象，也不要像交通经济学将它看成经济元素"，而要把研究重点放在交通的社会属性、内外关系及在社会系统中的运行机制上。⑤ 2012 年，黎德扬等人推出新作，⑥ 其与谷中原著的理论框架如表 0 - 1 所示。

表 0 - 1　　　　　　　两种交通社会学理论专著的框架结构

谷中原著		黎德扬等著	
章	内容	章	内容
交通的社会功能与动力	社会功能	交通的社会形成	交通的本质
	动力系统		行为理论
交通类型与系统要素	基本类型		网络结构理论
	内在要素		区位理论

① 黎德扬等：《社会交通与社会发展》，人民交通出版社 2001 年版。

② 谷中原：《交通社会学》，民族出版社 2002 年版，第 2 页。

③ 章辉美、谷中原：《交通社会学：对一门新生应用社会学的构想》，《湖南师范大学社会科学学报》2003 年第 6 期，第 48—50 页。

④ 何玉宏、邢元梅：《交通社会学研究》，《理论月刊》2004 年第 12 期。

⑤ 任务有人类交通行为、国民交通消费、人类日常空间移动的社会性、人类交通文化、人类交通权利问题、交通方式间的关联、交通资源的空间分布、交通主体与交通行为的关系、交通社会问题。参见谷中原《关于交通社会学发展的学术研究问题》，《求索》2006 年第 8 期，第 103—104 页。

⑥ 黎德扬、高鸣放、成元君：《交通社会学》，中国社会科学出版社 2012 年版。

谷中原著		黎德扬等著	
章	内容	章	内容
交通系统的社会学分析	交通方式的内在关系	交通与人的社会化	基本关系与方式
	结构特征	交通与社会心理	参与者的心理特征
	系统功能		社会心理的影响因素
交通市场	概述	交通人的结构分析	分析框架
	市场切分		主、客体系统
	目标市场		整合手段与目的
交通文化	物质文化	交通与组织的互构	条件与手段
	规范文化		引擎与后盾
	认知文化		政府组织、经济组织、社会组织
交通与人的协和运行	社会公众形象	交通影响下的城市化	城市生长
	交通与人的发展		城市社会空间的演变
	人的交通权	交通与科技	促进科技发展与反作用
交通与政府的价值关系	交通对政府的社会价值		科技进步带动交通发展与社会化
	政府对交通的社会价值	交通与经济	社会经济功能
	政府介入方式		对社会生产力布局的影响
交通与社会的协调发展	社区发展		在经济全球化中的作用
	社会全球化趋势	交通与社会文化	社会文化的交通条件
	网络社会		交通水准与社会文化发展和传播
交通问题	交通落后	交通与社会的可持续发展	社会可持续发展条件下的交通
	交通公害		面向信息社会的交通可持续发展
	交通事故		交通现代化的战略选择

（二）交通社会学的不足与"工程性影响"的提出

经过二十多年的发展，交通社会学的理论体系不断充实进步，非常值得广大交通史研究者学习、运用。但正如谷中原等人所说，该理论目前尚不成熟，所以笔者认为在借鉴的同时，有必要在保持上述研究重点的前提下，从铁路经济学、工程学以及历史学等学科的研究角度对其存在的不足或谬误进行补充、修正。

探究铁路经济社会效应产生与变化的内在机理，关键是理解并掌握铁路设计、施工、运营、管理等各个组成部分是如何运作的。铁路运输学认为：为了保证运输能力与运输需要相适应，交通运输业必须具有合理的线网分布和生产过程的组织。[①] 从该角度出发，我们可以将铁路从规划到建设再到运营的各个环节大致分为两个部分：一项是铁路的路线布置与工程建设，另一项是铁路部门的运输组织和部门管理。两者对铁路经济社会效应的影响，笔者分别称为"工程性影响"和"运营性影响"。

从两种影响的角度出发，我们就可以发现上述交通社会学的分析框架基本上都聚焦于交通的"位移"、"运行"等运营方面的内容，忽视了交通工程的设计、施工等环节引起的社会变动，而且这种重运输、轻工程的趋势在黎著中更为明显；而谷著仅将线路、设施的负面影响视作"交通公害"，[②] 未能对公害与社会之间的关系问题进行深入探讨。

总之，当前的交通社会学存在着脱离工程规划和建设这一重要环节的理论缺憾。因此，下文笔者将论述路线布置、土地征收、桥涵建设等工程项目在规划设计、建设施工所产生的工程性影响，在此过程中既重视工程本身，但又不拘泥于此，最终仍将视野回归到铁路的"重要影响"上。

二　工程性影响的研究意义和内容

（一）研究意义

铁路的工程性影响是铁路与经济社会关系议题中的重要环节，不可轻视甚至忽视。通过拙著的尝试，笔者初步认为其意义有以下三点：

第一，目前关于近代交通与经济社会关系的研究基本都着眼于交通工程建成后的运营性影响，对建成前的工程性影响的研究非常薄弱。运营性影响对沿线经济社会的促进作用毋庸置疑，但工程性影响中的地产纠纷、水利争端、妨碍生产等诸多负面效应也是其中不可分割的一部分。因此，研究工程性影响不仅能补充既有研究的不足，更有利于纠正严重制约研究者思维空间的认知前提，即铁路作为先进交通运输工具和新的社会生产门

---

① 北方交通大学经济系等编：《铁路运输经济》，中国铁道出版社1981年版，第3页。

② 谷中原：《交通社会学》，民族出版社2002年版，第236—238页。

类，必然强有力地推动中国的现代化①，从而更全面地认识铁路在现代化进程中所扮演的角色。

第二，既有研究表明，诱发近代长三角区域经济社会变迁的交通主导力量当属水路运输，铁路只是处于从属地位，其本身的作用并不明显，但不明显也只是体现在运输领域。由于长三角地区水网密布，近代水路运输除港口码头外，并未进行大规模的运输通道建设，因此其工程性影响远低于铁路。而铁路正是依靠工程性影响这一独特力量引发所在区域的经济社会变迁。

第三，从实践层面来看，学界普遍认为难以确定经济发展就是交通改善（即运营性影响）的结果，加之史料尤其是统计数据的匮乏，研究铁路的经济社会效应变成了一件非常困难的工作。② 但拙著从路线布置与工程建设入手分析该问题时，发现工程性影响的因果关系较运营性影响更明显、更直接。

（二）内容

工程性影响由铁路的路线、土方、桥梁、隧道、车站等项目的规划与建设所引起。其中桥梁、隧道、车站是"点"，路线与土方是"线"，两者相结合构成"面"。以下按照铁路建设的工序简要介绍这些点、线、面的具体内容及其研究意义。

铁路建设的首要任务即为勘测路线，选择其布置方案。这项工作"是铁路建设的先行，目的在于确定路线最合适的空间位置"。③ 这一位置不仅决定了铁路上各种建筑物的设置、工程规模的大小和施工的难易，也决定了日后列车运行的条件和运营成本的高低。不仅如此，从城镇的兴衰到区域的变迁，都会受到不同路线布置所产生的影响。单就城市而言，铁路车站与路线在改变城市景观，引导城市空间发展，以及与之相反的拦截建成区扩张等方面均具有深刻的影响，是传统城市空间结构变动的主要动力

① 苏全有：《近十年来我国近代铁路史研究综述》，《苏州科技学院学报（社会科学版）》2005 年第 2 期。

② Chi-ming Hou, *Foreign Investment and Economic Development in China*, 1840—1937, Cambridge, Mass. Harvard University Press, 1965, p. 39. 张瑞德：《平汉铁路与华北的经济发展（1905—1937）》，（台北）"中研院"近代史研究所，1987 年，第 9 页；朱从兵：《铁路与社会经济——广西铁路研究（1885—1965）》，广西师范大学出版社 1999 年版，第 14 页。

③ 詹振炎：《铁路选线设计的现代理论和方法》，中国铁道出版社 2001 年版，第 1 页。

之一。因此，路线布置对铁路的经济社会效应具有定位作用，决定了铁路在哪里发挥效应，是铁路发挥运输效能的前提。

　　铁路建设需要占用大量的土地，而土地是人类赖以生存的重要基础，但也是一个困扰中国社会发展的大问题，其集中体现在因土地分配不均而引发的农民起义上。到了近代特别是甲午战争之后，随着铁路等公共基础设施的大规模建设（包括改建），各种工程所需土地的征收开始引起土地私有权和公共利益之间的矛盾冲突，沿线基层社会由此受到了铁路带来的第一波影响，远早于建成后的各种影响。因此，土地征收的工程性影响增加了传统社会土地问题的复杂性和现代性，并对铁路枢纽城市的规划与实践产生了较大影响。而妥善处理土地征收问题不仅成为铁路建设的首要任务，更是维护经济社会稳定发展的重要环节。

　　水和水系在城乡经济和民众生活中具有重要地位，归纳起来有灌溉农田、交通运输、泄洪排涝、生活饮用、净化环境等方面。所以长期以来，江南地区的水利问题一直是区域经济社会发展和学术研究中备受重视的内容。铁路建成后，两者关系主要体现在交通运输（竞争与合作）与泄洪排涝两个方面，而后者更为突出，其原因是地方上往往认为铁路堵塞河道和桥梁缩减原有水面的做法极易引发洪涝灾害，所以借此与铁路部门开展各种交涉。这一过程也体现出现代化进程中国家与社会两者关系的一些变化特征。

第三节　研究方法

　　包括铁路史在内的交通社会史既有研究成果对铁路相关专业理论的吸收与表述尚显不足，缺乏完整有力的解释框架。[①] 所以，笔者认为既然"交通"在前，"社会"在后，那么相关学者似应在条件允许的情况下，进一步加强铁路相关专业理论的学习与研究，把握与历史研究之间的契合度，并自觉与该学科形成对话。这或许是推动交通社会史研究走向深入的途径之一。拙著将初步采用交通规划学和铁路工程学的理论方法进行分

────────────

① 江沛亦曾指出当前融合历史学与铁路专业学科的综合性研究成果尚不多见。江沛：《中国近代铁路史研究综述及展望：1979—2009》，载徐秀丽主编《过去的经验与未来的可能走向——中国近代史研究三十年（1979—2009）》，第 525 页。

析，但也将把握与本研究之间的相关度和适用度，并努力寻找对话点，同时还将注重以人为本的历史学研究方法，并充分理解社会变迁的理论内涵。通过以上各点，笔者希望能将铁路经济社会效应问题分析得更加深入、到位。

一　交通规划学

交通规划学[①]是城市及区域规划学科中的重要组成部分，其目的是最大限度地发挥交通基础设施的作用，使交通能有效地引导区域和城市发展，实现交通建设与区域发展相协调的最终目标。因此，该学科在分析路线布置与城市空间结构的关系方面具有很高的参考价值，是拙著最主要的研究方法。

城市空间结构是规划学、交通工程学领域的重要概念，其基本含义一般解释为从空间的角度探索城市形态和城市相互作用网络在理性的组织原理下的表达方式。[②] 从其学术源流上来看，就是在20世纪20年代至40年代美国芝加哥学派提出的"同心圆带状结构"、"扇状结构"、"多核心结构"[③] 这三种城市结构的基础上增加了对空间维度的描述，即关注一座城市在与周边城乡尤其是与其他城市互动的过程中，其城市结构在空间上发生的变化。铁路等交通基础设施在这一过程中无疑具有重要作用。

交通基础设施和城市空间结构的演变按照地域规模可分为三个层面[④]（参见第五章）：车站站区、所在城市、所在区域，这也分别对应了交通运输方式的节点、线路及网络三大属性。在车站站区层面，铁路促进周边土地使用的开发，形成城市新的增长点；在城市层面，铁路优化了资源配

---

① 参见［苏］霍达塔也夫《城市规划中的铁路运输问题》，殷彭龄译，建筑工程出版社1955年版；张文尝《城市铁路规划》，中国建筑工业出版社1982年版；刘灿齐《现代交通规划学》，人民交通出版社2001年版；［英］朱利安·罗斯《火车站：规划、设计和管理》，铁道第四勘察设计院译，中国建筑工业出版社2007年版。

② 顾朝林等：《集聚与扩散：城市空间结构新论》，东南大学出版社2000年版，第3页。

③ ［日］青山吉隆：《图说城市区域规划》，王雷等译，同济大学出版社2005年版，第77—79页。

④ 参见武廷海《大型基础设施建设对区域形态的影响研究述评》，《城市规划》2000年第40期；张凯、曹小曙《火车站及其周边地区空间结构国内外研究进展》，《人文地理》2007年第6期；王丽等《高速铁路对城市空间影响研究述评》，《长江流域资源与环境》2012年第9期。

置，带动城市产业与人口的发展，加速了城市空间的扩张；在区域层面，铁路缩短了区域内城市之间的时空距离，改变区域城市网络的空间关系，有利于建立跨区域的城市圈，推动区域发展和城乡整合。

二　铁路工程学

铁路工程学的相关理论主要运用于铁路与水利关系的问题中，借此分析桥梁阻碍河道水流的现象。这种现象的学名为"壅水"，指因水流受阻而产生的水位升高现象。也就是说，当河道上建起桥梁后，桥梁挤压了天然水流，减缓了水流速度，于是桥上游的河道中出现了壅水现象（参见第三章），在汛期容易引起上游地区的洪涝灾害。壅水高度通过 ΔZ 进行分析，其计算公式如下：

$$\Delta Z = \eta\ (V_\mu^2 - V_0^2)$$

公式中的 η 系数系根据河流的类型和河滩的过水能力而定。长三角平原低洼地区河滩较大的河流，该河滩通过河道总流量50%以上者，η 取0.15。V_μ 为桥下的平均流速，V_0 为水流未被挤压时（即桥梁建造前）的平均流速。[1] 根据水文记录等资料，即可测算出相关结果，验证铁路桥梁对泄洪的影响程度。据笔者目力所及，壅水分析并未出现在民国时期的铁路工程学论著中，而近年来国内筑路技术日新月异，跨河桥梁大多采用大跨度结构，很少在河道中建设桥墩，所以为接近民国时期的技术标准起见，笔者采用的是新中国成立初期的理论文献。

三　重视"人"的作用

现有交通史研究普遍存在的一个总体性问题是：对"物"关注较多，而对"人"着墨甚少，尤其是对个人和群体在经济社会变迁中所发挥的作用缺乏必要的关注。"人"本来就处于历史发展的主体地位，拙著的事实也再度证明个人和群体是各种制度的执行者和变迁的主导者。因此拙著将微观的历史人物和事件与宏观的铁路经济社会效应相结合，以期展现历史的丰富内涵，接近变迁的真实脉络。

---

[1]　铁道部第三设计院编：《桥涵水文计算》，人民铁道出版社1960年版，第49页。

四　明晰社会变迁的理论内涵

拙著的主标题中包含"社会变迁"一词。笔者认为必须准确把握社会变迁的内涵才能避免既有学术成果片面理解铁路经济社会效应的现象。

社会变迁是指社会结构发生变化的动态过程及其结果，其根源来自经济和政治模式内在的不一致和相互冲突的意识形态。社会变迁以不同方式影响着社会中的个体与群体，对他们而言"变迁可能意味着不同的事情"。因此社会变迁是对社会变化演进的客观描述，并不包含价值判断，对既定的社会系统也会产生有利、无利或不利的影响。①

在人类历史中，技术革新是社会变迁的重要驱动力。铁路作为一项新技术必然引起新的社会变迁。技术的影响体现在社会中个体的生活、社会的价值、社会制度的结构和功能以及社会的政治组织等方面。技术的积极和消极作用"经常同时发生"，② 尤其是在近代中国等小农经济国家，铁路兴起之初其自身具有的以及被建构的消极作用往往成为其进一步发展的绊脚石。这种阻碍也体现出社会变迁对交通发展的反作用。

综上所述，只有一定程度地掌握铁路相关学科的理论方法，重视人在历史发展中的作用，并准确理解社会变迁理论内涵的前提下，我们才有可能更理性、更全面地认识铁路的经济社会效应及其对近代中国经济发展和社会变迁的意义。

第四节　学术史回顾

一　中国铁路史的总体研究

交通运输与经济变迁的关系自 18 世纪起就是西方经济学一项重要的学术议题。马克思主义经济学、古典经济学和发展经济学均认为交通条件对市场范围的决定性作用，从而促进专业化分工、新技术诞生、生产效率

---

① ［美］史蒂文·瓦戈：《社会变迁》，王晓黎等译，北京大学出版社 2007 年版，第 2、3、359 页。

② 同上书，第 9—10 页。

提高并进而影响经济发展。① 这是一种因果分析法，即铁路与经济之间的
联系可以归结为运输引起的需求变化。但到 20 世纪 60 年代，美国的计量
历史学家不再满足于因果式的分析，而将这些变化趋势转换为数量之大
小，最终得出一个由一系列方程组构成的模型，其中最著名的当属诺贝尔
经济学奖得主福格尔（Robert W. Fogel）关于铁路与 19 世纪美国经济发展
的研究。②

　　该书出版后引起了经济学界和史学界的广泛争论，姑且不论该书的计
量方法和结论，其关于 1890 年美国没有铁路、边际费用不变等虚拟命题
常被指出存在局限性，尤其在史学研究上。这是因为经济关系是极其复杂
的，不仅缺少一种计量方法和模型去准确地描述，而且如果过分拘泥于数
量方面的细节分析，忽视或代替过程和深层影响的严格论证，就难以把握
铁路与经济变迁的总图景。③ 此外，由于外国铁路的发展历程与国内存在
较大的差异，其内容结论难以和近代中国的铁路历史问题形成对话。例如
福格尔自己就曾认为其他国家如墨西哥、英国等国的地理环境与美国存在
显著差异，因此其结论只适用于 19 世纪的美国。④

　　学界对近代中国铁路史的研究，从 20 世纪 50 年代起在"革命史观"

　　① 马克思主义经济学参见中共铁道部党校理论研究室编《马克思、恩格斯、列宁、斯大林
论铁路交通运输》，中共中央党校出版社 1984 年版。古典经济学参见亚当·斯密《国民财富的性
质和原因的研究》上卷，商务印书馆 1982 年版，第 16、140 页；李斯特《政治经济学的国民经
济体系》，商务印书馆 1961 年版，第 135—228 页；马克思《资本论》第 2 卷，人民出版社 1972
年版，第 168 页。发展经济学参见罗斯托《经济增长阶段：非共产党宣言》，国际经济研究所编
译室译，商务印书馆 1962 年版，第 63 页。罗斯托：《从起飞进入持续增长的经济学》，贺力平
译，四川人民出版社 1988 年版。

　　② Robert Fogel, *Railroads and American Economic Growth*: *Essays in Econometric History*, Balti-
more: Johns Hopkins Press, 1964.

　　③ 参见 Douglass North, "The New Economic History After Twenty Years", *American Behavioral
Scientist*, Vol. 21, No. 2 (1977), pp. 189—190；刘石吉《罗拔福格〈铁路与美国经济成长〉评
介》，（台北）《史原》第 3 期，1973 年 10 月；张瑞德《平汉铁路与华北的经济发展（1905—
1937）》，第 9—12 页；朱从兵《铁路与社会经济——广西铁路研究（1885—1965）》，第 7—8 页；
荣朝和、柴为群《对福格尔关于铁路与经济增长关系理论的评论》，载荣朝和主编《探究铁路经
济问题》第一辑，经济科学出版社 2004 年版，第 4—12 页。

　　④ Robert W. Fogel, "Notes on the Social Saving Controversy", *The Journal of Economic History*,
Vol. 39, No. 1 (Mar, 1979), pp. 1—54. 相关论述参见 p. 31；隋福民：《创新与融合：美国新经
济史革命及对中国的影响（1957—2004）》，天津古籍出版社 2009 年版。

影响下集中于铁路与外债、外交、内政等研究领域中，80 年代以来则逐步扩展到铁路与近代中国经济社会变动这一更为宽广的学术视野。① 但在铁路与经济社会变迁这一议题中，既有成果大多停留于对沿线变迁的单方面描述，并由此直接推论铁路的作用与影响，而没有充分探讨铁路经济社会效应产生和变化的原因，如此则易陷入"有多大作用"或"究竟有无作用"的观点性论争；② 更严重的问题是，铁路推动社会经济发展的常识性观念预设很大程度上制约了研究者的思维空间，从而导致大量成果有意无意地忽略、淡化了"不发展"、"反推动"的面向。③ 此外，融合历史学与铁路专业理论的综合性研究也比较罕见。④

　　针对中国铁路史特别是经济效应研究中存在的问题，王庆成在 1999 年就已指出："社会经济效益总是与某种经营管理的效能有关"，所以经济史家应该"做一些部门经济学的研究"。⑤ 但迄今为止，海内外学界对中国铁路的经营管理（经营史）着墨不多，⑥ 仅日本及中国台湾地区学者

---

① 近年来部分学者将视线回到铁路政治制度史中寻求新的范式。如朱从兵：《张之洞与粤汉铁路——铁路与近代社会力量的成长》、黄华平：《国民政府铁道部研究》、庞广仪：《粤汉铁路艰难的筹建与"国有化"》，合肥工业大学出版社 2011 年版；孙自俭：《民国时期铁路工人群体研究——以国有铁路工人为中心（1912—1937）》，郑州大学出版社 2013 年版。

② 如包伟民与丁贤勇的争论。参见包伟民主编《江南市镇及其近代命运：1840—1949》，知识出版社 1998 年版，第 3 章；丁贤勇《新式交通与社会变迁——以民国浙江为中心》，中国社会科学出版社 2007 年版。

③ 参见前述江沛《中国近代铁路史研究综述及展望：1979—2009》，此外还可参考苏全有《近十年来我国近代铁路史研究综述》，《苏州科技学院学报（社会科学版）》2005 年第 2 期；高忠芳《十余年来中国铁路史研究概述》，《广西师范大学学报（哲学社会科学版）》2006 年第 4 期；苏全有、王丽霞《交通部与北洋时期铁路发展研究综述》，《安阳工学院学报》2006 年第 6 期；黄华平《国民政府铁道部研究》，合肥工业大学出版社 2011 年版，前言部分。

④ 南开大学江沛教授的学术团队已运用交通社会学等理论进行研究，但对其他理论的运用则有所不足。这一点也体现在 2009—2013 年召开三届"中国近代交通社会史学术研讨会"的相关论文中。

⑤ 朱从兵：《铁路与社会经济——广西铁路研究（1885—1965）》，序一第 3 页。朱著并未依照王先生的思路撰写，这句话只是王先生的建议。

⑥ 海外主要有 Ralph Huenemann, *The Dragon and the Iron Horse: The Economics of Railroads in China*, 1876—1937, Massachusetts: Harvard University Press, 1984. 大陆方面笔者仅见徐卫国：《1927—1936 年中国国有铁路的经营效益和财务状况》，《中国经济史研究》2003 年第 4 期；张根福、岳钦韬：《抗战时期浙江省社会变迁研究》第七章，上海人民出版社 2009 年版；朱锦：《浙赣铁路的兴建及初期经营管理状况》，浙江大学历史系硕士学位论文，2006 年；闵杰：《浙路公司

的研究相对丰硕。② 但其中的一部分经营史著作仅仅停留于管理本身，脱离了与外部社会经济发展的联系。③ 拙著限于种种因素，暂未对经营、运输与铁路经济社会效应的关联性问题进行研究，但借鉴王庆成提出的"由内而外"的研究思路正是拙著的出发点。

二　沪宁、沪杭甬铁路史研究

以拙著的研究对象——沪宁、沪杭甬铁路（以下简称"两路"）而言，重"政治"轻"经济社会"以及理论缺失的现象比较明显。而在当前的长江三角洲区域史研究领域中，产业经济、金融贸易以及交通领域中的港口、航运、公路、城市交通（包括公共汽车、自行车和人力车等）和具有交通性质的邮政、电信等各个方面均已取得丰硕成果，④ 但具有学

的集的集资与经营》，《近代史研究》1987 年第 3 期等；欧美学界亦仅有论文若干，如 Arthur L. Rosenbaum, "Railway Enterprise and Economic Development: The case of the Imperial Railways of North China, 1900—1911", *Modern China*, Vol. 2, No. 2 (1976), pp. 227—272; Stephen L. Morgan, "Personnel Discipline and Industrial Relations on the Railways of Republican China", *Australian Journal of Politics and History*, Vol. 47, No. 1 (2001), pp. 24—38.

②　大陆铁路史研究首推张瑞德：《平汉铁路与华北的经济发展（1905—1937）》以及《中国近代铁路事业管理的研究——政治层面的分析（1905—1937）》，（台北）"中研院"近代史研究所，1991 年；千叶正史：《近代交通体系と清帝国の変貌：電信·鉄道ネットワークの形成と中国国家統合の変容》，日本経済評論社 2006 年版；日据时期台湾铁路史的代表作有高桥泰隆：《日本植民地鉄道史論：台湾、朝鮮、満州、華北、華中鉄道の経営史的研究》，日本経済評論社 1995 年版；高成凤：《植民地鉄道と民衆生活——朝鮮、台湾、中国東北》，法政大学出版局 1999 年版；蔡龙保：《推动时代的巨轮：日治中期台湾的"国有"铁路（1910—1936）》，台湾书房出版有限公司 2007 年版等。

③　高桥泰隆的著作虽以经营史的视角重新审视了殖民地"掠夺与成长"的模式，但缺少关于铁路与台湾社会经济互动的探讨，高成凤的著作亦存在类似问题。参见林淑华《评介高桥泰隆著〈日本植民地鉄道史論：台湾、朝鮮、満州、華北、華中鉄道の経営史的研究〉》，（台北）《近代史学会通讯》第 8 期，1998 年 10 月；蔡龙保《评介高成凤〈植民地鉄道と民衆生活——朝鮮、台湾、中国東北〉》，《台湾师大历史学报》第 34 期，2005 年 12 月；而张瑞德先生的《中国近代铁路事业管理的研究》虽然深入研究了中国铁路的外在环境、组织运作、人事管理等经管问题，但其目的尚在观察近代中国政府在组织及人事调整方面的成效，进而探究中国现代化的历程及其所遭遇到的问题，铁路经济效应并非其题中之意。

④　长江三角洲区域史包括"上海史"和"江南史"两大领域，其中关于铁路的专项研究向来偏少，参见王荣华主编《上海大辞典》下册，上海辞书出版社 2007 年版，附录部分；印永清、胡小菁主编《海外上海研究书目（1845—2005）》，上海辞书出版社 2009 年版；陈忠平、唐力行主编《江南区域史论著目录（1900—2000）》，北京图书馆出版社 2007 年版；唐力行主编《江南

术关怀的长三角铁路史论著则尚付阙如。在区域和城市轨道交通不断发展的今天，拙著希望能起到推动区域史研究发展的作用，同时提供一定的现实借鉴意义。这就是笔者的初衷和旨归。

第一，沪杭甬铁路建造之初的"江浙铁路风潮"凝聚了海内外学术界相当的注意力，国内自20世纪50年代以来的研究成果数量较为庞大，①

社会历史评论》第1—5期，商务印书馆2009—2013年版，各期最后的索引；江庆柏主编《江苏地方文献书目》，广陵书社2013年版；包伟民、傅俊《浙江历史文化研究论著目录》，山西古籍出版社2005年版。此外还可以查阅《近代史研究》编辑部编撰的论著目录、上海图书馆"全国报刊索引"的文献目录以及各类书目工具书。

① 论文主要有（按发表时序）：黄铁琮：《1907—1908年间江浙人民反对苏杭甬铁路借款的斗争》，《史学集刊》1957年第1期；赵金钰：《苏杭甬铁路借款和江浙人民的拒款活动》，《历史研究》1959年第9期；何玉畴：《清朝末年江浙人民收回苏杭甬铁路自办运动》，《历史教学》1963年第4期；祁龙威：《论清末铁路风潮》，《历史研究》1964年第2期；沈雨梧：《浙路风潮》，《历史教学》（高校版）1985年第3期；金学史：《浙江兴业银行与浙路公司》，《上海金融》1985年第1期；闵杰：《浙路公司的集资与经营》，《近代史研究》1987年第3期；王道：《绅商在浙路风潮中的两重性》，《唐都学刊》2001年第1期；王道：《浙路风潮再反思——光复会计划失败的原因》，《史学月刊》2001年第2期；王道：《张元济与浙路商办》，《学术论坛》2001年第2期；易慧莉：《论浙江士绅与浙路废约》，载朱荫贵、戴鞍钢主编《近代中国：经济与社会研究》，复旦大学出版社2006年版，后收入氏著《易慧莉论招商局》，社会科学文献出版社2012年版；王道：《人文环境与商办浙江铁路》，《史林》2005年增刊；黄文：《晚清沪杭甬铁路对英借款刍议》，《牡丹江师范学院学报（哲学社会科学版）》2007年第4期；马陵合：《江浙铁路风潮中代表入京问题考评》，《浙江教育学院学报》2008年第1期；陈晓东：《沪杭甬铁路风潮中浙路公司的维权斗争》，《苏州大学学报（哲学社会科学版）》2008年第5期；苏全有、申彦玲：《袁世凯与沪杭甬风波》，《重庆交通大学学报（社科版）》2009年第6期；姚竹明：《晚清沪杭甬铁路的集资研究》，《内蒙古农业大学学报（社会科学版）》2011年第2期；赵晓红：《从反帝到反清：由浙路运动看辛亥革命之社会基础》，《浙江社会科学》2011年第11期；马陵合：《评江浙铁路风潮中的汪大燮》，杭州文史研究会编：《辛亥革命与杭州——纪念辛亥革命100周年论文集》，红旗出版社2013年版；王方星：《邬纲传说化的兴起与流变——兼谈"层累地造成的历史事件和历史人物"》，卢敦基主编：《浙江历史文化研究》第5卷，浙江大学出版社2014年版等。2008年全国有4篇同题材的硕士学位论文问世，分别为林艳：《博弈与离合：苏杭甬铁路风潮中的官、绅关系研究》，华东师范大学历史系；胡进：《江浙绅商与铁路风潮（1905—1908）》，苏州大学历史系；杨娟：《绅商阶层与苏杭甬铁路风潮评述（1905—1910）》，华中师范大学历史系；黄文：《论沪杭甬铁路的商办历程》，扬州大学历史系。此外，相关学术专著和汤寿潜、张謇的研究成果对此问题也有涉及，前者如宓汝成：《帝国主义与中国铁路（1847—1949）》，上海人民出版社1980年版；朱英、马敏：《传统与近代的二重变奏——晚清苏州商会个案研究》，巴蜀书社1993年版；李占才主编：《中国铁路史》，汕头大学出版社1994年版；〔美〕陈锦江：

美、日、韩以及中国台湾地区的论著亦堪称繁盛，① 但上述作品大多将其

《清末现代企业与官商关系》，王笛、张箭译，中国社会科学出版社 1997 年版；汪林茂：《浙江辛亥革命史》，浙江大学出版社 2001 年版；胡国枢：《光复会与浙江辛亥革命》，杭州出版社 2002年版；李玉：《晚清公司制度建设研究》，人民出版社 2002 年版；王致中：《中国铁路外债研究（1887—1911）》，经济科学出版社 2003 年版；马陵合：《清末民初铁路外债观研究》，复旦大学出版社 2004 年版；尹铁：《晚清铁路与晚清社会变迁研究》，经济科学出版社 2005 年版；苏全有：《清末邮传部研究》，中华书局 2005 年版；后者有：政协浙江省萧山市委员会文史工作委员会编：《汤寿潜史料专辑》，1992 年，卷 1 部分；熊月之：《汤寿潜与浙江人文传统》，《同济大学学报（人文社会科学版）》1994 年第 2 期；杨菁、杨树标：《汤寿潜与中国第一条最长的商办铁路》，《浙江学刊》1994 年第 5 期；陈志放主编：《汤寿潜研究》，团结出版社 1995 年版；茅家琦、吴春梅：《汤寿潜与晚清新政》，《历史教学》1995 年第 1 期；来新夏、焦静宜：《论汤寿潜的历史功绩》，《天津师范大学学报（社会科学版）》1995 年第 2 期；钟祥财：《汤寿潜的经济思想》，《江淮论坛》1995 年第 1 期；章开沅、田彤：《张謇与近代社会》，华中师范大学出版社 2001 年版；姚培锋：《略论汤寿潜与浙江收回路权运动》，《绍兴文理学院学报（哲学社会科学版）》2001 年第 2 期；吴新宇：《汤寿潜与保路运动》，《浙江档案》2001 年第 10 期；理明：《汤寿潜与浙江保路运动》，《档案与史学》2004 年第 4 期；王道：《汤寿潜"晚以铁路见贤"评析》，《浙江师范大学学报》2004 年第 5 期；孙祥伟：《汤寿潜与浙路风潮》，《兰台世界》2009 年第 1 期；王方星：《论汤寿潜的铁路经营管理观——以浙路公司为中心》，卢敦基主编：《浙江历史文化研究》第 4 卷，浙江大学出版社 2012 年版；倪敬敏、王方星：《简析汤寿潜的铁路功能观》，《重庆科技学院学报（社会科学版）》2013 年第 9 期。学位论文主要有孙祥伟：《东南精英群体的代表人物——汤寿潜研究（1890—1917）》，上海大学历史系博士论文，2010 年；王方星：《汤寿潜的铁路思想研究》，苏州大学历史系硕士论文，2013 年。

① E-Tu Zen Sun（任以都），"The Shanghai-Hangchow-Ningpo Railway Loan of 1908"，*The Far Eastern Quarterly*，Vol. 10，No. 2（February 1951）；Madeleine Chi，"Shanghai-Hangchow-Ningpo Railway Loan：A Case Study of the Rights Recovery Movement"，*Modern Asian Studies*，Vol. 7，No. 1（1973）；藤井正夫：《清末江浙における鉄路問題とブルジョア勢力の一側面》，《歴史学研究》第 183 期，1955 年 4 月；永井算已：《江浙路事と清末の民衆》，《信州大学紀要》第 7 期，1958年 1 月；閔斗基：《清末江浙鐵路糾紛（1905—1911）》，《東亞文化》（韓國）第 11 輯，1972 年；Lee En-han，"The Chekiang Gentry-Merchants vs. the Peking Court Officials：China's Struggle for Recovery of the British Soochow-Hangchow-Ningpo Railway Concessions，1905—1911"，（台北）《中研院近代史研究所集刊》第 3 期上册，1972 年 7 月；王树槐：《江苏铁路风潮——一个社会运动的实例》，许倬云等编：《中国历史论文集》，台湾商务印书馆 1986 年版；栗林幸雄：《浙江鉄路公司研究についての覚書——地域エリートの政治活動》，《史峯》第 10 号，2004 年 2 月；佐野实：《光緒新政期鉄道政策における借款の再評価とその経緯——滬杭甬鉄道の建設方針を巡る官民の対立》，《史潮》第 64 期，2008 年 11 月；《滬杭甬鉄道借款契約の実効性を巡るイギリスと地方の関係：地方有力者層の対立・協力が中英間外交に影響を及ぼした一事例について》，《史学》第78 巻第 4 号，2009 年 12 月；《利権回収運動と辛亥革命》，辛亥革命百周年記念論集編集委員会编：《総合研究辛亥革命》，岩波書店 2012 年版。

作为一项政治事件进行研究，探讨地方民众、官绅、清政府、列强之间的关系及其与民变、辛亥革命的关系问题，很少触及铁路规划建设和运营管理方面的内容；而沪宁铁路的前身——吴淞铁路则因其"近代中国第一路"① 的特殊地位以及中西冲突的典型事件而成为中外学界持续关注的焦点之一，但也较少涉及工程与运输的相关情况。② 因此，总体而言两路晚清史的成果基本不属于社会经济史的研究范畴。

第二，与上述成果数量形成鲜明对比的是，1914 年沪杭甬铁路国有化之后的两路史却乏人问津，而这段岁月正是两路对区域经济社会变动产生深远影响的时期。1936 年美国宾夕法尼亚大学的一篇博士论文论述了京沪沪杭甬铁路管理局的部门管理情况，国共内战时期上海的交通大学也有学生以京沪铁路作为毕业论文，就提高铁路运输能力的问题进行了探

---

① 关于吴淞铁路是否为"近代中国第一路"的争论，可参见邹宏仪《吴淞铁路不是我国的第一条铁路》，《社会科学战线》1982 年第 1 期；徐文述《吴淞铁路是我国第一条铁路》，《社会科学战线》1984 年第 3 期。其关键在于是否投入商业运营，此前的北京宣武门外铁道（1865）、天津紫竹林铁道（1872）均未投入商运。

② Reid Alan, *The Woosung Road: The Story of the First Railway in China* 1875—1877, Woodbridge: Monewden Hall Suffolk, 1979; Crush Peter, *Woosung Road: The Story of China's First Railway*, Hong Kong: The Railway Tavern, 1999; David Pong, "Confucian Patriotism and the Destruction of the Woosung Railway 1877", *Modern Asian Studies*, Vol. 7, No. 4（1973）, pp. 108—144; Blair C. Currie, "The Woosung Railroad（1872—1877）", *Papers on China*, No. 20（1966）, pp. 77—96; 戚其章、骆承烈：《对我国第一条铁路建成与拆毁的估价问题》，《山西师范大学学报（社会科学版）》1981 年第 2 期；周辉湘：《重评淞沪铁路之兴废》，《衡阳师范学院学报》1988 年第 2 期；俞政：《吴淞铁路事件中最佳方案的寻求》，《苏州大学学报（哲学社会科学版）》1991 年第 2 期；马长林、周利敏：《吴淞铁路的拆除及其影响》，《档案与史学》2002 年第 3 期；孙昌富、陈蕴茜：《从民众态度看吴淞铁路的兴废》，《开放时代》2005 年第 1 期；沈吕宁：《沈葆桢与吴淞铁路》、潘晓霞：《从主持福州船政局到买断吴淞铁路——中体西用思想在沈葆桢身上的折射》，《沈葆桢生平与思想研究——沈葆桢巡台 130 周年学术研讨会论文集》，2004 年；蔡亮：《近代东京、上海铁路交通发展比较》，孙逊、杨剑龙主编：《都市文化研究》第 4 辑（全球化进程中的上海与东京），上海三联书店 2007 年版；金志焕：《中国第一条铁路诞生与铁路敷设争论》，中国社科院近代史研究所、河北师范大学历史文化学院编：《晚清改革与社会变迁》下册，社会科学文献出版社 2009 年版；杨琳琳：《浅析〈申报〉在"吴淞铁路事件"中的表现》，上海市地方志办公室编：《上海研究论丛》第 19 辑，上海社会科学院出版社 2009 年版；张伟、严洁琼：《画中风景——沪上铁路诞生记》，上海市历史博物馆编：《都会遗踪》第 3 辑，学林出版社 2011 年版；吕承朔：《吴淞铁路风波背后的主权抗争》，上海市历史博物馆编：《都会遗踪》第 7 辑，学林出版社 2012 年版。

讨,① 但这两篇文章毕竟属于当时的专业人员对于当时的铁路状况所发表的看法,并非严格意义上的史学研究。

第三,从 1949 年至 20 世纪 90 年代中期,海内外学界对上述时期两路史的研究更显薄弱,这可能是受到前述"革命史观"的影响,因为在此期间两路未爆发严重的政治事件。随着 20 世纪 80 年代社会经济史的勃兴,与两路相关的研究成果开始出现,② 但两路的专题研究仍然偏少。③

①　Wen Mei Cheng, *General Department of Nanking-Shanghai and Shanghai-Hangchow-Ningpo Railways*, Ph. D, Graduate School of Arts and Sciences, Philadelphia: University of Pennsylvania, 1936; 熊迪简、贾骏祥:《京沪铁路之改进》,国立交通大学土木系铁路组学士论文,1948 年。

②　著作有李国祁:《中国现代化的区域研究:闽浙台地区,1860—1916》,(台北)"中研院"近代史研究所,1982 年;王树槐:《中国现代化的区域研究:江苏省,1860—1916》,(台北)"中研院"近代史研究所,1984 年;包伟民主编:《江南市镇及其近代命运:1840—1949》第 3 章;丁贤勇:《新式交通与社会变迁——以民国浙江为中心》;姜新:《区域社会经济研究》,光明日报出版社 2013 年版,第 3 章;杨玄博:《民国杭州与新式交通》,杭州出版社 2013 年版;论文主要有陈正书:《近代东南沿海交通投资取向之考察》,《华东理工大学学报(文科版)》1995 年第 4 期;刘华明:《近代上海地区交通运输、邮电通讯工具的变迁(1840—1949)》,《史学月刊》1999 年第 3 期;姜新:《近代江苏交通发展的不平衡及其影响》,《中国矿业大学学报(社会科学版)》2000 年第 2 期;戴鞍钢:《近代上海与长江三角洲的陆上交通》,《上海研究论丛》第 16 辑,上海社会科学院出版社 2005 年版;《口岸城市与周边地区近代交通邮电业的架构——以上海和长江三角洲为中心》,《复旦学报》2007 年第 1 期;《清末民初上海与杭州的交通联系》,上海市档案馆编:《上海档案史料研究》第 9 辑,上海三联书店 2010 年版;《区域交通与社会变迁的互动——以清末民初沪苏杭地区为中心》,南京大学中华民国史研究中心编:《第六次中华民国史国际学术讨论会论文集》,2010 年;《江海河联运与近代上海及长江三角洲城乡经济》,《国家航海》2011 年第 1 期;丁贤勇:《近代交通与市场空间结构的嬗变:以浙江为中心》,《中国经济史研究》2010 年第 3 期;刘素芬:《南京国民政府的奖励工业与提倡国轮政策——以招商局的水陆联运为例》,虞和平、胡政主编:《招商局与中国现代化:纪念招商局成立 135 周年国际学术研讨会论文集》,中国社会科学出版社 2008 年版;朱从兵:《近代铁路的"反日常"现象论析——以 1916 年〈申报〉对铁路的报道为例》,张宪文主编:《民国研究》总第 22 辑,社会科学文献出版社 2012 年版;顾宇辉:《1930 年代的水陆联运》,上海中国航海博物馆编:《上海:海与城的交融》,上海古籍出版社 2012 年版;学位论文有仲一虎:《近代江苏铁路交通研究》,扬州大学历史系硕士论文,2008 年;李沛霖:《抗战前南京城市公共交通研究(1907—1937)》,南京师范大学历史系博士论文,2012 年。

③　马逸敏:《沪宁铁路的修筑与江南市镇经济结构的演变》,《吴中学刊(社会科学版)》1992 年第 1 期;朱从兵:《张之洞与沪宁铁路》,中国社会科学院近代史研究所政治史研究室、苏州大学社会学院编:《晚清国家与社会》,社会科学文献出版社 2007 年版;高志斌、王国平:《晚清政府借外债修筑沪宁铁路述论》,《江海学刊》2000 年第 3 期。

在各种史学著述①或方志资料②中，叙述两路历史的内容所占的篇幅都比较短小，且不够深入。而关于两路的影印史料③甚至文史资料等普通文章④（除钱塘江大桥）也都比较罕见。

第四，近年来出现了一些专门以两路（或其中一路）为对象的学术作品。南京邮电大学葛玉红的博士论文叙述了沪宁铁路的修建、运营、管理、中英关于铁路盈余的交涉、铁路与区域发展的关系以及引发的社会矛盾，认为铁路具备现代化的经营管理理念，有效推动了经济社会发展，同时也带来了新的社会问题。⑤ 杭州师范大学的两篇硕士论文针对沪杭甬铁

---

① 如以下著作：［美］罗兹·墨菲：《上海——现代中国的钥匙》，上海社会科学院历史研究所编译，上海人民出版社 1986 年版；张仲礼主编：《近代上海城市研究（1840—1949）》，上海人民出版社 1990 年版；丁日初主编：《上海近代经济史》第 2 卷，上海人民出版社 1997 年版；熊月之主编：《上海通史》，上海人民出版社 1999 年版；［法］白吉尔：《上海史：走向现代之路》，王菊等译，上海社会科学院出版社 2005 年版；金普森、陈剩勇主编：《浙江通史》，浙江人民出版社 2005 年版；宋林飞主编：《江苏通史》，凤凰出版社 2012 年版；李占才主编：《中国铁路史》，汕头大学出版社 1994 年版。

② 上海方面有《上海铁路志》，上海社会科学院出版社 1999 年版、《上海铁路分局志》，中国铁道出版社 2003 年版、《上海铁路局志》，中国铁道出版社 2004 年版；《江苏省志·交通志·铁路篇》，方志出版社 2007 年版。曾因编写困难等原因而搁置，自启动到出版耗费整整 15 年时间；浙江省至今仍无铁路志问世，仅有余志明主编的《杭州铁路分局志（1906—1995）》，中国铁道出版社 2005 年版、韩勇主编《杭州市交通志》，中华书局 2003 年版等有所涉及。而两路沿线各地均无专门的"铁路志"。

③ 在《近代中国史料丛刊》、《民国丛书》正续编、《民国籍粹》、《民国史料丛刊》等大型影印史料集和国家图书馆、全国图书馆缩微文献复制中心的各种出版品中，与两路直接相关者几乎为零。

④ 以文史资料为例，上海市各级文史资料中的相关篇数占总篇数的 8.2%（截至 2008 年），浙江 8.6%（截至 2002 年），江苏 7.8%（截至 2008 年）。沪、苏两地为本人自行调查，并参照《全国各级政协文史资料篇目索引》（中国文史出版社 1992 年版）进行统计；浙江部分统计自《浙江文史资料目录》（浙江人民出版社 2003 年版）。而全国政协的《文史资料选辑》中的篇数更低，《文史资料存稿选编》（中国文史出版社 2002 年版）所附之《文史资料选辑总目录》显示仅仅 4.8%。我国台湾方面 60 年来也仅有 3 篇短文：刘炳志：《从严前"总统"家淦先生谈沪杭甬铁路圣约翰高材生当材料处长》，《商业周刊》第 322 期，1994 年 1 月；关国煊：《黄伯樵》，《传记文学》第 75 卷第 2 期，1999 年 8 月；竺公：《汤寿潜与浙路》，《交通建设》1971 年第 4 期。

⑤ 葛玉红：《1903—1927 年沪宁铁路研究》，南京大学历史系博士论文，2009 年。近年发表的相关文章有《沪宁铁路与民初江苏经济发展》，《民国档案》2013 年第 3 期；《沪宁铁路与近代江苏城市空间演变述论》，《江苏社会科学》2013 年第 5 期；《清末民初沪宁铁路公共危机管理研究》，《南京社会科学》2014 年第 9 期；《铁路与民初江苏旅游业的发展》，《江苏商论》2014 年第 11 期；《近代中国铁路的典范——沪宁铁路》，《兰台世界》2014 年 12 月上旬号。

路运输业务的发展与沿线社会经济的关系、两路的旅游业务进行了多方面的叙述。① 但以上三篇学位论文与其他几篇期刊论文②都存在结构简单、理论不足、核心史料缺失、价值取向单一的问题，而其中的一名作者杨玄博以"微观世界中的人们：京沪沪杭甬铁路社会研究（1912—1937）"为题，探讨了铁路职工和旅客的生产生活情况。③ 笔者尚未见到该文，但上海至南京的铁路从 1903 年开工建设到 1929 年 10 月 18 日以前均称为"沪宁铁路"，"京沪铁路"是由定都南京的国民政府改称而来。④

日本一桥大学博士毕业生佐野实的博士论文《清末民初时期中国地方精英与列强的对立——以上海—杭州—宁波间铁路为题》，阐述了沪杭甬铁路路权运动、借款合同以及英日两国与地方精英围绕该合同所产生的关系，并对此前学界较少关注的民国初年的经营、债务问题与民国政府、英国外交部的关系作了详细论述。但整体而言该文只是对"江浙铁路风潮"

---

① 杨玄博：《沪杭铁路与沿线社会经济研究（1912—1937）》，杭州师范大学历史系硕士论文，2010 年；蒋晶晶：《沪宁沪杭甬铁路游览事业研究（1912—1937）》，杭州师范大学历史系硕士论文，2012 年；前者发表的文章如下《试论沪杭铁路对客运业务的改进》，《理论纵横》2008 年第 12 期；《从商办到国有化：试论清末民初沪杭甬铁路的发展概况》，《湖州师范学院学报》2011 年第 6 期；《沪杭铁路客运业务研究——以 1928—1937 年为例》，《三峡大学学报（人文社会科学版）》2012 年第 3 期；《试析沪杭甬铁路职工卫生事业的发展（1928—1937）》，《民国档案》2012 年第 4 期。后者发表有《前卫的旅行：沪杭铁路上的游览专车》，《旅游纵览（行业版）》2012 年第 2 期。

② 徐占春、代祥：《1898—1936：沪宁杭铁路与其经济带的建立》，《兰台世界》2007 年第 23 期；《1898—1936 沪宁杭铁路及其经济带的建成》，《江苏地方志》2008 年第 1 期；徐占春：《中国近代铁路建设与沪宁杭经济带的形成》，《武汉交通职业学院学报》2008 年第 1 期；《近代沪宁杭地区铁路建设与运营》，《交通与运输》2008 年第 5 期；黄华平：《1932 年上海新站之争》，《兰台世界》2009 年第 9 期；张楚：《略述 1934 年京沪沪杭甬铁路新运》，《华章》2011 年第 27 期；戴鞍钢：《近代江浙沪地区铁路修筑述略》，《徐州工程学院学报（社会科学版）》2013 年第 5 期；黄华平：《黄子方与 1930 年代京沪沪杭甬铁路职工卫生事业》，《中华医史杂志》2013 年第 6 期；佐野实：《清末期杭州における日本の鉄道・水運事業》，《鉄道史学》第 29 号，2011 年 12 月。栗林幸雄：《清末中国における鉄道建設の課題——滬寧鉄道理事会議事録の整理と分析》，《紀要》（土浦日本大学高等学校）第 27 号，2012 年。

③ 杨玄博：《微观世界中的人们：京沪沪杭甬铁路社会研究（1912—1937）》，厦门大学历史系博士论文，2014 年。

④ 铁道部编：《铁道部十八年十月份工作报告》，1929 年，第 8 页。

的扩写与深描，铁路的经济社会效应问题并非题中之意。①

三　铁路工程性影响的研究现状

由于铁路建设及管理的技术性较强，融合历史学与铁路专业学科的综合性研究成果尚不多见。加之学界的关注重点多在于铁路经济问题，对铁路建设中的社会因素和对整个社会层面的冲击缺乏全面分析。所以总体而言，以下几个方面的研究也都比较薄弱。

（一）路线布置与中外抗衡

铁路建设的首要任务即为勘测路线，选择其布置方案。一般情况下，路线布置大多出于经济发展的内生需求，对区域发展也都具有较为明显的促进作用，但近代长三角地区的铁路形成于华洋杂处、中西抗衡的特殊历史时期，受制于中外各个方面的制度、人事和时代因素，因而体现出一些不同的特征和影响。

由于当前的中国铁路史研究存在"重运输"而"轻工程"的现象，所以总体而言路线布置问题的研究成果相对较少，而且存在两大问题：一是海外档案文献的缺失，② 二是对路线布置的后续影响缺乏长时段的研究。③ 因此，该问题无论是在规模还是深度上都有较大开拓的空间。

---

① 佐野実：《清末民初期中国における地方有力者と列強の対立——上海—杭州—寧波間鉄道を題材として》，一橋大学経済学研究科博士論文，2013 年。

② 马陵合、张海荣对津镇（江）铁路改为津浦铁路的过程作了细致的考证，后者还对甲午战争后（天）津通（州）铁路改为津芦（卢沟桥）铁路的问题作了梳理。参见马陵合《近代江淮地区铁路交通区位研究——以津浦铁路改线为中心》，载邹逸麟主编《明清以来长江三角洲地区城镇地理与环境研究》，商务印书馆 2013 年版，第 246—274 页；张海荣《甲午战后清政府的实政改革（1895—1899 年）》，北京大学历史系博士论文，2013 年；《从津芦铁路看甲午战后清朝改革的再启》，《安徽史学》2014 年第 4 期。

③ 朱从兵对晚清北京至天津的铁路、株（洲）昭（山）铁路的路线布置以及广西铁路的规划建设问题做了深入研究，但尚未关注铁路建成后的工程性影响。参见氏著《甲午战前京津铁路线的筹议述论——兼议中国近代铁路建设起步的动力选择》，《历史档案》2009 年第 2 期；《张之洞与粤汉铁路——铁路与近代社会力量的成长》，合肥工业大学出版社 2011 年版，第 398—431 页；《线路趋向与区域社会——1930 年代广西铁路筹议、筹建和建设述论》，《广西师范大学学报（哲学社会科学版）》2012 年第 5 期。丁贤勇对杭江（浙赣）铁路的路线选择作了分析，但对人事因素（如文中所述的地方博弈）和后续影响的分析尚不充分（因选取的时间段较短）。参见氏著《民国时期杭江铁路线位选择考论》，《浙江社会科学》2009 年第 9 期。

（二）土地征收与基层社会变动

史学界关于土地问题的研究包括制度、产权、税收、管理等方面，其成果可谓汗牛充栋，但针对土地征收方面的研究却是凤毛麟角，这或许是因为土地征收的概念及其相关法律均为西方舶来品，是在出现近代交通工程的新情况下才出现的新问题。而且当前的征地研究普遍存在制度层面研究多于实际操作的问题，[①] 抑或受研究对象和史料限制而缺乏对征地引发的基层社会变动的深入探讨；[②] 而在铁路史领域中对"建成前"的研究多集中于外债、路权等政治经济史问题。近年来征地问题虽已有涉及，[③] 但对其引起的基层社会变动仍关注不够。[④] 此外，还有以下内容尚未引起学界关注：

笔者认为，土地征收可分为"向下"和"向上"两个主体不同的层面。"向下"层面指的是铁路初建时，铁路部门面向基层社会的相关工作，"向上"层面则体现在当城市发展需要调整铁路布局时，地方政权[⑤]

---

① 杨士泰：《清末民国土地法制研究》，中国政法大学博士论文，2008 年；郭春华：《试论南京国民政府的土地征收制度》，《民国档案》2004 年第 4 期；郭春华：《国民政府时期的征地补偿》，《南京农业大学学报（社会科学版）》2005 年第 4 期；王瑞庆：《学术史视野下近代中国土地征收思想的演进》，《华南农业大学学报（社会科学版）》2011 年第 4 期；童旭：《论民国南京政府时期的土地征收制度》，华中科技大学硕士论文，2011 年；王方：《上海近代公共租界道路建设中的征地活动》，《全球视野下的中国建筑遗产——第四届中国建筑史学国际研讨会》，2007 年。

② 王瑞庆：《1927—1937 年南京市征地补偿研究》，南京师范大学历史系硕士论文，2008 年；《涨价归公与南京国民政府时期土地征收地价补偿研究》，《中国社会经济史研究》2012 年第 1 期。

③ 黄华平：《民国成渝铁路土地征收问题考察》，《重庆工商大学学报（社会科学版）》2009 年第 5 期；《1932 年上海新站之争》，《兰台世界》2009 年第 17 期；戴建兵、顾雪静：《近代土地产权转移的新方式——以获鹿铁路购地为中心》，《河北广播电视大学学报》2011 年第 3 期；王斌：《近代铁路技术向中国的转移——以胶济铁路为例（1898—1914）》，山东教育出版社 2012 年版；丁戎：《津浦铁路工程时代建设用地购买问题解读》，《兰台世界》2012 年第 10 期；丁戎：《津浦铁路研究（1898—1937）——近代铁路线路史研究的探索》，苏州大学历史系博士论文，2013 年。

④ 朱从兵：《张之洞与粤汉铁路——铁路与近代社会力量的成长》。其"社会力量"包括绅商阶层、新知识分子群体（新式学堂里的学生和海外留学生）、农民、小手工业者、小商业者等，是与政府力量或官僚阶层相对的概念。从全书看，社会力量的兴衰对基层社会变动的影响似可进一步深入。

⑤ 包括北京政府时期由地方精英组成的市政管理机构，如上海的沪北、沪南工巡捐局等。

按照其规划思路向铁路部门征求用地的交涉，其不仅牵涉既有铁路用地的产权问题，更与一个国家的铁路管理体制密切相关。而近代以来土地制度的演变及围绕土地的权力争夺，始终是城市规划与实施的关键问题。① 正是基于这一点，笔者认为土地征收的工程性影响存在着双重面向。而在20世纪30年代的上海，两者又因缘际会地结合在一起，对城市发展产生了深远影响。

（三）铁路与水利的关系

水和水系在城乡经济和民众生活中具有重要地位，归纳起来有灌溉、运输、排涝、饮用、净化等方面，所以长期以来江南水利社会史研究一直备受重视，但其研究多偏重于明清等传统时期。② 近年来，晚清民国的水利问题研究得到逐步重视，③ 并出现了一些针对传统水环境遭遇"近代"新问题的著述，④ 但总体而言成果数量相对偏少，且缺乏对地方社会相应反馈的考察。

铁路经济社会效应的多学科综合性研究现已成为一个重要的方向，其不但有进一步深化的可能，也有进一步深化的必要。但目前的相关研究多集中于农工商业及城镇体系的变迁问题，铁路与水利关系的研究尚不多见。这一问题包含了两个方面，即铁路运输与水上运输的关系和铁路建设对水利（主要分为泄洪、灌溉两个方面）的影响。水运问题的研究相对

---

① 魏枢：《"大上海计划"启示录：近代上海市中心区域的规划变迁与空间演进》，东南大学出版社2011年版。

② 参见［日］森田明《中国水利史研究的近况及新动向》，孙登洲、张俊峰译，《山西大学学报（哲学社会科学版）》2011年第3期；晏雪平《二十世纪八十年代以来中国水利史研究综述》，《农业考古》2009年第1期。

③ 如［日］森田明：《清代水利社会史研究》，郑樑生译，（台北）"国立编译馆"1996年版，第6—7章；《清代水利与区域社会》，雷国山译，山东画报出版社2008年版，第8章；冯贤亮：《近世浙西的环境、水利与社会》，中国社会科学出版社2010年版，第7章。

④ 如吴俊范运用GIS技术分析了近代上海城市化进程中填浜筑路与当地水环境的变迁。梁志平探讨了晚清至改革开放初期太湖流域水质环境变迁过程与饮水改良活动。参见《从水乡到都市：近代上海城市道路系统演变与环境（1843—1949）》、《太湖流域水质环境变迁与饮水改良：从改水运动入手的回溯式研究》，博士学位论文，复旦大学历史地理研究所，2008年、2010年。

丰富,① 而后者两方面的研究，据笔者目力所及，除朱从兵有所论述外,②
尚无一项专门研究，地方史志的相关论述与记载也是乏善可陈。③

（四）铁路与城市空间结构的演进

路线布置对城镇兴衰影响的一个重要方面即为城市空间结构的演进。
城市空间结构研究的相关理论是拙著的研究基础，但该领域中关于长时段
城市变迁（城市史）的研究成果普遍存在的问题是对城市规划的制定、
实践、结果等环节背后的政治局势与人事因素分析不足。④ 再回到史学
界，我们可以发现目前关于铁路与城市空间结构两者关系的论著，主要有
以下四个方面的问题：首先，混淆铁路路线与铁路车站对城市空间结构的
不同影响；其次，只描述其推动城市空间拓展的功效，忽视其对城市发展
的阻碍现象；再次，仅关注城市总体空间的变迁而忽视道路格局、功能片
区等局部空间的演变；最后，缺乏必要的交通规划学、铁路工程学的理论
方法及图像表述的技能。⑤

---

① 参见朱荫贵《中国近代轮船航运业研究》，中国社会科学出版社 2008 年版；刘素芬《南
京国民政府的奖励工业与提倡国轮政策——以招商局的水陆联运为例》，虞和平、胡政主编《招
商局与中国现代化》，中国社会科学出版社 2008 年版；黄华平《民国铁道部与近代铁路联运》，
《重庆交通大学学报（社会科学版）》2010 年第 1 期等。

② 朱从兵：《铁路与社会经济：广西铁路研究（1885—1965）》，第 74—75、423—430 页。
该著主要从新中国成立后铁路运输促进广西水利建设的角度分析了两者的关系。

③ 笔者仅见《昆山县水利志》（昆山市水利局水利志编纂委员会编，上海科学技术文献出
版社 1995 年版，第 53 页）认为沪宁铁路"桥梁束水，原有水系被打乱，在县境内沪宁铁路成为
阳澄、淀泖水系的实际分界线"；而本章所述的屠家村港、北姚泾两起事件在《松江县志》（上海
市松江县地方史志编纂委员会编，上海人民出版社 1991 年版）和《松江县水利志》（该编志组
编，上海科学技术出版社 1993 年版）中均无记载，上海、嘉定、苏州、吴江、嘉兴、海宁、绍
兴、诸暨等地的史志对本章其他各起交涉案件也只字未提。

④ 孙倩：《上海近代城市公共管理制度与空间建设》，东南大学出版社 2009 年版；张鹏：
《都市形态的历史根基：上海公共租界市政发展与都市变迁研究》，同济大学出版社 2008 年版；
刘露：《天津城市空间结构与交通发展的相关性研究》，天津大学出版社 2011 年版。

⑤ 相关成果如江沛、熊亚平：《铁路与石家庄城市的崛起：1905—1937 年》，《近代史研究》
2005 年第 3 期；郭海成：《陇海铁路与近代关中经济社会变迁》，西南交通大学出版社 2011 年版；
丁贤勇：《新式交通与社会变迁——以民国浙江为中心》，中国社会科学出版社 2007 年版；丁贤
勇：《近代交通与市场空间结构的嬗变：以浙江为中心》，《中国经济史研究》2010 年第 3 期；丁
贤勇：《近代交通与杭州城市中心的变迁》，复旦大学历史系编：《明清以来江南城市的发展与文
化交流国际学术研讨会论文集》，2010 年。

上海是近代中国最大的通商口岸，同时也是长三角地区的铁路枢纽。[①] 目前史学界对上海城市空间结构变迁的研究着重于城市内部道路交通、房地产开发等内部驱动力或港口航运的外来推动力。[②] 这两方面无疑是最关键的因素，但城市发展毕竟是由多种合力共同推动造成的，铁路这一重要的外来推动力所发挥的作用就不容忽视，但这方面的研究尚付阙如。

第五节　资料简介

当前交通史研究的相关论著大多未能充分利用交通管理部门的档案、统计数据等"内部"资料，而仅仅采用沿线地区经济社会的概况介绍、新闻报道、调查报告边缘植材料等"外部"资料。虽然后者也属于重要史料，但其陈述对象并非交通路线本身，难免与交通部门存在隔膜，调查手段也存在各种缺陷，[③] 甚至所具有的某种宣传性质都降低了其在交通史研究中的价值。此外，地图、影像、实物等材料的运用也比较欠缺。有鉴于此，笔者经多年多方搜集，将已运用于文中的各种"内部"、"外部"材料作一简要介绍。

一　档案资料

英国势力始终伴随两路的发展，其重要性不言而喻，但由于获取不便，交通史学界对以下档案的使用并不充分。英国剑桥大学图书馆手稿部（Manuscript Department）馆藏的中英银公司（British and Chinese Corporation）档案，该公司是英国在华设立的铁路金融机构，负责两路的建设与

---

① 拙著以 1937 年抗战前形成的上海铁路主骨架为分析对象，包括淞沪铁路、沪宁铁路、沪杭甬铁路、沪宁沪杭甬两路联络线、三民路支线，浦东的上川、上南两条轻便铁路以及 1938 年起至新中国成立后新建的路线（如虬江支线、新兴支线、真西支线、何真支线、南何支线、何杨支线等）均不包括在内。

② 吴俊范：《从水乡到都市：近代上海城市道路系统演变与环境（1843—1949）》，复旦大学历史地理研究所博士论文，2008 年；牟振宇：《从苇荻渔歌到东方巴黎：近代上海法租界城市化空间过程研究》，上海书店出版社 2012 年版；王列辉：《驶向枢纽港：上海、宁波两港空间关系研究（1843—1941）》，浙江大学出版社 2009 年版；武强：《近代上海港城关系研究（1843—1937）》，复旦大学历史地理研究所博士论文，2011 年。

③ 相关缺陷可参见《太湖流域航运初步统计》，《太湖流域水利季刊》第 3 卷第 2 期，1930 年 2 月，调查篇第 11 页。

贷款，并在 1930 年之前掌握着两路局的实际管理权；英国国家档案馆（The National Archives）馆藏的英国外交部档案，其中关于两路的材料主要集中于 FO17、228、233、371、405、676 等全宗，此外还有驻华公使朱尔典（John Jordan）的个人档案（FO350）；伦敦大学亚非学院图书馆馆藏的中英银公司总裁 Charles Addis 的日记也是一份珍贵材料。

北美方面，美国宾夕法尼亚大学图书馆藏有一份 1936 年研究两路局管理体制的硕士论文，这是迄今唯一一份研究两路的西语论文；哥伦比亚大学图书馆馆藏两路局局长蔡增基的口述回忆；胡佛研究所藏有铁道部部长张嘉璈的日记，经比对发现其大部分内容已编入《张公权先生年谱初稿》；加拿大多伦多大学图书馆藏有中英银公司驻华代表濮兰德（J. O. P Bland）个人档案，现已电子化。

日本自 1903 年杭州士绅计划兴建江墅铁路起就开始插手长三角地区的铁路建设，虽然后来被英国抢占先机，但并未放弃对两路的调查和觊觎。例如亚洲历史资料中心（JACAR）网站的外务省档案，如《滬杭甬铁道関係雑纂》（共五卷）；亚洲经济研究所、一桥大学经济研究所馆藏的满铁上海事务所对两路的调查资料，如《京滬滬杭甬鐵道（第一、二部）》；爱知大学所藏的东亚同文书院的旅行调查报告（已制成缩微胶卷），如《鎮江寧波線调查报告书》；抗战爆发后成立的兴亚院以及华中铁道株式会社也曾刊印部分关于两路战前情况的资料，如《華中鐵道沿線案内》等。

中国港台方面的资料主要集中于台湾地区，除台北"中研院"近史所档案馆的清外务部以及北京政府外交部档案可以在网上阅览外，"国史馆"的核心档案为国民政府交通部档案，"蒋中正总统档案"多利用在铁路军事问题上，经济社会方面涉及不多；在国民党文传会党史馆馆藏的铁路特别党部档案中，也包括了一部分铁路业务的内容；香港各大藏书机构可资利用的以 FO17、371 缩微胶卷为主。

中国大陆方面以中国第二历史档案馆馆藏的京沪沪杭甬铁路管理局、铁道部等全宗为主。该全宗虽已于 2008 年停止调阅，但笔者在此之前已阅读部分档案，此外笔者在已完成数字化的抗战损失专题档案、财政部档案以及缩微胶卷部分的国民政府档案、国防部战史编纂委员会档案中也查到了部分重要内容；中国第一历史档案馆的部分档案已在清史工程的"中华文史网"阅读；上海铁路局尚存部分地产档案，由于该局内部调整，从

2010 年起处于封存状态。上海档案馆的市政档案是本书关于城市空间结构分析的主要资料，上海图书馆的盛宣怀档案也起到了非常重要的作用，笔者曾有幸阅读原件；两路沿线江浙沪各地的档案馆多为抗战及战后档案，除苏州商会档案和吴江区档案馆的苏嘉铁路征地档案外，可资利用者较少。

出于对铁路本身的爱好，笔者在孔夫子旧书网、日本の古本屋、上海云洲古玩城等处，以及民间收藏家手中收集了一批珍贵资料，其中包括晚清沪宁铁路上海至嘉定段的征地清册，苏嘉、沪宁、沪杭甬三条铁路的地产档案，侵华日军各部队内部发行的"写真帖"，等等。此外还有以下连续出版物中的缺失部分。

二　图书报刊资料

"内部"资料除了上述档案外，以下交通部门编印的各类书刊亦属于此，主要包括：商办江苏、浙江铁路股份有限公司的历年报告（1908—1914 年），（清）邮传部历年统计图表（1907—1911 年），（北洋、国民政府）交通部、铁道部编：《国有铁路会计统计总报告》（1915—1935），清《交通官报》、北洋《交通月刊》、《交通公报》；国民政府《铁道公报》、《交通公报》、《中华国有铁路统计月刊》，其中都包含了相当丰富的文字和统计数据；而两路局先后编印的《交通部直辖沪宁沪杭甬铁路管理局公报合编》、《铁路公报：沪宁沪杭甬线》、《京沪沪杭甬铁路周报》、《铁路月刊：京沪沪杭甬线》、《京沪沪杭甬铁路日刊》以及抗战胜利后的《京沪周刊》、《京沪旬刊》、《运务周报》等刊物，可作为该局全宗不开放情况下的最佳替代材料。

普通图书方面，除《交通史路政编》、《中国近代铁路史资料》、《中华民国铁路史资料》、（台）《铁路史料》、《近代中国史料丛刊》、《中华民国史档案资料汇编》、《中国旧海关史料》等较为常见的资料汇编外，笔者曾先后从海内外图书馆等机构收集了相关文献（已运用者均列入参考文献）：

中国国家图书馆、中国科学院图书馆、中国社科院近史所与经济所图书馆、北京大学图书馆、中国人民大学图书馆、北京交通大学图书馆、铁道部档案史志中心；复旦大学图书馆、上海社科院图书馆、历史所资料室、经济所企业史中心、上海辞书出版社资料室、上海交通大学档案馆、西南交通大学图书馆；浙江图书馆、南京图书馆等两路沿线各图书馆、档案馆、方志办、政协文史委、党史室等机构。

美国华盛顿国会图书馆、纽约公共图书馆、西北大学图书馆；日本国立国会图书馆、东京大学东洋文化研究所、新加坡国立大学图书馆；中国香港地区的香港大学、香港中文大学、香港科技大学图书馆；中国台湾地区的台北"国图"、"中央"图书馆台湾分馆、"中研院"图书馆、近史所郭廷以图书馆、政治大学以及成功大学图书馆。

报刊方面，除利用以上各大图书馆的原本外，另通过各种数据库（中美百万册、晚清民国期刊全文数据库、中国近代报刊库）等电子资源，在《申报》、《中央日报》、《东南日报》（杭州）、《苏州明报》、The Times、North China Daily News、読売新闻等新闻报刊上获取了重要资料。

三　口述采访、私人文稿、实物资料

笔者从 1997 年开始考察苏嘉铁路，采访了部分沿线居民及地方文史工作者，但内容主要集中在抗战时期；2009 年通过《史林》口述史增刊的回忆文章，进一步采访了两路局列车员陈关康先生之女陈正青女士；2010 年采访了沪宁铁路局首任局长钟文耀之孙钟仁国先生，获得了部分钟氏家族史料；2013 年 1 月初获得了 1932 年上海新火车站征地风潮的领导者侯选青的线索，但其已于 2009 年去世，故准备对其子女进行采访；实物方面，除中国铁道博物馆、上海铁路博物馆的文物外，笔者也收藏了部分老照片、明信片等珍稀史料。

第六节　研究思路

笔者在广泛搜集以上海内外史料的基础上，尽可能充分地利用交通管理部门的档案、统计数据等"内部"资料，再辅以各种常见的文献，以此构成拙著的史料基础。拙著的考察对象为长江三角洲地区的沪宁、沪杭甬铁路（包括其支线）。时间上限以 1848 年西人提出修建上海至苏、杭两地铁路为起始，下限主要以 1937 年为界，但部分内容需要延伸到 20 世纪 90 年代。

拙著参考交通社会学的研究方法，借助交通规划学和铁路工程学的理论工具分析铁路的路线布置、土地征收、工程建设等方面的内容，通过这几个方面的工程性影响考察铁路的经济社会效应，同时重视人在历史发展中的作用，把握社会变迁的理论内涵。笔者希望在此基础上进一步揭示铁路与经济发展、社会变迁之间的关系，并与交通社会学进行一定程度的对话。

全书共分五个章节进行论述：第一章探讨长三角区域铁路路线的形成经过；第二章分析路线确定后的土地征收情形及其引起的社会变动；第三章以太湖流域水利问题为例，研究铁路建设的工程性影响；第四章结合第二章的内容关注上海这座区域中心城市在突破铁路路线发展时遭遇的各种状况以及铁路土地征收的双重面向；第五章在上述各部分的基础上分析铁路对上海城市空间结构演进的影响。

各章内容虽有所侧重，但仍难免有重叠的部分。拙著选取的这四个方面仅仅是一种角度，并非忽视工程性影响的其他方面甚至否定运营性影响的重要性，而后者是笔者正在继续探索的重点内容。

综上所述，只有一定程度地掌握铁路相关学科的理论方法，运用以铁路部门档案文献为核心的史料，重视人在历史发展中的作用，并准确理解社会变迁理论内涵的前提下，我们才有可能更理性、更全面地认识铁路的经济社会效应及其对近代中国经济发展和社会变迁的意义。

第一章　接轨上海：沪宁、沪杭甬
铁路的路线布置与变更

"接轨上海"是当前江、浙等省主动接受上海辐射，发展自身经济所惯用的口号，而"接轨"一词即源自铁路。清末沪宁、沪杭甬铁路开工建设之初，各设计建造者均以接轨上海这座当时全国最大的口岸城市为目标，从而实现铁路自身业务和沿线经济社会发展的最大化。

铁路建设的首要任务即为勘测路线，选择其布置方案。这项工作"是铁路建设的先行，目的在于确定路线最合适的空间位置"。[①] 这一位置不仅决定了铁路上各种建筑物的设置、工程数量的大小和施工的难易，也决定了日后列车运行的条件和运营成本的高低。如沪宁铁路管理局所言："与工程造价以及日后养路、行车经费，皆有关系。"[②] 不仅如此，从城镇的兴衰到区域的变迁，都会受到不同路线布置所产生的工程性影响，但学界对此问题的研究甚少且存在一定的问题（参见导论部分）。

再就本区域而言，既有研究表明诱发近代长三角区域经济社会变迁的交通主导力量当属外海与内河的水路运输，铁路运输只是处于从属地位，[③] 如罗兹·墨菲（Rhoads Murphey）所言：

在上海发展成长过程中，铁路的作用显然是次要的。尽管这些铁路把长江三角洲大多数大城市连接起来，尽管长江下游流域的农业和

---

① 詹振炎：《铁路选线设计的现代理论和方法》，中国铁道出版社 2001 年版，第 1 页。

② 交通、铁道部交通史编纂委员会编：《交通史路政编》第 11 册，1935 年，第 3121 页。

③ 张仲礼主编：《近代上海城市研究（1840—1949）》，上海人民出版社 1990 年版；丁日初主编：《上海近代经济史》第 2 卷，上海人民出版社 1997 年版；戴鞍钢：《港口·城市·腹地——上海与长江流域经济关系的历史考察》，复旦大学出版社 1998 年版。

工业生产率较高，它们从来没有成为具有西方规模的大容积运载工具。①

但上述作品均未充分解答其原因，尤其是铁路路线走向的因素。一般情况下，铁路路线的形成（包括设计与施工两个环节）大多出于经济发展的内生需求，对区域发展也都具有较为明显的促进作用，但近代长三角地区的铁路路线形成于华洋杂处的特殊历史时期，受制于中外各个方面的制度、人事和时代因素，因而体现出一些不同的特征和影响。既有江南史、上海史研究成果对这一历史进程的阐述不甚明晰或存在错谬，故本章将对此作一论述。

第一节　由"吴淞"至"淞沪"：长江三角洲地区铁路的起源

长江三角洲地区是中国铁路的发源地。1849 年 7 月，《中国丛报》上刊登了一篇鼓吹在中国修建铁路以扩展外国贸易的文章，其中提到："如果有任何办法（从上海）修建两条短距离铁路，一条延伸到杭州，一条延伸到苏州，并允许外国人在那两个城市自由访问和从事贸易活动，那么上海的国际和国内贸易，就会同时在大得多的幅度上进行"。② 这是目前可考的西人欲在江南敷设铁道的最早记录，较 1863 年英、法、美三国洋行向江苏巡抚李鸿章要求建设上海至苏州铁路一事还早 15 年。③ 不过这条沪苏铁路曾在 1867 年由在伦敦设立的中国铁路公司（China Railway Company, Ltd.）公布了最早的路线布置方案：

> 以苏州河桥附近为起点，筑一弓格桥（lattice bridge）跨过吴淞江，沿着新吴淞大道通达吴淞镇，再取道嘉定、太仓、昆山到达苏

---

① ［美］罗兹·墨菲：《上海——现代中国的钥匙》，上海社会科学院历史研究所编译，上海人民出版社 1986 年版，第 108 页。

② Things in Shanghai, *Chinese Repository*, Vol. 18（1849），p. 385.

③ 谢彬：《中国铁道史》，中华书局 1929 年版，第 5 页。

州，终点即在苏州大东门外。①

1864 年，英国工程师斯蒂文生（MacDonald Stephenson）来华提出其设想的"中国铁路网"，其中就有作为三条支线之一的"上海经杭州、宁波至福州"方案。② 但上述方案最终都被清政府一一回绝。

1866 年 3 月，英国驻华公使阿礼国（Rutherford Alcock）以黄浦江沿岸"洋商起货不便"为由，向总理衙门提出从吴淞海口至黄浦江"各商业经租就之地，创修铁路一道，计三十里，由外国捐资，不必中国相助"，同时表示"浦江淤浅，挑挖不易，铁路修成，水路挑挖无关紧要，行止听便"。但南洋通商大臣李鸿章随即以"开筑铁路，妨碍多端"为由加以拒绝。③

在多次提议遭拒后，英国方面决定转变策略。1872 年 11 月，英国吴淞道路公司（Woosung Road Company）向上海道台沈秉成提出兴建虹口至吴淞的普通道路，获得了沈氏的支持后便开始征地，次年 5 月的《申报》公布了以下路线方案，④ 与建成后的路线基本一致：

> 由英租界河南路隔河对面而起，直北至西人练枪之处，复向东北九里至刚安村，即在刚安村建桥，以过河东，折西北则为西国酒店，由酒店直东至吴淞河边，沿河至吴淞为止。

1874 年 8 月，英方在未经清政府同意的情况下决定将道路改为铁路，这就是中国第一条通车运营的铁路——吴淞铁路。1876 年 12 月全线开通，共建有蕴藻浜（Woosung Creek）、吴淞口（Woosung Bar）、江湾、上

---

① 梅耶：《中日商埠志》，宓汝成编：《中国近代铁路史资料（1863—1911）》第 1 册，中华书局 1963 年版，第 5 页。

② 宓汝成：《帝国主义与中国铁路（1847—1949）》，上海人民出版社 1980 年版，第 31 页。

③ 《总署奏上海吴淞铁路须妥筹归宿之法片》，王彦威、王亮编：《清季外交史料》第 5 卷，书目文献出版社 1987 年影印本，第 96 页。

④ 《上海至吴淞将造火轮车铁路》，《申报》1873 年 5 月 6 日，第 1 版。"刚安"即江湾。

海4座车站，① 其中上海站址位于三摆渡桥（今河南北路桥）西北堍。②
次年10月，该路被清政府赎回，其铁轨、枕木、道砟、信号设备、车站
站房均被拆除，其中上海站被改建为天妃宫。路基则改作普通道路，工部
局称为"Old Railway Road"（见图1-1），中方俗称"铁马路"，后被命
名为北河南路。

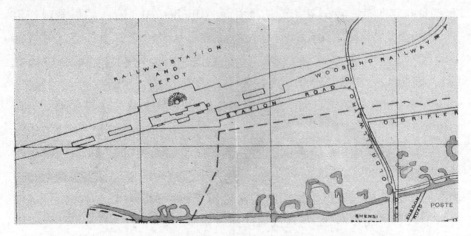

图1-1　淞沪铁路与 Old Railway Road 位置图

资料来源：*Shanghai*，1902. 美国国会图书馆藏，安克强教授提供。

由于该路仍作为上海与吴淞间的重要通道，所以工部局曾多次计划对
其进行修理并安装路灯、铺设下水道，但在1888年前遭到了历任上海道
台的反对，1888年12月道台龚照瑗同意工部局对其进行必要的修理，同
时声明清政府仍对此路保留所有的权利。③ 1893年道台聂缉椝应工部局之
请对沿路桥梁进行了修理与重建。④ 1896年虹口万国商团靶子场（今四川
北路至鲁迅公园一带）建成后，工部局曾计划将此路改建为租界通往靶子

① FO228/594. p. 78. 英国国家档案馆藏。该档案文件名模糊不清，以下无标题者均属同一
情况。路线参见图1-3。

② 参见点石斋编绘《上海县城厢租界全图》，1884年；《中国铁路问题》，《申报》1919年
10月29日，第6版。具体考证亦可参见张雨才编《中国铁道建设史略（1876—1949）》，中国铁
道出版社1997年版，第197页。

③ Shanghai Municipal Council eds. *Report for the Year* 1896 *and Budget for the Year* 1897. Shanghai：
Kelly & Walsh，Limited，1897，p. 142.

④ Shanghai Municipal Council eds. *Report for the Year* 1895 *and Budget for the Year* 1896. Shanghai：
Kelly & Walsh，Limited，1896，pp. 157—158.

场的要道，但由于次年重建铁路的需要而不得不放弃此方案，北河南路则为了连接新火车站而进行了拓宽。① 1898 年夏，道台蔡钧将以下淞沪铁路上海站至靶子场站（天通庵旁）之间的路基改建为道路，后被命名为宝山路。②

1895 年 7 月，两江总督张之洞鉴于甲午战后列强谋取中国铁路路权日亟，奏请清政府兴建江南地区的铁路，其计划"由上海造铁路以通苏州，而至江宁，旁通杭州"。③ 1897 年 2 月，原吴淞铁路作为沪宁铁路中的一部分得以重建，并更名为淞沪铁路，由盛宣怀督办的铁路总公司负责建设，次年 9 月通车，共有蕴藻浜、张华浜、江湾、靶子场（后改称天通庵）、上海 5 座车站。需要说明的是，现有文献均认为上海站位于靶子路北、今东华路－虬江路平交道附近，④ 而笔者通过图 1-2 和其他 1900—1903 年的地图发现该说法有误，事实上该站就坐落在 1909 年建成的沪宁铁路上海站（后称为北站，今天目东路上海铁路博物馆）之处，即北河南路以西、车站路（Station Road，后拓宽为界路）以北。

淞沪铁路与吴淞铁路的路线基本相同，前者对后者留下的 322 亩路基进行了取直加宽，⑤ 约占全线的 70%，仅南北两端有所变动。如图 1-3 所示，吴淞铁路蕴藻浜至何家湾一段为直线，离黄浦江较远，另设吴淞口位接驳水路客货，而淞沪铁路为接近黄浦江并设置码头而改为张华浜站两侧的曲线；吴淞铁路的南段即为后来的宝山路与北河南路，与淞沪铁路靶子场站以南路段不重合。

正因为两路没有完全重合，1898 年 7 月《新闻报》曾刊发社论认为

① Shanghai Municipal Council eds. *Report for the Year* 1897 *and Budget for the Year* 1898. Shanghai：Kelly & Walsh，Limited，1898，p. 144.

② Shanghai Municipal Council eds. *Report for the Year* 1903 *and Budget for the Year* 1904. Shanghai：Kelly & Walsh，Limited，1904，p. 266.

③ 《署江督张之洞奏筹办沪宁铁路已派洋员测勘分段兴造折》，王彦威、王亮编：《清季外交史料》第 119 卷，第 15—16 页。

④ 《上海铁路志》编纂委员会编：《上海铁路志》，上海社会科学院出版社 1999 年版，第 86 页；上海通志编纂委员会编：《上海通志》第 6 册，上海社会科学院出版社、上海人民出版社 2005 年版，第 4183、4193 页。其利用吴淞铁路的路基量以及吴淞铁路的车站等内容也都存在错误。

⑤ 《翁丞查明许守禀定淞沪铁路用地价目清折》（1897 年），上海图书馆藏盛宣怀档案（简称盛档），117036—4。

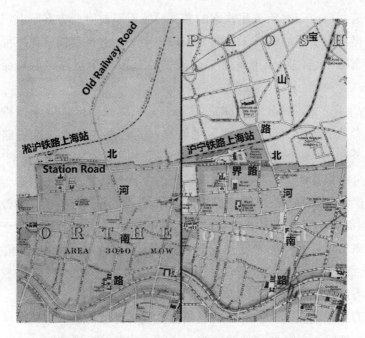

图 1 − 2   淞沪铁路上海站与沪宁铁路上海站位置比较

资料来源：左图 Authority of the Municipal Council, *Plan of Shanghai*, 1904. 右图 North-China Daily News & Herald Limited, *Map of Shanghai*, 1918. 美国国会图书馆藏。

图 1 − 3   吴淞铁路与淞沪铁路路线关系示意图

资料来源：《淞沪铁路图》，约 1903 年，笔者藏；底图：上海市土地局编：《上海市区域图》，1932 年。

淞沪铁路建设部门在"旧路可以不费分文，新途则时值涨价"的情况下，仍"不循旧路，另筑新途"，因此有串通西人地产商抬高地价、中饱私囊之嫌。① 该路总工程师锡乐巴（Baurath Hildebrand）阅后随即撰文反驳：

> 　　昔年吴淞车站，只有客而无货，是以离浦不嫌过远，今则必须改
> 设黄浦之边，以便商货上下；其上海旧站，固觉太小，况目下中西房
> 屋林立，自不得不另择空旷之区以设车站。……要知数十年以后，轮
> 轨所至，繁盛可知，彼时再欲推广站地，势若登天之难。

　　可见，北端改道是基于接近黄浦江的考虑，上海站弃北河南路桥天妃
宫原址而择图 1–3 中之新址则是出于避开建成区和适应将来发展的需要。
此外，他还就"中饱"问题做了回应，表示除各车站所用土地之外，正
线仅添购 30 余亩土地加宽吴淞铁路路基、减少弯道以适应新型车辆运行
的需要，施工也不存在困难，因此"即使欲图中饱，能有几何？当局者必
不如此戆且拙！"② 此时的淞沪铁路已进入工程扫尾阶段，所以不能将锡
乐巴所言视为全部的原因，但仍然可以部分解释改道的原委。

第二节　"接沪"抑或"接淞"：沪宁铁路
上海至昆山段路线之争

　　《马关条约》签订不到一个月，1895 年 5 月美国财团即来华提出借
款筑路。鉴于甲午惨败，列强谋取中国铁路修筑、贷款权日亟之势，时任
两江总督张之洞于 7 月建奏请清政府兴建江南地区的铁路，其计划为"由
上海造铁路以通苏州，而至江宁，旁通杭州，此路最有利于商"。路线分
为"自镇至宁，自苏至杭两路，或官办或商办"，建成后可使"江宁、
苏、杭联为一气"。③ 原吴淞铁路作为其中一部分（更名为淞沪铁路）得
以重建，1897 年 2 月开工，1898 年 9 月通车。

　　与此同时，英国以最惠国待遇及利益均沾为由，于 1898 年 4 月向清

---

　　① 《论吴淞铁路稽缓之异》，《新闻报》1898 年 7 月 19 日，第 1 版。

　　② 《中国铁路参赞兼总工程师锡乐巴致新闻报馆主函》（1898 年 7 月 29 日），盛档，
091878。

　　③ 《署江督张之洞奏筹办沪宁铁路已派洋员测勘分段兴造折》，王彦威、王亮编：《清季外
交史料》第 119 卷，书目文献出版社 1987 年影印本，第 15—16 页。

政府提出承办沪宁铁路并随即签署《沪宁铁路草合同》。该合同签订后，督办铁路大臣盛宣怀曾派人会同英国怡和洋行工程师玛礼孙（G. J. Morrison）对沪宁铁路进行了初步勘测，[①] 其总体计划乃从上海（属松江府）向西经太仓州、苏州、常州、镇江四府一州而抵江宁。

但此后英方仍不断要求扩大其利益，双方经协商后于 1903 年 7 月正式签订《沪宁铁路借款合同》，铁路建设随即启动。同年 8 月，以英籍工程师格林森（A. H. Collinson）为首的勘测队分四段对沪宁铁路进行详细勘测，上海至苏州为第一段。[②] 10 月 10 日，格林森绘制了上海向西，经真如、南翔、安亭至昆山的路线图（见图 1-4），并通过沪宁铁路总公司递交给盛宣怀。建成后的沪宁铁路除将昆山城外路线从城北移至城南外，[③] 其余部分与此线基本相同。

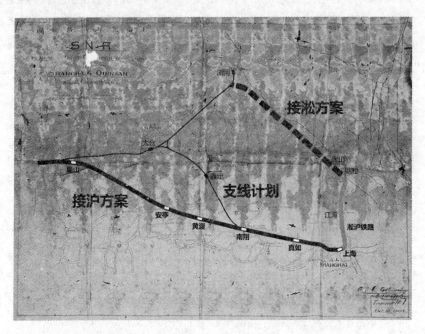

图 1-4　沪宁铁路上海至昆山段两种路线布置方案图

资料来源：底图：A. H. Collinson, *Shanghai & Quinsan*, 1903. 笔者藏。

---

① 交通、铁道部交通史编纂委员会编：《交通史路政编》第 11 册，第 3121 页。
② 同上。
③ 沪宁沪杭甬铁路管理局编纂课编：《沪宁沪杭甬铁路史料》，1924 年，沪宁篇第 37 页。

1898 年 4 月，清政府以"淞沪铁路，将次竣工，商货往来，自必益形繁盛"而自行宣布吴淞开埠。① 1903 年 6 月，淞沪铁路向北延伸到了吴淞镇北的炮台湾。② 因此在格林森勘测的同时，上海、吴淞一带的地方绅商就希望铁路能配合吴淞开埠而改成以吴淞为起点，经宝山、浏河、太仓以达昆山（与前述 1867 年中国铁路公司的沪苏铁路路线布置方案类似），昆山至上海路线是在上海与淞沪铁路接轨（接沪）还是在吴淞（接淞）遂成为沪宁铁路建设初期的一大问题。

10 月初，作为沪宁铁路总办之一的潘学祖拟订了接淞方案，当面向盛宣怀陈述此举可"藉兴商埠"，故盛宣怀即令其随同格林森勘测太仓至昆山路线，"以备比较"。③ 15 日格林森将该方案线路图提交沪宁铁路总管理处（以下简称总管理处）第二次会议进行讨论，随后由总管理处将相关情况告知潘学祖及另一名总办朱宝奎，由朱宝奎翻译后呈盛宣怀审核。④

11 月 11 日，盛宣怀在致两江总督兼南洋通商大臣魏光焘及江苏巡抚恩寿的函件中，认为 10 月 10 日格林森提出的方案"大致就道路远近、施工难易、商赁多寡"三方面"折中核定"，尤其是以建筑费用"不越全路借款"为准。此外，吴淞开埠后"未即兴盛"是因为淞沪铁路距离"太短"，等将来与沪宁铁路其他段衔接并通入内地后，吴淞与内陆地区都将"自渐繁盛"，似乎"不在接轨之远近也"，所以不赞成接淞方案。但盛宣怀也表示在太仓至昆山段的勘测图完成后，再请魏、恩两人审核确定路线走向。⑤ 次日，魏光焘即回电称，两种方案比较后如果"差率不远，宜仍就吴淞接轨，于商埠大有裨益"，同时已令潘学祖向当地绅商解释此事，⑥ 可见魏光焘对此颇为肯定。

---

① 《吴淞新开商埠仿照沪界办理片》，中国科学院历史研究所第三所编：《刘坤一遗集》第 3 册，中华书局 1959 年版，第 1030 页。

② 《淞沪铁路展造滨北工程并行车收支细数清册（一）》，全国图书馆文献缩微复制中心编：《清邮传部珍存铁路文档汇编》第 1 册，2004 年影印本，第 331 页。

③ 《寄江督魏午帅、苏抚恩艺帅》，盛宣怀：《愚斋存稿》卷 61《电报》38，思补楼，1939 年，第 28—29 页。

④ 《沪宁铁路总管理处会议日记》（抄本），上海图书馆藏，1903 年 10 月 15 日，无页码。

⑤ 《寄江督魏午帅、苏抚恩艺帅》，盛宣怀：《愚斋存稿》卷 61《电报》38，第 28—29 页。

⑥ 《魏午帅来电》，盛宣怀：《愚斋存稿》卷 61《电报》38，第 29 页。

15 日，盛宣怀要求再做勘测，并称南洋通商大臣亦欲如此。19 日，总管理处第六次会议对该方案再做讨论，璧利南（Byron Brenan）、蓝台尔（David Landale）、格林森、朱宝奎、潘学祖到会，① 其中多数意见认为"改道实为不便"，而由上海直达昆山"较为便利"，因铁路通车后沪苏段"载运来往客货，较他段为最繁"。管理处表示尊重各成员意见，但仍委托格林森详加考察。②

由于铁路仍以上海至昆山线开展征地等工作，1904 年初，"旅沪众商"不得不向督办吴淞开埠工程总局（以下简称工程总局）具文请愿，指出接淞方案的三大益处，其文如下：

> 筑路工程，贵乎便捷，取道于上海，道迂而费重，取道于吴淞，径捷而费轻，上海一路，桥多水广，必须绕过南翔，吴淞一路，地宽径直，可以直达昆山，相形之下，似以取道吴淞为便，此有益于工程者，一也；市面之兴衰，视铁路为转移，吴淞开埠，国家耗费颇巨，铁路不由吴淞接轨，则地非冲要，埠务难期兴旺，所费皆成虚掷，若接轨吴淞，则地利可兴，商务必盛，此有益商埠者，二也；上海商务繁盛，已属登峰造极，浦江积淤日甚，开浚之请日坚，铁路由淞接轨，轮舶起卸货物，不必迂道江行，浚浦之议，有辞可卸，权利不为侵占，地方免多事故，此有益于交涉者，三也。

概言之，第一，吴淞至昆山的路线里程数低于上海至昆山，且河流较少，便于工程建设；第二，有利于吴淞开埠，不致浪费国家经费；第三，避免租界通过《辛丑条约》规定的疏浚黄浦江而夺回航运优势。

工程总局将此情禀报魏光焘后，魏氏即亲自前往上海、昆山沿线察访，认为众商所言"正与本大臣所见相同"，且与"地方交涉、国家帑项"关系犹大，因此于 3 月再次要求盛宣怀核查，并"坚持商办"。③

---

① 管理处由 5 人组成，中、英各两人，但包括格林森，故英方占优。参见《沪宁铁路借款合同》第六款。

② 《沪宁铁路总管理处会议日记》，1903 年 11 月 19 日。

③ 《南洋大臣批上海商业公所禀宁沪铁路请由吴淞接轨由 附原禀》，《北洋官报》第 243 期，1904 年 3 月，第 2—3 页。

此后，供职于铁路工程购地总局的林贺峒（林则徐之孙）同样认为"在沪接轨，利少害多"，其中包括"运兵有阻"，即不利于军队调防，故请最先提出吴淞开埠的沈敦和与"同谙洋务"的朱宝奎两位沪宁铁路总办，与英国怡和洋行商议此事，"怡和必应遵办"。[①]

笔者认为，第二、第三两点乃出于国家主权考虑，无可厚非，但第一点值得商榷。因为无论从格林森的路线图还是当代地图分析，吴淞至昆山的路线里程数（约57公里）均大于上海至昆山（52公里）路线，是真正的"道迂而费重"，唯一的好处是可以将太仓州城、宝山县城、浏河镇等重要城镇连成一线，而上海至昆山段仅有南翔一镇尚属发达。而这一点不久也被盛宣怀发现并作为反对理由，"逐节争驳"林贺峒等人所言之各端。

与此同时，由怡和、汇丰两家洋行合资成立，具体办理沪宁铁路建设、贷款等项目的中英银公司以"造路应舍远取近，养路应舍瘠取肥"为标准，认为吴淞至昆山段"路远地瘠，货客稀少"，昆山至上海"经真如、南翔等著名富镇，工程亦近"，可见此说对沿线城镇情况的看法亦有失偏颇。但该公司又以在伦敦发行铁路债券为由，声称沪宁铁路"有利益无浮费"才能吸引投资者，如果"中道改议，取信何从？"，因此不能改变原计划而失债信。

"为兴埠、防患起见"，沈敦和、朱宝奎两人经"数日争执"，最终于8月[②]提出了折中办法：将沪宁铁路总站从上海改至吴淞，同时将普通货仓、铁路材料仓库、机车车辆修理厂等一切重要设施"悉置吴淞"，并增加黄浦江码头数量。盛宣怀颇为赞同，故于9月10日同时致函北京外务部、已调任闽浙总督的魏光焘以及江苏巡抚端方，声称该方案不仅使沪宁铁路以吴淞为首，江宁为尾，"扼江海要领"，而且使"江海货客，悉萃于此"，吴淞"自日兴盛"。而否决接淞方案实为"有利无害"，因此举可使英国债权人"不致异议"。至于林贺峒所言，"尤属误会"，因军队武器将由铁路专车运送并直达吴淞海口，"上海只是经过，洋人无权干预"，

---

① 《寄京外务部、宁魏制台、苏端中丞》，盛宣怀：《愚斋存稿》卷66《电报》43，第7—8页。

② 根据沪宁铁路总管理处第18次会议内容大致判断，参见《沪宁铁路总管理处会议日记》，1904年8月23日。

而且上海站及选定的路线都在租界以外。鉴于铁路债券已售，故盛宣怀请外务部"迅赐核定"。①

次日，魏光焘回电表示"此变通办法，洵属权衡利害，斟酌尽善"，应在外务部及端方回电后由盛宣怀"照议核办"。② 同日，外务部回复称英国驻华公使强调上海至昆山路线已于发行债券时宣布，"此时万难更改"。该部另表示未曾接到更改路线的报告，故令盛、端二人核查后再作回复。③

9月13日，盛宣怀回复外务部、端方等人，向外务部表示虽然同样是在上海接轨，但上述折中方案"比较权利，所收实多"，同时请端方迅速确定方案。④ 22日，外务部来电表示同意该折中方案，并已回复英国公使和端方二人。⑤ 该部在回复端方的文电中表示"路名宁沪，应令沪、宁两路为起轴"，如改至吴淞则"取道稍纡"，盛宣怀既与中英银公司商定此折中办法，南洋通商大臣"亦无异词"，故可照此方案执行。如浏河镇"商务较旺"，将来可以由国人自办铁路连接吴淞，"不必让宁沪公司占去"。此外，外务部劝说道：中英银公司的债券已经出售，英国公使多次催促确定方案，"碍难久延"，故按照盛宣怀的方案回复英使。⑥ 但端方对此表示疑义，列出了以下两点理由作为回复：

> 自淞接轨，则货先到淞，自沪接轨，则货先到沪，货若在沪卸载，则所谓多设码头，江海货客悉萃于淞者，皆成虚词。……沪站虽与英界相隔，实与美界相连，止隔一浜，倘日后推广美界，则于运兵必多胁制。

至于解决方法，端方认为从北方运来的货物及铁路沿线的出口物资都

---

① 《寄京外务部、宁魏制台、苏端中丞》，盛宣怀：《愚斋存稿》卷66《电报》43，第7—8页。

② 《魏午帅来电》，盛宣怀：《愚斋存稿》卷66《电报》43，第8页。

③ 《外务部来电（并致江督苏抚）》，盛宣怀：《愚斋存稿》卷66《电报》43，第8—9页。

④ 《寄京外务部、宁魏午帅、苏端午帅》，盛宣怀：《愚斋存稿》卷66《电报》43，第9页。

⑤ 《外务部来电》，盛宣怀：《愚斋存稿》卷66《电报》43，第10页。

⑥ 《外务部致苏抚电》，《沪宁铁路总管理处会议日记》，1904年10月27日。

必须在吴淞装卸，"方于埠务有益"。而中英银公司英方所占股份仅有两成，恐无法阻止美方行为，故必须请美、英等各方列强立据声明不再扩展租界、干预铁路事务。不过端方仍表示虽有疑议，但仅仅是在盛宣怀方案之内"稍事推敲"，并非完全否定，故仍将以大局为重，同意折中方案而"不致阻碍大工"。最后，端方呈请外务部转令盛宣怀"悉心妥筹"。[①]

25日，外务部将上述端方意见告知盛宣怀，令其详加研究后回电。[②] 29日，新任两江总督李兴锐致电盛宣怀，表示接沪方案"既难改议"，那么就必须防止美租界扩张而将铁路并入界内，故请其"妥筹商酌"。[③]

10月底，端方致电李兴锐陈述更改路线之始末，希望得到李兴锐的"鼎力扶持"。他表示自己和魏光焘均赞成接淞方案，因此"叠次咨请盛大臣坚持"，在得到盛宣怀折中方案的回复后仍向外务部"力辩"。虽然没有成功，但仍表示以大局为重，只是认为此事早就该讨论，而不应在中英银公司发行债券后再作申诉。[④]

至此，接淞之议未能实现，上海至昆山段仍按格林森设计的路线建造（仅将昆山城北路线移至城南）。而上述折中方案最终也被否决，沪宁铁路总车站仍设于上海（即后来的北站），仅在吴淞蕴藻浜南的张华浜建造了一所机车修理厂和张华浜站的黄浦江码头。[⑤] 1905年秋，新任购地局总办林贺峒解释了未在吴淞设总站的理由：

> 吴淞僻在海隅，距沪三十余里，往来无多人，其车站能容纳之？今沪宁为四通八达之区，东南最大之干路，熙来攘往之人出于此，内河外海之货集于此，无大车站不能容之。[⑥]

---

① 《苏抚复外务部电》，《沪宁铁路总管理处会议日记》，1904年10月27日。

② 《外务部来电》，盛宣怀：《愚斋存稿》卷66《电报》43，第10—11页。

③ 《署江督李勉帅来电》，盛宣怀：《愚斋存稿》卷66《电报》43，第11页。

④ 《苏抚端午帅致江督李制军辩论宁沪铁路电文》，《申报》1904年10月30日，第3版；《江督李制军接苏抚端午帅辩论宁沪铁路电》，《沪宁铁路总管理处会议日记》，1904年10月27日。

⑤ 张允高等修，钱淦等纂：民国《宝山县续志》卷3《路街》，民国二十年（1921）铅印本，第34页。

⑥ 《禀复盛宫保沪宁铁路并未多购地亩》，林贺峒：《味雪堂遗集》，古闽林氏，1909年，第44页。

由于 1920 年吴淞第二次开埠后，商埠督办张謇亦计划将总车站移设吴淞，[①] 因此笔者认为"接淞"和总站迁移方案未能实现是导致吴淞第一次开埠失败的重要因素。

多年后，时任邮传部尚书的盛宣怀在 1911 年该部会议上阐述"沪宁路縻费过巨"一事时，认为"接轨上海，不接轨吴淞"与铁路材料不先向汉阳铁厂购买、材料厂及其他重要职位不用华人等项"皆显示违抗之意"，与合同不符。[②] 盛宣怀所言似在为己开脱，因其已在此前的历次路权风潮中因出卖路权、唯英人马首是瞻等事而遭千夫指，盛宣怀在此事件中始终不同意接淞方案，且不乏维护英方利益之词，故确实负有主要责任。而苏杭甬铁路变更为沪杭甬铁路也受到了英方的影响，但并非个人主导，而是集体决议的结果。

第三节　从"苏杭甬"到"沪杭甬"：江浙间
　　　　铁路路线的变更

一　苏杭甬铁路的缘起

前述 1895 年张之洞提出的铁路计划中，"旁通杭州"、"自苏至杭"即为江浙间铁路的雏形。而甲午战争后各地自筑铁道的呼声与行动已如雨后春笋——1897 年初，浙江已有筑路计划："初拟由拱宸桥折而向东，经乔司、横塘等镇，直达钱塘江口"，后改为"由拱宸桥西，从猪儿潭一带转松木场，经青芝坞绕出西子湖畔，再由南屏山麓转至凤凰山下，以达江干"。[③] 宁波至绍兴的铁路也初显端倪，次年 5 月总理衙门"奏准由宁波直达绍兴，安设铁路"。[④]

浙江自建铁路的消息随即招致英国的关注。1898 年 8 月 3 日，怡和洋行致函铁路总公司要求"造办苏杭铁路，并望将来能由杭州造至宁波"。[⑤]

---

① 吴淞商埠督办张謇：《吴淞开埠计划概略》，《申报》1923 年 1 月 1 日，第 26 版。
② 《沪宁路将有整顿之机 亡羊补牢未为晚也》，《申报》1911 年 4 月 4 日，第 5—6 版。
③ 《改造铁路》，《申报》1897 年 3 月 2 日，第 1 版。
④ 《筑路述闻》，《申报》1898 年 5 月 29 日，第 1 版。
⑤ 陈毅编：《苏杭甬铁路始末记》，邮传部图书通译局，1910 年，第 1 页。

10 月 15 日，盛宣怀与该洋行签署《苏杭甬铁路草约》（以下简称草约）四款，正式提出兴建从江苏省府苏州南下，经嘉兴府至浙江省府杭州，再延伸至宁波府的苏杭甬铁路。

第一款　今议定造办铁路，由江苏省之苏州至浙江之杭州及宁波，订立草约章程，即与光绪二十四年闰三月二十三日，即西历一千八百九十八年五月十三号签订之沪宁铁路章程一样。

第二款　此合同第一款草约章程，将来订立正约，仍当与嗣后商定核准之沪宁铁路正约章程一样。

第三款　此合同签定之后，怡和洋行当从速代银公司派工程师勘测第一款中所指各路，总公司一面知会地方官员保护银公司派出之勘路工程师等人。

第四款　以上草合同，先由督办大臣画押，俟会商抚部院，如有地方窒碍之处，即行更正；仍俟订正约时，即行会同入奏。①

但是此后，由于英国受 1899 年南非战争及庚子事变的影响，该路的建设陷于停滞。虽然盛宣怀于 1906 年称英方"现已七年，并未来议勘办"，②此后几乎所有的文献也是众口一词，但勘测工作确曾进行：1898 年 12 月 16 日，时任"襄办江浙铁路委员"的潘学祖与英国工程师赖治氏等人至杭州勘测路线，随后渡江前往萧山、山阴两县境内。③次年 1 月 27 日，潘学祖再度与外籍工程师从苏州出发，经嘉兴至杭州，沿路勘测。④

1903 年春，浙江商人李厚祐等致函盛宣怀，要求自办杭州城外江干至湖墅的铁路。5 月 24 日，盛宣怀致电中英银公司璧利南声明："杭州铁路，现有他商请办，势难久待。自此函订之日起，如六个月之内，再不勘路估价……所有以前草合同，一概作废"。⑤而璧利南的复函"强词推诿，

①　佚名编：《苏杭甬铁路档》（合订本）卷 1，1907 年，第 10—11 页。

②　《复陈议苏杭甬铁路草合同折》，盛宣怀：《愚斋存稿》卷 12《奏疏》12，第 29 页。

③　《铁路先声》，《申报》1898 年 12 月 23 日，第 1 版；《勘办铁路》，《申报》1899 年 1 月 7 日，第 1 版。

④　《复勘铁路》，《申报》1899 年 2 月 22 日，第 2 版。

⑤　《复陈议苏杭甬铁路草合同折》，盛宣怀：《愚斋存稿》卷 12《奏疏》12，第 29 页。

并不重视废约之议"，① 而"此函去后，又逾两年"，② 英方毫无开工及订立新合同的迹象。

1903 年秋冬，又有杭州、嘉兴两地绅商计划向德国荣华洋行借款兴建从湖墅向东沿杭州湾北岸抵达上海浦东的墅浦铁路（见图 1－5），请求浙江巡抚聂缉椝批准，聂缉椝"不置可否"并随即向盛宣怀请示。③ 后来虽有张元济出面向盛宣怀表示反对（该路途经张的家乡海盐），认为此举将使浙西继"山东之续"而成为德国的势力范围，④ 但该计划的最终否决还是因为英国方面的介入——次年 6 月，英国驻华公使向外务部表示此路与苏杭甬铁路路线重复，于中英银公司"利益大有妨碍"，⑤ 盛宣怀随即要求聂缉椝不予批准。⑥ 可见英国方面虽无开工之意，但时刻关注苏杭甬铁路的相关利益是否受损。

1905 年，美国商人培次（A. W. Bash）欲建浙赣铁路，为抵制英美列强谋取路权，同年 8 月 26 日，浙江绅商自发组建的"商办全浙铁路有限公司"（以下简称浙路公司）奏准成立，⑦ 公推汤寿潜为总理，刘锦藻为协理，招股自办包括杭州至苏州、上海两路在内的浙江全省铁路。鉴于由杭至苏、沪必须经过湖墅，"故以湖墅江干为杭州第一段"（即江墅铁路），先行动工。⑧ 同时请求清政府与英国方面谈判，争取废除草约。与此同时，江苏士绅也投入争取收回沪宁铁路的行动中，但终因借款合同已签订而失败。

1906 年 3 月，护理江苏巡抚濮子潼"因外界之激刺"而请苏州绅商在当地学界、商界提议创设铁路公司。当地随即选出王同愈、尤先甲、吴

---

① 交通、铁道部交通史编纂委员会编：《交通史路政编》第 11 册，第 3661 页。

② 《密陈苏杭甬草约原案详确情形折》，盛宣怀：《愚斋存稿》卷 14《奏疏》14，第 4 页。

③ 《论墅浦铁路（原载〈中外日报〉）》，《东方杂志》第 6 期，1904 年 8 月，"交通"第 57 页。

④ 《张元济就兴办墅浦铁路上盛宣怀书》，盛档，097048；详见张元济《张元济全集》第 5 卷（诗文），商务印书馆 2008 年版，第 118 页。

⑤ 《外务部来电》，盛宣怀：《愚斋存稿》卷 64《电报》41，第 31—32 页。

⑥ 《督办铁路大臣盛咨浙江巡抚聂墅浦铁路批饬不准文》，《东方杂志》第 6 期，"交通"第 69 页。

⑦ 《商部奏浙绅筹办铁路请派员总理准予立案折》，《申报》1905 年 9 月 5 日，第 4 版。

⑧ 《商办浙省铁路有限公司暂定章程》，《申报》1906 年 3 月 2 日，第 3 版。

本善、章钰四人前往上海与浙路公司总理汤寿潜及旅沪苏商讨论筹建办法。① 随即决定建设从苏州南下，经平望、梅堰、震泽等地至浙江南浔的苏南铁路，作为"沪宁铁路支路"（见图1－5）。同月中旬，尤先甲等人致电商部注册成立"苏南铁路公司"，苏州段招股事宜由尤先甲承办，当地绅士陆颂英随即认股十万两，浙江境内路线则由商务局总办陆纯伯负责，"一俟股分招足，即当开办矣"。②

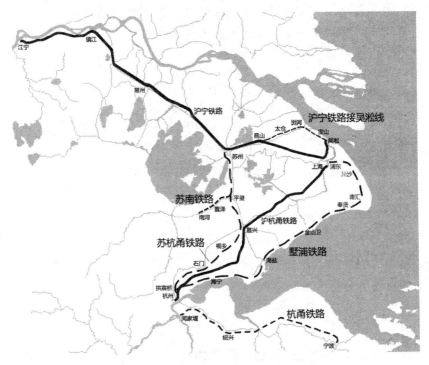

图1－5　1905年前后长三角地区各铁路路线布置示意图

资料来源：根据文中资料绘制。

商部在批准注册的同时，令该公司将其名称由"苏南"改为"苏省"，以承揽江苏全省铁路建设事宜。因规模扩大需要更多的资金，4月

① 《苏路公司筹备底股缘由》，华中师范大学历史研究所、苏州市档案馆编：《苏州商会档案丛编》第1辑（1905—1911），华中师范大学出版社1991年版，第777页。

② 《本馆接到苏南铁路公司注册专电》，《申报》1906年3月20日，第2版；《纪苏南铁路集股情形》，《申报》1906年3月24日，第2版。

苏绅再度赴沪举行会议，招募底股，并从丰备仓积谷存款中拨出 10 万元。① 5 月 25 日，"商办苏省铁路股份有限公司"（以下简称苏路公司）奏准正式成立，王清穆任总理，张謇为协理。

至此，苏杭甬铁路全线工程正式启动，苏杭一段按照从苏州经嘉兴到杭州之原计划开始筹备。但到 1909 年铁路通车时，我们可以发现其起点已改为上海，路名也变成了沪杭甬铁路。其个中缘由及后续影响，学界既有研究因多着眼于反对草约、保卫路权并引发抵制借款风潮而忽略此事，甚至将两条路线混为一谈，而这也是笔者十余年来一直思考的议题，② 今在此作一初步探讨。

二　规避英方：苏杭甬铁路改线之真意

20 世纪 20 年代初，由中英银公司实际控制的"交通部直辖沪宁、沪杭甬铁路管理局"在其编纂的官方史料中，从自然地理条件和经济因素两方面对"颇费争议"的改线过程和原因作了如下解释：

> 此线须经太湖之滨，地势卑下，夏秋之间，常受水患，且所经之河流太多，如鲇鱼口、大浦港两处，一宽六百英尺，一宽四百英尺，须架钢桥而过，为价约在五十万元，因将此议废止，改由上海至嘉兴，盖上海为全国商业中心点，线路所经水道较少，且路线之长短，与前所拟议者，无甚差异。③

1916 年沪宁、沪杭甬铁路两路联络线通车，其连接点在上海闸北的潘家湾（今中远两湾城公寓，详见下文）。1932 年"一二八"淞沪抗战时期，因闸北沦为战场，两路无法联络，军事运输受到极大影响。战后，中日双方签订的《淞沪停战协定》又规定中国军队不得驻扎在安亭至常

---

① 《苏路公司筹备底股缘由》，华中师范大学历史研究所、苏州市档案馆编：《苏州商会档案丛编》第 1 辑（1905—1911），第 777 页。

② 参见岳钦韬：《风雨苏嘉铁路》，嘉兴市历史学会编：《嘉禾春秋》第 4 辑，2001 年，第 153—203 页。

③ 沪宁沪杭甬铁路管理局编查课编：《沪宁沪杭甬铁路史料》，沪杭甬篇第 53 页。

熟浒浦口一线以东的上海周边地区。^① 次年 2 月 7 日，国民政府军队经上海北站调防，日方以违背停战协定为由向上海市政府提出抗议。^② 为避免日方借此挑衅，更为便于战时运输，国民政府于 1934 年 2 月采纳中英银公司建议，决定新建苏嘉铁路绕开上海。^③ 1936 年 6 月，当原苏杭甬铁路苏嘉段即将"恢复"时，《交通杂志》上刊登了一篇介绍性文章，也从类似的角度对该问题作了如下阐述，铁路通车次日发表在《申报》上的一则评论亦援引此观点：

> 　　当年并经张季直会同德国工程司，详测该线，因有三大缺点：
> （一）水口太多，妨碍太湖水利；（二）与运河并行，商运不易发展；
> （三）地形过低，挖废民田太多。遂作罢议，改道沪嘉。^④

从现存的张謇日记和《申报》的记载来看，张謇仅在 1906 年 8 月与协理王同愈及两名华人工程师勘测了苏州至吴江瓜泾港一段，^⑤ 并无德国工程师一说；而第一种说法中，连接上海的经济考虑（《交通杂志》文中的第二条亦从经济角度出发）以及河流多、地势低等原因虽不无道理，但上海至嘉兴段的四条大河合计宽 1400 余英尺（约 427 米），^⑥ 超出鲇鱼口、大浦港 400 英尺（122 米左右）。笔者认为，该文形成时中英银公司在沪宁、沪杭甬铁路管理局尚有强大势力，故只能视为原因中的一部分。而正是该公司及英国政府在江、浙公司开工建设后的干预，以及两公司规

---

① 中华民国国民政府外交部编：《中日上海停战及日方撤军协定（白皮书第 22 号）》，1932 年，第 9 页。

② 《日总领昨访俞秘书长》，《申报》1933 年 2 月 12 日，第 12 版。

③ 《杨永泰电蒋中正中英公司建议筑苏州至嘉兴及杭州至曹娥两段另加筑京芜线》（1934 年 2 月 1 日），（台北）"国史馆"藏，蒋档 002080200146020。

④ 江波：《最近竣工之苏嘉铁路》，《交通杂志》第 4 卷第 6 期，1936 年 6 月，第 8 页；星：《苏嘉铁路前途之观察》，《申报》1936 年 7 月 16 日，第 7 版。

⑤ 张謇研究中心、南通市图书馆编：《张謇全集》第 6 卷（日记），江苏古籍出版社 1994 年版，第 576 页；《苏省铁路公司咨呈农工商部邮传部及督抚文》，《申报》1906 年 12 月 29 日，第 2 版。

⑥ 北姚泾（现名油墩港）220 英尺，斜塘 466 英尺，圆泄泾 445 英尺，甪钓湾（现名南湾港）300 英尺左右。参见交通、铁道部交通史编纂委员会编《交通史路政编》第 11 册，第 3781 页。

避《苏杭甬铁路草约》确定的路线和维护既成事实的需要，才是导致苏杭甬铁路改线的主要原因。

（一）工程层面的更改

1905 年 9 月 16 日，浙路公司成立尚不满一个月，英国驻华公使萨道义（Ernest Satow）就照会外务部要求在草约的基础上正式签订苏杭甬铁路合同，① 其目的即为阻止浙路公司建设该路。23 日，外务部向浙江巡抚聂缉椝表示苏杭间已有轮船行驶，运输便利，所以"不必急于兴工"。"若能稍变名目，另定路线"，就能使草约"不废自废，可省镠辖"。因此希望聂缉椝将这一点转达给浙江绅商，并妥善处理。② 由此可见，在铁路商办之初，清政府就希望通过更改路线的方法规避草约之限制。但浙江绅商仍坚持该路线，并投入废除草约的行动中，不过直到苏路公司成立，废约仍未实现。

与浙路公司欲先建苏州至嘉兴段铁路（以下简称苏嘉，见图 1 - 5）不同的是，1905 年苏州绅商就曾认为从上海经松江至嘉兴的路线（以下简称沪嘉）优于苏嘉。③ 1906 年苏路公司成立前夕，他们在请苏州商会代为拟定致旅京同乡的电文中，仅指定沪嘉和海豫（海州至河南境内）两条线路。后经旅沪苏商审议，认为苏嘉、沪嘉均"为资本家视线所集"，若只办沪嘉，不仅将使浙路公司"转多窒碍，亦非苏沪绅商本意"，而且似乎将苏嘉等其余各线"默许外人"。因此旅沪苏商公决奏请设立铁路公司，并"先办苏嘉、沪嘉两线"。④

因此，4 月 25 日商部接到的恽毓鼎等 256 名江苏绅商请求设立公司的呈文，明确了"首先筹筑以握利权"的是"由上海经松江，以达于浙"的沪嘉铁路以及海州（今连云港）至河南境内的铁路。⑤ 随后，公司首脑

---

① 佚名编：《苏杭甬铁路档》（合订本）卷 2，第 3 页。

② 同上书，第 5 页。

③ 张謇于 1906 年 6 月 5 日表示："苏、沪两线，其利害得失，与去年泛论大概情形有别。"《王清穆张謇京沪往来密电》，华中师范大学历史研究所、苏州市档案馆编：《苏州商会档案丛编》第 1 辑（1905—1911），第 780 页。

④ 《苏商总会代拟致京中同乡电约》，华中师范大学历史研究所、苏州市档案馆编：《苏州商会档案丛编》第 1 辑（1905—1911），第 781 页。

⑤ 《为准苏省铁路公司及公举总协理之案事照会苏州商务总会》（1906 年 6 月 10 日），苏州市档案馆藏，114 - 001 - 0297 - 061。

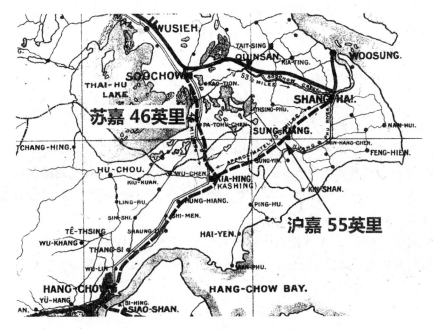

图 1 - 6　英国外交部档案中的苏嘉铁路与沪嘉铁路①

资料来源：FO371/220-1.

又对此展开了讨论。29 日，张謇等人回复时任商部右丞的王清穆，强调"必路线定而后股可招……否则已招之股亦必畏缩"，并赞成沪嘉方案：

> 闻苏杭甬约不能作废，苏嘉已无从著手，沪嘉系平行线，能使银公司无异议。

6 月 3 日，张謇自行回电王清穆，否定沪嘉转而支持苏嘉，并阐述了如下各点理由：

①如果"后苏嘉而先沪嘉，已认者多退股，何望续招？"而且最近上海谣传甚多，浙路公司招股受到影响。

②草约规定与沪宁铁路"章程一样"，而《沪宁铁路借款合同》第 17 款规定"不准筑造与沪宁铁路同向并行之铁路，致损利益"，所以沪嘉"难保彼不指为并行，即使我不承认，不能禁彼不筑苏嘉"。即便不遭英方反对，沪嘉建成后将出现"两线同行"的局面，"其利必薄，谁肯轻投资本？"

③沪嘉必须联络杭甬线，如果草约无法废除，那么沪嘉将介于沪宁与苏杭甬两条之间而"必受倾挤"，如此则投资者"谁肯冒险？"

④苏路公司如果"讳言苏字"，就等同于默认草约，将苏嘉拱手相让。此举势必连累浙路公司，也难以消除投资者的顾虑。

⑤此前集会认购股份时，本意即为"合群爱国，保全苏浙路权"。如不强调"先苏后沪"，必致"群情涣散，势难再鼓"。

基于以上各条理由，张謇恳请王清穆奏明"先办苏嘉，以维众志"，如此则"大局幸甚！苏省幸甚！"同日，张謇还致电商部尚书载振说明沪嘉路线三百余里，苏嘉"仅百余里，费省效速，集股轻易"，因此计划先建苏嘉"以定基础，余线续办"。②

次日（4 日），王清穆回电称两封电报均已阅，认为应将沪嘉延长为沪杭，并抢在英方之前开工，如此则无论是从运输角度还是废约角度考虑，沪嘉均优于苏嘉：

> 南路运输之利，沪杭为优，白沪经松而南，在苏界内当不过百余里，本未必重，利未必薄。苏嘉一段如无利益，原可不办。且既办沪杭，断不能让人再办苏杭。我先入手，拒绝不虑无词，草合同不废自废，更安得越苏侵浙之权。

王清穆还认为公司意见"似多疑虑而少商量"，故请张謇将上述意见向公司同人宣告，共同讨论后再作回复。

5 日，张謇即回电表示经同人商议，认为苏嘉"为资本家视线所公认"，并非多虑，故呈请商部批准后即可招股建设。在其多次劝说下，王清穆于 7 日的回电中终于表示同意先建苏嘉并要求"从速勘估"，同时向商部奏明。13 日，王清穆再次致电张謇称，10 日在上海泥城桥（今西藏中路南京东路口）外商学公会召开③的同人大会上，"公认苏嘉、海徐先行勘办"（海州至徐州），并已致电两江总督和江苏巡抚协助苏嘉勘测，

---

①　1 英里约等于 1.6 公里。

②　《王清穆张謇京沪往来密电》，华中师范大学历史研究所、苏州市档案馆编：《苏州商会档案丛编》第 1 辑（1905—1911），第 779 页。

③　《苏省铁路公司之成立》，《申报》1906 年 6 月 18 日，第 4 版。

另请张謇"就近接洽"。①

从上述电文中我们可以发现，王、张二人及部分苏州绅商最初均倾向沪嘉，旅沪苏商则支持苏嘉，出现了在地者拒绝铁路通往本地的吊诡现象，其原因有待进一步考察。后来张謇改议苏嘉，而苏路公司同人也普遍支持苏嘉，在张謇的屡次劝说下，王清穆终表同意。至此，苏路公司正式决定先建苏嘉，并将驻苏分公司设在苏州商会。② 但上述电文并非完全如《苏州商会档案丛编》所称之"密电"，其中的关键部分曾在《申报》上一字不差地公开发表。③ 此法虽不失公开透明，但为后来英方的干预提供了口舌。

6 月 17 日，《申报》刊发了《苏省商办铁路有限公司暂定招股简章》，其中第二条规定江苏全省铁路"先从南路自苏州以达浙、自沪以达浙入手"，④ 苏嘉先于沪嘉。19 日，张謇发表"勉任苏路协理之意见"，声明"南线先从苏嘉办起，次办沪嘉"。⑤ 7 月，王清穆也表示"先从苏嘉入手，接办沪嘉"，并饬令各地对勘测工作加以保护。⑥ 随后，王清穆在京就近聘请京张铁路工程师詹天佑为顾问，其助手前山海关北洋铁路官学堂毕业生徐文泂等人为总工程师。⑦ 与此同时，公司向沿线（包括沪嘉）的 9 个县发去了请求协助征地的公文：⑧

> 现先勘苏州至嘉兴一路，经过长洲、元和、吴县、吴江、震泽地
> 境，以至嘉兴府，次及上海至嘉兴一路，经过上海、华亭地境，以至
> 嘉兴府。弥恐内地居民，知识未开，造谣生事之徒，随时惩究。拟就
> 简明告示，即照刷印多张，广为劝谕，路工幸甚！地方幸甚！为此知

---

① 《王清穆张謇京沪往来密电》，华中师范大学历史研究所、苏州市档案馆编：《苏州商会档案丛编》第 1 辑（1905—1911），第 780 页。

② 总公司设于上海。《苏商总会集议招股公启稿》，华中师范大学历史研究所、苏州市档案馆编：《苏州商会档案丛编》第 1 辑（1905—1911），第 782 页。

③ 《汇录苏省铁路来往要电》，《申报》1906 年 6 月 11 日，第 2 版。

④ 《苏省商办铁路有限公司暂定招股简章》，《申报》1906 年 6 月 17 日，第 3 版。

⑤ 《张殿撰发表勉任苏路协理之意见》，《申报》1906 年 6 月 19 日，第 3—4 版。

⑥ 《札饬保护苏嘉铁路勘线》，《申报》1906 年 7 月 20 日，第 2 版。

⑦ 《苏省铁路公司咨呈农工商部邮传部及督抚文代论》，《申报》1906 年 12 月 29 日，第 2 版。

⑧ 《移九县公文》，苏州市档案馆藏，114 - 001 - 0605 - 009。

照，相应移会贵县，查照施行。

8月8日，张謇与陈飞青、范冰臣两名工程师从苏州城南的盘门吴门桥出发，经五龙桥、莫浪桥至吴江瓜泾桥，沿路勘测。次日，三人又前往苏州城西阊门的上津桥，再向南至枣市桥、胥江一带。10日，两名工程师与新任公司协理王同愈又前往枣市桥与五龙桥之间勘测（见图1-7）。[①]

图1-7　张謇等人勘测苏嘉铁路地点示意图

资料来源：美国得克萨斯大学奥斯汀分校图书馆馆藏地图。

此时，江浙官绅废除草约的运动已持续一年多，由于英方始终持反对意见，谈判尚无实质进展，而就在第一次勘测前四天的8月4日，英国驻华参赞嘉乃绩（Lancelot D. Carnegie）照会外务部表示抗议，认为张謇"勉任苏路协理意见"中提到的苏嘉线与草约"径直有违也"，而商部

---

① 张謇研究中心、南通市图书馆编：《张謇全集》第6卷（日记），第576页。

奏准的浙路公司章程中由杭州向北经湖墅至苏、沪以及经江干至宁、绍的两段亦"与合同相违背"。[①] 7 日，外务部联芳、那桐、唐绍仪会见嘉乃绩，嘉声称英国将苏杭甬铁路视为"极要之件"，要求与军机大臣奕劻面谈。[②]

奕劻于 9 月 8 日与嘉乃绩会面，两人进行了针锋相对的交谈。奕劻认为草约"虽为确然"，但尚未详细制定条款，"路线亦未划准"，所以"似可筑造两路，俾其互无妨碍"。嘉乃绩表示反对，认为"画押将及八载"的草约所规定的就是从苏州过杭州至宁波的路线，两公司奏准路线"与此权利相悖"，故要求奕劻设法更正。奕劻认为此事已奉旨照准，不可更改，并表示"中国亦必自保其利"。嘉乃绩称此事尚未告知英国政府，希望对违反草约之事有"妥善之解释"。奕劻表示会以草约为重，但需要兼顾"舆论时情"，清政府也"难禁浙省绅商在本省自筑铁路"。[③] 双方未能达成谅解，会谈不了了之。

此后不久，嘉乃绩调离中国，由新任驻华公使朱尔典（John Jordan）接办铁路交涉，并于 10 月 3 日与联芳、唐绍仪洽谈，朱尔典要求撤销奏准章程并令两公司停工，联、唐二人即予驳回。[④] 次日，朱尔典致函外务部声明英方立场：清政府对此事应承担所有责任，而缓议正式合同"欠妥之至"，且未免有"爽信之意"，故应切实、尽快与英方签订正式合同。[⑤] 此后，因双方将视线转移到广九铁路的借款合同上而中止了交涉。

与此同时，两公司的建设工作正逐步推进。9 月 27 日苏路工程师徐文泂抵达苏州后，与王同愈、尤先甲二人连日前往上津桥至五龙桥一线，勘测了长"二千余丈"的路线并绘制详细地图，并于 10 月上旬再度前往瓜泾桥。[⑥] 苏州至吴江、平望至王江泾的路线布置比较方案也随之出炉，但苏路公司认为王江泾至嘉兴段因"王江泾为秀属小市镇，窃意浙路利不在是，多此一段，只觉其赘，而苏路至王江泾止，似欠完善"（详见附

① 佚名编：《苏杭甬铁路档》（合订本）卷 3，第 27 页。

② 佚名编：《苏杭甬铁路档》（合订本）卷 4，第 1—2 页。

③ 佚名编：《苏杭甬铁路档》（合订本）卷 3，第 27—28 页。

④ 佚名编：《苏杭甬铁路档》（合订本）卷 4，第 2 页。

⑤ 佚名编：《苏杭甬铁路档》（合订本）卷 3，第 28—30 页。

⑥ 《苏嘉铁路勘地述闻》，《申报》1906 年 10 月 9 日，第 2 版。

录一）。①

9 月 25 日，苏路公司将其从 7 月 9 日起在《申报》上刊登的《商办苏省铁路有限公司敬告外埠集股诸君》中之"先办苏嘉，次办沪嘉"修正为"先办苏省嘉，次办沪嘉"，特意强调从江苏省城苏州出发至嘉兴，直到 10 月 25 日最后一次刊登。② 27 日，英国驻杭州领事施密士（J. L. Smith）致函朱尔典时，也表示汤寿潜已于近日前往苏州与江苏绅商签订合约，以苏嘉连接杭州（江墅）铁路。③ 可见至少到 10 月底，两公司仍以先建苏嘉为目标。

但就在 11 月初，事情发生了变化。11 月 1 日，苏路公司股东在上海举行会议，讨论通过了公司章程，确定"现先从上海至嘉兴、苏州至嘉兴入手，与浙省接轨"，可见沪嘉已置于苏嘉之前（见图 1－8）。

次日开会时，更是决议"先筑沪嘉，至苏嘉亦应早为准备购地事宜"，与浙江铁路的接轨办法则计划与浙路公司"接洽后再当宣布"。④ 据后来（1907 年初）公司股东称，会后公司将章程呈报商部时，又在其中注明"苏嘉为对付苏杭甬张本"。⑤ "亦应"、"再当"均属含糊其辞，而"张本"的言下之意可以理解为：苏嘉只是伏笔、铺垫，真正"对付"苏杭甬铁路的是沪嘉。这一点被一年半后苏路公司方面人员的一句话所证实：

> 以破坏苏杭甬交涉而改苏就沪。⑥

为了使官方同意先建沪嘉，12 月底张謇向农工商部、邮传部及两江

---

① 《关于苏嘉路线购地各节略陈管见呈候察核》，苏州市档案馆藏，114－001－0296－020。

② 《商办苏省铁路有限公司敬告外埠集股诸君》，《申报》1906 年 9 月 25 日，第 11 版；10 月 25 日，第 14 版。

③ FO228/2522. D69/06. 英国国家档案馆藏。该档案文件名模糊不清，以下无标题者均属同一情况。

④ 《苏路股东第二次开会详情》，《申报》1906 年 11 月 3 日，第 3—4 版。

⑤ 《苏路股东致公司意见书稿》，华中师范大学历史研究所、苏州市档案馆编：《苏州商会档案丛编》第 1 辑（1905—1911），第 795 页。

⑥ 松：《论组织沪杭甬路局苏人不当有仰浙人鼻息之意》，《申报》1908 年 4 月 12 日，第 2 版。

图 1 - 8　商办苏省铁路股份有限公司章程

资料来源：该公司编：《商办苏省铁路股份有限公司详
章》，刊行时间不详。

总督、江苏巡抚报告其 8 月勘测苏嘉时的艰难经历：

> 时南中苦雨，横潦载途，睿及同愈偕工程司履勘，舟车并进，仅
> 及吴江县境，水深草茂，跋涉艰困，行耗时日，因折回沪，接勘上海
> 至嘉兴一段。①

但根据其日记记载，8 月 8 日的天气情况为"日光不烈，有微风，强
可忍耐"，次日"中午热"，② 均与"南中苦雨"大相径庭。虽然 26 日
《申报》的报道称勘测过程中"骤雨忽至，衣履尽湿"，③ 但日记中并无
14 日返回上海后勘测沪嘉的记载。22 日张睿又回到其南通故里，此后虽

---

① 《苏省铁路公司咨呈农工商部邮传部及督抚文代论》，《申报》1906 年 12 月 29 日，第 2
版。

② 张睿研究中心、南通市图书馆编：《张睿全集》第 6 卷（日记），第 576 页。

③ 《苏省铁路纪事》，《申报》1906 年 8 月 26 日，第 3 版。

多次返沪，但一直到该报告发表时（农历十一月十四），日记对勘测沪嘉一事只字未提。① 既然苏嘉有所记录，若确曾勘测沪嘉，那么也应该有相关记载。若勘测后因不认同沪嘉而未记载，则更有可能是迫于外来压力的违心之语。因此，笔者认为这段话很可能是张謇希望先建沪嘉的借口。

为了使浙路公司同意沪嘉，张謇声称目前沪嘉勘测工作"业已告竣"。而沪嘉的终点仅为江浙交界的枫泾镇（属浙江省嘉兴府），并非嘉兴府城，枫泾至嘉兴再到杭州的路线都需要浙路公司负责建设，因此苏路公司需要建设的路线远少于浙路公司。所以，枫泾至杭州段若非"兼程倍进"，则竣工日期必在苏路公司之后。即便浙路公司在其"西行之时"从嘉兴向东"提前迎筑"，倘若嘉兴与杭州间尚未完工，沪嘉也无法通达杭州，"中道徘徊，彼此均损"。因此张謇表示正与浙路公司讨论制定"同时接轨之办法，庶足以坚任事者之心，而壮资本家之气"。② 然此举不啻诱使浙路公司按照上述思路缓建苏嘉。所以从这一点来看，苏路公司另一名协理许鼎霖所谓"从浙路之请，先筑沪嘉，与浙之杭嘉接轨"③ 似与事实相反，但此言又是出自浙路公司协理刘锦藻1921年完成编纂的《清朝续文献通考》，而根据下文判断汤寿潜此时已认同沪嘉，所以更贴近历史事实的情况应当是：两公司均出于规避草约的目的而选择先建沪嘉，其中苏路公司的意愿更强。

1907年1月21日，沪嘉铁路在上海城南的沪军营举行开工仪式。④ 此举和上述张謇的报告同时引起部分浙江士绅、苏路公司一部分股东以及英国方面的反对和质疑。

1月24日，《申报》刊登了杭州士绅潘鸿等人上书浙江巡抚张曾敭恳请"首筑苏嘉"的呈文。他们认为苏浙两公司合建铁路，已使草约"不废自废"，但在阅读张謇报告后对先建沪嘉之举提出了三点质疑：

> 铁路为中国千百年大计，既归自办，应由苏杭起点，殆无疑义，

① 张謇研究中心、南通市图书馆编：《张謇全集》第6卷（日记），第577—582页。
② 《苏省铁路公司咨呈农工商部邮传部及督抚文代论》，《申报》1906年12月29日，第2页。
③ 刘锦藻编：《清朝续文献通考》卷368《邮传考》9，商务印书馆1936年版，"考"第11131页。
④ FO228/2523. D2/07. 英国国家档案馆藏。

乃苏公司因一时之水深草茂，遽尔改图，此不可解者一。

就苏省论，苏沪虽借款，后必思赎，果为省城商务计，正宜亟筑苏嘉，以渐收与浙省上游交通之利益，就浙省论，必以苏杭为干，杭沪仅可为支。今苏公司，似欲于杭沪两线在枫泾相接，后即办北线，而浙公司于杭嘉一线，亦闻有不由石门改由海宁之说，此不可解者二。

两公司办事和衷，原应不分畛域，然路固苏短而浙长，利害所关，又苏小而浙大，乃浙分司绝不谋之于众，事与苏公司订议，此不可解者三。

简而言之，第一，既然已定苏州为起点，就不能因一时之困难而改线；第二，沪宁铁路虽已借款，但将来必将赎回，而苏嘉杭一线"皆为浙省之精华"，所以应立即建设苏嘉以深化苏州与浙江的联系，从而振兴省城商务。而杭州至嘉兴段不经过石门（今桐乡市崇福镇）而改经海宁（见图 1-5）也是一大问题；第三，浙路公司未就改线一事与股东等相关人士商讨而直接与苏路公司签订协议，损害了浙江的利益。

质疑之后，他们认为英国外相已在伦敦宣称将在处理完九广铁路后讨论苏杭甬事宜，"尚未忘情于此"。而目前两公司招股甚多，财力足敷建设之需，"自应乘此时机，速筑苏杭"，以防英方觊觎，即便如前述王清穆所言沪杭"运输之利"大于苏杭，也应视苏嘉为"扼要之策"，不给英方可乘之机。况且长江沿岸之货物可由沪宁铁路运抵苏州后直达杭州，苏嘉"利未必薄"。此外，他们还谴责了浙路公司在改线问题上"不请于政府，不谋于绅商"的违规行为。

最后，潘鸿等人请求张曾敭令浙路公司放弃该计划，同时尽快咨请邮传部、江苏巡抚令苏路公司按照原定计划先建苏嘉，"以杜凯觎，而全命脉……立两省久远之宏基，谋兆民稳固之公益"。①

汤寿潜阅此文后大为愤怒，随即给汪康年写信（27 日收到），信中称自己做事从不专断独行，铁路事务更是"事事商承股东会、董事会而后行"，但不可能所有事情都与潘鸿等"不名一钱之人"商量。浙路公司为

---

① 《杭绅潘鸿等禀浙抚文（公请免改苏杭路线）》，《申报》1907 年 1 月 24 日，第 3—4 版。

潘鸿等"所觊而未得者"，故多次在上海各报纸上发文攻讦，并计划在北京各报上发文，最后必将"使公司动摇，外人源源而来"，因此请汪康年秘密告知各报记者"毋堕彼奸计"。至于沪嘉、苏嘉和不经石门等事，汤寿潜均认为"于隙何有？于患何有？"①　笔者认为，若不论潘、汤交恶，单就汤寿潜对改线的态度而言，其对此问题的认识尚不及潘鸿、张謇等人。

苏路公司股东方面：2月中下旬，一部分股东鉴于公司职员未有效贯彻公司章程之规定而提出意见书，并计划于3月召开第二次常会。股东已知职员与章程不符者首先就是"缓筑苏嘉之议"，如2月8日职员在致苏州商会的文件中，认为应按照公司成立时向商部提交的备案先办沪嘉、海豫两线，而去年呈报商部的公司章程（由上述11月1日第一次股东会议通过）内又注明"苏嘉为对付苏杭甬张本"。各股东就此表示异议：备案虽未经公司公布，但岂能与章程相悖？招股人和股东办事均以章程为准，"岂可失信于人？"②

英国方面：沪嘉开工后第四天的1月25日，中英银公司致函英国外交部认为沪嘉"虽然可能是可取的，但不应该在未经公司同意及未适当考虑沪宁、苏杭甬铁路国际利益的情况下开工建设"。该部官员葛雷（Edward Grey）则提醒嘉兴并不是建设苏杭甬铁路的"目标点"（the objective point of the railway），③　言下之意为应该抛开沪嘉，仍根据草约办理。2月5日，该公司又认为沪嘉将损害沪宁、苏杭甬铁路的业务，并且直接违反了草约。④　但第二天英外交部就向公司表达了不同意见——"沪嘉是否可以认定为侵犯草约这一点似乎值得怀疑，所以在任何情况下，无论是不是在这个关口（按：指沪嘉开工），明智的做法是在这一点上与中国政府进行交涉"。⑤　直到3月28日，中英银公司代表濮兰德（J. O. P Bland）

---

① 上海图书馆编：《汪康年师友书札》三，上海古籍出版社1987年版，第2223—2224页。

② 《苏路股东致公司意见书稿》，华中师范大学历史研究所、苏州市档案馆编：《苏州商会档案丛编》第1辑（1905—1911），第795页。

③ British and Chinese Corporation to Foreign Office，英国国家档案馆藏，FO371/220 - 1，p. 393.

④ FO228/2523. D2/07. 英国国家档案馆藏。

⑤ Foreign Office to the British and Chinese Corporation，英国国家档案馆藏，FO371/220 - 1，p. 397.

仍向朱尔典表示"沪嘉本身并不能被视为违反合同，因为沪嘉不对苏嘉构成竞争，也不是其平行线"。[1] 由此可见，沪嘉令英方猝不及防，两公司规避草约的目的初步实现。

（二）合同层面的更改

英方虽然一度陷入迷茫，但不久便不再纠缠于沪嘉是否与苏杭甬并行或存在竞争关系，而是抓住苏嘉已开始征地一事作为违反草约的把柄，以此向清政府施压，要求签订正式借款合同。

1907 年 5 月 3 日，濮兰德向朱尔典报告称两公司的工程建设均已展开，苏嘉段的部分土地已被征收。[2] 7 日，那桐、联芳等人会见朱尔典，转达奕劻因需要"筹一妥善办法"而暂缓订立正式合同的意见。朱尔典称英政府也希望与清政府"和平商办"，但目前苏杭两处已经开工，如暂缓则必须命令两公司停工。那桐等表示"停工一节，万难照办"，因此时江南饥民甚多，易生事端。[3] 14 日，外务部提议先由汪大燮说服浙江绅商，然后订立正式合同。次日，朱尔典向英外交部葛雷表示如果苏嘉能同时停工的话，濮兰德将倾向于接受外务部的这项提议。[4] 28 日，朱尔典再次要求外务部声明"禁止苏州买地开工"，[5] 同日又致信葛雷称，如果中方建设沪嘉"从嘉兴出发往杭州或苏州方向的任何延长线，都将理所当然地、合法地成为抗议的理由"。[6] 可见，此时沪嘉也受到牵连。

至此，此前的规避之举因苏路公司未及时停止苏嘉征地而告失败。此后，英方开始进入与外务部特派代表汪大燮谈判签订正式合同的阶段。8月 6 日，汇丰银行代表熙礼尔（E. G. Hillier）提出苏杭甬铁路借款办法草稿，其中第六条规定"此路在苏州与沪宁铁路相接，其建置、行车等事，均期与沪宁一律"。[7]

清廷向英方妥协并同意借款的消息逐渐传开后，10 月江浙地区掀起了声势浩大的拒款风潮，各地多以购买股票排拒借款，而苏州"拒款会"

---

① FO228/2523. D4/07. 英国国家档案馆藏。

② FO228/2523. D9/07. 英国国家档案馆藏。指的是苏州附近的土地，并非全线。

③ 佚名编：《苏杭甬铁路档》（合订本）卷3，第2—3页。

④ Sir J. Jordan to Sir Edward Grey，英国国家档案馆藏，FO371/220 - 1，p. 432.

⑤ 佚名编：《苏杭甬铁路档》（合订本）卷3，第4页。

⑥ Sir J. Jordan to Sir Edward Grey，英国国家档案馆藏，FO371/220 - 1，p. 440.

⑦ FO228/2523. D18/07. 英国国家档案馆藏。

则强烈要求苏路公司赶紧开工建设苏嘉，[①] 以此作为抵制手段：

> 今公司先从沪嘉入手，留此苏嘉一线，若专为彼族觊觎之地者，办法亦嫌疏略，现在沪嘉路工垂成，即非英人抗议，亦应及早筹筑，断不容视为缓。[②]
>
> 苏嘉一路，已购之地，请速即开工，未购之地，请速勘续购。[③]
>
> 惟既不认借款，当有办法，以盾其后，英人所索苏杭甬线，在我江苏，即上年公司规定自办之苏嘉一段，若一面拒款，而不将苏嘉路线开工，微特留此间隙，益启戒心，抑何以释内地人心之疑虑？一月以来，集股踊跃，款不患不足，路线只八十余里，工亦易完，商情更盼速成，自宜及早筹筑，以杜觊觎而安众心，否则日日言拒款、集款无济也。[④]

“拒款会”成员通过其董事会决议即刻前往勘测，随即通过驻苏分公司委派徐文泂“逐一勘定”，并由江苏巡抚陈启泰批准将苏州站定在阊门外上津桥，准备于次年 1 月初开工。[⑤]

他们还派人前往上海苏路总公司争辩。公司松江籍成员认为通过松江的沪嘉“本与借款无涉”，如果现在建设苏嘉，沪嘉也将与借款产生瓜葛，松江“遂不得为干净土”。拒款会成员称苏嘉本“有交通之利，改沪则苏嘉从缓”，故均表示反对，况且沪嘉使浙路公司多出一条支线，“在

---

① 民间亦有类似呼声，如下文所言：“铁路之已筑成者，速行试车，未筑成者，速行进筑，务于年内或明春，使沪嘉达杭一路，全行连接，克日通行；一面更赶紧北接苏嘉，南勘宁绍，奋其精神，望前进筑。如此则对于国民既暗示其大信，而对于政府，亦益有凭借。”该文另指出清政府出卖苏嘉路权或将引起动乱：“苏嘉路线，所占吴江、震泽两县地，约九十余里，在苏路上，占地实居多数。今政府虽名以铁路赠人，实则直断送吾江、震两县民命耳。窃惟江、震，左连三泖，右濒太湖，号称枭党窟穴，在无事时盗风犹炽，不可扑灭，倘因此之故，乘民心之摇惑，即枕戈以起事，正未可知，故特虑及之。”参见《来论：对于苏杭甬铁路拒款之意见书》，《申报》1907 年 10 月 31 日，第 3 版。

② 《苏州拒款曾致苏路总协理函》，《申报》1907 年 11 月 10 日，第 4 版。

③ 《苏州陆基致苏路公司函》，《申报》1907 年 11 月 11 日，第 4 版。

④ 《苏省拒款会致苏路公司函》，《申报》1907 年 12 月 10 日，第 3 版。

⑤ 《苏嘉铁路将次开工》，《申报》1907 年 12 月 20 日，第 12 版。

苏为害而在浙则为利"，所以谴责公司"果不应擅改"。双方因此发生龃龉。[1] 不难发现，无论是松江人还是苏州人，在选线问题上都有其地方利益的诉求。

与此同时，拒款群体开始意识到苏杭甬对沪嘉的危害：[2]

> 苏杭甬草约路线，已一一隅而破全局矣，猱升狐猾，万一变其名为江浙路款，一则东南半壁，即成抛弃，黴菌微毒，延及遍身，传染他省，亡国之祸，已基于此。

此外，当时沪嘉段即将建成，如果同意英方的苏杭甬路线，必将与沪嘉形成"并线之为害"，[3] 而"百里之间，有并线焉，宁非自毙之道？"[4] 也就是说苏杭甬离沪嘉太近，必将对后者营业构成严重威胁，而且将来再没有机会自建苏嘉。有鉴于此，苏路公司股东组织成立的"江苏铁路协会"多数会员同意了"改苏为沪"的方案，即将赴京与清政府就借款问题进行谈判的苏路公司代表王同愈、许鼎霖、杨廷栋三人接到其通电后也都表示同意。[5]

12 月 10 日，苏浙两公司代表进京，后因官方（以军机大臣袁世凯为首）的强硬立场、盛宣怀隐瞒英方草约意见的公开以及"部借部还"折中方案的出台，公司代表最终同意折中方案并签订借款合同，放弃了拒款的立场。[6]

与此同时，两公司组织的"杭沪董事联合会"就"改苏为沪"的方案进行讨论，由于浙路董事表示反对，该方案最终未能通过，王同愈等苏路公司代表"亦遂游移"。23 日，"江苏铁路协会"再次致电谈判代表称："诸老为股东代表，然联合会（为）少数人之代表，似不宜以彼易

---

①　心、史：《书津浦路以五厘息招股事》，《申报》1909 年 1 月 5 日，第 4 版。

②　《国民拒款公会哀启》，《振华五日大事记》第 43 期，1907 年 11 月 10 日，专件第 25 页。

③　松：《论组织沪杭甬路局苏人不当有仰浙人鼻息之意》，《申报》1908 年 4 月 12 日，第 2 版。

④　心、史：《书津浦路以五厘息招股事》，《申报》1909 年 1 月 5 日，第 4 版。该文与上一条注释中的文章均有回忆性质。

⑤　《江苏铁路协会致代表电》，苏州市档案馆藏，114 - 002 - 0126 - 059。

⑥　参见前述列举的研究成果。

此。此事关系苏公司命脉，若不争回，受毒不浅"。他们请求代表与工程师认可该方案，并称此举并未损害浙路公司的利益。①

从 1908 年 1 月 10 日起，两公司代表与邮传、外务两部就合同的具体内容展开谈判。20 日，外务部收到两公司关于"请改苏杭甬为沪杭甬"并"提明沪杭甬为商办已开工之路"的来电。② 两部与英方磋商后称"一一均已办到"。③ 3 月 6 日，两部与中英银公司签订《沪杭甬铁路借款合同》，合同第二款将沪嘉作为沪杭甬铁路的一段正式确定下来：

> 此路系由上海或附近上海，接连沪宁铁路，至杭州宁波两城。此路线须由上海经过枫泾镇、嘉兴府、湖墅、杭州府、江干至宁波，惟此路有数段工程，经中国国家允准，已由本处地方建筑，将来勘量路线，须由邮传部核定。

同日，两部上奏慈禧、光绪帝，奏折名为"奏为苏杭甬铁路改苏为沪与中英公司订定借款合同恭折"，折中写道：

> 由上海至嘉兴一段，路工业将告成，若再由苏州另线兴修，则沪嘉一路，几成虚设……路线起点，亦改定系由上海或附近上海，俾与沪宁路铁一气衔接。④

至此，合同层面的更改也尘埃落定，苏杭甬铁路由此变成沪杭甬铁路。该路上海至松江段于 1908 年 4 月率先开通，次年 5 月 30 日通车至枫泾，8 月 13 日与枫泾至杭州段接轨，沪杭全线于 9 月 12 日投入运营。⑤

---

① 《江苏铁路协会致代表电》，苏州市档案馆藏，114 - 002 - 0126 - 059。

② 汪大燮：《苏杭甬路案说帖》，第 10 页。浙路公司同意改线的过程有待做进一步的考察。

③ 《外邮两部奏沪杭甬借款片》，《申报》1908 年 3 月 18 日，第 4 版。

④ 《外务部邮传部会奏苏杭甬铁路改苏为沪与中英公司订立借款合同折》，王彦威、王亮编：《清季外交史料》第 211 卷，第 5 页。

⑤ 《沪嘉路工近闻》，《申报》1908 年 4 月 12 日，第 11 版；《沪嘉铁路行开车礼纪盛》，《申报》1909 年 5 月 31 日，第 4 版；交通、铁道部交通史编纂委员会编：《交通史路政编》第 11 册，第 3713 页。

（三）小结与后续

由苏路公司主导的苏杭甬铁路改线事件，最初在工程层面上选择以建设沪嘉来规避《苏杭甬铁路草约》所确定的苏嘉路线，虽然一度见效，但由于经济民族主义的泛滥、绅商合同观念的淡薄以及两公司操作经验的欠缺，被英方以苏嘉段开始征地违反草约为由乘虚而入，最终狼狈收场，不得不在合同层面上以沪嘉取代苏嘉，维护既成事实。

诚如本章一开始所言，不同的路线布置必然会给城镇及其所在区域带来不同的影响。苏杭甬铁路的改线首先就给苏嘉间的铁路交通以重击，"缓建"的苏嘉铁路一直命途多舛——尽管从1907年2月起浙路公司仍在勘测盛泽经王江泾至嘉兴段的路线，[①] 但次年4月沪杭甬铁路沪松段通车后，苏路公司协理许鼎霖就表示"苏嘉一线，客货较少，拟俟商务发达再筑"。[②] 随后公司开始对其章程进行修订，草案公布后，苏州各股东仍希望尽快建设苏嘉铁路。11月15日，各股东在苏州商会开会研究，认为：

> 苏嘉一线，业已勘路测线，报部在先，现在虽议缓办，如办，仍应存此线之名称。[③]

28日，苏路公司在上海站（即后来的南站）召开股东大会。因此时征地等项已支出共计10750余银两，故有意见认为"苏嘉已购地亩，应列入章程，尽先筑造"，故张謇将原章程的第二条（见图1-8）改为：

> 本公司承造路线，南由上海至嘉兴，曰沪嘉线；由苏州至嘉兴，曰苏嘉线；北由清江至徐州，曰清徐线；清江至瓜洲，曰清瓜线；清江至海州，曰清海线。以次筹筑。[④]

虽然"以次筹筑"，但由于沪杭甬铁路通车后苏路公司营业低迷，入

---

① 参见《测勘杭嘉路线》，《申报》1907年2月23日，第3版；《浙路近事述闻》，《申报》1907年4月7日，第12版；《浙省勘路汇志》，《申报》1908年1月26日，第12版。

② 刘锦藻编：《清朝续文献通考》卷368《邮传考》9，"考"第11131页。

③ 《苏股东对于修改草案之意见》，《申报》1908年11月17日，第10版。

④ 《苏路股东开大会纪事》，《申报》1908年11月29日，第19版。

不敷出，再也无力实施包括苏嘉在内的其他筑路计划（详见下文），苏州阊门外上津桥南用于建设车站的土地也被非法侵占。① 而随着辛亥革命的爆发和1913年公司被收归国有，苏嘉铁路复遭搁置，直到1936年才由国民政府建成通车，但从1944年春起又被侵华日军拆除，至今未能恢复。但百余年来苏嘉间脆弱的铁路交通即将由规划2015年开工的通苏嘉城际铁路带来根本转变。②

苏嘉间铁路交通断断续续的原因，很大程度上是因为改线带来的另一重要影响——沪宁、沪杭甬两条铁路汇聚上海，使上海成为长江三角洲地区的铁路枢纽，加上开埠以来城市自身的迅速发展，上海超越了明清以降作为江南首府的苏州，成为长三角的区域中心和全国最大的口岸城市，江浙间的经济往来转以上海为中心，苏杭、苏嘉之间的联系随之减少，加之仍有京杭运河可供来往和地理条件的复杂，建设铁路的需求变得不再迫切。而这些经济和自然因素也曾被后人作为"改苏为沪"的理由公诸于众，有意无意地掩盖了改线的主要原因。

第四节　接近铁路：租界扩张的重要目标

一　高架铁路的最初设想

1876年建成的吴淞铁路上海站，地处今河南北路苏州河畔，因此河南北路原名"铁马路"。1897年9月，盛宣怀督办的"铁路总公司"在重建前往吴淞的淞沪铁路时，计划在英美租界外的河南北路西建大型车站（即后来的北站），以连接通往苏州及苏州河沿河各工厂的两条铁路，此

---

① 《张承森、曹根福冒名出租苏路公司车站土地案》，苏州市档案馆藏，114-001-0297-050。当时苏州最现代化的"铁路饭店"就建于东边不远处的北丁家巷5号。但由于车站未能建成，此地又离沪宁铁路较远，因此当地流传着沪宁铁路最初计划经阊门、盘门转往城南日租界再向东至昆山，后为远离租界而将路线移至城北的传说。实际上是后人将苏嘉误作沪宁。

② 从南通出发，跨长江后经常熟、苏州、吴江至嘉兴，并与上海至宁波的跨海高速铁路连接。全长180公里，设计最高时速为每小时250公里。浙江省发展和改革委员会办公室：《浙江省铁路网规划（2011—2030年）》，2012年，第13、20、31页。

外还准备兴建从上海县城小东门外金利源码头通往该站的路线。[①]

同年 11 月 9 日，工部局总董伯克（A. R. Burkill）在董事会会议上说，铁路总公司的工程师希尔德布兰德（Mr. Hildebrand）先生曾拜访他，并向他提出了兴建关于一条沪苏铁路支线的详细情况，该支线将穿过虹口到煤气厂，并从那里沿泥城浜直到上海县城。这一方案计划"在南京路桥附近建造一座车站，以及以填没河浜作为铁路路基等工程"（见图 1 - 9）。而希尔德布兰德提请董事会的目的是为讨论此项建议开辟道路，并了解外侨社会对于建设铁路的看法。

会议进行了长时间的讨论，伯克指出：从董事会的观点来看必须对此做一些必要的准备：首先是准备一个明确的协议，规定该铁路的管理局在租界范围内的产业有缴纳捐税的义务，副总董斐伦（J. S. Fearon）则认为不应坚持该义务；其次是准备一个适当的法庭，一旦发生土地等相关事宜的争执，即可诉诸法律；此外，他还认为"扩展租界的问题是一个可以同该铁路管理局的方案同时合理地进行处理的问题"。最终，会议决定由于该问题最后必将提交纳税人会议予以批准，所以暂无必要详细讨论，仅表示已同商会联系，并将"可能全部公诸报端"。[②]

第二天（11 月 10 日）《字林西报》就对此事作了报道。[③] 根据中译文的介绍，租界工部局鉴于该路线必然对租界交通产生阻碍，同时又为接近铁路考虑——因北站在界外，"在沪之西人，似尚非便"——随即与铁路总公司协商建设采用高架形式的"租界支路"。其提议"在苏州河内，起建一桥，由此过泥城桥而至马路，再从空际造一高桥，架出马路之上"，在跑马场（今人民广场）附近建造一座车站，则"西人欲往吴淞、苏州，皆极方便"，然后再沿泥城浜"临河地亩"向南"即出租界，再前则近城（按：上海县城）"。虽然有"车路有碍于跑马场"的说法，但工

---

① 早在 1872 年就有建造该路的计划："自小东门码头，经金利源栈、火轮船埠，由新北关门口，过苏州河对面，直至同和祥码头。"参见《建铁路议》，《中国教会新报》第 187 期，1872 年，第 4 页。

② 上海市档案馆编：《工部局董事会会议录》第 12 册，上海古籍出版社 2001 年版，第 542 页。

③ The Proposed Branch Railway through Shanghai, *The North China Daily News*, Nov 10, 1897, p. 3.

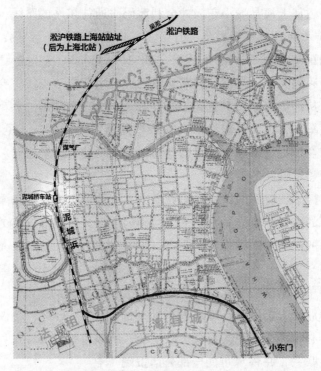

图1-9　1897年公共租界高架铁路等路线规划方案示意图

资料来源：*Shanghai*，1902. 美国国会图书馆藏。

部局仍坚持认为该支路尤其泥城桥车站"可以保守租界市面"。①

　　虽然此事不见下文，但诚如伯克在会议上所表示的那样，工部局希望通过租界铁路建设减少现有铁路不经过租界的负面影响，而达到繁荣租界的目的，而更重要的是欲借此进一步扩大租界的范围。

二　界浜、界路与界址

（一）界址的北扩

　　19世纪60年代以后，随着租界土地章程的不断修改，工部局的权利也随之不断扩大。1897年"修改章程委员会"成立，次年该委员会即向工部局提出了五条增订和修改章程的建议，其中包括"新章第六款乙：铁路基地"。该款规定"中国政府或其他该管官员或团体，如欲于租界内强

① 《论铁路公司议造上海租界支路》，《时务报》第46册，1897年11月，第12—13页。

迫收买土地筑造铁路，必须将所需土地及铁路路线等图样、计划等，缴呈工部局，得其许可，经其许可后，尚须依该款所定办法给价"。这一苛刻的条款非但得不到清政府的承认，[1] 反而促使其选择远离租界的铁路路线布置方案。

1897 年初，时任两江总督张之洞就在上清政府的奏折中，通过对条约的分析提出不应允许租界肆意扩张，此举为上海地方政府的反制措施定下了基调。9 月，工部局制定了具体的租界扩充计划，其北面直达宝山县境。次年春，工部局再度向上海道台蔡钧直接交涉，遭到严词拒绝。各国领事团遂转与两江总督刘坤一交涉，驻京公使团则直接向总理衙门提出扩张诉求，[2] 其中之一便是计划将其北部界线扩展至淞沪铁路南侧。刘坤一唯恐同年新建成的淞沪铁路上海站被划入租界，又因当时洋商在宝山县境内租地之事尚未谈妥，故未予答应。[3] 工部局对此表示遗憾，称扩张租界是为了"保障上海商埠之无碍的进展"。中方的反对没有根据，"英国及其他强国政府，非有意管理沪淞路车站。该处已非政治要地，亦非军事要塞，华官之是种意见，殆无殊反对非其直接管理之现行大都市发展之一种口实而已"。[4] 最终，租界的扩张计划仍于 1899 年 12 月通过与清廷签署《上海土地章程》得以部分实现，其北端界线已到达北距上海站仅 40 余米的上海、宝山两县的界浜（见图 1-10）上，而租界的扩张也因章程的限制而暂告一段落。

（二）从界浜到界路

随着沪宁铁路工程的勘测、筹备，公共租界的扩张趋势又开始抬头，并将目标指向铁路的起点——闸北。1903 年沪宁铁路开工，据时人回忆，时任江苏巡抚端方请示外务部"先于车站两旁赶紧自筑通商场，免得将来

---

① 上海市地方志办公室、上海市历史博物馆编：《民国上海市通志稿》第 1 册，上海古籍出版社 2013 年版，第 324—326 页。

② 参见熊月之主编《上海通史》第 3 卷（晚清政治），上海人民出版社 1999 年版，第 215—216 页。张笑川《近代上海闸北居民社会生活》，上海辞书出版社 2009 年版，第 26 页。

③ 《请将上海租界北线展至沪宁铁路为止归入各国工部局管理由》（1909 年 1 月 15 日），清外务部档案，（台北）近代史研究所档案馆藏，02-11-017-02-001。

④ 徐公肃、丘瑾璋：《上海公共租界制度》，中央研究院社会科学研究所，1933 年，第 55 页。

图 1−10   英美租界扩张进程示意图

资料来源：周振鹤主编：《上海历史地图集》，上海人民出版社 1999 年版。

运兵运械，车站推入租界之内，必受外人掣肘"。[1] 次年，两江总督批准
在闸北设立"通商场"。虽然地方官员与绅商开辟闸北商场的目标不尽相
同，[2] 但避免沪宁铁路车站被划入租界的目标基本实现。

不过工部局并未因此停止接近铁路的步伐——1907 年 1 月，工部局在
上海、宝山两县交界处"租"得一部分"充公"土地，随即开始填塞铁
路南侧的上宝两县界浜（见图 1−11），然后在上方修筑铺有有轨电车轨
道的城市道路，与原车站路（Station Road）合为一体，借此加强租界与
上海站的联系。

上海县署获悉后于 24 日派员与宝山方面一同前往查看，发现两县交
界处的川虹浜上游支流——沙泾的北河南路河段已被工部局填平一亩多，
而从第 49 号界石起至克能海路计 4 亩多的河道也将被填。两县署随即上
书上海道台瑞澂称该河地处华界，工部局填浜筑路已违反条约，故应立即

---

① 《闸北绅商沈铺致闸北工巡捐局长函》，庄志龄编：《汇通桥纠纷案史料一组》，《档案与
史学》1997 年第 2 期，第 25 页。

② 参见张笑川《近代上海闸北居民社会生活》，第 45 页。

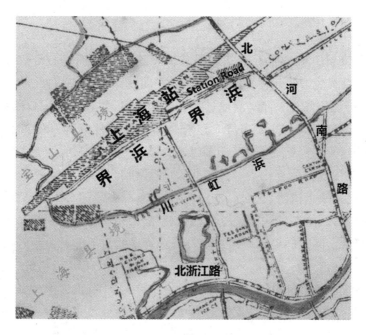

图 1 – 11　界浜与上海站周边道路位置图

资料来源：*Map of Shanghai*, *1903*. 安克强教授提供。

停工。瑞氏于 30 日照会领事团的领袖领事薛福德（Daniel Siffert）转令工部局停工，[1] 但并未奏效。2 月中旬，当地士绅袁观澜等人禀报瑞氏称"如西人再不停工，深恐将来势难阻止"，并提出通过丈量所填土地面积以征收年租这一"俾得转圜"的设想。[2]

　　3 月 12 日，工部局通过薛氏驳回了瑞氏的请求，并列举以下理由论证了填平界浜的必要性：

　　　　第一，该浜北河南路以东之部已填屯多年，故路西未填之路已成为淤塞而不合做卫生；第二，沪宁铁路之局产坐落浜北，经与该路接洽，拟就路线一条，以接连电车与火车站之交通，而此路必须包括该浜全部地面；第三，工部局以为，华官对此需要殷切之公共工程之反对，可以下列之言应付之，即现今标明租界界址之各界石，无论如何

　　① Taotai to Senior Consul, Shanghai Municipal Council eds. *Report for the Year* 1907 *and Budget for the Year* 1908. Shanghai：Kelly & Walsh, Limited, 1908, p. 170.

　　② 《请阻西人越界筑路》，《申报》1907 年 2 月 19 日，第 17 版。

不加迁移，而水利可由上海自来水公司照常供给。①

4月22日，瑞澂因听说工部局与沪宁铁路总管理处签订筑路合同而再度照会薛福德，表示界浜为两县界线，即使淤塞也应由两县自行疏浚，"非他人所能占用"。而该浜地处租界以外，工部局本就无权筑路立界，故拒绝承认该合同，并要求停工以符合《上海土地章程》。② 然而工部局依旧置若罔闻，执意继续施工，瑞氏遂于5月中旬第三次照会薛氏，宣称"照理可将工匠，驱逐出界，浚复旧观"，但唯恐因此出现纠纷而"有碍中外交谊"，故仍请薛氏出面制止。为防止事态进一步扩大，瑞氏将上述情形向两江总督端方作了汇报。③ 端氏接报后随即转请外务部向各国驻京公使团交涉，同时向瑞氏作出批复，要求其继续与工部局协商停工并"妥速办结"。④

同年秋，瑞氏卸任上海道台一职，交涉因此中止，但"填浜筑路"仍在继续。1908年1月，新任道台梁如浩接到上海巡警总局的报告称，界浜于去年农历五月由沪宁铁路总管理处"让与外人"修建道路与宝山路相接，目前正"堆积石子，准备接筑"，而电车轨道"系在公共租界石碑之外"，故询问梁氏此举"是否越界兴筑，抑或商定有案？"梁氏随即展开调查，其矛头直指总管理处与工部局、电车公司的筑路合同：

　　该界浜纵有淤塞，应开通以资考证，非他人所能占用，所订合同，本署无案可稽，未便承认。地在租界以外，工部局既无筑路之权，何能插立租界马路界石？……究竟贵处所订合同内容如何？是否奉有明文准予订立？现应如何调停？相应转移贵处，请烦查照筹议，并照录合同复道，以便转禀南洋大臣请示办理。⑤

30日，梁氏致函薛福德要求对工部局是否曾更换道契、是否盖有印

---

① 上海市地方志办公室、上海市历史博物馆编：《民国上海市通志稿》第1册，第349页。该文译自1907年工部局年报。
② 《沪道不允工部局填浜筑路》，《申报》1907年4月23日，第4—5版。
③ 《复请阻止工部局填筑界浜》，《申报》1907年5月19日，第4版。
④ 《江督饬阻工部局填筑界浜》，《申报》1907年6月3日，第4版。
⑤ 《沪道调查铁路公司与电车公司之合同》，《申报》1908年1月9日，第18—19版。

章、土地系中方官地……工部局是否已付款、契纸是什么号码、何时颁发等问题作出明确答复。但直到 3 月 25 日，工部局才表示筑路理由已在去年 3 月 12 日的回函中作了充分说明，而且"当时正竭力促使中方官员确信标明租界界址的界石无论如何都不能移动，而此项保证既经严格遵守，就自然没有讨论的余地，因此工程仍在继续"。①

4 月 1 日，沪宁铁路全线通车。月初，宝山知县见工部局仍在填浜筑路而特地当面禀报新任道台蔡乃煌，请其再次照会薛氏并获得同意。② 11 日，薛氏向已卸任的梁氏声称填平界浜是出于卫生和公共利益的需要，故无法停工。但工部局保证不会移动界石，并将严格遵守此项保证。③ 此后不久，沪宁铁路总管理处就 1 月间梁氏的调查向蔡氏作出回复并抄送了筑路合同。该处表示合同系由工程师格林森所订，"因须接造汽车轨道，以便直达铁路车站，是以允许"。目前该处原有的上宝两县界石尚未移除，但也"似无妨碍"。蔡氏认为"此事关系路政，应由地方官主持，工程师无权干预"，而所订合同又"语多含混"，至于界石问题则应先行调查，故于 20 日令两县县署迅速前往查明界石是否仍未拔除，以便继续交涉。④

至 7 月初，界浜从北河南路至北浙江路一线已被全部填平，筑成"界路"（Boundary Road，今天目东路）。蔡乃煌对此甚为不满，故于 13 日要求薛福德令工部局重开河浜并恢复原有地界。同日，蔡氏又因之前宝山路西、火车站外的三块租界界石日渐埋没而要求工部局恢复原状，并不得移动半步，同时重开原浜以明界址。对此，工部局否认曾移动界石，并于 31 日表示界路问题"在此前各来往文件中已经说得很透彻，无可再述。只要中国官员不改变对租界北扩的态度，那么这种繁琐而无关紧要的抗议仍将出现"。⑤

工部局的以上声明无异于不再理会中方的抗议，但抗议行动从未受此

① Shanghai Municipal Council eds. *Report for the Year* 1908 *and Budget for the Year* 1909. Shanghai：Kelly & Walsh，Limited，1909，pp. 169，190.

② 《填浜筑路交涉近闻》，《申报》1908 年 4 月 9 日，第 18 版。

③ Shanghai Municipal Council eds. *Report for the Year* 1908 *and Budget for the Year*，1909，p. 226；《巡警总办力争主权》，《申报》1908 年 7 月 16 日，第 18 版。

④ 《饬查上宝两县界浜界石》，《申报》1908 年 4 月 21 日，第 18 版。

⑤ Shanghai Municipal Council eds. *Report for the Year* 1908 *and Budget for the Year*，1909，pp. 226—228.

影响。7月，蔡氏上书端方表示填筑界路乃经沪宁铁路总管理处允许，但此举"事关地方主权"，该处"不应擅允"，故应责令其与工部局协商"照旧开浚"界浜。为实现这一计划，蔡氏请端氏出面联系外务部照会驻京公使，以便向工部局施压并警告其"勿再侵越"。① 与此同时，上海巡警总局总办汪瑞闿以两县交界一带已归该局管理而出面交涉，强调"即使界浜定欲填满，亦应缴价换契，预先商准地方官，方可动工"，断不容违法侵占，而倘若"此次若不将该界浜争回，则以后凡与租界交界之处，必更侵越"。所以汪氏通知上宝两知县测绘毗连租界的各界址地图，同时呈请蔡氏再次照会薛福德，力争主权。② 9月8日，蔡乃煌鉴于拔除界石的现象愈演愈烈，遂向言而无信的工部局发表了严正声明：

> 界浜界石，所以划清界限，使人一望而知，以免遇事争执起见。乃工部局因填筑马路之故，任意填没拔除，违背两国约章，殊出情理之外。工部局素以文明名誉自居，不应似此轻举妄动，合再备文照会贵领袖总领事，请烦查照叠次去文，速赐饬遵见复，望切施行！③

与此同时，端方令蔡氏与铁路总管理处一道与工部局交涉，要求恢复界浜原貌，重立拔除的界石，"以分界限而免争执"。④ 次年3月，外务部在驳斥租界扩张时谴责"工部局擅填界浜、私拔界石界牌，实属任意侵占，漫无限制"，同时也提出了禁止填平界浜、拔除界石的行为。⑤ 如果说填筑界路尚出于加强交通联系的考虑，那么拔除界石则是赤裸裸地为租界的大规模扩张铺平道路。

（三）以各铁路为界址的大规模扩张

沪宁铁路全线通车后，5月28日工部局致函领事团提出"以租界与铁路间之一带土地，尽行划入租界界内"。工部局认为租界北端的界线"因有无数房屋夹处其间，事实上已消灭难辨"，因此"至于界线之所以

---

① 《填筑界浜交涉案近闻》，《申报》1908年7月22日，第18版；《江督批饬争回主权》，《申报》1908年9月13日，第18版。

② 《巡警总办力争主权》，《申报》1908年7月16日，第18版。

③ 《上海道照会领袖领事力争界线》，《申报》1908年9月11日，第18版。

④ 《江督批饬争回主权》，《申报》1908年9月13日，第18版。

⑤ 《外部拒驳推广租界》，《申报》1909年3月11日，第19版。

要展拓到铁路线，据说也有理由的，那便是别无自然边界可划"。① 此举随即引发地方绅民的强烈反对。6 月中旬，上海、宝山两县士绅姚文枬、袁希涛等众人上书两江总督端方，请求其联合江苏巡抚陈启泰致电外务部加以拒绝。他们认为如果此次租界扩张得逞，不仅"主权尽失"，而且即便日后赎回沪宁铁路，北站"既归租界，路权亦不完全，贻患甚巨"。②

7 月，驻沪各国领事照会端方，要求将公共租界北线扩展至沪宁铁路为止。他们认为目前租界北线以外至沪宁铁路地块基本都被洋商注册，而拟定之新界线并不计划将车站和铁路本身包括在内，故 1899 年刘坤一所担心的两个问题都不复存在。此外，扩展区域内的华界市政机构（上海巡警总局）管理警察、卫生及各项公益事业等均"有名无实"，而华界"与相连租界，大有危险"。端方回复时以 1899 年扩展之举为"永不再展"之意及该地块多为华商居住，予以反驳并拒绝。③ 英国驻北京大使于 1908年底照会外务部，该部进行调查后于 1909 年 2 月 1 日回复称："所请推广之地，系租界与铁路中间所夹之一段。该处在宝山县境，并非约开通商口岸……将租界北线以外至铁路各地，归入各国工部局管辖之处，与约不符，断难照办"。④

但工部局并未就此中止其计划，公共租界纳税人会议提出一项议案，表示"本会准将沪宁铁路与吴淞江中间之地，自广肇山庄起至虹口公园止，一律圈入租界，并授权工部局，着力持到底，勿稍缓和"⑤（如图 1 -12 所示，以淞沪铁路闸北至虹口公园一线为天然界线）。工部局总董兰代尔（Davis Landale）表示租界并非为了扩张而扩张，"实因无数之困难，逼令吾人出此"。3 月 22 日，会议继续举行，兰代尔一开始就对此次的扩充区域发表如下看法：

① Shanghai Municipal Council eds. *Report for the Year* 1908 *and Budget for the Year*, 1909, p. 230.

② 《上宝界务与路权之关系》，《申报》1908 年 6 月 14 日，第 3 版。

③ 《请将上海租界北线展至沪宁铁路为止归入各国工部局管理由》（1909 年 1 月 15 日），清外务部档案，（台北）"中研院"近代史研究所档案馆藏，02 - 11 - 017 - 02 - 001。

④ 《外部力拒上海推广租界之要求》，《东方杂志》第 6 年第 3 期，1909 年 3 月，"记事"第12 页。

⑤ Shanghai Municipal Council eds. *Report for the Year* 1912 *and Budget for the Year* 1913. Shanghai: Kelly & Walsh, Limited, 1913, p. 108 B.

　　此次所谋推广之地两段，举其面积而核之，实为极小之地耳。如第一段，即所谓闸北者是也，其地参差不一，围于租界三面，至第四面则为沪宁铁路所围。租界参差不一之界线，已见于沪宁车站之处。至于第二段右角上，则为虹口公园，由虹口公园起，必能觅得极好之界线。铁路之东，毗连北四川路之间，所推广者，亦属有限。①

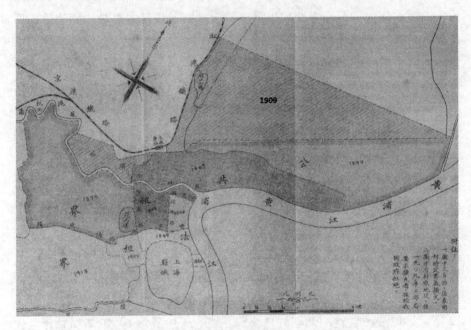

图 1-12　1909 年公共租界扩张计划示意图

资料来源：徐公肃、丘瑾璋：《上海公共租界制度》，中央研究院社会科学研究所，1933 年。

　　上海、宝山两县绅民及沪上各省绅商闻悉后于 4 月 11 日开会讨论，决定推举叶棣华为临时主席，② 并在《申报》上声明此次租界向沪宁和淞沪铁路的扩张不仅仅事关上海当地，而将造成对铁路沿线乃至全国的严重后果：

　　　　此次之所谓推广，浑称沪宁铁路南首西首之地圈入租界，漫无限

————————

① 王揖唐：《上海租界问题》，聚珍仿宋印书局 1919 年版，上篇第 25—26 页。
② 徐公肃、丘瑾璋：《上海公共租界制度》，第 58 页。

制，尤骇听闻！且默察其意，直欲如俄国东清铁路线管辖旁地之例，以处沪宁，则其所觊觎者又不独在此区区租界而已，六属皆将受其影响者也。……诸君勿谓租界在上、宝两邑界内，仅上海与宝山有关系也。租界逼近车站，将来沪宁赎回之后，扼吭受制，亦成废路。此种关系，实为我江苏全省之关系，亦即中国通国之关系。①

此外，他们还致电呈请外务部出面干涉：

　　目前所议推广之地，适当沪宁铁路之起点，为全省主权关系，亦为全国利害关系，非坚持到底，后患甚巨。务请大部始终力争，以保主权，而慰众望。②

　　8月21日，各国领事团再度致函端方陈述扩张的理由，结果遭到拒绝，英美双方仍不肯罢休，继续采取各种行动。但"所有这些行动，都未奏效"，加之辛亥革命的爆发，租界扩张暂告段落。③

　　公共租界向闸北沪宁、淞沪铁路的扩张只是其中的一个方向，另一个主要方向则是通过"越界筑路"等手段极力向西拓展，④ 而此时租界的西部并无铁路、河流等明显的天然界线，所以中方抵制行动的重心也开始转向西部。其中，兴建一条包围租界的铁路线就是一种非常重要的手段，诚如虞洽卿所言："以我之铁路，围彼之租界"。⑤ 目前学界对中方反制租界

---

　　① 《绅商集议对付推广租界事》，《申报》1909年4月12日，第19版。"六属"指江苏的松江府、太仓州、苏州府、常州府、镇江府、江宁府。

　　② 《电请阻止推广租界》，《申报》1909年4月13日，第18版。

　　③ 上海市地方志办公室、上海市历史博物馆编：《民国上海市通志稿》第1册，第340页。

　　④ 截至1909年，从越界筑路的数量而言，西部远多于闸北。西部有9条：极司非尔路(1864年建成)、白利南路(1901)、虹桥路(1901)、罗别根路(1901)、劳勃生路西段(1901)、胶州路北段(1903)、忆定盘路(1906)、康脑脱路西段(1906)、星加坡路(1907)；闸北、虹口一带仅有4条：江湾路(1903)、赫司克而路(1903)、北四川路北段(1906)、欧嘉路(1908)。参见陈征琳等编《上海地名志》，上海社会科学院出版社1998年版。以上内容与《民国上海市通志稿》有所不同，如缺乏1907—1908年建成的沪宁铁路上海站站前的界路、北浙江路。参见上海市地方志办公室、上海市历史博物馆编《民国上海市通志稿》第1册，第171页。

　　⑤ 《虞和德等上盛宣怀禀》(1911年5月)，盛档，106609-2。

措施的研究多着眼于开辟"通商场"、发展华界各项现代化市政等方面，[①]
对"铁路手段"的研究尚显不足。

第五节　抵制租界：沪宁、沪杭甬两路
联络线的设计与建设

沪宁、沪杭甬铁路虽以"接轨上海"为归宿，但在 1917 年以前两路
均各自为政，并未在上海实现真正意义上的接轨，由此引发了中外各方的
一系列争端，进而对这座城市的空间结构产生了长达近百年的影响。

一　四种路线方案之争

1909 年 9 月 12 日，沪杭甬铁路上海至杭州段全线通车，当时江苏境
内路段（上海至枫泾）称为"苏路"，浙境称为"浙路"（枫泾至杭州闸
口）。由于该路上海站位于上海县城以南，而沪宁铁路上海站位于公共租
界以北，"彼此相距十里而遥，遇客之自南而北，自北而南者，须摩沪城
而跨租界，其间乘坐车马，驰道各有限制"。[②] 两条铁路缺乏必要的联系，
正如前文所述虽然"接轨上海"，但实际上并未在上海接轨，因此沪宁、
沪杭甬铁路联络线（以下简称两路联络线）的建设工作很快就被提上议
事日程，而正是这条不到 20 公里的联络线，对上海城市空间结构造成了
长达近百年的影响。

从 1909 年 9 月底开始（沪杭通车尚不满一月），苏路公司展开了两路
联络线的勘测工作（见图 1 - 13），初步定为从沪宁铁路的真如站（今上
海西站）向南，经江桥、新泾、法华、虹桥、漕河泾等区而达沪杭甬铁路
的梅家弄站，"绵亘二十余里"，沿途"中间相距十丈许，竖一木桩，以
作标记"。由于苏路公司事先"并未通衢晓谕，股东亦未开会集商"，10
月底漕河泾区区董唐锡瑞等十人因不明路权归属而致函苏路公司协理张
謇，询问该路"归官乎？归商乎？抑官商合办乎？"他们希望公司能"考
核钩稽，缜密统计，免授外人以柄，勿弃内政之权"。[③] 可见，拒款保路

---

① 参见熊月之主编《上海通史》；张笑川：《近代上海闸北居民社会生活》，第 26 页。
② 《上海职商禀邮传部、外务部等文》，盛档，094873 - 2。
③ 《测量路线之疑团》，《申报》1909 年 11 月 1 日，第 18—19 版。

已成为基层士绅的敏感神经，但他们似乎并未考虑到通过修建铁路来限制租界的扩张。但上一级的地方官绅已开始运用"铁路手段"防止1909年租界大肆扩张的重演。11月5日，上海知县田宝荣特地前往陈家渡、法华镇等沿线地区，查勘路线"有无窒碍"。[①] 12月7日又以"事关路政，亟应妥慎办理"而传沿线二十八保三图、四图等各地保到县署，命令其调查路线与租界界石、洋人是否有关系或者冲突。[②]

1910年农历正月间，上海道道员虞洽卿分别向邮传部和盛宣怀请求建造两路联络线。3月，上海绅商沈镛、洪玉麟、席裕成、卢金鉴等人也呈请邮传部"设法通轨、设站"，该部随即将双方的提议通过照会的形式传达给苏路公司，告知（因苏路为商办，不归该部管辖，故无法以命令的形式传达）其尽快制订具体方案。[③] 4月7日，苏路公司召开第四次股东会议，第二项议程即为"提议沪宁接轨"。会上，首先由公司总理王清穆宣读邮传部的照会：邮传部认为由于两路未能连接，导致沪杭甬铁路"每日载运所入，尚复不敷支销"。"为期路政发达起见"，该部建议苏路公司"即行择勘路线，妥筹办理"。至于如何选线等问题，邮传部请苏路公司回复后再通知沪宁铁路局"互商联络之法"。

读毕，王清穆称公司接到照会后，除勘测上述真如至梅家弄一线外，还选择了一条全长25公里，从松江石湖荡起向北，经朱家角到沪宁铁路安亭站远离上海的联络线（此时已经勘测了朱家角至松江15公里的路线）。会议对此展开讨论，经各股东反复研究认为前者"诸多窒碍"，故决议以松江—安亭线"为最利便"，并请董事会令工程部门继续勘测，同时令营业所调查客货往来情况，说明选线理由，再致函邮传部转沪宁铁路局"协商妥办"。[④] 可见，苏路公司建设两路联络线的目的多在于促进自身各项业务的发展，《申报》上关于松江—安亭线（以下简称松安线）的报道即以朱家角"商务甚盛"、"以利运送"为建设目的，[⑤] 对临近租界的

① 《察看铁路接轨情形》，《申报》1909年11月6日，第18版。

② 《县令对于接筑支轨之慎重》，《申报》1909年12月8日，第18版。

③ 《虞洽卿等致盛宣怀函》（1910年8月9日），盛档，094873-1；《苏路公司咨呈邮传部文（苏路与沪宁接轨问题）》，《申报》1911年5月26日，第27版；《上海沪杭车站添设支路案》（1911年6月），清外务部档案，（台北）"中研院"近代史研究所档案馆藏，02-11-018-10。

④ 《苏路公司第四次股东会记事》，《东方杂志》第3期，1910年5月，第66—67页。

⑤ 《苏路公司勘筑青朱支路松江》，《申报》1910年4月12日，第12版。

真如—梅家弄线可能产生的"诸多窒碍"采取回避态度。

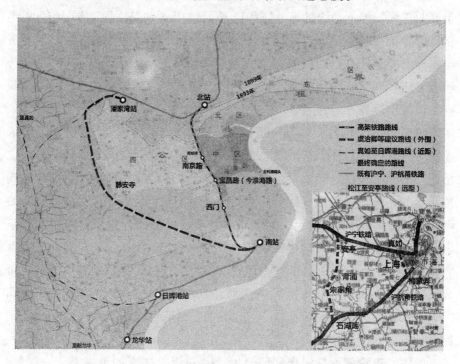

图 1-13　沪宁、沪杭甬铁路联络线各路线布置方案示意图

资料来源：《上海历史地图集》

邮传部随后回复虞洽卿等人，告知苏路公司"尚未核议办法"。沪宁铁路局得知后即表示反对，认为松安线方案"线路迂折，筑费多而运输不便，于沪宁既有牵制，于沪杭甬路亦未见其利"，同时认同苏路公司最初设定的真如至梅家弄线，并提出一项比较超前的建设方案——建设穿越租界的高架铁路，从龙华依次经法、英租界，至华界的北西藏路抵达沪宁铁路上海站（即北站）。1867 年，世界上第一条高架铁路在纽约诞生（见图 1-14），到 20 世纪初全球高架铁路仍非常罕见，何况是尚处于起步阶段的中国铁路。

但沪宁铁路局仍从铁路选线原则阐述了超前建设的理由：

> 铁道为营业性质，取线于繁庶之区，则商务易于发达，两线相较，取其短而捷者，则建筑省而运输便，公司与商人，均得其利。

图 1 - 14　纽约曼哈顿高架铁路（网络图片）

此外，该路局还宣称高架铁路建成后，可实现华界"与租界划分权限，铁路界内，归华官管理"。为此，邮传部回复苏路公司称："究以何线为合宜，允宜实地测勘"，同时饬沪宁铁路局与苏路公司"互相妥议"。① 6、7 月，该部再次照会公司强调了建设此路的重要性：

> 火车为交通利器，各路在在衔接，客商取其便捷，不招自至，始有路利之可言，应将沪、苏接轨事宜，即行择勘路线，妥筹办理。②

而邮传部似乎也并不赞成松安线。6 月，该部铁路总局局长梁士诒抵达上海，与沪宁铁路局商讨高架铁路问题，最终决定将沪杭甬铁路一侧的起点从龙华改为南站，规划为长 4 公里，"估价规元三百五十五万两"的高架路线（包括地面段）。该计划随后上书邮传部等候批准，然后再由沪宁铁路的实际管理者中英银公司出资修建。③ 不久，时任沪宁铁路养路工

---

① 《苏路公司咨呈邮传部文（苏路与沪宁接轨问题)》，《申报》1911 年 5 月 26 日，第 26 版。

② 《虞和德致盛宣怀节略》（1911 年 4 月），盛档，108113。

③ 《虞治卿等致盛宣怀函》（1910 年 8 月 9 日），盛档，094873 - 1。

程司的克礼阿（A. C. Clear）向盛宣怀提交了高架铁路计划书，但未经详细勘测。路线的大致走向与今西藏路基本一致，沿途设南京路、宝昌路（今淮海路）、上海西门 3 座车站（见图 1-13），预计投资 272 万余元（银元），其"初次估计"的建设费用如表 1-1 所示①

表 1-1　　　　　沪宁、沪杭甬铁路联络线高架方案工程估价表

项目名称	数量	费用（单位：银元）
征地及测量绘图	—	200000
拱门式钢制桥墩、地基	12000 尺	1700000
围墙筑堤	2000 尺	25000
地面路线	7000 尺	75000
苏州河铁桥	250 尺	210000
南京路车站	1 座	100000
法租界（宝昌路）车站	1 座	100000
上海西门车站	1 座	10000
轨道材料	2.5 英里	55000
额外费用	—	247000
总计	—	2722000

8 月 9 日，虞洽卿等人鉴于高架铁路"未见实行"而再次致函盛宣怀，认为高架方案导致"人言骇异"。因为自盛宣怀辞去督办铁路大臣后，沪宁铁路"纵放自由，成本已重"。而建造高架铁路"无非显其精巧之手段，似非万全之策"，故提出由沪杭甬铁路向西北出叉，沿租界西、南部边界至闸北与沪宁铁路相连的方案，此路线因"租界之不宽，即为路线之不远"，所以费用也比较低。他们建议先对此线进行勘测，并与高架方案作比较，"再从取舍，实有善数"。② 12 月 1 日，虞洽卿再请盛宣怀"设法筹布，迅速施行"，并向邮传部请求尽快开工，以便"先将其地势占住，商场维系，然后使华商自立，杜绝外人之觊觎，此诚至迫之要策也"。即使苏路公司经费不足，"似亦不能因循坐待，自失时机"，而应转

---

① 《拟沪宁铁路与沪杭甬铁路接轨经过租界建设办法折》，盛档，107730-1。因原文不易见到，故将全文作为附录一列于文末。

② 《虞洽卿等致盛宣怀函》（1910 年 8 月 9 日），盛档，094873-1。

饬沪宁铁路局"赶早举办"。①

在同一年中，虞洽卿还提出了一种在闸北华界建新车站的方案，同时上书邮传部、外务部，并致函上海道台、巡警道及苏、浙两铁路公司。该文首先认为，沪杭甬铁路通车"期年以来，商业犹未盛兴，利权尤难坐拥"，其原因也与沪宁铁路没有联系：

> 三吴两浙，百货充轫，而铁路之大利，即在于转输。今上海精英，尽荟萃于北市，而南市不及远甚。

因此，他们建议苏路公司在建设联络线的同时，延续1905年沪宁铁路欲在闸北潘家湾建码头仓库之议，② 利用该处附近的"隙地数百亩"再建车站一座，使沪杭甬铁路拥有一南一北两个车站（见图1-13）。潘家湾"地枕宁沪而襟苏州河，为水陆交通之□区"。当地近年来"各厂林立，实业愈展布而愈多"，且因接近北站，交通上"实相钩连"，所以与沪宁铁路"接轨可，不接轨亦可"。③ 此时，沪宁铁路局已派员对两路联络线的沪西一段路线做了测量，"意在南下"，可见"苏路方迟延，宁路已锐性"。但鉴于沪宁铁路路权掌握在英方手中，所以他们宣称：既然沪宁铁路局拥有在上海城南建站之权，那么苏路公司也有建设自己的北站的同等权力，而"今日之站、线谁筑，即他日之政权谁归"。

同时，他们也阐述了该站建成后的各种利益：首先，往来乘客"欲北者之北，欲南者之南，实至有为归之乐，行李无转折之烦，此其利于行旅者一也"；其次，从货运方面而言，该站"将来揽载商货，日形发达。其行销于南市者，则就南市卸栈，行销于北市者，则就北市卸栈。车运而行销于内地者，则北连沪宁路。舟运而行销于各埠者，则南俯苏州河一段之隔碍"，可实现物畅其流的目标；最重要的是，他们认为苏路公司各董事"以为兴南段之市肆，即夺外界之商权……然艰难缔造，成效无多，其故何也？盖局于地势，有以使然"，所以从抵制租界扩张的"终极目标"来

---

① 《虞和德致盛宣怀函》（1910年12月1日），盛档，117425-6。

② 《盛宣怀致商部、周馥、陆元鼎》，王尔敏、吴伦霓霞编：《盛宣怀实业函电稿》下册，（台北）"中研院"近代史研究所，1993年，第672—673页。

③ 如广州的广九铁路与粤汉铁路并未接轨。

看，兴建该站可使"脉络贯于建业，呼吸达于式林……以横贯之轨道，为天然之界线"，最终实现"沪南抗其前，闸北扼其后，举凡沪城洋场，皆归囊括"。

最后，他们不忘强调"以上所列各端，为路务计，为兴商计，并为大局计，均属切要之事"，提醒苏路公司"今不图，后悔奚及"。① 但该公司因铁路业务不甚发达而致营业困难，此时已需要通过邮传部拨款补助和催缴新旧股款作为"救急之策"，无力承担新路的建设费用，因此公司总理王清穆于1911年2月初呈请邮传部"赶办沪宁接轨事"。②

1911年1月6日，盛宣怀升任邮传部尚书，③ 因盛、虞二人关系密切，虞洽卿等地方绅商遂进一步采取行动，避免因苏路公司无款可支而致项目流产。4月，虞洽卿致函盛宣怀称，自去年6月、7月邮传部照会苏路公司"一载以来，未见答复"，既然苏路方面无款可筹，那么沪宁方面"当著鞭先"，故请求该部饬令沪宁铁路局"乘此时机，即行测量开办"。此时，沪杭甬铁路杭甬段已开工，苏路"将来装运土货，必较沪宁为多"，故建议应尽快在闸北华界新建车站、河埠、货仓、码头等设施，"不仅于沪杭规久远，抑与沪宁占形胜，实有造于营业前途，□非浅鲜"。④

5月23日，苏路公司召开第五次股东会，会上报告了两路联络线的相关情况，讨论结果认为：接轨为两路"公共之事，自须彼此同意，方可实行"。沪宁铁路局对松安线"既不赞成，即予取销"。但该路局提出高架铁路在"营业大有损害，且中经租界，交涉既苦困难，架设铁桥，工料尤多耗费"，而且路线"仍嫌迂折"，最佳方案为"使两路上海站，互相衔接，最为直捷"。最后公司决定采纳丝业商人所陈意见，由沪杭甬铁路南站向西北"傍租界绕行"至闸北接沪宁铁路北站。此路线"既无架设铁桥之繁费，又免经过租界之艰困，实于铁路、地方两有裨益"，而沪宁铁路局"亦不致再滋他议"。⑤ 因经费短缺，该公司拟具了呈邮传部文，

① 《上海职商禀邮传部、外务部等文》，盛档，094873-2。根据推断为1910年。
② 《王清穆筹拟苏路进止敬告股东（二续）》，《申报》1911年2月6日，第26版。
③ 夏东元：《盛宣怀传》，四川人民出版社1988年版，第533页。
④ 《虞和德致盛宣怀节略》（1911年4月），盛档，108113。
⑤ 《苏路公司第五次股东会纪事》，《申报》1911年5月24日，第18—19版；《苏路公司咨呈邮传部文（苏路与沪宁接轨问题）》，《申报》1911年5月26日，第26—27版。

仍请求"款归部认"，其理由是"切思大部，职在交通，苏路志在营业。今接轨一事，系属交通问题，所需之款，应请大部筹拨"。[①]

对于1910年梁士诒与沪宁铁路局英人达成的高架铁路方案，虞洽卿一直坚持认为"于节省费用、路务、开拓商场、包围租界四大端，均未计及"。[②] 因此他联合朱畴、席裕成、洪玉麟、庞元泽、祝大椿、卢金鉴、徐棠、陶冠纬、沈镛等人，于5月再次上书盛宣怀，名为"为添设支线包围租借尤能便于货物转输与建议架造浮桥者互有异同不得不据实禀陈伏折"。文中坦言高架（时称"浮桥"）方案仅着眼于客运而忽视货运，且最终未经邮传部核准，故可谓"炫耀一时，不堪经久"。他们认为建设两路联络线"无论从何取义，总诸款逾百万之巨"，所以应从以下四个方面加以审慎研究：

> 洋人之作事，每多吹求，如于三国租界上跨铁桥，未必肯从核减之价，偶蹈危机，即使从之，亦未必能从桥上往来拖货，外国浮桥轨道，另用一种轻便火车，此理甚明。查沪宁与沪杭接轨，志在货物转输，现今成立之车站，苦于无河埠卸栈，以致客商裹足，未敢载货。去年杭嘉湖绍装运蚕茧五万余包，既抵沪站，车赴北市，中途为阵雨淋湿，损失甚巨，兹既添筑交通之支线。此应研究者一也。
>
> 上海外交界屡思推广租界，请彼驻京各国使臣叠向外部要求由闸北至虹口公园为止，以铁路为天然界线。职道等前呈图样，拟自南市沪杭车站起，线依傍租界之线，循序静安寺西首，直跨小沙渡而达闸北，均系绕出租界之外，经营于华界之内，以我之铁路，围彼之租界，实践天然一语，永使不得扩充。此应研究者二也。
>
> 上年四月间，大部照会苏路文云：苏路告成，既久通杭，亦非一日，每日载运所入，尚复不敷开支，贵公司公益同□，自必思设法维持，高掌远□，不能长此不变，航路价目愈减，势必致路累愈深，脉络鲜通，害中心腹甚非计也。大部于此路，速筹发达，固有刻不容缓

① 《苏路公司咨呈邮传部文（苏路与沪宁接轨问题）》，《申报》1911年5月26日，第27版。

② 《虞和德致盛宣怀函》（某年四月初四），盛档，106609-1。根据推断最早应为1911年5月2日。

之势。梁局长仅创天桥一说，而未议及北市分站、沿河栈房，是轻于载货，重视搭客，深虑于火车机关，尚未得其要领。此应研究者三也。

沪宁支线，已通闸北之潘家湾，职道等呈请设立沪北分站之处，在潘家湾之南，相离仅尺有咫，悬跨一河，即系租界沿河隙地百数十亩，形胜天成，以之起造货栈、河埠，不但乘客往来，俱称便利，即货物上下驳力尤廉，尤可与沪宁联为一起，得此三者之交通，谁云不便？乃有未悉租界界线之所在者，尚嫌闸北为太远。此应研究者四也。

简而言之：第一点，高架铁路对亟须解决的两路货运问题毫无助益，与第三点类似；第二点，他们建议的路线可包围租界而限制其扩张；第三点，潘家湾车站建成后将极大促进货运业务的发展。最后，他们表示上述种种设想"惟有仰恳宫保大人察核"才能实施，请其尽快派专员来沪与沪宁铁路局总办钟文耀一同前往勘测，而高架方案应"缓议"，如此才能"垂久远而维商业"。①

6月，兴建两路联络线之事正式进入外交程序。14日，邮传部致外务部称：该部路政司接虞洽卿等禀称，各国欲扩展租界至沪宁铁路的目的"无非觊觎闸北一段之形胜"，其原因在于沪宁、沪杭甬两路车站"均与租界相离太远，致生觊觎之心"。而虞洽卿等人已上书商部、邮传部提出的具体走向——从沪杭甬铁路南站起向北，经静安寺西，在小沙渡跨苏州河抵达闸北，终与沪宁铁路相连。此举不但使闸北"华界商场可期发达"，更可使沪杭甬铁路"渐形起色"，并希望借此使租界扩张问题"从此消弭，永无交涉"。因此，他们请求邮传部尽快派遣专人来沪勘测。

邮传部向外务部强调该提议"不为无见"，同时表示如由沪杭甬接沪宁，则应由苏路公司办理，反之可由该部办理。但该部认为一方面因沪宁铁路与其他铁路接轨之事，无论官办还是商办，都与沪宁铁路借款合同关系密切；另一方面虞洽卿所建议的路线虽在租界界线之外，但仍经过法国人从1870年起修建的道路和房屋，因此成为"租界交涉一大问题"。此

---

① 《虞和德等上盛宣怀禀》（1911年5月），盛档，106609-2。

外，近年来路线经过处电线、有轨电车（即 1908 年开通的上海第一条路线）"纵横如织"，建造成本"更巨"。故综合以上情形，该部认为"此事恐非一时一语所能解决"，一面准苏路公司回复虞洽卿等人"实行之困难"，一面发文至沪宁铁路局要求开会讨论。①

对此，曾任沪杭甬铁路总办的施肇曾上书盛宣怀，称在任总办期间"曾与总工程司一再讨论"此事，所以他认为虞洽卿所设计的路线与高架方案性质相同，"除为连接两路外，无甚用处"。但"若须迤近租界，则地价可观"，且南站与潘家湾站相距"如是之远，不但养路靡费，且亦耽搁时刻"。因此他推荐真如向南，"过苏州河，入圣约翰书院西偏，旋经南洋公学暨徐家汇测量台之西，折东而行"，终至沪杭甬铁路日晖港站的方案（见图 1 - 13），计长 8 英里（约 12875 米）。其建筑费用估计如下（见表 1 - 2）：

表 1 - 2　　　沪宁、沪杭甬铁路联络线真如至日晖港方案工程估价表

项目名称	数量	费用（单位：银元）
取土地基	100 尺	160000
建筑费	8 英里	600000
苏州河桥	1 座	200000
车站	2 座	200000
额外费用	—	98000
总计	—	1078000

其中，"取土地基"所需支付的征地价格高出沪宁铁路近一倍，故施肇曾感叹：

> 查铁路经过无用地方，本无建造之理，更无视地价贵贱以定取舍，况养路经费，以路线之长短为比例。

施肇曾对高架方案也发表了自己的看法，认为也并非不可行——首先，租界的有轨电车路线为东西向，高架铁路则系南北线，便于电车与火

---

① 《上海沪杭车站添设支路案》（1911 年 6 月），清外务部档案，（台北）"中研院"近代史研究所档案馆藏，02 - 11 - 018 - 10。

车之间的换乘，实现市内交通与区域交通的连通。因此铁路总工程司与工部局各董事谈及接轨之事时，对方"因彼此交通便利，可无反对"；其次，该路线经过法租界的路段有限，"当亦无阻碍之虑"；最后，工程司认为高架桥的桥墩可改为砖砌，"较铁柱费省"。跨苏州河的桥梁可分建三座桥墩，"较两墩费省"。改进后的工程费用"只须银一百万有奇"，仅为前述克礼阿估计的三分之一左右。[①]

因资金短缺，苏路公司对建设两路联络线一案"久而未决"，[②] 但若不与沪宁铁路取得联络，该公司的营业将陷入更为窘迫的境地。据《上海泰晤士报》（Shanghai Times）的报道，7 月上旬，已出现将苏路公司与沪宁铁路局进行合并的计划，以便统一管理。而两路接轨的详细办法也"将次商定"。预计由沪宁铁路"筑路向东"（起点靠近真如站）至徐家汇西，在龙华附近与沪杭甬铁路相接。[③] 但随着此后局势动荡的加剧和同年 10 月辛亥革命的爆发，工程不得不暂告中止。

二　两路联络线的正式实施与租界扩张界线的确定

中华民国成立后，北京政府开始推行与清政府类似的铁路国有政策。1913 年 6 月 13 日，交通部与苏路公司签订接收合约，沪杭甬铁路上海至枫泾段于 7 月 1 日起归该部管辖。该部随即命令沪宁铁路局总办（同年年内改为沪宁铁路管理局，总办改称局长）钟文耀等负责建设两路联络线。随后钟文耀前往北京与该部商讨，初步确定路线长度约 8 英里，征地与建设费用从铁路借款中开支，约需 10 万英镑，具体实施方案则由沪宁铁路工程司克礼阿设计。[④] 克礼阿绘制路线草图及说明书后，通过该路洋总管朴爱德（A. W. U. Pope）转至钟文耀手中。该方案如下：

> 所拟接轨之处，沪宁一面，在叉袋角货栈迤西八百码为起点；沪枫一面，在龙华站为起点。其路线所经，自叉袋角迤西，过苏州河之

---

① 《沪宁铁路与沪杭甬铁路接轨另择他段办法折》，盛档，107730－2。1911 年施转任京汉铁路南段会办，正文中有"职道前办沪杭甬时"一语，故由此判断出该档案的时间。

② 《沪宁、沪杭甬接轨通车纪事》，《交通月刊》第 3 期，1917 年 8 月，"金载"第 2 页。

③ 《沪宁沪杭铁路接轨消息》，《申报》1911 年 7 月 12 日，第 18 版。

④ 《钟文耀兼任苏路总办》，《申报》1913 年 6 月 18 日，第 7 版；《交通部呈大总统两路接轨文》，沪宁沪杭甬铁路管理局编查课编：《沪宁沪杭甬铁路史料》，沪杭甬篇第 24 页。

支流西南行，跨苏州河而达梵王渡，又南行至徐家汇，由徐家汇偏东
而行至龙华站接轨。拟于叉袋角设一两路连接之总车站，在梵王渡、
徐家汇两处，各设一站……预购双轨地亩。①

此路线与前述"近距"方案类似，但已有所变动：如沪宁铁路一侧
的起点由真如站东移至潭子湾北的叉袋角，② 并设站（接近虞洽卿等人提
议的潘家湾车站地址）以代北站作为两路联合车站，沪杭甬仍为龙华站。
可见该方案汲取了前人的一些提议。

1914 年 1 月，"交通部直辖沪宁兼沪嘉铁路管理局"（以下简称两路
局）成立。4 月 11 日，浙路公司管辖的枫泾至杭州段等铁路亦收归国有。
两路归于统一，建设联络线的时机和条件进一步成熟。而在九天前的 4 月
2 日，钟文耀就已将克礼阿设计的方案和自己的看法呈请交通部次长叶恭
绰审核并照会中英银公司，一旦批准即令克礼阿再做详细勘测、估价，同
时从速征购土地。

钟文耀认为清末的三种方案都有不足之处——高架方案"路直而短，
沿路繁盛，但建筑难而交涉多"；对虞洽卿等人的"外围"路线，他认为
是"出于地贩计划"，即与地产商的投机有关。而且该路沿线系"租界边
地"，土地多由洋人购买，地价较高。据当时的估计，仅征地、测量一项
就已达到两百万元，因此"此线造价最昂，殊不合算"；真如至日晖港
"近距"线虽然"造价最廉，但所经半属僻隅，营业绝少希望"，经济价
值偏低。而克礼阿所拟路线在后两者之间，"以求最善最省之法"。其优
点有两点：一是避开了地产商囤地较多的苏州河南岸地区，"地价可以避
重就轻"；二是起点之叉袋角地区"水陆辐辏，工厂迭兴，实足握商务之
枢机"，对铁路营业和地方经济"均有裨益"，比真如更具有发展前景。

此外还有两点值得注意：一是征地范围按照复线铁路标准实施，一是
将沪杭甬铁路龙华至南站段作为支线。前者是出于铁路发展的需要，"似
非添设双轨不足以资消纳而保平安"，但因临近租界，地价较高，故必须

---

① 《沪宁兼沪枫管理局局长钟文耀呈交通部代理次长路政局长叶两路接轨文》（1914 年 4
月 2 日），沪宁沪杭甬铁路管理局编查课编：《沪宁沪杭甬铁路史料》，沪杭甬篇第 22—23 页。

② 老一辈的上海人都知道当地的"叉袋角朱家"，即中国近代民办纺织业创始人朱鸿度及
其家族。

先进行秘密测量，"一经宣布，即时购地"，以免投机商乘虚而入；对于后者，钟文耀持有异议，他认为当初设置南站的目的是"扶助南市商务"，如果改为支线，"则商务趋势，势自将移向干路，以闸北为尾闾"。而工部局一直希望将闸北并入租界，故此举恐怕将"利于租界而不利于南市"。最后他强调"此虽案外问题，亦当预为计及者也"，以免将来不及处理。①

交通部接到两路局的报告后即批准照办，征地工作"自应赶紧筹划进行"，并饬令将相关情况"呈部核夺"。两路局随即表示"该处地亩，华洋错杂，易滋蓼辖"，且沿线乡村"见闻较陋，难保不滋生事端"，故分别致电江苏民政长韩国钧及"特派江苏交涉员"请求随时加以协助，并请该厅转饬上海、宝山两县地方官员"出示布告，并传知乡董、地保"，以保护外籍勘测人员的安全；同时，因两路局已令征地人员按照该路既有征地办法及交通部颁布的"铁路收用土地章程"加以实施，故再次请求韩国钧通过上、宝两县知事命令当地"乡耆董保，善为开导"，防止沿线土地所有者借机"有意垄断"、抬高地价，妨碍征收。鉴于此事之复杂性，交通部亦呈请总统袁世凯饬韩国钧及上海镇守使郑汝成②"一体协力维持，俾得迅速竣事"。在接到韩、郑两人的命令后，上海县公署除告知乡耆、董保遵照外，于5月27日就勘测及征地一事发布公告，"仰该处人民一体知悉……仰各遵照毋违，切切"。③

在经过多年的争论后，1915年3月，两路联络线终于破土动工，1916年11月建成。线路全长16.6公里，④其走向与现在的轨道交通3号线中潭路站至龙漕路站区间路线基本相同（3号线即由该路改建而来），沿途新建了麦根路货站、梵王渡（抗战前改称为上海西站）、徐家汇和龙华新站4座车站，其中龙华新站作为与沪杭甬铁路的接轨站，而非原定的

① 《沪宁兼沪枫管理局局长钟文耀呈交通部代理次长路政局长叶两路接轨文》，沪宁沪杭甬铁路管理局编查课编：《沪宁沪杭甬铁路史料》，沪杭甬篇第22—23页。

② 郑为袁世凯心腹，掌握了上海的军政大权，1915年被陈其美派人暗杀于外白渡桥，成为轰动一时的"郑汝成被刺案"。

③ 《沪宁与沪枫接轨之布告》，《申报》1914年5月28日，第10版；《交通部呈大总统两路接轨文》，沪宁沪杭甬铁路管理局编查课编：《沪宁沪杭甬铁路史料》，沪杭甬篇第24页。

④ 张雨才编：《中国铁道建设史略（1876—1949）》，中国铁道出版社1997年版，第220—221页。

龙华站。11 月 20 日，沪杭甬铁路管理局局长钟文耀呈请交通部派员验收并参加通车典礼，该部即派首席参事陆梦熊、技士曹璜前往，并要求典礼"毋庸过事铺张"。12 月 4 日两路联络线通车，5 天后举行了通车仪式。① 钟文耀在典礼上发表演说，认为该路"区区二十余里路线，影响于国家前途者，不仅江浙二省而已"。② 沪宁与沪杭甬两条铁路也从此合为一体，铁路管理机构被正式命名为"交通部直辖沪宁、沪杭甬铁路管理局"。

但两路联络线的意义不止于此，前述钟文耀的未雨绸缪更不无道理，因为在该路建设的同时，公共租界和法租界再次谋求扩张——1913 年 7 月"二次革命"爆发后，租界武装"万国商团"以驱逐陈其美军队为由进入闸北。此举引起中方强烈抗议，虽然工部局声明"决不乘危越占，即行撤兵"，③ 但不久还是乘机重提扩大租界的要求。次年 2 月，北京政府为了换取租界当局交还国民党"党人"等政治犯的便利，由外交部派员到上海与工部局商讨租界扩张事宜，上海官绅随即表示反对，而谈判代表也因租界方面的条件过于苛刻而未达成协议。

1914 年 7 月以后，租界准备再次扩张的消息开始见诸报端，遂引起社会舆论的强烈反弹。闸北官绅多次集议寻求反制措施，11 月 17 日召开会议通过了呈北京政府参政院的公文，文中指出：官民努力经营闸北市政的目的"实以苏州河及沪宁铁路为水陆交通之要地，而于国家运兵运械尤有重要关系。国防所系，地利所在，不能不自为经营以杜觊觎也"。④ 但北京政府仍于 1915 年 1 月初再次派员进行谈判，并与租界方达成一致，3 月 4 日工部局公报发表了租界扩张草案 13 条，计划将下列区域并入租界（见图 1 - 15）：

> 甲、北至沪宁铁路，东至公共租界，西南至苏州路。惟铁路线及现有余地，皆在租界之外；乙、介于沪宁铁路沙泾与现在租界界线中间之地点，为租界以内之地，由工部局巡捕巡逻；丙、北至苏州路，

---

① 沪宁沪杭甬铁路管理局编查课编：《沪宁沪杭甬铁路史料》，沪杭甬篇第 25 页；交通、铁道部交通史编纂委员会编：《交通史路政编》第 11 册，第 3763 页。

② 《沪宁、沪杭甬接轨通车纪事》，《交通月刊》第 3 期，"金载"第 3 页。

③ 《租界推广之进步》，《申报》1913 年 9 月 22 日，第 10 版。

④ 《拒却推放租界之请愿书》，《时报》1914 年 11 月 19 日，第 5 版。

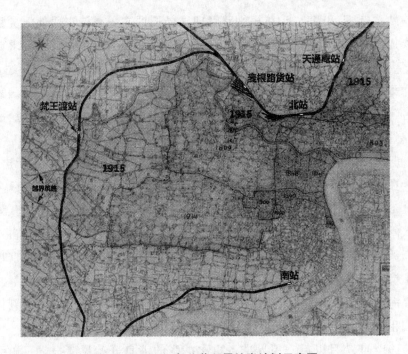

图 1 - 15   1915 年公共租界扩张计划示意图

资料来源：上海市城市规划设计研究院编：《循迹·启新：上海城市规划演进》，同济大学出版社 2007 年版。

东至现在公共租界，南至徐家汇路、虹桥路，西至自苏州河，横至虹桥路之沪宁铁路与沪杭铁路接轨地点。①

从该草案的文本上来看，两路联络线及沪宁铁路已成为工部局承认的租界界线。而此前工部局总董皮尔斯（Edward C. Pearce）在 1914 年 11 月 23 日董事会上谈到一项越过现有界线以西地区的扩张计划时，也承认两路联络线将"形成新的西部界线，又在徐家汇路以西虹桥路将形成租界的南部界线"。② 可见，中方所采用的"铁路手段"已基本奏效。

然而，由于当时华人认为租界"直逼铁道"而侵夺华界权益，故草案一经发表，闸北绅民再次群起反对。他们一方面要求外交部在此后的谈判中允许其派代表参加，另一方面向上海各中方政权机构作"万勿轻弃主

---

① 《推广租界草议之披露》，《申报》1915 年 3 月 5 日，第 10 版。
② 上海市档案馆编：《工部局董事会会议录》第 19 册，第 567 页。

权"之请。① 俞国祯等人则于 3 月中旬上书闸北工巡捐局局长，在"拒绝推广租界之意见书"中痛陈了 16 条理由加以反对，其中与铁路相关的就占到一半：

查译述交来稿件中，意思语气尚属和平，亦只谓划界以铁路作界线为最宜，故拟以铁道为华洋界线云云。初非必以是为界线也，意在尝试，故我人无允准之必要。此其宜拒者三。

来稿谓划界凭铁路为最宜，其说似矣，然使无铁道，则将奈何？即有铁道，或远在数千里外，则又将奈何？将置而不划乎？抑将此数千里之地，尽划入租界乎？我知其必不然矣。此其宜拒者七。

铁道，人造之界线也，河流，天然之界线也，欲求其天然之界线，则莫如以苏州河为界线，不应以铁道为界线。此其宜拒者八。

淞沪、沪宁铁路车站左右一带地方，必多军警，官场往来出入，与租界章程时有抵触。并铁道为交通最重要机关，使租界与之逼近，大非所宜。前清江督刘一面允准西人推广租界，一面令华人自辟商场，正不欲其接近铁道，故预防之，使之远离也。此其宜拒者十。

兵战争地利，商战亦争地利，故商场地势断不可失。如外人之意，铁路之南划作租界，则华界商场必退处铁路以北，地多荒凉，建筑不易，无论不能成立也，即能成立，亦不便于交通。苏州河既失，又围以铁道，较前形势，大相悬殊。故华界商场断不能迁地为良，退居铁道之北。此其宜拒者十二。

其思破我商场，占我车站，得寸进尺，进逼吴淞，毫无疑义焉，奈何中其计而受其欺。此其宜拒者十三。

前清江督刘以偌大土地，予彼推广租界，正欲其不扰吴淞，远离铁道，今若以铁道为界，且与之苏州河，是外人直逼铁道，且已扰及吴淞，失地而复失策，是不独商场问题，竟为国防问题焉。海口铁道，入人掌握，危险孰甚！此其宜拒者十四。

引翔乡西系靶子场，东南系杨树浦等处，早在租界三面包围之内，今欲逼闸北退处于铁路以北，岂非又被三面包围乎？西人之意以

---

①　蒯世勋：《上海公共租界史稿》，上海人民出版社编：《上海公共租界史稿》，第 492 页。

为既入势力范围内，断不为其逃免。故引翔港暂许归我，铁路北暂不索取，明知两地无可发展。权留我国，犹寄之外府。设有建筑，彼正可安享其利，随时俯拾。且既三面包围，对于警权、路政、卫生等等，正多藉日之资料，他日再议推广，不难将闸北、吴淞全境举而有之矣。阴谋狡计，如是如是！此其宜拒者十六。

综上所述，该文认为工部局意在尝试，故中方无应允的必要；租界欲求天然界线，应以苏州河而非铁路为界；铁路为交通最重要之机关，不宜靠近租界；若铁路以南划为租界，则华界通商场必退至铁路以北之荒凉地带；租界欲通过占据车站进逼吴淞，将成为国防上之一大问题。最后，文章强调"外人之欲难厌，外人之心叵测，闸北商场之未可轻弃，铁道、吴淞之亟宜固守"。①

23 日，公共租界纳税人会议通过了扩张草案并交领事团呈请北京政府和各国公使团批准，但前者"碍于民气的激昂"，后者"为了别种原因"，草案始终未被批准。而此时的第一次世界大战战事不断升级，英法等协约国无暇东顾，公共租界的此次扩张未果而终。②

但工部局并未放弃预定之计划，而是不断寻求各种机会进行突破。1924 年工部局以交还会审公廨为条件，要求北京政府将北站附近的"自靶子路以北、在河南路黄浦江及虹口公园北界以内"地区划入租界，③ 不过最终在中国官绅组织的"国土维持会"的竭力抗争之下被迫放弃了原定的计划。④ 此类直接扩张的计划再次受挫，工部局不得不改用实行已久的"越界筑路"法，至 1931 年公共租界西区内道路总长为 43 英里，其中两路联络线以东长 20.934 英里，以西 22.071 英里。但 1925 年"五卅运动"后，中方政权"对于工部局所有正在进行推广西区马路以达铁路轨

---

① 蒯世勋：《上海公共租界史稿》，上海人民出版社编：《上海公共租界史稿》，第 493—495 页。

② 上海市地方志办公室、上海市历史博物馆编：《民国上海市通志稿》第 1 册，第 345 页。

③ 《外交团决定交还公廨之外讯 以推广公共租界为代价》，《申报》1924 年 4 月 1 日，第 13 版。

④ 蒯世勋：《上海公共租界史稿》，上海人民出版社编：《上海公共租界史稿》，第 497 页。

道以外地点之计划，反对更烈"。① 因此在 1932 年 4 月南非最高法院法官费唐（Richard Feetham）② 向工部局提交的报告书中，明确指出两路联络线将公共租界西区"分为两部分。在路线之东，与公共租界接壤之一部分，比距租界较远而在路线之西一部分，更为充分发展"。③ 可见，西区越界筑路对租界扩张的实际效果较为有限。

本　章　结　论

众所周知，铁路对城市发展应具有促进作用，但从近代上海的经验来看并非尽然，其原因即为上海城市周边铁路是中方避免铁路进入租界或靠近租界的情况下形成的，很少出于工商业和港口发展的内生需求，难以和主要分布在（或途经）租界地区的港口、航道以及大型工业区取得充分联络，时人也指出上海港"与欧美近代海港比较犹多逊色，尤以水陆运输缺乏联络，使货物经由铁路由内地集中或向内地分散，难收迅捷经济之效，为一大缺点"。④ 而这也是导致近代沪宁、沪杭甬铁路运输效能徘徊不前的一项重要因素，进而限制了铁路对上海乃至整个长三角地区经济社会的推动作用。

我们不妨作一假设（见图 1－16）：如果沪宁铁路选择在吴淞与淞沪铁路接轨中的北线方案，那么上海北站以西的路段就不会出现，更不会产生铁路横亘闸北市区的现象；如果沪杭甬铁路按照原计划以苏州为起点而非上海，那么可能在相当长的一段时间内，上海城市周边的铁路路线就只有淞沪铁路一条向北的路线，也就不会出现沪宁、沪杭甬以及两路联络线这三条铁路与黄浦江一起包围城市的现象。

由于近代上海城市道路与铁路均为平面交叉，没有一座立体交叉的跨铁路桥梁，所以当城市需要跳出铁路包围圈作进一步发展的时候，铁路路

---

① 费唐：《费唐法官研究上海公共租界情形报告书》第 3 卷，工部局华文处，1932 年，第 12—13、35 页。

② 1931 年，费唐受工部局之邀来沪调查租界问题，判定今后租界的法律地位以应对中国国内要求收回外国在华租界的强烈呼声。

③ 费唐：《费唐法官研究上海公共租界情形报告书》第 1 卷，第 32—33 页。

④ 《建筑虬江码头与繁荣上海市区之关系》（1936 年），《上海特别市市中心区域建设委员会关于中央银行兴建虬江码头卷》，上海市档案馆藏，Q213－1－10，第 23 页。

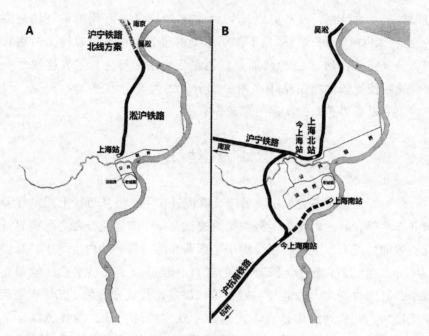

图 1 - 16　近代上海城市周边铁路路线虚拟（A）与实际情况（B）比较

线破坏城市道路系统、阻碍城市交通、引发各类事故等现象日趋严重。诚如时人所言："铁道之存在，固地方之利，今则反为发展之障碍。"① 当代城市规划理论则普遍认为横亘于建成区的铁路路线分割了城市空间，导致被割裂的两部分缺乏有效的联系，并直接造成两部分城市形态特征的巨大差异。② 上海城市周边铁路就对城市空间的拓展造成了长达近百年的阻碍作用，对此问题笔者将另作探讨。

---

① 黄炎：《大上海建设刍议》，《工程》第 3 卷第 1 号，1927 年 3 月，第 35 页。

② 参见张文尝《城市铁路规划》，中国建筑工业出版社 1982 年版；刘灿齐《现代交通规划学》，人民交通出版社 2001 年版。

第二章　两路与两省：铁路土地征收及其工程性影响

土地是人类赖以生存基础之一，诚如春秋时期管仲所言："地者，万物之本源，诸生之根苑也"（《管子·水地篇》）。但土地也是一个困扰中国社会发展的大问题，其集中体现在古代因土地分配不均而引发的农民起义上。到了近代特别是甲午战争后，随着铁路等公共基础设施的大规模建设（包括改建），工程所需土地的征收开始引起土地私有权和公共利益的矛盾冲突。因此，铁路建设带来的工程性影响增加了传统社会土地问题的复杂性和现代性。本章将对沪宁、沪杭甬铁路建设初期的土地征收问题，以及带给江浙两省铁路沿线社会的工程性影响作一初步探讨。

第一节　制度探源：土地征收问题浅析

一　土地征收的概念与发展历程

土地既是人类的劳动对象，又是人类的劳动资料。不仅具有提供经济收益和生活保障的效用，对社会稳定、粮食安全、生态环境也都具有特有的功效。根据《中华人民共和国土地征收法》的法律解释，土地征用是指国家为公共利益的需要而依照法定程序将集体土地转为国有土地并付给合理补偿的政府行为。土地征收制度主要由征收程序和征收补偿两方面组成。尽管各国（地区）对土地征用的称法有所不同，但都具有公共利益性、强制性、补偿性、权属转移性和补偿性等相同的特点。

在14、15世纪西欧农奴制解体过程中，英国新兴的资产阶级和新贵族通过暴力把农民从土地上赶走，强占农民份地及公有地，剥夺农民的土地使用权和所有权，并把强占的土地圈为私有的大牧场、大农场。这就是英国历史上著名的"圈地运动"，可视作世界历史上较早的土地征收事件，但圈地运动并不具有补偿性，极大地损害了农民的权益。因此法国大革命时期出台的《人权宣言》中规定："私人财产神圣不可侵犯，除非当合法认定的公共需要所显然必需时，且在公平而预先赔偿的条件下，任何人的财产不得受到剥夺。"资产阶级革命促使西欧各国开始推行宪政，土地征收的法律制度也逐步建立起来，至19世纪已相当完备。[①]

　　近代中国的土地征收正是起源于以铁路为主的交通基础设施建设。1897年，盛宣怀就向清政府上奏拟定的《芦汉铁路购地章程》，其核心是"官地既由官给"和"民地定给官价"。[②] 此后修建的淞沪、沪宁等铁路也先后制定了各项"购地章程"（参见下文）。1906年，清政府鉴于沪宁等铁路在"购地"过程中产生的纠纷日趋严重，令其下属的商部制定颁布了中国历史上第一部具有土地征收性质的法规《铁路购地章程》，共计十八条。1910年邮传部又颁布了多达五十八条的《铁路征地通行条例》。虽然近代中国土地征收法的制定起源于西方土地所有权观念的引进和相关法律的翻译，但这些铁路征地章程无疑是制定完整法律的重要基础。1915年，北京政府颁布了《土地收用法》，成为中国第一部现代意义上的土地征收法律。南京国民政府成立后，国民政府为了实践孙中山"平均地权"的纲领，相继颁布了更为完备的《土地收用法》和《土地法》。近代中国的土地征收制度至此得以完善。[③]

　　土地征收的强制性要求其必须严格用于国家重点公共设施和公共利益的用地需要，而铁路建设符合这一标准，故具有强制征地的权利。铁路建设里程长，涉及相当数量的单位与个人，涉及的土地类型也比较复杂。当代中国铁路征地的参与者为铁道部、地方政府和被征者三方。铁道部为降低交易成本，一般不直接介入征地工作，而是委托地方政府办理。根据当前的实际情况来看，被征者等相关群体的权益往往受到侵害甚至失去生计，进而引发各种群体性事件。因此，妥善处理土地征收问题成为铁路建设的首要任务，更是维护社会稳定的重要环节。那么近代中国的铁路土地

---

① ［德］马克思·韦伯：《经济通史》，姚曾廙译，上海三联书店2006年版，第50—63页。

② 《购地运料援案办理片》，盛宣怀：《愚斋存稿》卷1《奏疏》1，思补楼，1939年，第31—32页。

③ 王瑞庆：《学术史视野下近代中国土地征收思想的演进》，《华南农业大学学报（社会科学版）》2011年第4期；童旭：《论民国南京政府时期的土地征收制度》，华中科技大学硕士论文，2011年。

征收的情况是怎样的呢？又具有哪些特征呢？

二　长三角地区铁路土地征收的起源

近代中国的铁路土地征收一般都由铁路建设部门直接办理，并不通过地方政府。虽然减少了一个环节，但在所谓"半殖民地半封建"的社会环境中，征收者、被征者以及相关利益群体的结构比较复杂。征收者由中、外各铁路建设者以及中方的中央铁路管理机构组成，被征者为中、外土地业主，相关利益群体包括地方官员、士绅等。

早在 1863 年，英、法、美洋行向江苏巡抚李鸿章提出建设上海至苏州的沪苏铁路时，李就以"一旦因筑路而剥夺中国人民的土地的时候，将会引起极大的反对"等为由断然拒绝。① 以反对土地征收来反对修建铁路成为此后清政府的惯用理由，具体可分为铁路破坏风水和震动房屋、坟墓二端。虽然有研究认为这些反对意见大多是保守文人制造和散布的奇闻，民众并不一定认同，如吴淞铁路以普通道路为名实施的土地征收就获得了"巨大成功"。② 但事实上无论是道路还是铁路，基层民众出于自身利益的考虑都不可能听之任之。

1865 年英国方面计划建设上海至吴淞铁路时，其工程师亨利鲁滨逊（Henry Robinson）曾提议采用旱桥（高架）的方案经过墓地，"这样或者可能避免与业主发生冲突"。但该建议并未收效，反对筑路的声浪仍十分尖锐，所以该计划未能实现。③

1872 年 11 月，英国吴淞道路公司（Woosung Road Company）向上海道台沈秉成提出兴建虹口至吴淞的普通道路，因此获得了沈秉成的支持。沈派其助手协助公司进行征收，并在上海、宝山两县境内的沿线地区张贴告示，严禁民众妨碍征地。④ 但次年初出现了沿线民众拔除勘测时钉下的木桩的情况，⑤ 唐家宅村被征者则出面反对，后由道台劝导并同意提高征

---

① ［英］肯德：《中国铁路发展史》，李抱宏等译，生活·读书·新知三联书店 1958 年版，第 4 页。

② ［法］约瑟夫·马纪樵：《中国铁路：金融与外交（1860—1914）》，许峻峰译，中国铁道出版社 2009 年版，第 27—28 页。

③ ［英］肯德：《中国铁路发展史》，第 11 页。

④ FO228/571. No. 25；FO228/577. No. 18. 英国国家档案馆藏。

⑤ 《论陈司马会县续勘吴淞马路工程事》，《申报》1873 年 1 月 13 日，第 1 版。

收价格至每亩 270—300 两，被征者"始得允洽"。① 至同年 7 月，从苏州河北岸至蕴藻浜南，长 15 公里、平均宽 15 米的 346 亩土地征收完毕，公司与道台签订了购地合同。②

1874 年夏，这些土地以 49976 两白银转售给吴淞车路公司（Woosung Tramway Company），至次年 6 月该公司又征购了 119 亩土地，但并未得到道台的批准而只是在英国领事馆进行了注册。8 月，英方正式决定将道路改为铁路。这一年，宝山县境内又发生了一起反对征地的事件，并有"西报腾载其事，传诸欧洲"的传说：

> 淞沪铁路测量路线，经江湾东区，欲割苏姓宅基亩许，苏姓孀妇张氏不允，英人强之，不得已投县呈诉，而英人擅逮张氏，羁于上海会审公廨，勒令具结，张氏不屈如初，知县冯寿镜乃亲赴上海，据理力争，始得释回，英人服氏坚定。③

1876 年 1 月 26 日，在未经清政府同意的情况下，英方擅自铺下了吴淞铁路的第一根铁轨。④ 次年，吴淞铁路即被清政府收回拆除，这是其反铁路理念的延续和政策的实施。但当甲午战争后吴淞铁路重建时，虽然清政府已转变为铁路的主导者，而民众的态度并无太大的变化。

第二节　维持生计：反对失地的纠纷

铁路在促进地方经济发展的同时，由于占用了大量土地而带来了不少负面影响，最早出现的就是征收者与被征者之间各种形式和程度的对抗。在长三角区域内，此类对抗从 19 世纪末吴淞铁路重建开始，一直延续到 1937 年抗战爆发才告一段落（此后侵华日军多以军事手段强制征地）。对抗的根源来自被征者的抵制，其原因不外乎两端：一是反对失去土地，二

---

① 《筑马路事补遗》，《申报》1873 年 1 月 24 日，第 3 版。

② ［法］约瑟夫·马纪樵：《中国铁路：金融与外交（1860—1914）》，第 44 页。

③ 张允高等修，钱淦等纂：民国《宝山县续志》卷 17《轶事》，民国二十年（1921）铅印本，第 15 页。

④ Richard C Rapier, *Remunerative railways for new countries; with some account of the first railway in China*, London: E. & F. N. Spon, 1878, p. 5.

是不满补偿条件。

1897 年 3 月 26 日，《申报》刊发了由督办铁路大臣盛宣怀核定的淞沪铁路征地方案。（具体征地范围、价格情况见表 2－1）。29 日，上海知县黄承暄鉴于"乡愚无识，每致缪辕参不清"而颁给传头二图（地名）地保一道朱谕，令其"善为开导"当地民众，"毋得梗阻大工"。[1]

表 2－1　　　　　　淞沪铁路征地情况（1897 年 3 月）

地点	征地数	每亩官价
美租界外 靠上马路之地	数千亩	二百两
美租界外 离马路稍远之地	数十亩	一百五十两
江湾	三十亩	三十两
吴淞蕴藻浜南	约三百亩	八十两
蕴藻浜北	不明	三十至五十两
原吴淞铁路两旁	四五十亩	二十两

资料来源：《示定地价》，《申报》1897 年 3 月 26 日，第 3—4 版。

沪宁铁路绵延 300 多公里，涉及的土地类型和被征者远较淞沪铁路复杂。其土地类型主要包括耕地、房屋、商店、工矿企业、坟墓等各种生产生活用地以及农作物、花草树木等地面附着物。因此在铁路勘测的同时，专门负责征地事宜的"购地局"即宣告成立。1903 年 11 月 23 日，盛宣怀派江苏候补道沈仝为该局总办，但此时该局仅"有购地之责，无工程之权也"。沈未及征地即于次年 7 月 11 日被潘学祖代替，潘"争工程之权，不得而去"。11 月 30 日改派林贺峒（林则徐之孙）接任。[2]

1904 年 9 月 29 日，沪宁铁路"开工督办"，[3] 征地工作随即展开。上海至无锡段分为五段（全线分为十段，每段又分为东西两段[4]），由各段"购地委员"（即征地人员）会同地方官员出示布告，并传令各地保人等

---

① 《示定地价》，《申报》1897 年 3 月 26 日，第 3—4 版；《禁阻路工》，《申报》1897 年 3 月 30 日，第 3 版。

② 《沪宁铁路调查杂录》，沪宁铁路研究会编：《沪宁铁路研究资料》，申报馆，1905 年，第 6 页。

③ 《沪宁铁路调查杂录》，沪宁铁路研究会编：《沪宁铁路研究资料》，第 16 页。1905 年 4 月 25 日（农历三月廿一）补办开工典礼。

④ 交通、铁道部交通史编纂委员会编：《交通史路政编》第 11 册，1935 年，第 3132 页。

集合，按照设计图查明土地和被征者，并按照购地章程"给价圈用"。① 这就是沪宁铁路土地征收的基本程序。同时为防止各种纠纷妨碍征地及施工，铁路总公司设置了弹压委员并"招募巡勇，分段弹压"，此乃铁路警察的前身。②

11 月 24 日沪宁铁路总管理处召开特别会议时，林贺峒限定在三个月内完成征地及拆迁工作。③ 但工作进展缓慢，总工程师格林森（A. H. Collinson）屡次催促总管理局及购地局"从速办理"，林贺峒亦于 1905 年 1 月初强调必须在规定期限内完成。因格林森曾向盛宣怀表示上海至无锡段工程将于 1905 年 1 月 2 日起的 20 个月内完工，与施工方签订的土方承包合同则规定从 1904 年 12 月起的半年内完成土方施工。但到 2 月 24 日三个月期满时，征地拆迁未能如期完成，土方工程遂无法按照合同进行，原驻苏州、无锡的部分铁路工人"因无地用"而纷纷走散。④ 表 2 - 2 为沪锡段征地的具体情况，其中以长洲县（今属苏州）境内路段难度最大、"最为耽误工程"，因此该处购地委员"屡次辞差"。

表 2 - 2　沪宁铁路上海至无锡段征地进展情况（1904 年 11 月至 1905 年 2 月）

	英里数	县境	进展情形（照录原文）
第一段	0—14	上海、宝山	地亩已经丈量，田地上亦已动工，惟经过各村庄内应拆之房屋，尚未拆卸。
第二段	14—27	嘉定、青浦	购地之事，目今方在开办，此段因先未曾派工程司，故意留后办理，现下亦当赶办。
第三段	27—40	昆山、新阳	购地甚为快速，惟由三十四英里至四十英里一段内，地亩甚多，尚未交清。
第四段	40—56	长洲、元和	购地最为迟缓。
第五段	56—80	无锡、金匮	甚属延缓。

资料来源：《沪宁铁路总工程司格林森呈总管理处函》，《申报》1905 年 2 月 28 日，第 4—5 版。

迁移坟墓的进展也较为缓慢，无锡境内 24 英里（约 38624 米）路段

---

① 《宁沪铁路购地公文》，《申报》1904 年 10 月 15 日，第 2 版。
② 沪宁沪杭甬铁路管理局编查课编：《沪宁沪杭甬铁路史料》，1924 年，沪宁篇第 127 页。
③ 《沪宁铁路总管理处会议日记》（抄本），上海图书馆藏，1904 年 11 月 24 日。
④ 《沪宁铁路总工程司格林森呈总管理处函（为铁路经行苏锡地段购地迁坟事）》，《申报》1905 年 2 月 28 日，第 4—5 版。

中只有 3.5 英里（5633 米左右）完成了迁移，另有大量房屋尚未拆迁。因此格林森于 24 日致函总管理处，强调：

> 购地、迁坟、拆屋诸事，在在皆关紧要，若不预为部署，必致耽误要工，且工程造价，亦因之陡增矣，至本公司与包工所订合同，非仅不能尽其义务，而且恐包工谓被我所误，反向本公司要索赔款。

因此格林森认为，土方工程必须在梅雨季节到来之前完成，否则必然会拖延沪锡段铁路的通车时间，并将增加借款利息。[①]

此时征地工作刚刚开始，遭遇的各方阻力尚小。随着铁路向内地延伸，部分地区的民众"惑于风水之说，聚众阻挠"，[②] 勘测工作不免受到阻碍。同时，地方绅民积累了交涉经验。因此征地阻力不断增大，双方的争端也随之增多并日趋严重。

一　风水迷信

无论是发达地区还是偏僻山乡，都有民众因担心破坏风水而抵制铁路建设。1905 年 8 月，常镇道道台郭月楼鉴于镇江至南京沿线为宁镇山脉地区，当地民风闭塞而专门会同镇江太守、丹徒知县以及铁路工程师、购地委员等多人前往镇江牌湾附近的九里山一带开展土地丈量工作。[③] 1906 年 6 月进行征地时，铁路督办大臣唐绍仪请两江总督周馥令当地官员"妥为开导弹压，俾免乡民梗阻而致稽迟"。[④]

1907 年 9 月通车的江墅铁路曾因征地受阻而放弃了原定的穿越杭州城东一角的计划。次年夏，当该路准备再度穿城而过时，城乡间顿时谣言四起：

> 有谓此项大工，必死伤小儿若干名。有谓十二生辰正冲者八致，

① 《沪宁铁路总工程司格林森呈总管理处函 续二十五日稿》，《申报》1905 年 3 月 1 日，第 5 版。

② 《常镇道会同各员勘丈铁路轨道经行山路地段》，《申报》1905 年 8 月 15 日，第 9 版。

③ 同上。

④ 《弹压铁路购地镇江》，《申报》1906 年 6 月 8 日，第 9 版。

术士一流，相率附和，捏造祈禳之法，用五色线搓成牛绳，拴诸儿颈藉可免死。

不仅普通民众"奔走相告，几乎若狂"，甚至连上流社会也"相率效尤"。故浙路公司呈请上峰通过地方官"出示晓谕，免生意外"。①

二　路线布置

这里的路线布置相对第一章而言属于局部微调，其目的多在于使路线避开与民众利益相关的土地和产业。1905 年 12 月，常州部分士绅认为铁路自丁堰向西至小东门桥，再折向北至北门外常州车站的方案，比他们提出的从丁堰直接向西北至车站的直线多出 2 公里（见图 2 - 1），致使城东南从武进德泽乡至阳湖孝仁乡的湾城一线数十个村庄被划入铁路界内，不符合《沪宁铁路借款合同》第二款"觅至善至省之法"的原则，故怀疑其中"非私即弊"。

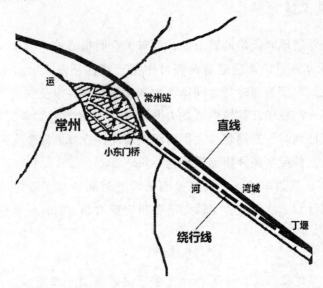

图 2 - 1　沪宁铁路常州至丁堰段两种路线布置方案。

资料来源：根据文中内容绘制。

他们认为，常州地少人多，而房屋坟墓又"比栉皆是"，因此"多迁

---

① 《浙路城站开工记闻》，《申报》1908 年 8 月 21 日，第 12 版。

一里之铁路，即多毁一里之房屋、坟墓，何得为善？"何况路线绕行本应出于避开大山大河的考虑，但常州东门外地势都非常平坦，仅有部分低洼地带，"偏南偏北，均系一样，并无大小高低之别"，而绕行线沿途村庄坟墓多于直线，故失地民众必将"播迁失业"，"皇皇然不能自保"。因此他们号召同乡人士联名上书盛宣怀，请求按照直线方案修筑，如此才能"在地方可少毁数千家田庐坟墓，在公司亦可省数万金造路之费"。①

购地局总办林贺峒曾于1905年秋指出："非市面繁盛处所，民情无十分梗阻。"②但沪宁、沪杭甬铁路的路线往往布置在"市面繁盛"之处——1907年1月，江宁下关镇董上书两江总督端方，表示铁路将征用邓府巷北一带的土地，而"邓府巷大段市面毁坏，即下关合镇全局毁坏"。同时提出车站应由宋岗移至宝塔桥，该处有数千亩土地，"取用绰绰有余"，并且接近市面。端方批复称"如果有碍市面，即当设法保全"，故令金陵关道会同购地委员前往勘察，尽快讨论是否仍照原定路线还是可以稍作改动，"总期路务、商场，两有裨益"。③同年秋，镇江高资镇附近铁路路线与旧有驿道发生用地纠葛。10月1日，丹徒知县王纬臣亲自前往查勘，随即与铁路工程委员李东河商议各自划定界限，"以期两无妨碍"。李东河表示同意，并请洋工程师照办。④

沪杭甬铁路方面：1906年11月，杭州南星桥沿河至江西会馆一带的二十余处民房和七座墙门均须拆迁，用以建设江墅铁路南星桥车站。被征者"痛哭哀号，寝食俱废"，并以此地向来为商业区域，拆迁将毁其生计而联名致函浙路公司请求铁路避开该处房屋。公司总理汤寿潜和协理刘锦藻认为车站用地不及二百亩，"尚苦不敷"，且其他地段如南星桥的营房、罗木营的操场、水师右营、绍兴会馆、春和酱园、裕隆茶栈等拆迁规模均大于此地，因此怀疑其中"必有不安本分之人，从中煽惑"。因此公司请仁和知县拘捕闹事者，并告知被征者限十天内搬迁，若再借口刁难则将

① 《常州铁路勘线节略》，《申》1905年12月9日，第2—3版。

② 《禀盛宫保为限制沪宁铁路购地事》，林贺峒：《味雪堂遗集》，古闽林氏，1909年，第46页。

③ 《江督批饬查勘路线》，《申报》1907年1月9日，第3版。

④ 《商准划清铁路界限》，《申报》1907年10月3日，第12版。

"照章代拆"。① 而该路原计划的穿城路线亦因"购地交涉，暂行辍议"。②

1907 年 1 月上海至枫泾段（苏路）开工后，松江府境内多地民众希望通过"改移路线"避免被征。3 月 25 日，该路第二段工程处前往华庄勘测路线时，"乡民时出阻挠"。4 月 1 日勘至计家宅村时，当地地保吴得胜前来表示如能避开该村即送上一百大洋，并可再增加金额。故该工程处在致苏路公司的公函中表示：

> 乡愚无知，搅扰贿路，无所不至，地保为在官人役，居然来相尝试，此风一开，民之讹言，更无所底止，且难保无招摇影射情事，于路政前途，关系非浅。

为杜绝此类事件"为路事增无数阻力"，工程处请公司告知松江太守及华亭知县，以"若不严惩一二，恐乡民既受若辈之欺"为由缉拿吴得胜，"治以应得之罪"，同时向沿线民众宣布"毋再阻难"。③

4 月，华庄士绅呈请将路线东移，但 5 月初莘庄、新桥一带士绅又因东移路线妨碍某大户人家之墓地而呈请公司再作修改。④ 同年夏，松江贡生吴望曾、汤昌明等人先后请求苏路公司，免将西门外汤家埭村作为车站而致当地民众"生计不敷"，同时提出了一条新路线。公司表示同意，随即致函工程师进行调查。得报后，公司认为新路线经过通坡塘、秀野桥、古浦塘、长三港、五厍、茹塘、泖湖等处，"大河桥多任务巨"，且直冲松江西门市镇，房屋、坟墓不可计数，故予以否定。至于汤家埭村作为车站一事，乃因之前松江士绅认为原定站址的仓城离西门太远而请求公司移至此地，如果仅仅因为数家之坟墓、村庄而"使铁路绕越，则铁路必无可造之地"。因此公司仍坚持征用该村土地，并请娄县知县告知绅民"力顾公理，勿生阻挠"。⑤

① 《浙路车站圈地之批词》，《申报》1906 年 12 月 1 日，第 4 版。

② 《浙省穿城路线定议》，《申报》1908 年 4 月 21 日，第 11 版。

③ 《苏路公司移松江府华亭县文（为贿托移线事）》，《申报》1907 年 4 月 9 日，第 4 版。

④ 《乡董又请改移路线》，《申报》1907 年 5 月 5 日，第 4 版。

⑤ 《苏路公司为汤家埭车站事移娄县文》，《申报》1907 年 8 月 9 日，第 5 版。

三　墓地纠纷

迁移坟墓的一般程序为：先由沿线各县士绅派人查访登记，分为有主、无主两类，前者由铁路所经之处的绅民就近掩埋，后者由善堂迁移。① 程序看似简单，但沿线各地坟墓数量十分庞大，铁路建设面临着不少困难。

1897 年秋，杭州绅商组建"利远公司"，计划招股兴建绕城铁路。路线拟由城西北的大关出发，经松木场绕至西湖西、南岸，经大小麦岭转清波、凤山两城门而直达钱塘江边的江干。但随即因沿路有五六十处大型墓葬而致谣言四起，险些酿成群体性事件。公司随即派员再度前往勘察，但此人谎报只有五六处无法避让。于是公司派工人前往钉立界桩，不料沿途"古冢累累，不下数百处"。顿时满城风雨，城内外大道两旁贴满了"大字报"，声称：

> 如将坟墓开掘，一时无处安葬，可将骸骨棺木暂借办理铁路之杭人祖坟上掩埋！拆我房屋，一时无处存身，可暂向办理铁路之杭人家借住！

事态平息后，浙江籍御史陈其璋上奏清廷认为此路线避简就繁且舍近求远，故提议改从城东经艮山、清泰两城门至江干，"此处地形径直，田庐不多，坟墓亦少"。清廷遂令浙江巡抚廖寿丰停办此路，并审查陈其璋所定路线是否合理。② 虽然此路并未开建，但陈其璋之议成为 1903 年浙江绅商拟借日资筑路时的方案③以及沪杭甬铁路江墅段的雏形（见图 2 - 2）。

1905 年初，洋工程师在无锡境内路段"立逼迁坟，乡民鼓噪"。④ 而这只是沪宁铁路沿线迁坟问题的一个案例，其复杂程度如《泰晤士报》的评论所言：

---

① 《沪宁铁路工程购地局札铁路所经各县文》，《申报》1905 年 2 月 21 日，第 9 版。

② 《奏停铁路》，《申报》1897 年 11 月 28 日，第 2 版。

③ 《议兴杭路》，《申报》1903 年 11 月 20 日，第 2 版。

④ 《无锡购地局李令来电》，《沪宁铁路往来电报抄存》第 1 册，上海图书馆藏盛宣怀档案（简称盛档），002237。

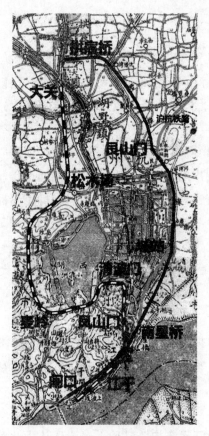

图2－2　杭州各铁路路线布置方案

资料来源：根据文中内容绘制。

这是一个在中国随便什么地方都出现的问题，但是在上海与无锡之间格外显著。因为铁路经过的地方，可以说完全是一片连绵不断的坟地。这些地方的荒冢和家墓多数是很大的，意外地散布在耕种得极熟的田里面。其中有许多坟墓去年已经迁移掉，但接收过来的土地上仍然留有许多空穴，这些空穴必须填平才能作为路基。①

1907年3月，当铁路工人在上海县二十七保头图淡井庙附近迁移坟墓时，遭到当地地主纠众阻挠，苏路公司遂请上海知县查办。② 与此同

---

① Railway Construction in China, *The Times*, Friday, Sep 01, 1905, p. 9.

② 《请究阻挠迁坟》，《申报》1907年3月17日，第17版。

时，该公司计划征用十二图的潮州会馆基地 8 亩，但该会馆表示拒绝并于同月 11 日召集同乡千余人至会馆商讨对策。而毗邻会馆的周姓坟地经业主同意于 15 日进行迁移时，会馆人员出面要求铁路工人停止作业，双方随即爆发冲突并导致四名沪籍工人受伤，后由当地地保朱春甫陪同受伤者前往县署控诉。[①] 而此类纠纷又往往具有延续性，此后不久，廿五保头图民众也出面阻挠公司已征用的土地，经当地地保殷某"竭力弹压，幸未肇祸"。[②]

第三节　利益使然：补偿问题的争端

随着时间的推移，被征者往往意识到铁路建设已成定局，因此其斗争焦点从反对失地逐渐转移到补偿问题上来。

> 查铁路经过无用地方，本无建造之理，更无视地价贵贱以定取舍。[③]

以上文字是曾任沪宁铁路总办的施肇曾对补偿问题的看法，可见其对此颇为无奈，但也从侧面反映了问题的关键，即"铁路经过"使"无用"地方变成了"有用"地方，也就是说铁路建设提高了土地的使用价值，所以补偿费用也必须相应增加。按照当代的相关政策，土地征收不仅要对土地、房屋、墓地、地面附着物的自身价值以及拆除、迁移等项目进行补偿，还要对失去土地的集体和个人进行必要的补偿与安置，对失去土地的间接损失也需给予补偿。

但征收者和被征者双方的利益目标显然是不同的：前者的目标是保证征地工作按期完成，并尽可能多地减少补偿费用，而后者的主要行为标准是收益，即希望获得尽可能高的补偿收入。目标的不一致导致双方行为的不协调，以致产生利益争端，并成为铁路征地过程中矛盾最集中的环节。

---

① 《讯究殴阻迁坟案》，《申报》1907 年 3 月 18 日，第 17 版。

② 《上海县案》，《申报》1907 年 3 月 23 日，第 18 版。

③ 《沪宁铁路与沪杭甬铁路接轨另择他段办法折》（1911 年），盛档，107730 – 2。

一　补偿制度

1897 年 3 月，由盛宣怀任督办的铁路总公司发布了淞沪铁路的购地章程，此时该公司已经意识到铁路建设将带动地价上涨：

> 此项荒僻地亩，一经兴办路工，附近屋庐园圃，皆变成闹市，腾跃十倍于急……上海五方杂处，风闻路工将兴，揽售渔利，所在都有，因之地价日益加涨。

所以公司发表声明，要求沿线官民"晓谕听候，由官秉公给价，不准居奇"。即便以高价先期囤地，公司征地亦只能按照其所规定的官价收购。具体补偿标准仿照京津、芦保（卢沟桥至保定）铁路，每亩按土地等级给予二两五钱至十五两。但出于北方土地贫瘠和吴淞自行开埠的因素而决定"格外体恤，略从优厚"。

不久，盛宣怀对上述方案作了修正，并经两江总督刘坤一、江苏巡抚赵舒翘审订通过，决定按照前年（1895）未计划筑路、未派洋工程师勘测时的"民间平常买卖价值"制定补偿标准，分为二百、一百、七十、三十、二十两五个等级。① 随后盛宣怀又令上海、宝山两知县发布公告，并派上海道会丈局人员陪同工程师订立界桩，然后挨家挨户发放补偿费。无法避让的坟墓按照上等地的标准补偿外，另加付迁葬费，房屋也同时支付土地费及房屋价值费。如果被征者因失地而无以谋生，总公司则给予年息五六厘的股票，以补偿费作为股份，"将来永远利益，更胜于坟地为生"。鉴于征地过程中可能出现地保贪污被征者补偿费的现象，总公司采用三联单发放钱款，并由购地委员按照实际数目支付，防止"吏胥市侩"舞弊渔利，故"体恤尤为周至"。②

上海知县黄承暄接到两江总督命令后随即展开调查，发现虹口头二图征地数较多，且临近租界，被征者或将抬价。因此黄承暄于 3 月底召集各

---

① 《盛宣怀上刘坤一、赵舒翘》，王尔敏、吴伦霓霞编：《盛宣怀实业函电稿》下册，（台北）"中研院"近代史研究所，1993 年，第 661 页。
② 《示定地价》，《申报》1897 年 3 月 26 日，第 3—4 版。

图董、地甲，令其与乡董人等至乡间劝导，"照官估定给价，毋得居奇违谕"。[①] 此后，铁路总公司将征用土地"绘图造具户号、亩分清册"送至县署存档，同时令各图地保陪同被征者前往会丈局检验契据粮串，然后按照章程领取补偿费，未前往领取的被征者由知县催促前往办理。被征土地的田赋从1900年上忙起由铁路总公司承担。[②]

在实际操作过程中，虽然沿线补偿费的高低以距离租界的远近而确定，[③] 但官地的定价大多高于民地，如盛宣怀所言"海塘之内高地，所定官价，比较过多，恐民间藉口"。[④] 而官地在征收时往往乘机提价，一度要价至"每亩千两"，"而民地价只有五十两"，故郑孝胥指斥"地方官不识大局"。[⑤] 因此，盛宣怀指示购地委员坟墓按照"每棺四两，砖则倍之，通扯作一冢作两棺计"；房屋则须分新、旧、大、小、瓦、草六种，每种"酌分四、五等，按间数给拆迁费"，[⑥] 以免引起纠纷。此外，刘坤一虽然表示认可上述补偿方案，但鉴于吴淞自行开埠后"地价日增"而不愿将蕴藻浜附近的一百余亩官地以低价卖给总公司建设货运码头，[⑦] 但1898年总公司为"杜洋人争占"仍以高价购入。[⑧] 以上各端都增加了征地支出，最终导致淞沪铁路的征地费用达十一万九千三百六十九两四钱二分五厘二毫，占到全部经费（一百零二万二千三百八十七两八钱二分）的11%。[⑨]

由于上述淞沪铁路的征地章程并未严格执行，因此铁路总公司对征地事务更为重视。1904年底，经沪宁铁路总工程师格林森催促，购地局拟定了《沪宁铁路购地章程》，经盛宣怀审定后印发各征地区段。12月底，

---

① 《谕董示价》，《申报》1897年3月28日，第3版。

② 《移文照录》，《申报》1900年3月7日，第2版。征收田赋分为上下两期，规定地丁钱粮在农历二月开征，五月截止，叫做上忙。

③ 《论淞沪铁路》，《实学报》第2册《英报辑译卷一》，1897年9月，第9页。

④ 《盛宣怀致刘坤一》，王尔敏、吴伦霓霞编：《盛宣怀实业函电稿》下册，第660页。

⑤ 劳祖德编：《郑孝胥日记》第2册，1898年4月12日，中华书局1993年版，第641页。

⑥ 《盛宣怀致淞沪局》，王尔敏、吴伦霓霞编：《盛宣怀实业函电稿》下册，第661页。

⑦ 《江督刘岘帅来电》，盛宣怀：《愚斋存稿》卷91《补遗》68，第6页。

⑧ 《致候补道台蒋》，北京大学历史系近代史教研室编：《盛宣怀未刊信稿》，中华书局1960年版，第61页。

⑨ 《淞沪铁路工竣造销折》，盛宣怀：《愚斋存稿》卷7《奏疏》7，第41—42页。归并沪宁铁路后的统计显示该路共占地1184余亩，土地价值为176329余元。参见交通、铁道部交通史编纂委员会《交通史路政编》第11册，第3156页。

两江总督周馥、江苏巡抚陆元鼎令铁路沿线地方官员"一体遵照办理"。①通过该章程的条文，我们可以了解到该路的补偿制度较之前更为完善：

由购地委员偕同地方官员将拟征用的土地划分为上、中、下三等，按照铁路勘测前同县境内非铁路两侧的土地价格确定补偿金额。经总公司审核通过后，购地委员随同知县及其户工两房、书办、弓正、县差、保正等官员前往沿线各处召集被征者，按照工程师绘制的工程图纸使用官弓、英尺（中外两种测量工具）一同进行丈量以确定亩数，然后由司事登记在草簿上，由购地委员核对盖章。被征者限三天内前往购地局验证契据粮串，办理过户手续，双方当场签订合同，将土地归入铁路名下并写明亩数和价格。然后由该局发给联票，再赴收支处领取补偿款。不在当地的被征者可由其亲戚或邻居代为陪同购地委员丈量土地。此外，如果出现各种徇私枉法的行为，无论官绅还是地痞，均由购地局总办与地方官员查明惩办。②

具体的补偿标准最初由购地局总办林贺峒制定并经盛宣怀批准，仿照《吴淞商埠拆房迁坟章程》办理，具体标准为：大瓦房每间洋五十五元，中瓦房每间四十五元，草房每间十二元，繁华地段的商铺房每间加津贴六元，拆迁费用每间三千二百文；砖坟每座银八两，土坟每座四两，小坟、骨坛及浮厝每座均为二两，无主坟由善堂代迁。③

但由于沿线土地性质、价格、度量衡、民风等方面均存在显著差异，铁路部门在实施过程中根据不同区域和时段做了相应调整，并且增加了农田耕地和苗木等地面附着物的补偿项。总体而言补偿价格从上海向西（南京方向）逐渐降低，华人出租给洋人的道契地高于民地。④根据后来的统计，全线共征收土地 30467 余亩，发放补偿款计 3328713 余元（见表 2 - 3）。其中上海北站费用最高，其原因除道契地外，民地"以贴近租界之故，亦较他处贵至十倍、二十倍不等"。镇江站亦因临近英租界而高于他

①　《南洋大臣据沪宁铁路工程购地局申呈购地章程转饬江宁藩司移行遵照札》，《申报》1904 年 12 月 31 日，第 2 版。

②　全文详见交通、铁道部交通史编纂委员会编：《交通史路政编》第 11 册，第 3132—3139页。

③　《沪宁铁路工程购地局札铁路所经各县文》，《申报》1905 年 2 月 21 日，第 9—10 版。

④　参见《沪宁铁路各段地亩拆屋迁坟花息树木等价值清单》，交通、铁道部交通史编纂委员会编：《交通史路政编》第 11 册，第 3144—3156 页。

处。其余路段每亩自二三十元至八九十元不等。[1]

表 2－3　　　　　　　　　　沪宁铁路征地补偿情况

类型	数量	补偿费（元）
田地山园	31651.1067 亩	2564097.468
房屋	6329 间	238437.362
坟墓	73561 座	450118.860
附着物	农作物 1841.067 亩	76059.970
	树木 2008878 株	
补偿费总计		3328713.660

注：房屋另外包括社稷坛、牌坊、石库门、石池、围墙、篱笆等；坟墓包括义冢。

资料来源：沪宁沪杭甬铁路管理局编查课编：《沪宁沪杭甬铁路史料》，沪宁篇第104—105 页。

　　沪杭甬全线共计征地 25829 亩 7 分 1 厘，共发放 1892885 元 1 角 2 分。[2] 与沪宁铁路单方面定价不同的是，沪杭甬铁路系由苏、浙两公司商办，1908 年借款条约签订前的征地工作未受到英国的干预。因此 1924 年交通部直辖沪宁、沪杭甬铁路管理局编撰的《沪宁沪杭甬铁路史料》中声称：苏路仿照浙路办理，而后者"事事取地方公意"，办事人员大都为当地颇有声望的士绅，补偿标准"系随时邀集业户，公开订定"，因此浙路征地过程中"从未发生纠纷"。[3]

　　此外，1906 年苏路公司在苏嘉铁路吴江段征地开始前，就意识到"清丈系准原额定率：二百四十□为中率，余则为盈率，不是则为朒率。恐兴工时，测量未必吻合"，所以提出"定一特率之法，俾小民不致吃亏争执"。[4] 同年 11 月确定先建沪嘉铁路后则向沿线各地发布了"六言韵文告示"：[5]

---

① 沪宁沪杭甬铁路管理局编查课编：《沪宁沪杭甬铁路史料》，沪宁篇第104 页。
② 交通、铁道部交通史编纂委员会编：《交通史路政编》第 11 册，第 3768 页。
③ 沪宁沪杭甬铁路管理局编查课编：《沪宁沪杭甬铁路史料》，沪宁沪杭甬篇第 128 页。
④ 《关于苏嘉线购地各节略陈管见呈候察核》，苏州市档案馆藏，114－001－0296－020。
⑤ 《为新建铁路拟就购地章程》（1906 年 11 月 22 日），苏州市档案馆藏，114－001－0605－009。

苏沪至嘉铁路，案准绅商集股。

现已设立公司，派员沿途勘估。

所有经过地方，理应妥为保护。

将来购用民地，照章给价无误。

如果不要银钱，亦可按价入股。

每股洋银五元，实属轻而易举。

周年七厘认具，余利按股照付。

此是苏商自办，商民利益公普。

毋得造言生事，纷纷观望□阻。

尔等军民人等，毋违切切特谕。

上文中的"按价入股"并非首创。1897年淞沪铁路开工时，铁路总公司就表示可以给予被征者年息五六厘的股票作为补偿费，[①] 这是长三角铁路建设史上首次提出将补偿费入股的方案。但由于淞沪铁路并非商办铁路，这项措施并未彻底执行。1905年浙路公司成立后，出现了真正意义上的补偿费入股政策，汤寿潜和刘锦藻曾表示"其愿以地价作股本者，悉以九成作十足算，如地价不敷正股之价，准以零票给之"。[②] 可见浙路公司的方案已比较完善。1910年该公司在建设沪杭甬铁路杭州至宁波段时又进一步推行入股政策，其在绍兴境内设立的"绍属地价附股处"向民众宣称"不若购买路股，则产业仍是产业，而所收之利息，反较长于田地，且不致有出卖祖宗田产之坏名"。[③]

二　各类纠纷

然而，以上各项办法在具体的实施过程中并不十分有效，其原因为被征者等利益相关群体想方设法利用规则漏洞，以获取更高的补偿金额，因此各种争端仍层出不穷，比如上述被称为"从未发生纠纷"的浙路。笔者按照其主体大致分为以下三类：

① 《示定地价》，《申报》1897年3月26日，第3—4版。

② 《三续汤寿潜刘锦藻浙江全省铁路议略》，《申报》1905年10月8日，第4版。

③ 《绍兴会议实行地价附股》，《申报》1910年5月25日，第12版。

（一）基层绅民

1. 讨价还价

在征地过程中，补偿政策与实际操作的不配套、不连贯以及政策的不落实都会影响被征者的切身利益，所以他们往往因不满补偿条件而提出各种要求。1905 年 2 月，嘉定知县李乐善致函林贺峒，反映该县办理征地的士绅要求尽快一次性发放补偿款之事。其中，诸晞沆等人报告称陈店、封家浜、南翔、真圣堂、方泰、黄渡、安亭等 40 余里沿线内的房屋、坟墓"勘估给价，均在虚悬"。而基层民众与房屋"相依为命"，即使先行支付补偿款，新房建造、迁移坟墓也需要时间，且此时正值冬种时期，不应迅速迁移。因此诸晞沆等人一方面强调如果若洋工程师再强迫迁移，"必致民怨沸腾，地方滋扰，亦于路工有所窒碍"；另一方面请求购地局尽快筹款，派员由地保指引"随勘随记，随估随给"。南翔镇绅董周承爽等人除陈述类似理由外，另表示部分坟墓或材料坚固、或棺椁腐烂，且境内有族葬者数百具，墓前的华表、石门、石窗等均需要大笔费用，故请求"格外矜怜，从丰给费"，并要求先行支付费用"俾免阻挠"。林贺峒对此深表认同，随即上书盛宣怀，盛亦表示同意随征随付，希望"趁此农隙，赶紧拆迁"，以尽快推进项目建设。①

由于沪宁铁路征地进展缓慢（参见第二节），而上海县境内地价从 1905 年 5、6 月起"异常倏涨"，所以被征者都"按照现时价值索价"，反对按照铁路征地前的地价标准。② 6 月，上海至无锡段的征地工作已基本完成，但宝山县延绪山庄、王姓房屋以及无锡吴姓士绅的祖坟等"坚执不让，不允议价"。③ 7 月初，镇江部分士绅认为镇江车站选址之地"适当要冲"，遂担心"因给价过廉，致肇事端"，故禀报两江总督周馥转令铁路方面"秉公定价"。他们估计站西京畿岭一带土地每亩为三四百元，虽然充作公用，但至少也应定为二百元。④ 上海县廿七保十一图村民因当地将建设潘家湾铁路码头、仓库（详见下文道契部分）而曾联名上书知县汪懋琨，请求增加补偿金额。11 月 7 日汪懋琨作出批复，称"地亩非民间

---

① 《沪宁铁路工程购地局札铁路所经各县文》，《申报》1905 年 2 月 21 日，第 9—10 版。
② 交通、铁道部交通史编纂委员会编：《交通史路政编》第 11 册，第 3142 页。
③ 《沪宁铁路调查杂录》，沪宁铁路研究会编：《沪宁铁路研究资料》，第 7 页。
④ 《绅士因铁路地价公禀江督》，《申报》1905 年 7 月 6 日，第 2 版。

所能居奇"，且补偿标准由铁路总公司制定，"非本县所能主持"，只能通过与购地局委员协商办理，同时警告村民"不得要挟，贻误要工"。①

1906年6月初，上海县境内自廿七保十一图起（今闸北铁路沿线）的土地起征时，被征者均嫌"价值过廉，群欲加增"，故请闸北图董徐松泉上书知县汪懋琨，同时与太阳庙巡防局员唐二尹商议后请示林贺峒，林同意在原定每亩三百至六百两的基础上再增加三成。②

沪杭甬铁路开工晚于沪宁铁路，因此沿线民众已从"前人"身上汲取了不少经验。1906年3月，萧山县西兴镇民众因听说浙路公司即将前来勘测路线而预购土地，"冀得善价"，尤其是规划设站的地方都希望能超过时价的3倍，甚至出现因争认荒坟为祖墓而引发诉讼的现象。③ 为防止上述情形肆意蔓延，浙江巡抚张曾扬于同月14日颁布告示：首先，表示商办浙路"几费经营，始有此自行开办之一日"，汤寿潜、刘锦藻二人乃"图浙省地方之公益，保浙人固有之利权"，并非图一己私利，故"浙人自当共体时艰，助成路政，不得稍有阻挠"；其次，命令被征者不得私自抬价，抗拒征地，如有被征者愿意以补偿费作为股份，亦须及时上报公司办理；再次，强调了浙路与沪宁的不同之处——"以本地之人办理本地之路，地价一项，在公司固断不至令业主受亏"；最后，该文发出严正警告：

> 自示之后，如有地棍市侩，于铁路应需地段，胆敢违章牟利，串同书役，影射把持，无知业户，贪图重价，倒填年月，私相买卖，蒙混印契等弊，一经查出，定将契约作废，棍徒从严究惩，决不宽待！④

同年6月苏路公司成立后随即发布了"暂定招股简章"，其中第十条即仿照浙路办法："地价工值，均可充股，俾得同沾本省公共之利益"。⑤ 9月29日，苏路公司总、协理王清穆、张謇致函上海道台瑞澂，表示上

---

① 《请增铁路地价批词》，《申报》1905年11月8日，第9版。

② 《环请加增铁路地界》，《申报》1906年6月4日，第2版。

③ 《铁路轨线地价腾贵》，《申报》1906年3月18日，第9版。

④ 佚名编：《苏杭甬铁路公牍》，时间不详，第31—33页。

⑤ 《苏省商办铁路有限公司暂定招股简章》，《申报》1906年6月17日，第4版。

海、华亭、娄县、青浦各县凡征用之地均按照同年颁布的《商部订定铁路购地章程》分为数等，"听公司平价购买"。上海县署随即发布告示称，民间如有买卖土地，"办粮过户，概不给发印契"，须等到苏路公司征地完毕后再恢复照常交易，以免公司受亏。倘若有奸商"图得善价，预购转售，朦混倒填"，查出后必将严办。[①]

但民间要求加价并非都是为了投机倒把，价格不公也是重要原因。如1907年5月苏路公司在松江府境内征地时遇到了以下情形：松江东北乡新桥庄、十字庄等处农田每亩定价四十千文，其中二十六千文为田底，归地主领取，剩下的十四千文为田面，归佃户所有。但当地筑路前的实际情况是田底每亩值四十余千文，田面不过五六千文。当地地主认为"如此定价，未能平允"，故联合多人于5月18日会见公司购地委员"请为酌加"。[②] 同年浙路公司兴建杭州城站时，其补偿费与前一年征购师范学堂民地时的40元一致。各被征者认为附近"杭严卫屯"补偿费高于此，"官贵民贱，势难办到"，故于10月8日致函公司"请从优厚"。公司不允，并照会地方官员通知被征者"不论官民，统照旧案，以归划一"。[③]

1908年1月初，松江育婴堂士绅、苏路公司股东陈宗彝在醉白池当面向公司总理王清穆表示当地上等地的补偿费不止公司规定的四十元，故请求加价。21日，王清穆在上海召开的公司董事会上宣布此项意见，各董事均同意重新定价，最终确定为上等六十元、次等四十元、再次为三十元，并令购地委员按此公布。24日王清穆回复称，比三个等级更高的"最优田"若须加价，则须等到开征时再斟酌办理，而这一点未经董事会讨论。因此育婴堂于30日召开股东会讨论该方案，各股东对此提出了三点质疑：

> 先生宣布重经议决之函，可失其信用否？各地田价不同，舍近段而远援隔省，与购地章程可违背否？公司作事，例俟董事议决奉行，今所行非所议，董事可失其议决权否？

①《上海县告示（为沪嘉铁路购地事）》，《申报》1906年10月27日，第17版。"倒填"之事参见下文洋人干预征地内容。

②《商请铁路购地局酌加地价》，《申报》1907年5月22日，第12版。

③《浙路城站购地记闻》，《申报》1907年10月10日，第12版。

次日，陈宗彝即以此回复王清穆，并称如果可行就必须以此办理，不可失信，如不可行则应从速改良，并按照已定价格发放。但此去杳无音信，陈宗彝遂于3月底登报抗议。①

2. 舞弊现象

在补偿标准制定和实施的过程中，除了作为主导方的购地委员，参与时间最早、参与程度最深（代办各项手续）的地方主体往往是乡董、地保等基层士绅，因此双方利用职务之便贪污舞弊的现象层出不穷，由此引发的争端也不在少数。1905年4月14日，《申报》上刊登了一篇谴责地保和购地局双双舞弊的评论。文章称南翔镇附近各图地保通过代领补偿费和迁坟费而"无不饱满腰缠"，他们视被征者的性格脾气采取不同的办法，如对懦弱者以上等充作次等，多方克扣，分文未得者或因失去住所而风餐露宿，或因无钱迁葬而致坟墓暴露，故民间"怨声载道，物议沸腾"。驻南翔的第二段购地局虽向各被征者表示将严惩犯事之地保，但发放的补偿费却是"每洋扣钱十文"，故作者认为该局"亦不得为丝毫无弊也"。② 部分江苏士绅也认为林贺峒"办事尚能核实，惟用人廉者半，贪者亦半"。该局的文案、司事等人都有舞弊嫌疑。③ 6月，锡金第一段购地委员李溁即因克扣补偿款而被告发、撤职。④

沪宁铁路江宁下关至岔路口沿线土地的补偿款规定由地方士绅陪同被征者到购地局领取，但1906年底当地两名乡董串通地保从中舞弊，许多村民在拆迁后一直未领到钱款，遂致群情激愤。次年1月下旬，数十名村民前往购地局请愿，"有具禀者，有鸣冤者"。购地委员随即召集各董、甲、乡、保并令其即刻发放，如再有贪污舞弊行为则将由上元知县惩治，村民至此才纷纷散去。⑤

1907年3月，沪杭甬铁路征用上海县城西门外二十七保（今小木桥路附近）各图土地时，因当地村民不满每亩洋二百元的价格而遭到阻拦。苏路公司遂请知县王念祖通知各图董开导被征者"勿得争价"，但当地图

---

① 《松绅致苏路总理函》，《申报》1908年3月26日，第27版。
② 《铁路购地局与地保同一弊混》，《申报》1905年4月14日，第9版。
③ 《沪宁铁路调查杂录》，沪宁铁路研究会编：《沪宁铁路研究资料》，第6—7页。
④ 《铁路委员侵吞公款》，《申报》1905年6月22日，第4版。
⑤ 《乡民求发沪宁铁路地价》，《申报》1907年1月23日，第3版。

董张吟楼抵达县署后表示被征者要求支付三百元。王念祖再传被征者到案，审问后才知道是张吟楼嘱咐他们不要同意二百元的补偿价格。因此王念祖认为张吟楼"有意霸阻"，故于24日传令其到案并加以训斥，最后规定每亩补偿一百五十元，如有违反必将处治。[①] 不料张吟楼变本加厉，竟以每亩一百元的价格强迫被征者出售，并贪污剩下的五十元，因此多名被征者前往县署控诉，新任知县李超琼随即缉拿张吟楼。张吟楼供词含混，被押入监狱。同时李超琼令地保殷子田劝导被征者"顾全公益，切勿争价"。[②] 31日，李超琼释放张吟楼，命令其依法开展征地工作，"倘再唆耸立，予提案重责"。[③] 但张吟楼不思悔改，仍唆使村民拒领并阻碍施工，故李超琼再将其逮捕，一面禁止村民妨碍工程，[④] 一面传令张氏之子张善声到案。张善声表示村民已前往领取补偿款，铁路亦已开工建设。李超琼警告称"如有滋生事端，惟汝父子是问"。[⑤]

3. 拒绝领费

被征者在无法获得更高补偿费用或者被士绅贪污挪用的情况下，往往通过拒绝领取补偿款的手段抵制或拖延征地工作的实施。1905年6月，林贺峒奉盛宣怀之令致函长洲知县苏静庵，要求将该县境内增购的土地于月内一律处理完毕，如有拒领者则按照购地局章程将补偿款转存于县署以待领取，同时撤销购地局以节约经费。苏静庵于17日通知未领款的被征者尽快前往购地局领取，如在该局撤销后领款则须前往位于苏州城内的长洲县署。[⑥] 8月初，镇江境内田地征收数经修正后由官方通知被征者尽快前往购地局领款，"幸弗观望自误"。[⑦] 但到1907年8月8日购地局奉邮传部令撤销时，长洲、元和、嘉定、华亭四县仍有部分被征者未前往领取。[⑧] 而前述1906年开征的上海县自廿七保十一图的土地直到1908年4月铁路通车后仍有被征者未领取。同月30日，购地委员致函上海知县转

①《图董阻挠铁路购地》，《申报》1907年3月25日，第17版。

②《押惩阻挠铁路购地劣董》，《申报》1907年3月29日，第19版。

③《县令文告》，《申报》1907年4月1日，第18版。

④《苏省铁路近闻》，《申报》1907年4月2日，第4版。

⑤《提究乡董唆使乡民》，《申报》1907年4月4日，第19版。

⑥《展限铁路领价》，《申报》1905年6月24日，第9版。

⑦《铁路购地局优给田价》，《申报》1905年8月3日，第9版。

⑧《沪宁铁路工程购地局林道咨沪道文》，《申报》1907年8月27日，第19版。

令该图地保通知被征者"领价了案"。①

1907 年 5 月苏路公司完成沪杭甬铁路上海县城以西的征地工作后，规定由地保陪同被征者前往购地局领取坟墓迁葬费，但仍"多有观望不迁者"。25 日，李超琼再发告示，令被征者于次日起赴公司"立契领价，毋得抗违"，如逾期不领将由县署统一保管以待发放。② 公司也通知地保告知各户，以农历四月底（6 月 10 日）为最后期限。③ 为建设上海车站（即后来的上海南站），7 月 28 日苏路公司或鉴于县署办理不力而直接函请上海道台瑞澂，令被征者在一个月内到公司购地局领取补偿款，"以速路政"。④

图 2 - 3   沪宁铁路购地局征地补偿登记册

注：此图拍摄时得到了杨洁先生的帮助，笔者藏。

4. 抗拒拆迁

在心理预期得不到满足的情况下，被征者极易产生心理上的不平衡，

---

① 《催领地价》，《申报》1908 年 5 月 1 日，第 19 版。

② 《谕领铁路地价》，《申报》1907 年 5 月 26 日，第 18 版。

③ 《饬领路购地价银》，《申报》1907 年 5 月 30 日，第 18—19 版。

④ 《苏路公司移请限迁民房》，《申报》1907 年 7 月 29 日，第 4 版。

进而采取各种手段抗拒拆迁，阻碍施工。1905年，因扩建原淞沪铁路机车厂（即后来的吴淞张华浜机厂）和新建仓库需要，格林森前往勘测并划定了南北长二千六百尺、东西宽一千余尺约267亩的土地，随即请宝山知县通知被征者等候征收。7月开征后，因地价上涨而仅购40余亩，进展缓慢，[①] 但后来沪宁铁路购地局又增加了达到原计划总数一半的用地规模。次年1月6日，铁路总管理处华洋各职员前往当地会同地保钉立界桩，并由知县发布土地禁售令。当地村民闻讯后"大为惊恐"，准备联名上书知县请其主持公道。[②] 但丈量工作并未因此中止，购地局与知县联合命令各地保、甲长通知被征者于20日支付补偿费，同时表示"房屋可以暂缓拆让"。[③] 到8月，补偿款虽已支付，但当地殷姚宅村民房仍未搬迁。总管理处遂请知县勒令居民于19日前（农历六月底前）搬迁完毕，居民只得"纷纷迁移，至邻近人家暂住矣"。[④]

　　1906年12月底，沪宁铁路第九段（镇江至丹阳、常州）沿线仍有坟墓、房屋因民众不满补偿条件而未搬迁，但该段工程已定于次年1月15日开工。12月19日，丹阳知县在接到铁路总管理处的通知后随即令民众"刻日一律迁让，毋得稍延而挠路政"。[⑤] 铁路第十段在江宁分为三条支线，直通长江边的下关商埠。该段购地委员会同上元知县通知被征者迁移后一直没有动静。1907年初，知县再次命令乡董、地保"上紧查催，从速呈办"。[⑥] 但到8月上旬，各被征者仍未领费拆迁。[⑦]

　　5. 暴力抗争

　　当僵局无法化解而施工方强行开工时，被征者往往奉行"法不责众"的观念，通过暴力手段以求达到自身目的，即所谓"大闹大解决，小闹小解决，不闹不解决"。1905年5月，沪宁铁路在征用镇江宝盖山隧道西侧、云台山脚下的一片草屋时向每户人家发放迁移费一块大洋，但被征者

---

　　① 《沪宁铁路购地总办林道禀复督办大臣盛文 为声明并未多购事》，沪宁铁路研究会编：《沪宁铁路研究资料》，第52页。

　　② 《沪宁车站圈定地址》，《申报》1906年1月9日，第2版。

　　③ 《示期发给沪宁铁路地价》，《申报》1906年1月18日，第4版。

　　④ 《饬让铁路应需地基》，《申报》1906年8月16日，第17版。

　　⑤ 《示谕迁让路线内坟墓房屋》，《申报》1906年12月24日，第4版。

　　⑥ 《铁路催迁房屋坟墓》，《申报》1907年1月8日，第9版。

　　⑦ 《购地委员禀请销差之批词》，《申报》1907年8月13日，第19版。

并不买账。工程局人员遂于 14 日下午前往该地进行强制拆迁，但抵达后发现男丁都不见踪影，只有百余名村妇出面反抗，其间一名外籍工程师的衣服被秽物弄脏。常镇道道台郭月楼闻讯后随即前往查办，但村妇坚持要求增加迁费，"围绕如堵墙"。最后，郭月楼只能在护卫的掩护下"踉跄回署"。①

常州府阳湖县戚墅堰附近有一大片荒田，购地局虽曾公示价格，但当地村民均不愿领取。1906 年 9 月初，当建筑工人在洋工程师的监督下开挖土地时，男性村民纠集妇女数百人手持器械将该工程师及数名工人打伤，工程师"伤势颇为沉重"，亦有数名村妇受伤。该县知县随即致电上峰，12 日江苏提刑按察使司朱廉访奉巡抚之命，在赴江宁途中特地前往常州府调查此事。②

同年 11 月 25 日，江宁神策门外（今南京站附近）数十名铁路工人在被征者尚未获得补偿款的情况下"先行动工"，并踩毁了村民施锦春的菜地。施因与之争论而遭到殴打，其妻遂唤来邻里解救。工人见对方人多而纷纷逃走，只有张某因带病工作，"不及奔避"而被打死。上元知县前往调查后决定先行收殓，但工人反对并要求偿命。最后经乡绅方某央求路工经理人出面调停，由村民赔偿衣棺、超度等费用后才将事端平息。③

（二）洋人道契地

以投机商和基层士绅为主体的部分华人早在 1897—1898 年淞沪铁路建设时期就开始从事投机活动，并伙同洋人从中渔利，其主要手段为利用道契抬高补偿价格。道契的契纸称为"出租地契"，即把土地使用权转让给洋人。④ 铁路在征用华人的"民地"时，根据其方单（即民间传统地契）进行补偿"当易办理"。但如果土地已租予洋人，就必须根据道契提高补偿额度，甚至高出方单数倍（见表 2-4）。因此在开征前，部分华人串通洋人将方单转为道契，使两者"地在一处"，但土地不一定出租（即挂洋人之名），从而达到加价的目的。⑤

①《乡妇因铁路让地聚众辱官》，《申报》1905 年 5 月 17 日，第 2 版。

②《洋工程师为乡妇殴伤》，《申报》1906 年 9 月 15 日，第 3 版。

③《乡民殴毙路工》，《申报》1906 年 11 月 27 日，第 4 版。

④ 道契是近代上海（主要在租界地区）土地运作的重要契据，因例送苏松太道署盖印颁发而俗称"道契"。

⑤《铁路总公司李致上海道函（为沪宁铁路购地事）》，《申报》1905 年 8 月 1 日，第 10 版。

为防止此类现象重演，1902 年 6 月中英双方讨论沪宁铁路借款方案时，英国驻沪总领事璧利南（Byron Brenan）就专门制定了两项反制措施：

第一，在铁路勘测前就已经被洋人注册租得的土地（有道契），在补偿价格无法达成一致的情况下，由地方官员会同该国驻沪领事办理，以毗连之地的价格为准；第二，华人出租给洋人的土地，凡尚未过户而即将过户者，由地方官员在租约中注明：倘若日后被铁路征用，亦照上述办法执行；另附带一项说明：洋人租约未经注册盖印者（无道契），铁路总公司均不予承认。

盛宣怀随即向外务部报告以上办法，并请两江总督及江苏巡抚命令沿途各地均照此办理，同时由会审公廨致函租界当局及美国总领事（因铁路接近美租界）"签字示谕"。此外，中方民众"呈请印契，应以上成案取结声明"，且须征得沪宁铁路总管理处同意并在县署备案后"方准过印"。到 1903 年 11 月铁路开始勘测时，铁路总公司仍提醒地方官员注意各种舞弊现象：

> 上海、苏州、镇江、金陵，均为华洋辐凑之地，每有地贩，探知轨路站厂所必需，先期囤买，影射教产、洋产，把持渔利。[1]

因此当征地工作正式展开后，凡与洋人有关的土地均由沪宁铁路总办沈敦和会同林贺峒、王勋按照璧利南的方案处理。在遇到与道契相关问题时，"一律请公正人公断"。如果加价后被征者仍不同意出售，也必须通过争议仲裁解决。[2] 1905 年 5 月，由铁路总公司参赞福开森（John C. Ferguson）、铁路局洋员德克剌士、英国领事威金生（英文名待考）三人组成仲裁委员会，福开森代表总公司，德克剌士代表被征者，威金生担任仲裁员。至次年 5 月共受理案件十余起，德克剌士认为"颇有种种为难之处"。[3]

---

① 《铁路文言》，《申报》1903 年 12 月 2 日，第 2 版。

② 《铁路总公司李致上海道函（为沪宁铁路购地事）》，《申报》1905 年 8 月 1 日，第 10 页；《外务部咨饬各关发租界外道契注明铁路各公用地照民价购用文》，商务印书馆编译所编：《大清光绪新法令》，商务印书馆 1910 年版，第 13—14 页。

③ 交通、铁道部交通史编纂委员会编：《交通史路政编》第 11 册，第 3140 页。

总工程师格林森最初计划将上海站设于苏州河北岸的新闸永顺里（今乌镇路桥北，见图 2-4），拟建沿河马路及临水仓库百余间，其北面建造客运车站，以便水陆联运。但由于河对岸即为租界，洋人"索价尤昂，磋磨数月，卒未减少"，补偿费仍须二三百万。因此林贺峒向格林森提议在淞沪铁路上海站的基础上进行扩建，共需土地 213 亩。① 征收时各方对于道契问题"均无异言"，② 但 9 月 1 日的《泰晤士报》评论认为该站需要的土地"是这样的被有效地囤积居奇，以高价垄断，因此车站的地点也许还要变动"。③

由于上海站离苏州河太远，总管理处遂决定在上海县廿七保十一、十二图境内，苏州河北岸的潘家湾（今闸北中远两湾城公寓）建设码头和铁路材料仓库，共需土地 218 亩。④ 7 月开征时，铁路方面遇到了较大阻力——该地虽然已有部分土地租予洋人，但并未颁发道契，因此购地局认为只能视为民地。但洋人坚决反对，如美国律师博文雇用印度人做看守，意在阻挠。⑤ 而投机商往往"一得风声，即到处兜揽，怂恿洋人，出面挂号，以为居奇"，⑥ 企图将十一、十二图土地全部转为道契地，以牟取比民地高出一倍的补偿款（见表 2-4、图 2-5）。

总管理处为防止上述情况愈演愈烈，于 7 月 15 日由林贺峒致函上海道会丈局要求停止办理方单转为道契的业务，同时请上海知县汪懋琨传令当地十图地保金顺堂和十一图地保徐彩文到案，询问两人是否有类似情况发生。金顺堂表示其所辖之地未被铁路征用，徐彩文称划入征地范围之处"断不敢盖戳先售"。汪懋琨令两人上缴官印，并派员前往十图调查是否处于铁路圈用范围之内，同时将徐彩文暂行收押。徐彩文磕头求饶，汪懋琨说："尔若在外，有人以仍戳盖契，彼时尔百喙难辩，押尔为保全杜累

① 《沪宁铁路购地总办林道禀复督办大臣盛文 为声明并未多购事》，沪宁铁路研究会编：《沪宁铁路研究资料》，第 52 页。

② 《外务部咨饬各关发租界外道契注明铁路各公用地照民价购用文》，商务印书馆编译所编：《大清光绪新法令》，第 13—14 页。

③ Railway Construction in China, *The Times*, Friday, Sep 01, 1905, p. 9.

④ 《沪宁铁路调查杂录》，沪宁铁路研究会编：《沪宁铁路研究资料》，第 7—8 页。

⑤ 《外务部咨饬各关发租界外道契注明铁路各公用地照民价购用文》，商务印书馆编译所编：《大清光绪新法令》，第 13—14 页。

⑥ 《铁路总公司李致上海道函（为沪宁铁路购地事）》，《申报》1905 年 8 月 1 日，第 10 版。

耳。"徐彩文叩谢而允。①

几天后，汪懋琨又传南、北十二图地保吴雨甫和潘瑞亭。吴雨甫称其辖区在苏州河以南而与铁路无关。潘瑞亭言其辖区内有 60 余亩土地被征用，其中民田只有 3 亩，其他均已租给洋人并转为道契地。汪懋琨遂将潘暂行羁押，② 另将徐彩文释放。但总管理处于 24 日又请汪懋琨传徐到案并准备收监，徐将官印呈缴后称将于后天结婚，故请求免押，汪判其成亲后再前来听候审问。③

图 2 - 4　沪宁铁路上海站选址与各保位置示意图

资料来源：《上海市区域保图全图》，杨逸等编：《上海市自治志》，民国四年（1915）铅印本；宝山清丈局编：《宝山全境地图》，1915 年。

7 月底，铁路总公司致函上海道台袁树勋，表示根据《沪宁铁路借款合同》规定，全线征地补偿费用由中英银公司拨付 25 万英镑。然而"地多款绌，支绌万分"，如果再任由投机商、洋人将方单转为道契，征地工作将无法进行。因此总公司请袁树勋令上海道会丈局查明前来登记的将转

① 《会丈局禀上海道文（为沪宁铁路购地事）》，《申报》1905 年 8 月 3 日，第 10 版；《谕禁私售铁路所圈地亩》，《申报》1905 年 7 月 17 日，第 11 版。

② 《上海县案》，《申报》1905 年 7 月 21 日，第 10 版。

③ 《上海县案》，《申报》1905 年 7 月 25 日，第 10 版。

为道契的方单是否已经在铁路的征用范围内，然后再进行丈量、颁发道契，以免"事后为难"。此外，因听说有投机商贿赂潘家湾地保在租约上盖章并串通会丈局人员倒填日期而颁发道契之事，总公司要求袁树勋进行调查。①

袁树勋随即向会丈局发布命令称，将来所有转道契的请求均须由铁路购地局审查后才能批准，同时令上海知县汪懋琨严查潘家湾地保舞弊。但会丈局回复袁树勋时解释了该局的办事程序，以此反驳铁路总公司的说法：第一，该局丈量洋人租地都在道契颁发之后进行；第二，颁发前华洋双方购地论价、是否挂洋号以及立契盖章均由其自行议定，与该局无关；第三，租约盖章的日期、与田单一同送交外国领事填具的日期、道台批准的日期等"皆斑斑有案可考，岂能倒填年月？"但为杜绝舞弊，该局仍同意禁止潘家湾以及十一图、十二图的土地全部转为道契地，同时通过袁树勋请铁路总管理处出示设计图，明确潘家湾码头和仓库用地的具体情况。②

9月，会丈局委员监督十二图士绅朱禹门丈量绘图，果然发现当地土地"大半已是洋商户名"，因此该局认为徐彩文、朱禹门有重大舞弊嫌疑。汪懋琨随即提审二人，两人均不承认且相互推诿，终被罚四百板并收押审查。③ 10月下旬，为防止重蹈覆辙，盛宣怀与江海关关道令上海县和会丈局扣押地保、收缴印章，待征地完毕后再放开土地交易。④

表 2-4　　　　　　　沪宁铁路上海、宝山县境内土地补偿标准

	每亩价格
普通道契地	1446—1835 两
结头图民地	700 元
结头图道契地	至少 1300 元
潘家湾民地	300—500 元
潘家湾道契地	1200—1250 两或 1000 元

资料来源：交通、铁道部交通史编纂委员会编：《交通史路政编》第 11 册，第 3144 页；《沪宁铁路调查杂录》，沪宁铁路研究会编：《沪宁铁路研究资料》，第 8、9 页。

---

① 《铁路总公司李致上海道函（为沪宁铁路购地事）》，《申报》1905 年 8 月 1 日，第 10 版。

② 《会丈局禀上海道文（为沪宁铁路购地事）》，《申报》1905 年 8 月 3 日，第 10 版。

③ 《责惩劣保》，《申报》1905 年 9 月 27 日，第 10 页。

④ 《盛宣怀致商部、周馥、陆元鼎》，王尔敏、吴伦霓霞编：《盛宣怀实业函电稿》下册，第 672—673 页。

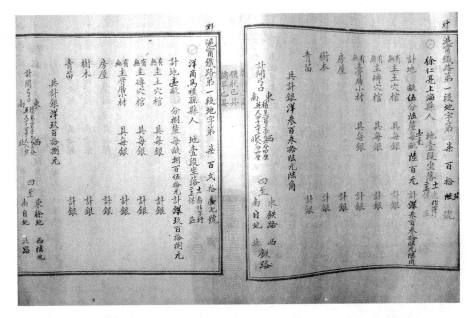

图 2 - 5　沪宁铁路上海廿七保十一、十二图道契地与华人土地补偿费比较

注：洋人马礼孙道契地（左）918 元，华人徐仁亮（右）仅 336 元 5 角。

资料来源：《沪宁铁路第一段购地局造具购用上海十一、十二图轨道地亩并拆屋迁坟价付银洋数目清册》，笔者藏。

因潘家湾仓库亟待开工，铁路总公司多次通过公函与美籍律师博文协商，希望将印度看守撤走以便施工，但博文始终不答应。1906 年 2 月初，公司为防止工人停工闹事而决定于 12 日正式开工，同时致函袁树勋请其照会美国驻沪总领事转令博文迅速撤走印人，如再不服从即派弹压委员（征地时负责平息事端的警员）强行驱逐，若发生冲突则唯博文是问，总公司概不负责。但博文仍不肯前往购地局领取按照民地标准发放的补偿款。

沈敦和、王勋两人担心此事或将引起外交纠纷，故于 3 月 17 日上书外务部请示处理办法，并提出了自己的见解：他们认为现有条约已规定洋人除教会公产外不得在租界外置业，但由于各通商口岸的关道从未禁止颁发道契，"相沿日久，效尤渐多"，因此当各地兴建铁路时"利权已失，办理益难"。鉴于英国方面曾表示英人在中国租地上如发生争执则须按中国法律审理，他们提出应由各关道在租界以外的道契上注明"该地如遇中国建筑铁路、开通马路及别项公用，应任听中国国家照毗连民地，一律给价购用”等字样。如能照此行事，“则地价可归一律，不致华、洋地主轻重之别，且可免外人插身干预之争，实于挽回利权，维持路政，两有裨益”。外务部认为上述看法“甚有见地”而于 27 日批复同意，除令沈、王二人及江海关关道照此办理外，另通令全国各总督、巡抚、府县、关道“一体遵照”。① 此外，沈、王二人还致函新任道台瑞澂，请其抄录前述璧利南的方案，以便交涉时有据可依。②

沪宁铁路的地方经验通行全国，沪杭甬铁路亦受惠于此。1907 年 10 月杭州城站征地时，某教会声称拥有其中有数十亩土地，扬言必索高价，一时间城内谣言四起。浙路公司顶住压力，仍按民地标准进行补偿。③ 1909 年 1 月初江苏段即将全线通车时，上海县境内仍有某教堂拒领补偿款，妨碍铁路施工。苏路公司遂请上海道台蔡乃煌令其即刻前往领取。④ 由此可见沪宁经验为维护地方利益和国家主权提供了现实依据。

（三）善堂义冢

《泰晤士报》于 1905 年 9 月对沪宁铁路征地时遇到的善堂义冢问题做了如下报道：

> 各地组织的所谓善堂，表面上虔诚地说要迁移没有后裔为其尽孝道的孤坟，而筹募捐款。太平军叛乱后留下了许多这种事情，这些善堂雇用苦力收集骸骨，虔诚地置于德孚牌煤油箱里，或其他同样价格低廉的容器中，于是埋葬于附近的荒地上，善堂的工作只是限于要求和接受按照每一具骸骨计算的补助费。最小的一块骸骨也要提出要求，所以在整个铁路沿线上的人们都在争认这些无法证实的祖先。⑤

这篇评论还援引了一些“无法证实”的传说，即铁路总管理处的中

---

① 《外务部咨饬各关发租界外道契注明铁路各公用地照民价购用文》，商务印书馆编译所编：《大清光绪新法令》，第 13—14 页。

② 《移请抄录购地卷宗》，《广益丛报》第 101 号，1906 年 4 月，“纪闻”第 5 页。

③ 《浙路城站购地记闻》，《申报》1907 年 10 月 10 日，第 12 版。

④ 《请饬地主收领地价》，《申报》1909 年 1 月 11 日，第 18 版。

⑤ Railway Construction in China, *The Times*, Sep 01, 1905, p. 9.

方人员和沿线地方官员与这些善堂"有关系"。正因为善堂和其他官民利用义冢的公益性牟取非法利益，迁移义冢遂变成一项颇具难度的工作，并常常引发纠纷，其中影响最大的是仁济、保安两座善堂与扩建上海站的用地争端。

1897 年淞沪铁路开工时征用了上海、宝山两县交界处的仁济、保安两座善堂的 17 亩义冢地，留下了 11 亩土地。两善堂另购土地迁葬后，上海道台、宝山知县批准新义冢地"立界永禁侵占、盗卖"，① 但沪宁铁路上海站的扩建又需要征用两座善堂留存的 11 亩土地。1905 年 1 月 28 日，第一段购地委员报请总管理处将义冢地的补偿标准按照"苏州通商场章程"办理，即不计棺椁数量，每亩付费十五千文，"均以每洋一元作钱九百文计算"。② 总管理处表示同意而令各地照办，同时通知仁济、保安善堂。但仁济善堂堂董谢槐卿声称价格太低，"于迁资百不数一"，无法满足购买其他安葬土地、迁移大型棺椁的人工费以及收拾遗骨用的骨箱费用等方面的需求，因此请求按棺椁数支付，否则难以迁移。上海道台袁树勋遂致函盛宣怀，认为谢槐卿"所称亦属实情"，故请盛宣怀批准所有无主大棺及拾骨每棺二两，小棺每棺一两的方案。③

1906 年 9 月，保安善堂堂董陆文麓上书两江总督周馥和上海道台瑞澂，转请总管理处选择附近其他地块作为扩建之用，以保全义冢"而妥幽魂"。陆文麓认为 1897 年该堂因处于铁路正线范围内，故"不得已而迁让"，但如今只是扩建车站，附近区域又非常宽阔，完全可以避开义冢。此外，此地毗邻租界而易成为其扩张的目标：1902 年工部局曾购买上海县境内的义冢地，经全县绅商全力交涉才以赔偿一万五千九百余两白银的代价从工部局手中夺回，法国人亦曾两度觊觎四明公所义冢地。所以"一经迁让，难保外人不再生心，引为口实"。瑞澂表示同意，随即令上海知县禁售义冢之地，并于 10 月初与总管理处商议"另择基地兴筑车站"事宜。

然而沪宁铁路督办唐绍仪及总办钟文耀的回复均表示此地"系本路所必须"，"势难绕避"，且铁路建设与租界扩张"概不相同"，所经之处

---

① 《苏抚致沪道电（为沪宁铁路圈用善堂义冢事）》，《申报》1906 年 12 月 19 日，第 3 版。
② 《沪宁铁路工程购地局札铁路所经各县文》，《申报》1905 年 2 月 21 日，第 9—10 版。
③ 《上海道禀盛宫保沪宁铁路迁冢给费文》，《申报》1905 年 2 月 20 日，第 9 版。

"无不迁之坟"。此外，唐绍仪令办事人员通知陆文蘬即刻领款迁移，以免车站停工而致靡费，并表示愿意增加补偿费用以填补该堂与工部局置换土地时的资金缺口。12 月，江苏巡抚濮子潼致函瑞澂，认为此事可作变通，并称将再派员与陆文蘬、铁路总管理处、上海县署以及地方商会商讨处理办法。① 但两名堂董仍坚决表示反对，故此事不得不搁置。

1907 年 2 月，两江总督端方应总管理处之请令瑞澂催促两善堂从速迁移。此时两堂董已转变态度，表示"迁让冢地归作铁路之用事无不可"，但必须从优补偿并展缓期限，以便购买迁葬用地。② 3 月初，瑞澂又奉邮传部电令要求陆文蘬尽快迁移，同时与办理地方自治的"上海城厢内外总工程局"各董事商定了三条办法：第一，"让地须照时价，期有益于公"；第二，"迁费须优给，备购地运埋"；第三，"迁时须延长，以免草率从事"。随后瑞澂请铁路总管理处审议此项办法，但由于两座善堂在宝山县境内亦有土地，故宝山士绅以上海方面"未便越权担任此事"为由抵制迁移。③ 此后，总工程局各董事拟订了补偿方案：地价每亩二千至二千五百两，迁费每亩一千元。铁路总管理处同意出三万两，但该局董事仍要求加价，钟文耀表示须向邮传部请示，故迁移再次搁置。5 月下旬，瑞澂致电濮子潼及端方，询问是否可将此事直接报告邮传部以便尽快处理。④

6 月，总管理处仍照原定计划出资三万两作为保安堂的补偿费，但瑞澂发现该款除用于迁葬外"余款尚多，可以分派，作为地方戒烟善举之需"。⑤ 由此即可印证前述《泰晤士报》1905 年发表的评论颇具"前瞻性"。此后，陆文蘬等上海、宝山两县士绅拟定了八项办法，由总管理处先付一万两，同时请瑞澂审核并与总管理处协商。瑞澂即令宝山知县审核以下五条办法：

---

① 《道批照录》，《申报》1906 年 9 月 25 日，第 17 版；《移请冢基免筑车站》，《申报》1906 年 10 月 6 日，第 17 版；《苏抚致沪道电（为沪宁铁路圈用善堂义冢事）》，《申报》1906 年 12 月 19 日，第 3 版。

② 《复请宽限迁冢》，《申报》1907 年 2 月 26 日，第 18 版。

③ 《沪宁铁路催让圈购之冢地》，《申报》1907 年 3 月 7 日，第 4 版。

④ 《沪道禀江督苏抚电（为铁路圈用善堂冢地事）》，《申报》1907 年 5 月 23 日，第 4—5 版。

⑤ 《沪道批上海县禀》，《申报》1907 年 6 月 26 日，第 5 版。

第一条 将前案注销云云，惟粮由宝邑豁赔，现奉公家圈用，不待注销，已可通融办理，至转饬宝邑绅士，毋庸干预，既由总工程局议饬襄办，业既一再照会商办等云，恐难允洽。

第二条 光绪二十七年分该堂置买宝界结六图出二十三亩，由凌锡仁立契卖入，金前令准即立案，将契吊储存库，申详在前，未便遽行发还。

第三条 结一图冢地，用剩余款计元一千六百四十五两二钱一分，银存生息立案，未便挪用，如有急需，亦应将历年支息，作何开支具报，再行详请，以免指驳。

第六条 该冢地既为铁路圈用，余冢自不得援以为例，理应保护。

第八条 沪宁铁路公司移送规元一万两，应俟上宝两邑绅士，妥议办法，应得如何具领，再行禀请给发承办，宝邑绅士，业已具禀宪辕，以俟批饬核办。[1]

与此同时，总工程师格林森因此案延搁、浪费了不少建设费用而一再追问，中方人员已到了"无可回答"的地步。因此 7 月中旬，总管理处表示此事增加了铁路借款，从而损害了江苏全省利益，故批评陆文麓应明了"此中赢缩"，应即刻择地迁移，以使格林森不再有借口，并使车站工程得以推进。[2] 8 月 15 日，总管理处致函瑞澂再次强调此事增加借款的严重性，并要求除补偿费和迁费外将保安堂的两万元余款均划归公用，不宜再由两县士绅讨论决定相关处理方案，同时请催促陆文麓尽快迁移。[3]

仁济、保安善堂的义冢虽然在铁路通车前迁移完毕，上述余款经新任上海道台蔡乃煌批准，于 1908 年 4 月 30 日发放给辅元、普育等善堂以及勤生院（收容和教化贫民机构）作为办理经费。[4] 再次证明在义冢征迁的过程中，善堂获得了超出实际需要的补偿款。而全线的义冢数量更是不计

---

① 《议复铁路公司圈用义冢章程》，《申报》1907 年 8 月 13 日，第 19 版。

② 《复请迁移义冢兴办路工》，《申报》1907 年 7 月 16 日，第 6 版。

③ 《铁路公司催让冢地》，《申报》1907 年 8 月 16 日，第 19 版。

④ 《付清迁让义冢地价》，《申报》1908 年 5 月 1 日，第 19 版。

其数，其补偿费占到补偿总额的 14%。① 如 1905 年 9 月初，林贺峒鉴于镇江宝盖山一带"荒冢累累并，无坟主出而过问"而要求丹徒知县梅豫枨会同当地善堂进行迁移，由铁路总公司支付相关费用。② 当地士绅郭振鹏、左荣端随即设立东、西两座迁坟局，由铁路方面派员监督进行，至 1907 年共迁移西起炭渚，东至辛丰的 53000 余座无主坟墓。③

沪杭甬铁路上海县城附近也曾出现义冢风波。在铁路开工前的 1906 年 12 月 25 日，苏路公司表示将迁移保安堂义冢，其余路段上的无主坟墓由辅元堂代迁。④ 开工后，迁移西门外潮惠会馆的义冢遭到了该同乡人士反对，他们发传单、开大会，并将公司钉立的界石悉数拔去，最终迫使公司改变方针，同意将义冢迁往更远的斜桥。⑤ 而前述部分民众利用义冢之公益性牟取非法利益的情况也得到了体现：县城附近多为有主之坟，但被征者多不愿自行迁葬，往往采取拖延手段以期善堂收殓。1907 年 3 月，大量棺椁、骨盒被抛弃在县城西南的陆家浜马路旁，"尸气蒸腾"。为防止瘟疫传播，公司要求有主棺椁在 4 月 13 日（包括）之前掩埋，无主者只能由善堂代埋，同时通知县东南四区不准停放棺木。⑥

1907 年 6 月，松江府华亭县封家埭士绅封文权创办了具有善堂性质的"华娄代迁局"，负责迁葬铁路莘庄至枫泾段的无主坟墓，有主坟亦可暂为代管，由苏路公司"酌拨迁费"。⑦ 封文权是近代江南著名藏书家之一，叶昌炽的《缘督庐日记》中有言："江左诸家藏本，近在数百里内可以访求者，江宁图书馆、常熟瞿氏、华亭封氏暨菽风，共四家。"⑧ 或许正是由于嗜书如命，据封家埭当地后人反映，时年 40 岁的封文权（1868 年出生）在组织迁坟的过程中，通过篡改有主、无主坟墓数量的报告而从

---

① 费用为 450118.86 元，总额为 3328713.66 元。参见交通、铁道部交通史编纂委员会编《交通史路政编》第 11 册，第 3157 页。

② 《札饬铁路委员迁移荒冢》，《申报》1905 年 9 月 6 日，第 3 版。

③ 张玉藻、翁有成修，高觐昌等纂：民国《续丹徒县志》卷 14《附义举》，民国十九年（1930）刻本，第 35—36 页。因担心"诸冢历久湮废"，郭振鹏在镇江南门外高家门建起"慰幽山庄"，每年修坟一次。

④ 《沪嘉铁路迁沪军营基地》，《申报》1906 年 12 月 29 日，第 17 版。

⑤ 《西门外迁冢筑路问题》，《申报》1908 年 3 月 26 日，第 18 版。

⑥ 《总工程局纪事》，《申报》1907 年 3 月 27 日，第 18 版。

⑦ 《华娄代迁局章程》，《申报》1907 年 6 月 6 日，第 20 版。

⑧ 叶昌炽：《缘督庐日记抄》卷 15，蟬隐庐，1933 年，乙卯年八月初八日。

苏路公司获得相当一笔补助金。当地人还认为封文权后来之所以拥有2000多亩土地和大批粮食，与他利用和官方的关系给自己争取到更多特权和发财机会是分不开的。[①]

第四节　政治与经济：铁路土地征收的大范围影响

铁路土地征收引发的工程性影响除了体现在上述有直接利益相关的征收者与被征者之外，也体现在更大范围中的利益各方；既出现在征地过程中，又延续到铁路建成后。不仅引起了地方经济社会的相应变动，在近代中国内外交困的环境中往往容易引发各种政治风潮。笔者将这一工程性影响大致分为两个时期的两个方面：一是征地过程中的沪宁铁路路权运动和沪杭甬铁路的民变事件；二是征地完成后的农业生产和铁路土地的管理问题。

一　收回沪宁铁路路权运动与沪杭甬铁路海宁民变

（一）沪宁路权运动

1903年《沪宁铁路借款合同》签订时，江苏士绅"罕有知其关系之巨者"。此后，随着粤汉铁路路权运动的推进，"经此刺激"的江苏京官和地方士绅等各方于1905年9月掀起了收回沪宁路权的运动。他们"大抵以造费之浮靡为言，请核减以轻苏民将来还款之负担"。[②]此时沪宁铁路的轨道工程尚未开工，"造费"指的就是土地征收和土方建设的费用，尤其是前者的规模过大招致了江苏官绅的强烈不满，其矛头直指铁路总公司督办盛宣怀，最终迫使盛下台并导致开办近八年的铁路总公司寿终正寝。

学界对铁路总公司的撤销和盛宣怀卸任的原因分析存在误解或语焉不详。如夏东元认为1905年清政府在北京设立铁路总局，统一权限而裁撤

---

① 刘铁梁：《姻亲关系和乡邻合作——上海郊区张泽镇两个村庄的案例》，《民俗研究》2001年第3期，第13页。

② 沪宁铁路研究会编：《沪宁铁路研究资料》，叙言。

铁路总公司。[①] 但实际上铁路总局成立于1907年底，[②] 此时总公司早已撤销；另有研究认为盛宣怀是迫于各省自办铁路运动的压力和袁世凯的攻击而自请裁撤，[③] 但事实并非"自请"。因此笔者在梳理相关史实并结合征地问题的基础上再作探讨。

1. 反对征地借款

前文所述1904年底至1905年初征地工作进展缓慢，与铁路由外国投资建设密不可分，如林贺峒曾向盛宣怀表示"洋工程司猝然莅境，遽行动工开沟，民情不无拂逆"。[④] 可见，基层民众排拒的是作为个体的洋人，而官绅的焦点则在于借款和主权问题上。根据1905年底江苏官绅为表达其反对意见而编纂的《沪宁铁路研究资料》中的资料顺序判断，最早提议收回路权的是同年7月内阁中书尹克昌（镇江丹徒人）的呼吁：

> 此合同实行，则以十五万莫磅，卖宁、苏、松、常、镇、太五府一州之要地，以五百余里之路工，便江苏人负五十年之三千余万元洋债而已矣，五十年以后，三千余万之洋债不能清偿，则五府一州之人，永以怡和、汇丰两洋行为地主。

尹克昌表示因英方尚未违背借款合同而暂时不能提出废约，但仍可采取四项补救措施：①减少借款；②发行中国股票；③责成铁路总公司杜绝"浮冒开支"，以期在30年内从盈利中拨款赎回全路；④责成与英方签订合同的盛宣怀"解铃系铃"，即仍由其与英方交涉。[⑤] 虽然尹克昌已指出"浮冒开支"的存在，但在此时的江苏官绅尚未表现出对征地现状的不满，其关注点仍聚焦在路权旁落的问题上。诚如盛宣怀的常州同乡所比喻的那样：[⑥]

---

① 参见夏东元《盛宣怀传》，上海交通大学出版社2007年版，第161页。

② 交通、铁道部交通史编纂委员会编：《交通史路政编》第1册，第111页。

③ 孙凯：《盛宣怀与清末铁路总公司研究》，苏州大学历史系硕士论文，2011年。

④ 《沪宁铁路工程购地局札铁路所经各县文》，《申报》1905年2月21日，第9—10页。

⑤ 《尹中书克昌致江苏同人函（为筹议补救宁沪铁路事）》，《申报》1905年7月28日，第3版；沪宁铁路研究会编：《沪宁铁路研究资料》，第18页。

⑥ 《续武阳同乡为沪宁铁路致盛杏荪宫保书》，《申报》1905年9月4日，第2版。

民间营造屋宇，不问其地主之愿否，突由其邻里之人，招外来之寇以兴土木，有是理乎？

从 9 月 11 日起，一篇名为《沪宁铁路条议》的长文在《申报》上连载。文章仍未涉及征地内容，但首次提到了铁路土地的产权问题，即合同第七款关于地基作为抵押的规定。[1] 该文认为中国土地"可永租，可暂租，今又开一可抵押之门。可抵押者，即可没收"。如照此实行，江苏全省最富庶的土地将被用作抵押，继而被洋人占据，所以"江苏之士民，其亦怵然"。[2]

为防止条款变成现实，江苏籍京官于 15 日举行会议商讨对策，[3] 4 天后上奏光绪帝请求减轻建设成本以期早日赎路。奏折中首次针对征地问题进行了批判：

查铁路一中里，向购地十亩零八分，沪宁一路积长五百余中里，今即以六百里计算，每亩五十两，六百里用地六千余亩，不过用银三十余万，即增入一切费用倍其数，亦只六十余万耳，而合同内称购地之费需英金二十五万磅，约合银百七十五万有奇，即此一端，溢出颇巨。

他们将借款提供的征地费用大大超出实际所需作为"糜费太巨"的重要理由，故请求光绪帝令铁路总公司上报实际征地费用，将备而不用之款用于购买中英银公司发行的铁路债券，同时向国人招股，"克期赎回"。[4]

---

[1] 内容为："其路基及各地契券，务须毫无纠葛，统行写入铁路名下，随买随写，中国铁路总公司所自备之资本，购买铁路地基各地契，由督办大臣随时饬总公司，转送银公司驻沪之代理人收执，以为头次抵押之据……凡用垫款购地于勘界之外者，概是总公司之事，各地购完后，查明共享，过款项若干，则另续出小票，铁路总公司之用意，乃欲铁路各地基，均仍属中国产业，故此项续出借款，须从速济还，惟此项续出小票，虽经扫数赎回，其余勘界内铁路所用之地，仍照本合同章程，作为抵押，无所更动。"

[2] 《二续沪宁铁路条议》，《申报》1905 年 9 月 14 日，第 2 版。

[3] 《盛宣怀答复江苏京官沪宁铁路函稿并附驳义》，《申报》1905 年 10 月 16 日，第 1 版。

[4] 《续江苏京官奏请沪宁铁路减轻成本冀早赎路折》，《申报》1905 年 10 月 16 日，第 4 版。

　　不久，盛宣怀就以上问题回复了江苏京官，表示合同第七款规定"铁路总公司所自备之资本购买铁路地基"，所以 25 万英镑是为了"预备华款不足"，并非超出实际所需。但据 8 月 26 日参与铁路筹建的李经方报告称，怡和洋行估算沪宁全线包括扩建上海站、吴淞机厂、仓库等在内的征地费用已超过 25 万英镑，尚需 80 万两白银填补资金空缺，故征地费用已远远超过芦汉铁路，不可能存在备而不用之款。此外，若按照在 39 个月内建成铁路的原计划，目前的征地工作已经非常紧迫，但"华股难筹"，因此请各位江苏京官自筹不足的 80 万两以及需要偿还的 25 万英镑。①

　　盛宣怀自知众怒难犯，故随即请翰林院侍读恽毓鼎（祖籍常州）、侍讲翁斌孙（常熟人）出面向江苏京官宣布了四项补救措施："减少借款一百万英镑；赎路百分之二又零五可以不加；购地之二十五万英镑不续出小票；限三年完工以免虚糜利息"。

　　10 月初，尹克昌等江苏京官与江苏留日学生代表唐演等众人奏请光绪帝在"糜款太巨，赎路难期"的情况下将以上四项措施分别立案，"不准翻改，以保江苏地方"。同时提出应在深入研究铁路建设问题的基础上再开展借款合同的交涉，诚如下文所言：

> 　　欲保地方，必先赎路，欲谋赎路，必减少借本，欲减少借本，必核实估工单。②

　　正是新增的 80 万两征地费和尹克昌等人的意见，使江苏官绅的视线从"赎路"等路权问题转移到"核实估工单"等具体建设事务上来，质疑路线布置不当、征地规模过大、补偿费用过高成为其关注的重点，并以此反对借款合同。

　　2. 质疑征地问题

　　10 月 16 日，一名自称"记者"的人在《申报》发表"驳义"，除谴责盛宣怀的回复是"弥缝其失，回护其短"外，认为无论采取何种补救措施铁路土地仍是抵押品，这是"江苏人最可痛心之事"。此外，他要求

---

　　①《二续盛宣怀答复江苏京官宁沪铁路函稿并附驳义》，《申报》1905 年 10 月 18 日，第 2 版；《三续盛宣怀答复江苏京官沪宁铁路函稿并附驳义》，《申报》1905 年 10 月 19 日，第 2 版。

　　②《江苏京官呈请商部代奏沪宁铁路事》，《申报》1905 年 10 月 10 日，第 2—3 版。

盛宣怀必须解释清楚 80 万两是如何计算出来的。[①]

就在上述"驳义"刊发的同时，翰林院编修潘鸿鼎、庶吉士朱寿朋、钱淦以及内阁中书谢永炘上书商部尚书载振，强烈谴责铁路总公司征地"漫无限制"，呈请该部限制其征地规模。首先，他们以 7 月间宝山知县在征收辖区内土地时"不忍强压民产，以遂该公司私图"的态度来说明地方官员对征地的反感；其次，谴责了总公司在征收潘家湾土地时对当地民众中的"懦者"采取先恫吓后仅以官价标准（低于道契地）支付的残暴手段；最后，表示高达 25 万英镑的总征地费使舆论"业已大哗"：

> 就我苏省他日筹款赎路计，则少购一亩，即他日少筹若干金；就我苏省今日保产守业计，则多圈一亩，即今日多损若干金。

基于以上各点，潘鸿鼎等人推断总公司内部必定有人假公济私、贪赃枉法：

> 藉官家之借款，置暗中之私产，国家承认洋款之重息，公司希图贩卖之渔利，今日以贱价夺之甲，明日以高价售之乙。此实者辈之目的，而甘心上下其手者。

最后，鉴于"地亩一经购定，便属死症"的事实，他们提出应该在开征时就勒令停止，如此才能"上节费用，下恤民财"。同时请求载振令两江总督周馥、江苏巡抚陆元鼎查禁多购之地，并由商部派员前往监督调查。[②] 商部认可后于 21 日致电盛宣怀称"江苏地腴赋重，公司多购无裨路务，适足损国病民"，应当加以限制，故令盛查办后回复。[③]

盛宣怀随即命令铁路总管理处进行调查，不久购地局总办林贺峒向盛作了详细的报告。其首先介绍了扩建上海站、潘家湾码头仓库、吴淞张华浜机厂选址及征地的来龙去脉（参见第三节相关内容）；然后针对假公济

---

① 《二续盛宣怀答复江苏京官宁沪铁路函稿并附驳义》，《申报》1905 年 10 月 18 日，第 2 版。

② 《沪宁铁路用民地请饬限禁公禀》，《申报》1905 年 10 月 30 日，第 4 版。

③ 《商部来电》，盛宣怀：《愚斋存稿》卷 68 《电报》45，第 30 页。

私的问题作了如下解释：25 万英镑折合上海规银为 180 余万两，上海至无锡段已占用 90 万两，无锡至江宁段比前者长 100 余里，剩下的资金可能已不敷使用，因此所谓"借官款以置私产，以图贩售之疑，皆可释然"；至于商部限制征地之言，林贺峒认为"诚为笃论"，因为购地局方面也不想多购。但由于所有征地计划都是由总工程师格林森提出，购地局无权要求减少，总管理处的中方总办也不审查，"如无限制之权"。而且格林森对自己圈定的土地"意在必得"，往往"不顾价之高低，事之难易也"。林贺峒虽屡次就减少征地一事与其协商，但"迄未见听"。所以林贺峒认为目前"局外以多购为疑，而局中适值难购之会"的窘况都是由格林森一手造成，故请求盛宣怀直接命令其加以限制。①

　　24 日，盛宣怀同时回复三方，声明总公司"向来立法防弊甚严，断无巧取豪夺，贩卖渔利等事"。其内同除叙述林贺峒的报告外，另指出无锡至江宁段和上海的三项工程须在原有基础上再增加七八十万征地费，此事已经与中英银公司协商筹款，如有着落则按照格林森的设计图征地，若没有着落就减少用地，但目前丈量工作尚未开始。由于目前尚未支付补偿款，故潘鸿鼎等人所谓的恫吓手段更无从谈起。最后，盛宣怀表示将已征土地按照购地章程制定正、副合同，合同正本照借款合同抵押，副本存于总公司，完成后编制清册上报商部，并请周馥、陆元鼎随时令沿线各县办理土地过户手续。② 11 月 6 日，《申报》在以上电文之后附了一段评论，指出作为铁路内部人员的林贺峒尚认同限制征地规模，"是即购地太多之明证"，故强调应在未征用之前加以限制。但评论表示对格林森的扩充计划与限制征地相抵触一事"殊不可解"。③

　　由于不久后商部令盛宣怀的政敌袁世凯调查关内外铁路所需土地的情况以作比较，④ 所以林贺峒也向盛宣怀提出了全线限制征地的具体方案，同时进一步谴责格林森。报告认为：上海至苏州段采用双轨（复线），但所用之地"不止双轨者"。无锡至江宁为单轨（单线），但格林森的图纸

---

① 《禀复盛宫保沪宁铁路并未多购地亩》，林贺峒：《味雪堂遗集》，第 43—45 页；《沪宁铁路调查杂录》，沪宁铁路研究会编：《沪宁铁路研究资料》，第 8—9 页。

② 《盛宣怀致商部、周馥、陆元鼎》，王尔敏、吴伦霓霞编：《盛宣怀实业函电稿》下册，第 672—673 页。

③ 《盛宣怀覆商部江督苏抚电（为沪宁铁路购地事）》，《申报》1905 年 11 月 6 日，第 2 版。

④ 《商部电查关内外路局需地以为沪宁购地比较》，《申报》1905 年 11 月 8 日，第 2 版。

"不但不止单轨，且不止双轨，实属漫无限制"，且宽窄不一（见表2 - 5）。

表 2 - 5　　　　　　　　　沪宁铁路路基宽度（1905 年）

	宽度（英尺）	折合（米）	备注
全线最窄处	100	30.5	
无锡高桥	450	137.2	此地无车站
常州站	1120	341.4	长 500 多米
上海站	68	20.7	包括路基两旁的界沟和 0—4 尺（1.3 米左右）的路基高度
张华浜附近	80	24.4	

资料来源：《沪宁铁路购地局林道贺峒上盛宫保禀（为限制购地事）》，沪宁铁路研究会编：《沪宁铁路研究资料》，第 54 页。

因此林贺峒认为单线铁路路基应仿照淞沪铁路标准，"毋须加阔"：路基建在平地不加高之处，其底部宽度以 68 英尺为限；加高 3—4 尺之处以 80 英尺为限；再加高者再酌情加宽；车站非繁盛处亦不得多占土地。于是林贺峒将张华浜、上海站用地情况绘图后呈送盛宣怀审阅，请其送交铁路总管理处和格林森并与后者进行磋商。[①]

3. 罢免盛宣怀

9 月 1 日，伦敦《泰晤士报》刊登了一则关于中国铁路建设问题的评论，其中谈及盛宣怀及其亲友在征地过程中的舞弊情形：

> 每当任何一段土地勘测完毕，路线位置确定之后，一个中国公司——盛大臣的儿子是这家公司的有名气的领袖——就从田主那里收买了这块土地（不管什么地方，只要可能的话），再向公司索取超出市值很高的价格（强迫收买的农田的价格，每英亩从 20 至 40 英镑不等）。……每一座坟墓迁移的补助费，从 10 先令至 1 英镑不等。因为这件事也是由盛氏的部下经办，因此也就不断地引起了摩擦和延搁。[②]

---

① 《沪宁铁路购地局林道贺峒上盛宫保禀 为限制购地事》，沪宁铁路研究会编：《沪宁铁路研究资料》，第 54 页。

② Railway Construction in China, *The Times*, Friday, Sep 01, 1905, p. 9.

　　虽然笔者也引用过这篇报道作为上文义冢、坟墓问题的依据，但其子设公司倒卖土地的证据不足。汇集了江苏官绅批判言辞的《沪宁铁路研究资料》以及上海图书馆馆藏盛宣怀档案等史料中也不见相关记载。这篇评论也曾作为中英银公司公文中的附件上报英国外交部，但公文本身只有不满铁路工程进展缓慢给其造成损失的论调，对盛宣怀儿子的事情只字未提，① 所以笔者认为这文不足为信。虽然盛宣怀可能没有那么明目张胆，但徇私枉法并非子虚乌有，有证据表明常州站以西、奔牛以东路线的绕行即由盛宣怀及其侄子盛春颐一手造成。

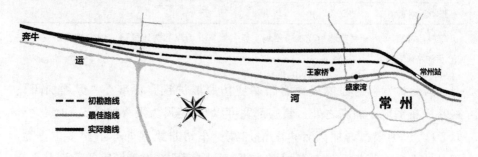

图 2 - 6　沪宁铁路常州至奔牛段三种路线布置方案图

资料来源：根据文中内容绘制。

　　盛宣怀的祖坟之一位于常州北门外的王家桥，② 另一处在加官桥。铁路最初的路线布置方案（见图 2 - 6 中的"初勘路线"）距其祖坟仅五十丈（约 166 米）。盛春颐认为"火车来势太猛，恐震动其祖灵"，③ 遂致函盛宣怀称他已在工程师勘察加官桥附近的时候进行了交涉，目前确定的路线已距祖坟较远，不必担心惊动祖先了，但是王家桥祖坟离铁路仍然很近。随行的风水师说如果路线实在无法更改，可在祖坟和铁路之间栽种松树作为屏障。但盛春颐并未听取风水师的建议，仍请求盛宣怀改动路线。④

　　盛宣怀读后深表赞同，于 1905 年 6 月指使盛春颐与铁路总办沈敦和

①　FO228/2528. D7/06. 英国国家档案馆藏。

②　今关河西路北面的飞龙路一带，距其出生地盛家湾村不远。

③　《沪宁铁路调查杂录》，沪宁铁路研究会编：《沪宁铁路研究资料》，第 18 页。

④　《盛春颐致盛宣怀》，盛档，120485。

及陈善言"密商",① 后由格林森特派洋工程师李英（A. B. Leane）"不动声色,以复查路线为名"将原路线向北移动了三百尺（约 100 米,图中的"实际路线"）,常州城西路线由此"变成偏曲,不能取直"。总管理处也曾派专员庄鹏九会同某洋工程师赴常州与盛春颐商讨改线事宜,但抵达后当地官绅纷纷要求新定路线避让坟墓,并"纠缠不已"。② 但新路线最终仍被确定下来,并一直延续到今日。

在各国铁路建设初期,路线布置多以接近城市为目标。③ 沪宁铁路距苏州城平均仅为 250 米,距镇江和南京城也都在 300 米左右,而与常州城的距离达 600—1000 米甚至更远。④ 可见盛宣怀等人改动路线的不合理,而笔者认为按照当时的技术标准,常州城外路线布置的最佳方案应穿过其出生地盛家湾并贴近运河与城区。

路线布置的不合理也被江苏旅沪士绅为收回路权而组织的"沪宁铁路研究会"所诟病:

> 不于坟墓最多处开设车站,不于市镇人烟稠密处穿过轨道,则迁坟、拆屋费皆能省。⑤

山海关北洋铁路官学堂毕业生、江阴人徐文泂⑥在致江苏京官的信中反映了他在 1904 年半年内观察到的"用项之虚糜,勘路之迂"。徐文泂称:"查泰西各国造路之律,凡城市则绕之,坟庙村庄则避之",但沪宁铁路完全相反——常州北门外河道"曲似羊肠",路线如果"偏左若干尺"建一座桥即可通过,但格林森所定路线"直剖河中,是一河而筑五桥"。此外,格林森又将无锡北门外某村数十户人家及常州沈家村等处全部拆毁,毫无顾忌,致使沿线地区"道路咨嗟,民怨蜂起",铁路职员也

---

① 《盛宣怀致沈敦和陈善言函稿》,盛档,103254。

② 《沪宁铁路调查杂录》,沪宁铁路研究会编:《沪宁铁路研究资料》,第 18 页。

③ 参见张文尝《城市铁路规划》,中国建筑工业出版社 1982 年版。

④ 根据地图测量。无锡、昆山、丹阳当时均为县城,故距离在 500 米以上。

⑤ 《沪宁铁路调查杂录》,沪宁铁路研究会编:《沪宁铁路研究资料》,第 8—9 页。

⑥ 时任京张铁路第一段工程员,即詹天佑的助手,次年夏出任苏路公司总工程师。

认为无法隐瞒此事。①

10月底，英国驻华公使萨道义（Ernest Satow）以英方未违背沪宁、津镇（天津至镇江）两路借款合同而华人要求废约为由，提请英外交部与清政府进行国际交涉。② 所以当24日盛宣怀回复商部后，翰林院侍读黄思永、编修汪凤藻等42人纷纷表示反对并联合呈请商部"严核浮滥预，筹赎路之款以维大局"，呈文中的征地问题即根据徐文泂的意见批判格林森"有意糜费"。此外，他们通过比较其他铁路来进一步指出全线并无高山大河、施工较易的沪宁铁路征地费用过高——芦保铁路复线征地费约102329两，单线每里平均不到200两。与沪宁铁路处在同一地区的淞沪铁路为126438两，每里平均也只有2300两。而沪宁平均每里高达2500百两（25万英镑合二百万两），比芦保贵13倍，比淞沪也贵一成。但江苏地价除临近上海的三十里外，其余每亩都在三四十两以内。通过计算，他们指出全线征地费应当在60万两左右，所以25万英镑"决无不足矣"。至于盛宣怀增加80万两的计划，他们认为虽然借款合同中规定总公司可以多购土地以备将来发展，但现在所购之地并非筑路所必需，而且在合同规定的25万英镑以外再加款本身就违反了合同。

此外他们还认为，由于盛宣怀的计划是根据怡和洋行的报告提出的，所以中英银公司完全可以借此获得更多的借款利息，而且该公司"恃我国家之担保，决不惧我之不还"，故对违反合同之处"毫不诘问，实无足怪"。此外，该公司的进出账目"唯恐人窥其底蕴，最为秘密"，而盛宣怀又以"迟便误工"作为要挟，所以他们判断双方大规模征地的背后有以下三大隐情：

　　一、条约中未允洋人在内地开设行栈及制造厂，今银公司借铁路为名，多购地亩，而于路旁开设行栈等，以夺华商之利，则厞我所能拒绝矣。

　　二、铁路地亩，有免税之条，铁路公司多购地基，即多享免税之利益。

---

① 《三续黄思永等请商部代奏沪宁铁路严核浮滥预筹赎款公呈附件专件代论》，《申报》1905年12月2日，第2版。

② 《英公使拟以津镇沪宁路约牵入国际交涉》，《申报》1905年11月3日，第3版。

三、地价之中饱，最难稽察，总公司中之翻译人等，皆以此为利薮，故无不乐于多购。

正因为有这些企图，所以征地过多"非特吃亏利息，于国家赋税、将来交涉，皆有隐患"。因此他们呈请商部令盛宣怀严加限制，但凡不是筑路所必需的土地，没有征购的不得再购，已谈妥的应立即出售，将征地所余款项划入筑路经费。至于各地补偿价位应随时登报布告大众"以杜中饱"。

但他们并不满足于制度上的改变，而是希望作出人事变动来根治痼疾——中英银公司得寸进尺、贪得无厌，而盛宣怀"受英人蛊惑已深，事事偏听，毫无远见"，若再由其操办铁路事务，"诚恐贻误大局"。所以在处理完限制征地的事务后，接下来的工程、运营等事宜应改派"详悉地方情形、综核廉正之大员专任其事"，而商部头等顾问官、翰林院修撰张謇即为合适人选，[1] 也就是请求商部将盛宣怀撤职。

盛宣怀并未在第一时间（11月3日《申报》上）看到以上弹劾他的消息，而是通过阅读刊登在6日《时报》上的文章。两江总督周馥读了《时报》的文章后欲与盛宣怀联合"调停中外"，但盛宣怀婉拒并提请周馥和李经方分别担任沪宁铁路督办、会办，以此反对张謇，可见盛宣怀已决定放弃沪宁铁路事务。

8日，盛宣怀一天之内连发三份密电和一份明电。密电为请李经方将黄思永等人的文章进行翻译并设法秘密调查《时报》，同时请其担任铁路会办；另向曾任沪宁铁路总办的朱宝奎表示即将辞职；明电则是令负责收支的翁寅臣速将沪锡段征地"正杂各款"编制清册，以此上奏朝廷并对外公布，并强调"勿稍迟延"，因为此时周馥已批准江苏官绅设立"筹款局"核查、管理已征用的土地。9日，盛宣怀又向外务部会办大臣那桐发出密电推荐李经方，称其筹办沪宁优于芦汉，并认为江苏京官"觊觎此差，乱造谣言，平日所求不遂者从而和之"。然后解释了辞职的原因：自

---

① 《黄思永等请商部代奏宁沪铁路严核浮滥预筹赎款办法并简派张謇综核一切公呈》，《申报》1905年11月2、3日，第2版；《再续黄思永等请商部代奏沪宁铁路严核浮滥预筹赎款公呈附件》，《申报》1905年12月1日，第1—2版；《三续黄思永等请商部代奏沪宁铁路严核浮滥预筹赎款公呈附件专件代论》，《申报》1905年12月2日，第1—2版。

己担心事态继续扩大而妨碍借款合同并引起萨道义抗议，故与周馥商量后决定辞职，同时提出会办人选"须明洋务，方免贻误"。同日，他还公开致电外务部和商部，请求仿照北洋大臣督办北方铁路的方法派南洋大臣周馥督办沪宁铁路。①

商部在接到盛宣怀 10 月 24 日的回电后，即据此饬令沿线办理土地过户手续，并称经核查后发现此前潘鸿鼎等人的呈文中关于征地数量太多之语与盛宣怀的回电不符，"应再详细声叙"。潘鸿鼎等接到商部的这一批复后"大动公愤"，经集体讨论、"切实声叙"后回复该部。② 11 月 11—13 日的《申报》连续刊登了"声叙"的内容，其中涉及征地的部分进一步深化了前述各文的观点：第一，不急用的土地虽受铁路影响"地价必涨，将来可以获利"，但每年支付的借款利息为数甚巨，恐将得不偿失；第二，铁路"多占民田，强作官价，于民情既有所弗便"；第三，再度提出由张謇代替盛宣怀的请求。③ 但张謇未应黄、潘等人之请，于 16 日④联合王同愈等人向商部提议派该部左参议王清穆督办沪宁铁路。17 日商部回复称已定为唐绍仪。⑤ 同日，光绪帝批阅商部转奏黄思永等人的呈文后，⑥ 令军机大臣奕劻向盛宣怀传达由唐接办的谕旨：

> 商部奏沪宁铁路请饬严切查明一折，沪宁铁路盛宣怀办理不善，着改派唐绍仪妥为办理，钦此。⑦

19 日，盛宣怀电令林贺峒、翁寅臣、朱宝奎尽快完成征地清册的编制并上报，同时致电唐绍仪报告铁路建设的进展情况。22 日密电唐绍仪

---

① 王尔敏、吴伦霓霞编：《盛宣怀实业函电稿》下册，第 671—672、675 页。

② 《江苏京官拟切实声复沪宁铁路购地太多再请商部核办》，《申报》1905 年 11 月 12 日，第 3 版。

③ 《再续江苏同乡京官公拟呈请商部代奏沪宁路工饬严核浮冒预筹赎款初稿》，《申报》1905 年 11 月 13 日，第 1—2 版。

④ 张謇研究中心、南通市图书馆编：《张謇全集》第 6 卷（日记），江苏古籍出版社 1994 年版，第 559 页。

⑤ 《商部据江苏绅士呈请派沪宁铁路总监督片》，《申报》1905 年 11 月 27 日，第 4 版。

⑥ 《三续黄思永等请商部代奏沪宁铁路严核浮滥预筹赎款公呈附件专件代论》，《申报》1905 年 12 月 2 日，第 2 版。

⑦ 《续纪改派唐绍仪妥办沪宁铁路原电》，《申报》1905 年 11 月 23 日，第 2—3 版。

表示"公接沪宁，为大局庆"，称已令王勋将重要档案文件封存并先行送往北京供其查阅。由于上海至无锡段的土地已征收完毕，无锡至江宁段尚未完成，因此征地清册将在林、翁两人编制完成后与全部档案一并移交。① 盛宣怀在最后时刻仍不忘征地事务，足见征地问题在路权运动中的重要性。

虽然盛宣怀的下台已成定局，但路权尚未收回，因此江苏官绅仍孜孜不倦地就征地事务等问题展开调查与交涉。11 月 26 日，江苏旅沪士绅召开第三次"沪宁铁路研究会"，推举代表分别前往各自的家乡调查征地补偿等各项情形，并致信乡董配合其工作，"务达研究之目的而后已"，② 其最终成果即为《沪宁铁路研究资料》一书。不过由于沪宁铁路借款合同早已签订，江苏官绅修约、废约并收回路权的目标最终未能实现。

4. 尾声

1905 年 12 月 5 日，盛宣怀奏请裁撤铁路总公司，由唐绍仪督办，"以一事权"。③ 江苏京官原本只是想罢免盛宣怀督办沪宁一路的职务，但盛宣怀选择了全身而退。清政府批准后，开办八年的铁路总公司寿终正寝。

既然盛宣怀选择全身而退，那么很可能是被抓住了要害。但黄思永、潘鸿鼎等人均未掌握确凿的证据，前者所言"地价之中饱，最难稽察"④ 以及后者的"尤恐"、"其弊更不可穷诘"⑤ 等均属含糊之词。英镑与银两之间的换算标准也是各执一词：黄思永等人认为 25 万英镑"合银二百万两"，⑥ 但潘鸿鼎等人计算为 180 万两。⑦ 这或许是因为他们都是翰林院的传统文人，并不熟悉铁路业务。笔者认为盛宣怀的屈服与其常州同乡、

---

① 王尔敏、吴伦霓霞编：《盛宣怀实业函电稿》下册，第 676—677 页。

② 《纪研究沪宁铁路第三次开会情形》，《申报》1905 年 11 月 27 日，第 4 版。

③ 《请裁并上海铁路总公司电奏》，盛宣怀：《愚斋存稿》卷 23《电奏补遗》，第 3 页。

④ 《黄思永等请商部代奏宁沪铁路严核浮滥预筹赎款办法并简派张謇综核一切公呈》，《申报》1905 年 11 月 3 日，第 2 版。

⑤ 《再续江苏同乡京官公拟呈请商部代奏沪宁路工饬严核浮冒预筹赎款初稿》，《申报》1905 年 11 月 13 日，第 1—2 版。

⑥ 《黄思永等请商部代奏宁沪铁路严核浮滥预筹赎款办法并简派张謇综核一切公呈》，《申报》1905 年 11 月 3 日，第 2 版。

⑦ 《再续江苏同乡京官公拟呈请商部代奏沪宁路工饬严核浮冒预筹赎款初稿》，《申报》1905 年 11 月 13 日，第 1—2 版。

1905 年 3 月离职并投入北洋①的沪宁铁路总办朱宝奎不无关联。曾在翰林院及吏部供职的胡思敬在《国闻备乘》中叙述了朱、盛二人的交恶内幕以及朱宝奎的"叛盛归袁"：②

> ……窥宣怀有婢绝美，求为篷室，宣怀不许，由是离交。私发路局积弊，并钞录累年洋商交涉案，叛归袁世凯。世凯久涎铁路、招商、电报三局之利而不详其底蕴，至是得所借手，遂参宣怀，尽撤其差。

虽然多购土地的举措源于《沪宁铁路借款合同》，但土地征收不当仍是不可否认的事实。从规模上来看，征收数量过多导致大量土地被闲置，到 1911 年全线荒地已达 2000 余亩；③ 再从经费方面来看，合同规定的征地费不超过 25 万英镑，而 1906 年的调查显示实际需要已达 35 万英镑，④从而增加了铁路的建设成本与借款金额，延缓了施工进度。

（二）海宁民变

铁路征地纠纷是酿成民变的重要因素，⑤ 时人亦认为此类纠纷导致"江浙人心之忧乱，数十年来无有如今日之耸切者"。⑥

1907 年 7 月，号称"从未发生纠纷"⑦ 的浙路爆发了沪杭甬铁路全线最严重的群体性事件。海宁州长安镇武举人俞曹成曾向铁路工程处请求在长安车站附近留出二三十亩土地建造房屋、开办仓库"以图利己"，但遭铁路股东汪某等人驳回，俞遂怀恨在心。19 日，工程师张克铭派工人前往长安附近路段伐木，毛姓村民以所砍之树不在铁路征地范围内，"未领地价，不能伐木"为由出面阻止，双方遂发生口角。俞曹成乘机煽动民众，先至各茶馆发表演说，继而又发布传单。20 日，俞曹成"鸣锣聚集数百人"将工程处捣毁，并要求与汪某和张克铭当面对质，一名小工在混

---

① 交通、铁道部交通史编纂委员会编：《交通史路政编》第 11 册，第 3105 页。

② 胡思敬：《国闻备乘》，上海书店出版社 1997 年版，第 59 页。

③ 《郑殿勋致盛宣怀函》（1911 年 3 月 13 日），盛档，117427－6。

④ 佚名编：《沪宁铁路最近之调查》，商务印书馆 1906 年版，第 7 页。

⑤ 陈旭麓：《近代中国社会的新陈代谢》，上海人民出版社 1992 年版，第 304 页。

⑥ 《论浙乱无与于路事》，《申报》1908 年 1 月 15 日，第 2 版。

⑦ 沪宁沪杭甬铁路管理局编查课编：《沪宁沪杭甬铁路史料》，沪杭甬篇第 128 页。

乱中凫水而逃，在上塘河闸惨遭溺毙。海宁知州郭文翘闻警后随即前往处置，但被民众包围辱骂，乘坐的轿子也被砸毁，最后在护卫的掩护下狼狈地钻墙洞而逃。整起事件"响应及四十里"，并波及学堂、教堂。①

事发后，长安镇士绅与张克铭等人纷纷致电浙江巡抚张曾扬请求"发兵弹压"。张曾扬除派出五十名武备小队队员外，另派太守李金堂前往查办。汤寿潜于 20 日派购地局局长濮登青前往当地进行调处。总体而言，公司方面对闹事民众比较宽容，如某内部人士表示"乡民被诱滋闹，均可免究"，而"劣衿痞棍"则必须由官方严厉惩处；② 又如汤寿潜不久后所言：虽然"民智未开"，但"公司办理之不善，地方保护之不力，均不能无疚焉"。③

海宁知州郭文翘在事件过程中遭到民众堵截，最后落荒而逃，"事后又不敢赶缉"，遂导致当地阻碍铁路施工的现象进一步升级。因此浙路公司认为：

> 该痞等益复肆无忌惮，中辍之势，所不可前进，则动启龃龉，妨害路工，莫此为甚。

9 月 13 日，浙路公司致函新任浙江巡抚冯汝骙，表示"非得能名夙著之员，帮同印官，随时董劝，不足以洽民情而资臂助"，因此请派原德清知县陈宗元前往长安一带"妥慎弹压"。但冯汝骙认为陈宗元在当地赈灾过程中有舞弊行为并正发交湖州府看押，因此未批准公司的请求。④ 不料此后民众、土匪与盐枭彼此联合，酿成了数千人⑤参与的一场民变。

---

① 《海宁路工因购地闹事》（原载《汇报》1907 年 7 月 24 日），刘萍、李学通主编：《辛亥革命资料选编》第 6 卷中册（清末社会风潮：辛亥前十年报刊资料选），社会科学文献出版社 2012 年版，第 752 页。

② 《长安镇铁路公司购地局被乡民捣毁》，《杭州白话报》1907 年 7 月 21 日；《电五 嘉兴》，《申报》1907 年 7 月 22 日，第 3 版；《铁路购地局被毁之原因》，《申报》1907 年 7 月 24 日，第 5 版；《海宁路工因购地闹事》，《汇报》1907 年 7 月 24 日；《长安镇乡民闹事续志》，《申报》1907 年 7 月 26 日，第 4 版。

③ 《浙路总理汤蛰仙京卿为苏路采石事致松江府函》，《申报》1907 年 8 月 12 日，第 5 版。

④ 《浙抚照会浙路公司文（为派员弹压路工事）》，《申报》1907 年 9 月 27 日，第 12 版。

⑤ 《旅沪海宁绅商电请派兵剿匪》，《申报》1908 年 1 月 10 日，第 5 版。

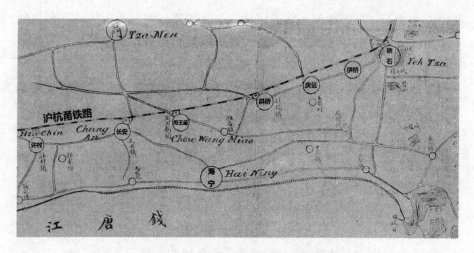

图 2 - 7　海宁民变爆发地点位置图

资料来源：商办全浙铁路有限公司编：《商办沪杭甬浙境已筑路线图》，1908 年。

从 1908 年 1 月 4 日起，海宁农民聚众前往铁路沿线的庆云、斜桥、伊桥等七镇（见图 2 - 7）捣毁新式学堂及官绅住宅，"全州震动，祸悬眉睫"。① 安徽籍盐枭陈某、吴某乘机"施勾煽之技，教以口号，助以军械，土枭既联合为一"，② 开始攻击更大的城镇。7 日，驻硖石的铁路购地局、工程局以及镇上的警局、厘局、邮局等机构均遭到抢劫，教堂、学堂被焚，镇上绅商全体罢市。③ 10 日，沪杭甬铁路已铺设完成的铁轨亦被"枭匪拔毁"。④ 11 日，海宁州城盐官遭到围攻，代理知州余文钺"呕血而死"。⑤ 鉴于"全州危急，州城尤甚"，旅沪海宁绅商电请冯汝骙"星夜派兵，下州弹压，以遏乱萌"。⑥

虽然此次民变的导火索是桐乡民众的闹漕事件，⑦ 但通过枭民破坏铁路轨枕和工程机构的行为可知其对铁路征地建设的积怨已深。不久就有评

① 《专电 电九》，《申报》1908 年 1 月 10 日，第 3 版。

② 《论浙乱无与于路事》，《申报》1908 年 1 月 15 日，第 2—3 版。

③ 《专电 电十一》，《申报》1908 年 1 月 10 日，第 3 版。

④ 《嘉湖匪情汇电》，《申报》1908 年 1 月 11 日，第 5 版。

⑤ 《海宁民变三志》，《申报》1908 年 1 月 12 日，第 3 版。

⑥ 《旅沪海宁绅商电请派兵剿匪》，《申报》1908 年 1 月 10 日，第 5 版。

⑦ 《海宁民变三志》，《申报》1908 年 1 月 12 日，第 3 版；《论浙乱无与于路事》，《申报》1908 年 1 月 15 日，第 2—3 版。

论指出民众反对征地筑路而引起民变一事被"某枢臣"利用，并借此"静候江浙暴动，则实坐公司，以罪名望"。此时正值江、浙铁路公司代表晋京谈判之际，屈服于英方的"某枢臣"希望借此迫使两公司同意签订借款条约，所以该评论最后强调"误入某枢臣静候之彀中"。①

二 农业生产和铁路土地产权问题

(一) 农民负担问题

早期铁路土地征收因制度不健全或地方政府相关政策的不配套，往往损害被征者的后续权益。例如土地被征后，土地产权已归征收者所有，理应由征收者缴纳田赋，但在实际过程中仍出现由被征者继续缴税的现象，给被征者带来了沉重的负担。

1876年吴淞铁路建成后，各被征者在拿到每亩五十千文的补偿费后仍须缴纳地丁钱粮，每年年终尚需支付年租。铁路由清政府收回拆除后，被征者还需要继续上缴路基空粮，"每年约需二百数十千文"。到30多年后的1906年初"包空之粮"仍未能免除，并已达到"七千数百千文"，给被征者带来了沉重的负担。因此当地民众联名上书宝山知县，请求将空粮转由铁路总公司缴纳，"以抒民困"。② 但该请求并未获准，所以《宝山县续志》认为该路土地"终清之世，未办豁粮"。③

1905年夏，沪宁铁路嘉定、青浦两县境内土地征收完毕后，当地士绅向参与铁路筹建的李经方报告称当地县署仍向已被铁路征收的土地征粮，以致"民不堪命"，故请李经方向两江总督和江苏巡抚反映情况。李随即致函盛宣怀称铁路总公司已完成上海、宝山、嘉定、青浦、昆山、新阳、长洲、元和、吴县、无锡、金匮各县的征地工作，目前正由各段购地委员开列花户亩清单，分别送往各县署盖章，然后再过户到铁路名下，归总公司缴纳赋税。由于此时造册工作尚未完成，所以尚未请各县豁免被征者的赋税。此外他还请盛宣怀饬令各县按照购地委员开列的清单办理，④

---

① 《论浙乱无与于路事》，《申报》1908年1月15日，第2—3版。

② 《禀免淞沪铁路空粮》，《申报》1906年1月18日，第4版。此时淞沪铁路已并入沪宁铁路。

③ 张允高等修，钱淦等纂：民国《青浦县续志》卷4《额征》，第14页。

④ 《上海李京堂来电（补六月廿五日）》，《沪宁铁路往来电报抄存》第2册，盛档，002237。

力求总公司与地方政府步调一致以减轻农民负担。有鉴于此，同年10月浙路公司在阐述其公司政策时特别强调"应缴钱粮，统照原定科则，由公司认纳，不再干原主之事"。①

1908年2月，邮传部颁布了《铁路地亩纳税章程》，其中第一条规定官办、商办各铁路需缴纳地税，按照被征者原有的田赋标准实施。② 月间，松江育婴堂士绅、苏路公司股东陈宗彝致函公司总理王清穆，称公司应严格执行该章程，"不宜自为风气，收剩空头钱粮"，因为"此亦害农之一"。③ 可见苏路公司曾有不顾被征者赋税压力的举措。随着制度的不断健全，被征者的后续权益也逐步得到保障，如民国初年宝山县境内"又豁除铁路注缓田一顷五十二亩六分一毫"。④

（二）闲置土地的利用

前述土地征收规模过大的直接后果就是出现大量闲置的"余地"。1911年沪宁铁路沿线的荒地达2000余亩，出租者极少。⑤ 因此铁路部门开始通过出租闲置土地的方式提高土地利用率，并以此增加收入。闲置土地根据其租用性质可分为以下两种：

> 繁荣区域，租与商人建筑厂栈房屋为业者，称为营业用地；旷野区域租与农民种植者，称为耕种用地。营业地租价昂，视地点与用途分等定租；耕种地租价廉，按土质之肥瘠、耕种种类分等订定。⑥

1911年3月13日，广东籍商人郑殿勋鉴于上述2000余亩荒地"数年以来，租出寥寥无几"而向沪宁铁路局请求设立股份公司，由该公司承租包括淞沪铁路在内的全部闲置土地，或自行耕种或转租给他人耕种。⑦ 同时拟定了《包租沪宁铁路全路车站余地及两旁荒地章程》，共计17款，

---

① 《三续汤寿潜刘锦藻浙江全省铁路议略》，《申报》1905年10月8日，第4版。

② 《会奏拟订铁路地亩纳税详细章程折》，邮传部编：《邮传部奏议类编·续编》（沈云龙主编：《近代中国史料丛刊》第14辑），文海出版社有限公司，1974年影印本，第747—753页。

③ 《松绅致苏路总理函》，《申报》1908年3月26日，第27版。

④ 张允高等修，钱淦等纂：民国《宝山县续志》卷4《额征》，第14页。

⑤ 《郑殿勋致盛宣怀函》（1911年3月13日），盛档，117427-6。

⑥ 苏从周：《铁路地亩问题之探讨》，《铁路杂志》第1卷第4期，1935年9月，第43页。

⑦ 《郑殿勋致盛宣怀函》（1911年3月13日），盛档，117427-6。

大致如下：

车站闲置土地承租年限为 20 年，租约签订后由公司付给路局一千元的保证金，年息八厘；已经签订的租约到期后全部转归该公司续租，尚未签订者即刻归入公司名下，"原租人均无得异言"。吴淞至无锡各站每亩每年租金为一元五角，无锡至南京各站为一元，三年后分别增至两元和一元五角，南京镇江之间的高资、炭渚（今桥头镇）、龙潭、孤树村（今栖霞山）四站因地价最低，每亩每年仅为一元，三年后不变。每年分 6 月和 12 月两期交租。[①]

但正如后世所言："耕种各种余地之租佃，与铁路业务关系较小"，[②] 郑殿勋对沿线荒地也没有什么兴趣，章程中表示如果路局将各车站全部闲置土地全部租给该公司，那么铁路两旁的荒地公司"亦可承租"。标准为宽 20 英尺（6.1 米左右）以上的荒地每年每亩五角，10 英尺以上者三角，10 英尺（约 3 米）以下及不具备耕种条件的土地不收租金，交租期同上。吴淞至无锡段自租约签订之日起抛荒一年，无锡至南京段两年，均免予缴租，"俾可从容开垦"，但已耕种的土地须即刻起租。此后，无论车站闲置土地还是荒地，路局均任凭农民随时耕种除罂粟外的各种植物，并允许农民建造草屋、牛棚等生产生活用房。可以栽种的河沟、池塘租金照上述 20 英尺宽的荒地计算。

章程还对土地使用性质的改变和突发情况作了规定：因建造仓库、旅馆而成为商业用地者，由该公司随时报告路局并增加租金，增加部分按照毗邻地区房租的三分之二收取。荒歉之年农业用地酌情减免租金，若以丰报荒则加倍处罚。路局因铁路自身发展建设需要收回土地时，必须在三个月前通知该公司，以便通知农民让出土地，收回后不得租予他人，更不准他人高价挖租。如遇盗贼偷窃破坏公司或农民财产，则由地方官员查办。租约到期后如不续租或被他人挖租，所有房屋器具由公司估价后责令新承租者如数交还前承租者。[③]

根据后来的史实判断，郑殿勋的公司并未成立，反而是沪杭甬铁路走在了沪宁铁路的前面。1911 年 5 月，苏路公司认为铁路两旁"皆系良田，

① 《包租沪宁铁路全路车站余地及两旁荒地章程》，盛档，117427 - 7。
② 苏从周：《铁路地亩问题之探讨》，《铁路杂志》第 1 卷第 4 期，第 42 页。
③ 《包租沪宁铁路全路车站余地及两旁荒地章程》，盛档，117427 - 7。

委利于地，殊为可惜"，而招人单独耕种"又嫌琐碎"，因此与"田包头"签订为期20年的承包合同，再由其将土地分租给农民，规定第一、二年租金略少，三年后"照额征租"。新桥至松江沿线被征者大半务农，闻讯后即纷纷求租，"三数日间，配置已定"。①此后，沪杭甬铁路每年地租收入为二万余元，沪宁铁路每年每亩收入二三元不等。但铁路方面对荒地耕种并不重视，任其"自生自灭，未加人力之经营"，所以荒歉频仍，收益不佳。②

1917年，交通部直辖沪宁、沪杭甬铁路管理局（以下简称两路局）认为"租金甚廉"而开始增加租金。沪杭甬铁路在原有基础上分三等加价，以使今后每年的收入"增出万元以上"，1918年2月1日起执行，原订租期未满者租金保持不变。沪宁铁路亦于1918年秋增加了平均每亩一元的租金，并表示将在租约期满后再调价，不愿续租者都可以退租，由两路局另行招租。③

（三）地籍混乱与土地产权清理

地籍即土地的户籍，地籍管理的核心是依法掌握铁路部门用地的权属界线问题。④上述增租计划一经推开，两路局就遇到了因地籍混乱而难以界定土地产权的问题，其根源即为清末铁路土地征收的制度缺陷。沪宁铁路地产除路基和各站房屋的铁路用地外，其他土地"因开办之初未造鱼鳞细册，无准确之亩数"。⑤淞沪铁路地契、图纸则被中英银公司遗失。⑥沪杭甬铁路的情况虽然相对较好，但两路编制的征地清册均存在以下问题：

　　　　或详于此而略于彼，或有细数而无总结。更有册列而契已不存，

---

①　《苏路公司招垦附路地亩之手续》，《申报》1911年5月30日，第12版。

②　苏从周：《铁路地亩问题之探讨》，《铁路杂志》第1卷第4期，第43页。

③　《增加铁路租产之收入》，《申报》1917年11月24日，第10版；《沪杭甬路局增加地租》，《申报》1918年1月28日，第10版；《沪宁铁路余地加租》，《申报》1918年10月12日，第10版。

④　张宏吉：《铁路用地管理模式的构思》，张宏吉、汤士安主编：《铁路用地规划与管理研究》，东北师范大学出版社1991年版，第12页。

⑤　交通、铁道部交通史编纂委员会编：《交通史路政编》第11册，第3157页。

⑥　苏从周：《铁路地亩问题之探讨》，《铁路杂志》第1卷第4期，第33页。

或契在而册所未载，或同一户名而册契号数彼此各异。①

除了制度方面的缺陷外，由于"筑路以后，地形全变"，②沿线民众往往出于私利而移动铁路界石，加之民国初年沿线大小战事不断，两路局无暇顾及土地事务，所以铁路土地尤其是闲置土地与铁路两侧土地之间的界线日益模糊，从而导致土地产权纠纷不断。

1914年沪杭甬铁路收归国有之前，苏、浙两公司的租地章程规定离轨道6尺以外的闲置土地可以出租作为农业用地。1915年3月铁路工程处将标准改为12尺以外，划定界限后于同年秋收后开始实行。③但次年8月，北京政府财政部电令浙江省财政厅称"铁路附近地亩均属官产"，故要求"迅即查明有无私卖情事"。④出现这种现象的原因即为承租者（以农民为主）越界侵占12尺以内的铁路用地。

两路局认为此类侵占现象"屡戒不应"的原因与"铁路小工"（养路工人等）的纵容或舞弊分不开。因为养路工人的工作是沿路巡查，负责铁路设备的维护与修理，同时兼具报告沿线情况的职责。但如果养路工瞒不上报，路局在不派专员调查的情况下就无从知晓相关情况。此外，工人均隶属于工程处，管理土地的庶务科"虽有罚办私种成案，而执行每碍于权限"，一旦出现纠葛"则工程处必多误解"。

"为杜绝流弊起见"，驻杭办事处的庶务科科长兼田亩员姚维善于1918年初上书两路局局长任传榜，阐述其制定的以下对策：一方面由庶务科通告各租户不得侵入铁路地界播种植物，违者重罚；另一方面请局长饬令工程处通告全体小工不得放任承租者在路界内耕种。违反者一经查出，除彻查惩办外，由工程处将界内种植的作物呈报路局后悉数充公。任传榜接到姚维善的报告后，于2月中旬饬令经租处"广行布告，禁止越界种植"。同时，姚维善也指示经租处令农民将越界播种的作物自行移去，若置之不理则由该处强行处理。同时规定将12尺以内的土地一律视为铁

---

① 《清点两路地亩契据纪要》，《京沪沪杭甬铁路日刊》第683号，1933年6月1日，合订本第5页。

② 《路局呈覆交部文两则》，《申报》1918年12月16日，第11版。

③ 《铁路用地内不许耕种》，《申报》1918年2月15日，第10版。

④ 《杭州快信》，《申报》1916年8月31日，第3版。

路用地，由该处直接管理，并严禁在界内耕种。① 但此后越界现象仍有发生，如沪杭甬铁路梅家弄车站（今上海南站）附近的铁路土地仍被村民侵占后种植蔬菜，路局遂于 11 月 26 日派路警会同当地地保前往阻止。②

为了根治这一顽疾，明确土地界线和产权归属，早在上述事件发生前的 1917 年 6 月，时任两路局代理局长周万鹏就鉴于土地出租"弊窦丛生，积重难返"而令姚维善到局报告相关情况，同时准备进行土地产权的清理工作。③ 9 月，姚维善向新任两路局局长任传榜正式提出产权清理的相关意见，除提议由陈庸接任科长外另派专员详细调查、丈量已租土地并绘制鱼鳞图册，完成后再对租地章程进行修改。④

与此同时，北京政府交通部也注意到了全国铁路普遍存在的地籍混乱问题，因此于 1918 年秋命令其管辖的各铁路局开展"清理地亩"工作，训令如下：

> 查各路购用地亩，多在工程时代，当时工事伧惚，未曾绘列图表，详送清册，历时既久，一旦发生纠葛，检契测地，废事需时，自应及早分别清理。惟清理之始，事极繁重，须组织清理地亩委员会以资办理，并予抽调别处科人员，以及学习员司，帮同清理，庶几克日成功。但各路情形不同，办法恐难一致，应由各局长就各该路情形，迅慎审度，速拟清理法，限一月内具文呈部，以凭核办。⑤

路局随即与沪杭甬铁路庶务科科长陈庸、购地委员刘长禄进行讨论，随后向交通部提交了反馈报告。报告首先强调了土地征收需要完善的登记制度作为保障：

> 查铁路购地时，当使路有地与民有地之界线分明，原业户名与各户亩分之编号清晰，欲求界线分明，编号清晰，自非详造都图、户

① 《铁路用地内不许耕种》，《申报》1918 年 2 月 15 日，第 10 版。
② 《乡民侵占路局地产》，《申报》1918 年 11 月 27 日，第 11 版。
③ 《两路局务纪要》，《申报》1917 年 6 月 13 日，第 10 版。
④ 《整顿路产租务之计划》，《申报》1917 年 9 月 21 日，第 10 版。
⑤ 《各路要闻：清理地亩》，《铁路协会会报》第 7 卷第 10 册，1918 年 10 月，"内国路事"第 2—3 页。

名、亩分清册并分段绘图列表不可。顾仅有图表清册，而不将原业各户亩分就图顺次划区，鱼鳞编号，则筑路以后，地形全变，设有纠葛，仍属无凭审核。

然后该报告表示沪杭甬铁路的清册、图表都比较齐全，因此在 1914 年收归国有时"全路界线，均极分明"。不过由于商办时期苏、浙两公司相关制度存在差异，苏路公司的上海至枫泾段土地图表"尚系草图，原业户名及各户亩分，尚未编号列表"。但只需派员绘制正式图表并将各被征者编号列表即可，无须组织清理地亩委员会。而沪宁铁路"所有地亩，情形不同，清理较难"，故可设立清理委员会，并饬令地亩委员等人从清查契据入手，一有头绪再拟定详细办法。①

11 月 27 日，沪宁铁路"清理地亩会"正式成立，会长由任传榜兼任，陈庸任副会长，由地务科地亩委员及办事员开展清理册契图表的工作，并按照交通部规定的办法呈报。② 但根据史料判断，清理工作未能有效开展，如 1924 年两路局刊印的《沪宁沪杭甬铁路史料》记载沪宁铁路地产情况因未出租土地"无详确记载，故未填注"，沪杭甬铁路的"无主荒地，均不在购地亩分之内"。③ 1933 年的两路日刊则称"地亩契据历久封藏，从未加以检点"。④

南京国民政府成立后尤其是 1928 年铁道部从交通部独立出来之后，产权清理工作才开始迈入正轨。1930 年 2 月 25 日，铁道部在南京召开"整理地产会议"，决定由该部组织铁路地产清理处，专门负责清理事宜，并派员分赴土地纠纷最多的铁路监督指导，同时责成各路局将地产限期清理完毕。⑤ 但因上海市政府推出了铁路改造计划（参见第四章）以及受淞沪抗战的影响，两路局直到 1933 年才着手办理，⑥ 至 1935 年基本完成，大致情况如表 2－6 所示。

---

① 《路局呈覆交部文两则》，《申报》1918 年 12 月 16 日，第 11 版。

② 《路局设立清理地亩会》，《申报》1918 年 11 月 27 日，第 11 版。

③ 沪宁沪杭甬铁路管理局编查课编：《沪宁沪杭甬铁路史料》，沪宁篇第 105 页、沪杭甬篇第 129 页。

④ 《清点两路地亩契据纪要》，《京沪沪杭甬铁路日刊》第 683 号，合订本第 4 页。

⑤ 《各路地产整理办法》，《申报》1930 年 2 月 26 日，第 7 版。

⑥ 参见《清点两路地亩契据纪要》，《京沪沪杭甬铁路日刊》第 683 号。

表 2 – 6　　　京沪沪杭甬铁路土地用途及租金价格（1935 年）

项目			京沪	沪杭甬	合计
铁路用地			17702.767	18874.578	36577.345
出租土地	商业用地	亩数	560.464	950.377	1510.841
		租金	53053.37	52561	105614.37
	农业用地	亩数	12107.381	4512.614	16619.995
		租金	19743.14	16840.33	36583.47
	合　计	亩数	12667.845	5462.991	18130.836
		租金	72796.51	69401.33	142197.84
面积总计			30370.612	24337.569	54708.181
土地原价			2610848.7	—	—

附注（原文）：（一）本表所列地亩系根据旧存清册计算，不无出入现在丈量地亩完竣，正在绘图，一俟图成，再行清算；（二）荒地亦因地图未成，无从推算，故除出租地外，暂归路用地；（三）沪杭甬路地价数目，在清册上并未记载，今欲得此，必须将一万八千余张地契一一核算，实非短期时间可告成，且该项地契已经封锁，另须呈请派员开封，始可办理，故此项暂付缺如。

资料来源：苏从周：《铁路地亩问题之探讨》，《铁路杂志》第 1 卷第 4 期，1935 年 9 月，第 33 页。

从表 2 – 6 可算得 1935 年京沪铁路的出租土地占总面积的 42%，沪杭甬铁路占 22%，两路平均占 33%，而且荒地尚未计算在内。由于铁路运营时期仍有土地征收的行为，以上数字无法直接反映建设时期的征地情况，但规模过大（尤其是沪宁铁路）的问题还是可以窥得一斑。而沪杭甬铁路的地价尚未作统计，可见土地产权清理工作的难度非同一般。

本 章 结 论

圈购地亩，困难特多，乡愚阻扰，地痞垄断，或谓伤害田禾，或谓隔断河流，迁墓拆房，争执尤力，通商大埠，更时有外交纠纷。铁路建筑之始，无不有购地辗辘，甚至诉讼连年，解决维艰。[①]

上文历数了铁路土地征收过程中遇到的各种困难，作者站在征收者的

---

① 苏从周：《铁路地亩问题之探讨》，《铁路杂志》第 1 卷第 4 期，第 29 页。

角度指责了被征者的种种不当行为，虽不无道理，但由于铁路部门拥有强制征地的权利，并在实施过程中往往将自身利益的寻求和表达反映在制度中，所以征收者更负有不可推卸的责任。因此笔者认为，出现纠纷的根源主要在于土地征收的制度缺陷和征收者的操作不当。

第一，土地征收程序的不合理。土地征收的参与主体大多是用地单位及其征地调查人员和农民集体的个别领导，被征者通常被排除在外，[①] 从而难以了解到自身被征土地的实际面积、具体的补偿价格以及地方官绅是否参与了非法分配等具体情况，最后出于被出卖的愤慨或心理预期得不到满足而采取极端手段抗拒征地。

第二，征地主体缺乏有效的监督制约机制。铁路部门既是征地的执行机关，又是征地行为的管理机关，加之列强对近代中国铁路的榨取，最终导致征地的随意性非常严重，从而造成土地的极大浪费，并引发一系列的政治风波。第四章中京沪沪杭甬两路联运总站的征地风潮也与监督机制的缺失有关。

第三，补偿标准的不完善。这其中最主要的问题是铁路部门为了防止投机倒把，在制定补偿标准时仅仅参照铁路建设前的土地价格，并未考虑到铁路周边土地会因交通区位优势的上升而出现增值，所以其确定的补偿费未能体现出被征土地的实际价格，从而间接损害了被征者的经济利益。这种现象在当代铁路征地过程中也普遍存在。[②]

第四，土地征收与后续工作之间衔接不到位。紧随其后的工程建设由于违规操作而引发了类似海宁长安、南京神策门的群体性事件；地方政府税收政策的不配套，往往容易侵害被征者的后续权益，而铁路部门也曾出现利用这一漏洞牟利的行为；登记制度的不健全则导致地籍混乱并引发新的纠纷，对土地产权的界定工作造成了障碍。

第五，被征者安置措施的缺乏。由于缺乏完善的安置措施，沿线失去土地的被征者（尤其是农民）很容易失去生活保障，诚如浙路公司所言："田地原是产业，但一旦卖去，往往将所得之钱随手用去，即使存庄，亦

---

① 沪宁铁路就是由铁路总公司与地方官绅按照铁路部门制定的征地章程确定补偿标准。沪杭甬铁路的建设方采取与被征者协商并公开确定补偿标准的方法，一定程度上减少了纠纷数量。

② 参见刘燕萍《征地制度创新与合理补偿标准的确定》，《中国土地》2002 年第 2 期。

有倒闭之虞"。① 虽然各铁路部门曾推出一些补偿费转入铁路股份的措施，但其目的主要是增加铁路建设运营资金，而并非着眼于失地民众的安置，所以被征者失去生计的现象仍无法避免。②

总之，作为征收者的铁路部门在土地征收过程中处于强势地位，而被征者这一弱势群体难以获得平等的地位，两个博弈主体实力和地位的不对等最终导致被征者成为博弈的失败者。

但以上现象在当代铁路征地过程中也普遍存在甚至更为复杂，其原因除了利益纠纷无法避免外，地方政府也参与其中并成为博弈主体。当代中国铁路征地的参与者分为铁道部、地方政府和被征者三方。铁道部为降低交易成本，一般不直接介入征地工作，而是委托地方政府办理。铁道部与铁路所经各省签署的《省部协议》及其实施，实际上就是一个铁道部与地方政府讨价还价的过程，而地方政府也在追求自身利益的最大化，因此铁道部、地方政府、被征者三方的利益难以实现均衡化。③

从本章可知，近代长三角地区的铁路土地征收均由铁路部门直接办理，④ 其中国有铁路由该铁路管理局奉中央铁道管理部门的命令办理，商办铁路由各民营公司自行办理，一般都不委托地方政府全权代理，地方官绅也只是充当协作者的角色。所以笔者认为，既然利益纠纷不可避免，那么就应当减少征地参与主体的数量，从而减少程序和环节，降低征地工作的复杂程度。因此，近代长三角铁路土地征收的历史经验值得借鉴。

综上所述，铁路建设引发了中国历史上第一次大规模的土地征收，沿线基层社会由此受到了铁路带来的第一波冲击，所以铁路的工程性影响远早于运营性影响，而且并未随着征地工作的结束而中止。

---

① 《绍兴会议实行地价附股》，《申报》1910 年 5 月 25 日，第 12 版。

② 失地民众与区域劳动力流动之间的关系是一个值得深入探讨的问题，但由于资料的缺乏，笔者暂时无法作进一步的论证。

③ 参见吴沛然《我国新建铁路征地现状研究及对策建议》，北京交通大学硕士论文，2008 年。

④ 两路联络线、苏嘉铁路也是如此，本章限于篇幅和结构而不展开论述。

第三章　铁路与水路：铁路建设对
太湖流域水利的影响

　　水和水系在城乡经济和民众生活中具有重要地位，归纳起来有灌溉、运输、排涝、饮用、净化等方面，所以长期以来江南水利社会史研究一直备受重视。除了明清等传统时代的成果外，[①] 近年来晚清民国的相关研究也开始深入，[②] 并出现了一些针对传统水环境遭遇"近代"新问题的著述，[③] 但成果数量相对偏少且缺乏对地方社会相应反馈的考察。

　　学界对铁路的社会经济史研究多集中于农工商业及城镇体系的变迁问题，铁路与水利关系的研究尚不多见。这一问题包含两个方面，即铁路运输与水上运输的关系和铁路建设对水利的影响。前者的研究相对丰富，[④] 后者的研究，据笔者目力所及，除朱从兵有所论述外，[⑤] 尚无一项专门研

---

　　① 参见［日］森田明《中国水利史研究的近况及新动向》，孙登洲等译，《山西大学学报（哲学社会科学版）》2011 年第 3 期；晏雪平《二十世纪八十年代以来中国水利史研究综述》，《农业考古》2009 年第 1 期。

　　② 如［日］森田明：《清代水利社会史研究》，郑樑生译，（台北）"国立编译馆"1996 年版，第 6—7 章；《清代水利与区域社会》，雷国山译，山东画报出版社 2008 年版，第 8 章；冯贤亮：《近世浙西的环境、水利与社会》，中国社会科学出版社 2010 年版，第 7 章。

　　③ 如吴俊范运用 GIS 技术分析了近代上海城市化进程中填浜筑路与当地水环境的变迁。梁志平探讨了晚清至改革开放初期太湖流域水质环境变迁过程与饮水改良活动。参见《从水乡到都市：近代上海城市道路系统演变与环境（1843—1949）》、《太湖流域水质环境变迁与饮水改良：从改水运动入手的回溯式研究》，博士学位论文，复旦大学历史地理研究所，2008 年、2010 年。

　　④ 参见朱荫贵《中国近代轮船航运业研究》，中国社会科学出版社 2008 年版；刘素芬《南京国民政府的奖励工业与提倡国轮政策——以招商局的水陆联运为例》，虞和平、胡政主编《招商局与中国现代化》，中国社会科学出版社 2008 年版；黄华平《民国铁道部与近代铁路联运》，《重庆交通大学学报（社会科学版）》2010 年第 1 期等。

　　⑤ 朱从兵：《铁路与社会经济：广西铁路研究（1885—1965）》，广西师范大学出版社 1999 年版，第 74—75、423—430 页。该著主要从新中国成立后铁路运输促进广西水利建设的角度分析了两者的关系。

究，地方史志的相关论述与记载也是乏善可陈。①

有鉴于此，下文将从《影集》记录的历史影像出发，通过近代长江三角洲地区的几个案例，分析此类纠纷是如何产生与化解，地方官民和铁路管理部门又是如何展开交涉的。并揭示出两者的发展脉络。最后笔者将根据水文记录资料，运用铁路桥梁工程学的方法，初步分析近代铁路建设对水利究竟具有怎样的影响？在此基础上进一步丰富水利史和铁路史的研究内容。

第一节　影像中的历史："沪杭铁路开通影集" 中的沪宁铁路

一　"沪杭铁路开通影集"考

上海社会科学院历史研究所资料室藏有一本名为"沪杭铁路开通影集"的相册。2013 年 2 月 18 日，中共中央政治局委员、上海市委书记韩正，市委副书记、市人大常委会主任殷一璀等一行在该所调研工作时翻阅了这本影集。韩书记感慨地说这本相册"将整个工程施工全过程摄入在案，这在目前我们的许多工程中都做不到"。殷主任指出相册"所反映的其实就是上海的文脉，上海现在造路造桥不出事情，靠的就是这种文脉"。②

这本相册由 127 张"蛋白照片"③ 组成，每张长 28 厘米，宽 20.7 厘米，左下方大多标有拍摄日期，但由于没有装订，排放顺序比较混乱，亦

---

① 笔者仅见《昆山县水利志》（昆山市水利局水利志编纂委员会编，上海科学技术文献出版社 1995 年版，第 53 页）认为沪宁铁路"桥梁束水，原有水系被打乱，在县境内沪宁铁路成为阳澄、淀泖水系的实际分界线"；而本章所述的屠家村港、北姚泾两起事件在《松江县志》（上海市松江县地方史志编纂委员会编，上海人民出版社 1991 年版）和《松江水利志》（该编志组编，上海科学技术出版社 1993 年版）中均无记载，上海、嘉定、苏州、吴江、嘉兴、海宁、绍兴、诸暨等地的史志对本章其他各起交涉案件也只字未提。

② 《趁势而上 争做一流智库 中共中央政治局委员、上海市委书记韩正到上海社科院调研并发表重要讲话》，《社会科学报》2013 年 3 月 14 日，第 1 版。

③ 蛋白照片是指用蛋清混合感光剂涂抹在纸基上制作成相纸而印制的照片，一般呈棕褐暖色。由于感光度低，这些照片在当时无法用底片放大，而是从底片直接晒印的，所以照片尺寸和底版大小完全相同。这种照片稳定性不高，易受保存环境的影响而产生变色。

未署名拍摄者。笔者经整理后发现这些照片拍摄于 1905 年 11 月末至次年 3 月初（具体时间见表 3 - 1）。这一重要的时间信息告诉我们，照片所反映的并非是 1907 年 1 月 21 日开工、1909 年 9 月 12 日全线通车的沪杭甬铁路沪杭段，[①] 而是 1904 年 9 月 "开工督办" 的沪宁铁路。该路于 1905 年 11 月 15 日通车至南翔，然后继续向昆山、南京方向推进。[②] 所以这本相册反映的是沪宁铁路的建设情形，而不是沪杭铁路开通时的场景，故应改称为《沪宁铁路建设影集》。

表 3 - 1 　　　　　　　　《沪宁铁路建设影集》内容分类表

项目 时间	桥梁工程				路基、道床工程	办公情形		地点与事件	
	基础	主体	竣工	影响河道者		房屋、船只	职员	通车庆典	吴淞张华浜
1905 年 11 月 30 日	19	6	2	3	1	2			
1905 年 12 月 14 日	6	3		1					
1905 年 12 月 20 日	3	2		'2		1			
1905 年 12 月 22 日		2							
1906 年 1 月 2 日	7	6	5	2	2	1			
1906 年 1 月 4 日	2		4	2	3	4			
1906 年 1 月 15 日	2	8		1	1				
1906 年 1 月 16 日	5	3	2	2					
1906 年 2 月 4 日			8	3					
1906 年 3 月 2 日						2			5
1906 年 3 月 3 日									2
无日期						1	3	3	
总计	46	30	21	—	7	11	3	3	7

从表 3 - 1 的分类可见，照片中的铁路建设分为铁路桥梁、路基、道床、办公情形四个部分，其拍摄地点除作为沪宁铁路起点的原淞沪铁路上

---

① 开工日期参见 FO228/2523. D2/07。英国国家档案馆藏；张謇研究中心、南通市图书馆编：《张謇全集》第 6 卷（日记），江苏古籍出版社 1994 年版，第 584 页；通车日期参见交通、铁道部交通史编纂委员会编《交通史路政编》第 11 册，1935 年，第 3762 页。

② 开工日期参见《沪宁铁路调查杂录》，沪宁铁路研究会编：《沪宁铁路研究资料》，1905 年，第 16 页；通车日期参见沪宁沪杭甬铁路管理局编查课编《沪宁沪杭甬铁路史料》，1924 年，沪宁篇第 37—38 页。

海站、吴淞张华浜机车修理厂以及黄浦江码头、昆山城东的青阳港较为明确外，其余均无法判断确切位置。但由于铁路上海至南翔段于1905年11月15日通车，[①] 而相册中最早的照片拍摄于同月30日，所以无详细地址者应当在南翔以西至昆山青阳港以东的铁路沿线，即嘉定、青浦、昆山三县境内的南翔、黄渡、安亭、陆家浜等市镇周边地区（铁路与各镇均有一定距离）。

在这127张照片中，有96张是关于桥梁建设的，占到总数的76%。正如韩书记所言，它们"将整个工程施工全过程摄入在案"，非常详尽地展现了关于河道、基座、桥墩、排桩、钢梁、桥面等各环节的建设场景。这其中又有16张反映了桥梁改变原有河道走向或缩小河面的现象，而此类现象往往引发地方社会对河道泄洪不畅、通航能力下降以及妨碍农田灌溉等方面的担忧和抗议。因此，这些反映桥梁建设的照片或可说明铁路部门对铁路与水利关系的重视，体现了保护水脉与文脉的精神。

二　上海至无锡段的填河与开河

太湖流域地跨江浙沪两省一市，约3.2万平方千米，四周高，中间低。流域中部是由太湖及淀泖地区组成的碟形洼地，西南部和西部为浙江天目山区和江苏宜溧山区，北部是沿江高地，东部和东南部是吴淞高程4米以上的冈身及杭州湾滨海平原。[②] 流域内的水源主要来自西部茅山、天目山的溪流，经苕溪、荆溪等汇入太湖，再经由下游苏松地区的吴淞江、娄江、白茆河、黄浦江等宣泄河道进入东海。正因为中部地区地势低洼、水网密集，所以水利问题的焦点是汛期洪水如何及时排除，从而防止其可能产生的危害。但明清以降这些宣泄河道大多呈现出不断缩小、淤塞的趋势，以致太湖下游水灾不断。因此，宋代以降至民国前期，从政府到民间的视野，似乎一直在太湖水系的排泄工作上。[③]

近代铁路的出现加深了传统水利问题的复杂性——铁路虽以遇水建桥为原则，但在实际建设过程中，施工方为节省建桥费用而缩小、堵塞了不少河道，从而进一步加剧了宣泄不畅的问题。横亘于长三角北翼的沪宁铁

---

① 交通、铁道部交通史编纂委员会编：《交通史路政编》第11册，第3122页。

② 褚绍唐：《上海历史地理》，华东师范大学出版社1996年版，第1页。

③ 冯贤亮：《近世浙西的环境、水利与社会》，第251—252页。

路由英国工程师设计建造，桥梁"大都在陆地建筑，然后复将原河绕湾疏通，且桥孔宽度，无不较原河狭小"（见图 3 - 1）。而这些"原河"即为太湖入海东部干流的吴淞江、蕴藻浜大小支流、娄江和望亭港、百渎港等连通长江的西北要道，因此"久为江南人士所诟病"。①

图 3 - 1　沪宁铁路镇江至南京间某桥梁施工时堵塞河道的现象

资料来源：Wright, Arnold. eds., *Twentieth Century Impressions of Hong-kong Shanghai and Other Treaty Ports of China：Their History，People，Commerce，Industries，and Resources*, London：Lloyd，1908.

1904 年秋铁路开工不久后，一名外籍工程师准备将真如镇北一带的俞店浦、横浜、唐家浜、张家浜、嘉宝界河五条支流"一律填平，安设铁轨"，仅保留桃树浦一条干流（见图 3 - 2），而这些支流在水利失修、河道淤塞的情况下每逢亢旱之年仍可灌溉农田。因此当该工程师的翻译通知当地绅民后，绅民们"骇悉情形，深恐水道阻碍以后，设遇亢旱，农田受累无穷"，故"一再哀恳"该镇士绅及乡董钱淦、秦本干、黄致尧、洪复章四人出面请求施工方放弃填河计划并建设桥梁。四人遂于 12 月致函上

---

① 费承禄：《苏嘉铁路请勿束狭水口议》（1934 年），吴江区档案馆藏，0204 - 003 - 0286。

海道台袁树勋，表示"铁路为商旅要枢，水道尤农家命脉，两利俱存，未可偏废"。干流、支流同等重要，"非干河无以裕支河之源，非支河无以广干河之用"。此外，北方的芦汉铁路沿途河流稀少，但"经办者犹尚不惜重费，架设桥梁，从未以填阏为事"，何况"夙重水利"的江南地区。因此他们磋商后准备先疏浚各支流，以备架设桥梁而免遭堵塞。同时为防止英国籍工程师因节约建设费用而填塞河道，他们请求袁氏与沪宁铁路总管理处协商并令工程师建设桥梁，同时由袁氏下令沿线其他地区的民众先行疏浚相关河道，"免致安设桥梁后，碍难浚深，转多龃龉"。①

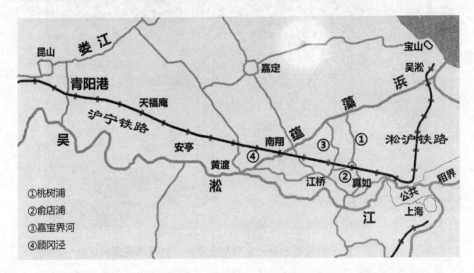

图 3 - 2　沪宁铁路上海至昆山段与宣泄河道关系示意图

资料来源：宝山清丈局编：《宝山全境地图》、《宝山各图圩形细号图》，1915 年；黄守孚、姚昌煌编：《嘉定县地图》，1930 年；《淞北水道图》，吴馨等修，姚文枬等纂：民国《上海县续志》卷 1《舆图》，民国七年（1918）刻本。

铁路总公司督办盛宣怀多次接到袁树勋的公函后，将其内容翻译成英文交给铁路总工程师格林森（A. H. Collinson）。两名铁路总办沈敦和、朱宝奎也接到了来自无锡、金匮、嘉定、宝山等各县绅民的相关投诉。②1905 年 1 月 6 日，铁路总管理处第 32 次会议讨论决定在适当的方案出台

① 《真如镇绅董致上海道禀文》（×年十一月二十五日抄），上海图书馆藏盛宣怀档案（简称盛档），117070。

② 《铁路大臣盛札上海道文（为铁路经过地方保全水利事）》，《申报》1905 年 3 月 15 日，第 10 版。

之前各段工程师不得填塞任意一条小河。① 在 17 日召开的第 33 次会议上，沈敦和向格林森提议讨论此事。格林森认为"凡系水源接通之处，本无一概填塞之意，惟因地制宜，亦不能悉如人意"。② 但为了避免纠纷，会议决定令各段工程师将计划建设的桥梁、涵洞、水管以及更改河道走向等情况绘制草图交给各路段的中方委员，由他们会同地方官绅"妥商定夺，晓谕乡民后，再行动工"。③ 盛氏认同了此方案，派王斯沅、陈钦铼分别前往上海至长洲、长洲至无锡段④与工程师伊富斯（G. W. Eaves）、葛罗富（F. Grove）接洽，"专管商办沿路水利事宜"，并禀报相关情况以便转告各段委员妥善处理。⑤

2 月 21 日伊富斯前往宝山县六图、十二图及嘉定县十三图、十八图等处路段调查，发现多条河道已被村民私自开阔，已被铁路征用的土地也被挖去。一名副工程师询问开河的村民并要求停工，但村民称此事"系奉中国官府之命饬为开阔"而不肯停工。不久，伊富斯再次前往嘉定县十三图、十八图，准备将计划建造的桥梁及其宽窄大小等各项情形告知当地地保和村民，然而传唤地保后不见其人且遍寻不得，村民也不肯代寻或告知其住址。副工程师遂告诉伊富斯该地保"每遇有事故……始终不肯前来"，以致双方无法及时沟通。后来伊富斯看到了村民的意见书，了解到堵塞河道"并非确有此事"，而是因为村民不肯向副工程师问清情况，同时又不准铁路工人在河道附近施工。伊富斯认为河道开阔后计划建设的铁路桥与施工便桥都将加长而导致成本增加，故请求严肃处理该地保并告知

---

① *B. and C. Corporation*：*Forwards Minutes of Proceedings*，01/14/1905，英国国家档案馆藏，FO228/2527. 6/05。

② 《铁路大臣盛札上海道文（为铁路经过地方保全水利事）》，《申报》1905 年 3 月 15 日，第 10 版。

③ *B. and C. Corporation*：*Forwards Minutes of Proceedings*，01/24/1905，英国国家档案馆藏，FO228/2527. 9/05。《松江府札各县文（为铁路公司派员专司水利事）》，《申报》1905 年 5 月 27 日，第 4 版。

④ 两段以苏州府长洲县虎丘山南的第 56 号木椿为界。参见《松江府札各县文（为铁路公司派员专司水利事）》，《申报》1905 年 5 月 27 日，第 4 版。

⑤ 《铁路大臣盛札上海道文（为铁路经过地方保全水利事）》，《申报》1905 年 3 月 15 日，第 10 版。

村民如有情况可直接向副工程师反映，再由他本人审核办理。①

　　继 2 月 15 日将初步方案回复袁树勋后，盛宣怀在了解上述情况后于 3 月初再次上书袁氏并附上了伊富斯的中英文报告和第 33 次会议记录。首先盛氏表达了中方铁路人员重视水利的态度："职道等家世耕读，久居水乡，深知河渠沟洫为田畴灌溉之源，关系民命，兹虽忝箦路局，思源反本，自应仰遵宪檄，切实筹商"；然后就村民开河一事，他认为桥梁建材均按照原河道宽窄在国外定制，现在河道拓宽后已无法使用，"不仅糜费已也"。而开河是奉中国官府之命一说"恐系当时推托之词"，因为嘉定、宝山两知县为铁路工程"颇费辛劳，断不致纵民私挖"；为防止此类现象再次发生，他请袁氏接洽苏松太道转令嘉、宝两县严禁开河并严格查处违抗传唤的地保，并将这种方法推广到全线各段。②

　　然而一波未平一波又起——3 月，无锡县西北的天一图（今石塘湾附近）村民因附近河道被施工方堵塞而"鸣锣聚众"，将张姓翻译员打成重伤，英籍工程师亦被驱逐。无锡知县认为之前总管理处已命令工程师"必须于轨道、水利两无妨碍，何以此次乡民忽有恃众聚殴之事？"故令下属会同担任铁路会办的李经方"严速惩究"首要分子，同时开导村民不可"恃众逞凶"。李氏则随即与工程师商讨改进方案以安民心。③ 为防止再次爆发纠纷或冲突，江苏布政使司、苏松太道、常镇道、通海道等江苏地方官府不久就向所属各县通报了上述处理铁路与水利关系问题的相关情况，如 5 月 16 日松江府令境内各地"随时随事，一体遵照，会商办理"。④ 而这一年年底到次年初摄制的《沪宁铁路建设影集》中之所以有占总数76% 的桥梁照片，也在很大程度上体现出铁路部门保护水脉与文脉的精神。

---

　　① 《沪苏分段工程司伊富斯呈总管理处文牍（洋文译稿）》，《申报》1905 年 3 月 20 日，第9 版。

　　② 《铁路大臣盛札上海道文（为铁路经过地方保全水利事）》，《申报》1905 年 3 月 15 日，第 10 版。

　　③ 《无锡李委员来电》、《无锡汪、陈令、段员李令去电》（1905 年 3 月 31 日），《沪宁铁路往来电报抄存》第 1 册，盛档，002237。

　　④ 《松江府札各县文（为铁路公司派员专司水利事）》，《申报》1905 年 5 月 27 日，第 4 版。

三　常州、镇江沿线官民的预防措施

正是因为沪锡段纠纷不断，常州至江宁沿线的地方士绅在1905年4月该段铁路开工后即采取相关行动。7月，镇江府士绅"以铁路经过河道，势将填塞"而联名上书常镇道道台郭月楼请求设法保护。此事引起盛宣怀的重视，他随即命令沈敦和通知各分段委员及工程师不准填塞河道，凡建设桥涵与更改河道之处"必须先期绘图"，由委员陪同地方官员与当地士绅商定并通告村民之后"再行动工"。同时派章仲元乘轮船到镇江逐段处理"与水利攸关之处"。① 9月，郭氏又接到江苏巡抚陆元鼎的檄令并转饬所属丹徒、武进等各县"所有沪宁铁路经过农田水利，一律保护"。同时当面嘱咐丹徒知县等人前往镇江京畿岭至高资南门外一带实地勘察沿途河道"有无被工拥塞之处"。②

由于铁路常州境内路段与运河基本平行，同年12月常州知府许星璧"为思患预防起见"，就铁路可能影响运河农田灌溉一事禀告两江总督端方和江苏巡抚陆元鼎。许氏认为运河沿岸农田每逢干旱可在运河堤坝上安设水车取水，"或进或出，层递输灌"。但现在邻近运河建造的铁路拦截了这条水道，如果不设法改变，民众"群起争斗，必在意中"。为此他曾与英籍工程师李英（A. B. Leane）进行磋商，但没有得到切实答复。鉴于无锡、金匮两县已提出在路基下增建涵洞以及"乡人于水利界限极严"的情况，他请求端、陆两人与盛宣怀协商，允许在开工之前由地方官与乡董预先对沿岸水车所在的位置进行调查，"向来何处安车，即何处应设涵洞"，再开单送交总管理处。同时他建议洞口应宽大"务使进水出水，毫无阻碍，方无后患"。最后他说："倘以后遇有关系事件，容再随时禀陈，并督饬铁路经过卑属各县，时刻留心，随机因应。"③

1907年4月，丹徒知县宗能述查得"高资一带铁路，颇与农田水利有所关碍，乡民汹汹不平，恐又酿成事变"，故上书端方和时任江苏巡抚陈夔龙请求处理。双方派员调查属实后即饬沪宁铁路总办钟文耀令工程司"逐一修改妥善，以顺舆情而保水利"，同时常镇道道台通令下属各县民

① 《盛宫保饬沪宁铁路分委保护水利》，《申报》1905年8月3日，第3—4版。
② 《常镇道饬县查勘铁路水利》，《申报》1905年9月5日，第4版。
③ 《常州府许太守禀稿（为铁路招工水利事）》，《申报》1905年12月25日，第3版。

众"静候由官商办，不得疑虑生事"。①

第二节　拆坝筑桥：沪杭甬铁路屠家村
港事件的来龙去脉

历代以来，宣泄河道的缩小、淤塞都会对整个太湖流域的水文环境造成影响。《禹贡》所言"三江既入，震泽底定"中的东、中、北"三江"至明代均已严重淤积甚至完全湮灭，以致太湖下游水灾不断。黄浦江形成后，太湖的大部分洪水分三支汇入黄浦江上游，流向东海。一支在竖潦泾南，名为大泖港，承金山、平湖来水；另一支是横潦泾西的斜塘，承泄吴江、昆山、青浦来水；第三支也在横潦泾西，称为圆泄泾，承接浙江嘉兴、嘉善和青浦南部来水。20世纪初建成的横亘于整个太湖流域的沪宁、沪杭甬两条铁路，虽以遇水建桥为原则，但在实际建设过程中，施工方为节省建桥费用而缩减、堵塞了不少河道，尤其以横穿斜塘、圆泄泾等黄浦江上游河道的沪杭甬铁路最为严重，诚如下文所言：

> 铁路告成，开东南交通之利，举凡人民，靡不称便。惟利之所在，害亦有时而因焉，其始也伏于不觉，历久乃知其为大患者，莫屠家村港为铁路筑断若矣。②

屠家村港位于圆泄泾西南，沪杭甬铁路石湖荡站与枫泾站之间（现名向荡港，位于今上海市松江区新浜镇境内，见图3-3），河面宽61米，③"为苏浙接壤间巨流之一，亦为西北发源各水趋浦要道"。④ 1907年沪杭甬铁路施工时，商办苏省铁路股份有限公司（以下简称苏路公司）工程

---

① 《札饬沪宁铁路修改路线》，《申报》1907年5月4日，第4版。

② 张世桢：《沪杭路屠家村港铁桥改建启》，张世桢编：《沪杭路屠家村港拆坝筑桥纪略》，出版地、出版机构不详，1925年，第43页。

③ 濮登青：《京沪沪杭甬铁路桥梁概况》，《京沪沪杭甬铁路日刊》第1071号，1934年9月7日，第42页。

④ 交通、铁道部交通史编纂委员会编：《交通史路政编》第11册，1935年，第3978页。

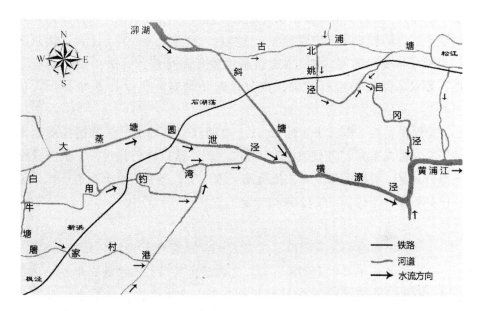

图 3 - 3　沪杭甬铁路松江段与各大干流位置示意图

资料来源：黄文蔚：《松江府属水道全图》，上海时中书局 1907 年版；《松江县水利志》

编志组编：《松江县水利志》，上海科学技术出版社 1993 年版。

师徐文泂（徐士远）认为当地河道众多，"屠家村港似无关碍"，[①] 遂以节省筑路经费为由将该港填塞，并直接在原来的河道上建造路基，如同水中筑坝。同时，在该港南 500 米处建一小桥（第 44 号桥），"使坝断之水改向桥而流"。但该桥桥孔宽不足 3 米，水流湍急，一遇大雨则水量骤增，无法"畅泄屠家村港之水势……致伤低洼农田"。[②]

　　苏路公司图一时之利的行为不仅使地方社会付出了生态代价，而且影响了沪杭间的水上运输，并险些引起一场外交纠纷——1908 年 5 月初，日本驻沪总领事永泷久吉收到某日商轮船公司报告称其经营的上海来往嘉兴、湖州的轮船航线因苏路公司在娄县枫泾的"杜家村"（即屠家村）填河筑路而受阻。永泷随即向上海道台蔡乃煌致函询问"所设轨道，是否暂时？抑或长久？"蔡氏即向苏路公司求证，[③] 并派公共租界会审公廨帮审

　　① 张世桢：《沪杭路屠家村港铁桥改建启》，张世桢编：《沪杭路屠家村港拆坝筑桥纪略》，第 43 页。

　　② 张世桢编：《沪杭路屠家村港拆坝筑桥纪略》，第 12 页。

　　③ 《日领询问铁路公司筑坝办法》，《申报》1908 年 5 月 8 日，第 18 版。

委员王笃基①勘测了由圆泄泾出发经大蒸塘口、白牛塘口，入九曲港而达枫泾愈汇口的新航线，比原路长五里左右，水浅处为六尺至七尺。而永泷认为所经河道"河身浅狭"，通航条件差且路途遥远，故"借口商业亏耗"要求苏路公司进行疏浚，该公司未予理睬，所以日方准备介入该工程。

为维护主权，蔡氏于6月25日上书两江总督端方、江苏巡抚陈启泰称屠家村港向来是"苏杭航路"，请求立即筹款以自行疏浚，不敷部分由上海道补足。月底，端、陈二氏批准了该请求，经费均由上海道承担，派王氏开展设计工作。② 至12月初确定了方案：

> 大蒸塘浅处，一例开深七英尺，与至深处相埒，共计应挑工段，东西长约一千零六十英尺，南北宽约三十英尺；九曲港右岸浅处，亦一例开深七英尺，与左岸至深处相埒，应挑工段，东西长约四百英尺，南北宽约三十英尺，均用机器船开挖，所挖淤泥，另雇驳船四只装载，择附近河面宽阔，小轮向不经行之处倾弃，现在将次开挖，约四十日可以告竣。

因工程规模较大，蔡氏派专人在当地实施监督以防"偷减迁延情弊"，同时命令华亭、娄县两知县派员保护施工安全。③

水利的兴废通常都发生在乡村地区，其间产生的利弊又勾连整个地域社会各方面的利害关系，而每次水旱大灾的发生，不但揭露了水利方面的荒怠情况，而且其严重性又总是反复引起官绅阶层的高度关注。④ 1913年，嘉善士绅施咨吾就已向商办全浙铁路有限公司（以下简称浙路公司）提议，要求拆除屠家村港坝改建桥梁，"俾水得以通畅，以弭水患"。后虽经嘉兴六县县议会联合会议决，但"终未得达目的"。⑤

---

① 参见《琐事 城内》，《申报》1908年5月7日，第19版。

② 《日领借口苏路公司阻塞航路》，《申报》1908年6月26日，第5版；《沪道陈明新勘航线》，《申报》1908年6月30日，第18版。

③ 《勘定航路将次开浚松江》，《申报》1908年12月4日，第12版。

④ 冯贤亮：《近世浙西的环境、水利与社会》，第230页。

⑤ 《消弭水患之意见（嘉善）》，《浙江商报》1922年1月15日，新闻第3版。

1921 年夏，江、浙、皖、鲁等多个省份发生了严重水灾，[①] 时人惊叹"为从来所未见"，[②] 屠家村港"五月至八月间者，则水量骤增，宣泄不及"。[③] 当年秋，嘉善县枫泾镇士绅姚文泽与北洋国会议员张世桢（海盐人）在上海共谋解决屠家村港问题的方法。他们认识到"非合两省人士起而力争，恐杭、嘉、湖、松四属永作鱼之叹"。于是两人先请督办苏浙太湖水利工程局（以下简称太湖局）总办王清穆设法展开交涉，同时张世桢联络徐志摩的父亲徐光溥。徐"慨然而起议"，认为应"推一声望重者，领衔藉策进行"。[④] 此时曾任北洋国务总理的孙宝琦正由京抵沪，徐氏即邀请其出面担任领袖。10 月底，孙宝琦、蒋百里、顾维钧、钱新之、耿道冲、徐宗溥等以及姚、张等 19 人联名向浙江省省长沈金鉴请愿，通过其与交通部协商并饬令沪杭甬铁路管理局（以下简称路局）"拆坝建桥，以资宣泄"。[⑤]

同月，嘉善士绅汪山等人上书沈金鉴表达了相同意愿，呈文中提到铁路工程师决意筑坝时，"当地士绅群望铁路速成，不与争论"。1911 年水灾爆发时，他们多次准备请愿，但因"会逢光复，怀而未发"。直至 1921 年大水泛滥，"公民等不能为曲突徙薪之谋，自不得不于焦头烂额之后，呼吁于钧座之前"。[⑥] 但这与孙宝琦等人呈文中关于铁路初建时枫泾士绅"苦于疏浚白牛荡之经费难筹，亦遂赞同筑坝"[⑦] 的说法不相一致。笔者认为，地方士绅的这种表达或可视作他们为博取官方同情而表达的为革命作出"牺牲"的精神。

11 月，姚文泽又直接致信沪杭甬铁路管理局局长任传榜，认为"改

① 《南京快信》，《申报》1921 年 10 月 5 日，第 11 版；《杭州快信》，《申报》1921 年 10 月 9 日，第 10 版。

② 胡雨人：《民国十年水灾后调查报告》，出版地、出版机构与时间均不详，第 1 页。

③ 《沪杭甬铁路管理局局长任传榜呈》，张世桢编：《沪杭路屠家村港拆坝筑桥纪略》，第 12 页。

④ 张世桢：《沪杭路屠家村港铁桥改建启》，张世桢编：《沪杭路屠家村港拆坝筑桥纪略》，第 43 页。

⑤ 《杭州快信》，《申报》1921 年 10 月 31 日，第 11 版。

⑥ 《嘉善县公民汪山、高文镐、沈以松、汪圻呈浙江省长》，张世桢编：《沪杭路屠家村港拆坝筑桥纪略》，第 42 页。

⑦ 《呈为港坝堵塞积水成灾请疏泄以卫农田事》，张世桢编：《沪杭路屠家村港拆坝筑桥纪略》，第 1 页。

建大桥，方为妥善"。① 随后，前述施咨吾之子，枫泾区自治委员会施充亦呈请浙省官厅转请路局办理，并登报"征求各方人士，一致力争"。② 同月，交通部即令沪杭甬铁路管理局"兼顾路局及水利，速议办法"。③ 12 月 9 日，浙江省长公署致函交通部，认为该部饬令路局办理已过多日，而当前正值冬季枯水期，"正可及时改筑"，因此希望该部尽快核定并转令路局办理，"以免转瞬开春水涨，贻误要工"。④ 同时又致函路局希望"赶速勘议复部，免误要工"，并表示"如不早日修小，明年若再发水，实无以对地方"。⑤ 路局一面于 30 日通过杭州站回复省长公署称尚在勘察之中，一面于 31 日由任传榜派员偕同工程处副工程司洪嘉贻前往勘察。新建桥梁"长须二百二十英尺，用费当在三十万左右"，次日洪嘉贻等将相关情况"呈报局长核示遵行"。⑥

此后，仍有地方官绅就此事不断呼吁，如 1922 年 1 月 11 日，枫泾士绅郁崇光呈请松江县署转江苏省、交通部。⑦ 同年春，太湖局会同两省代表视察后致交通部称"情形相符，应请查照施行"。⑧ 5 月 12 日，在"太湖流域防灾会"的成立大会上，嘉善士绅汪山提出"对于太湖流域防灾会之建议"，着重分析了"坝断酿灾之原因与筑桥防灾之方法"。⑨

1922 年 3 月 8 日，任传榜致姚文泽称，路局已先后派遣养路工程司麦劳尼（J. C. Molony）及洪嘉贻等多人前往勘察，结果一致认为堵塞屠家村港"亦有妨水利，自非改建桥梁不可"。⑩ 而改修桥梁后，"不惟上流水患可以减免"，邻近桥梁如 45 号、46 号两桥"急流影响所及，当亦能减缓也"。但最大的困难在于建桥所需费用（包括下文所述的北姚泾改建工

① 《地方通信：松江 请复屠家港原状》，《申报》1921 年 11 月 9 日，第 15 版。

② 《地方通信：松江 请拆屠家港坝基》，《申报》1921 年 11 月 18 日，第 11 版。

③ 张世桢编：《沪杭路屠家村港拆坝筑桥纪略》，第 10 页。

④ 《浙江省长公署咨交通部为孙绅宝琦等呈请开拆松江地方屠家村港坝一案希将核饬情形见复文》，《浙江公报》第 3462 号，1921 年 12 月，"咨"第 1 页。

⑤ 张世桢编：《沪杭路屠家村港拆坝筑桥纪略》，第 11 页。

⑥ 《路局近事记 估筑桥工经费》，《时报》1922 年 1 月 1 日，第 3 版。

⑦ 《地方通信：松江 请开屠家村港坝基》，《申报》1922 年 1 月 12 日，第 11 版。

⑧ 《交通部训令第 2342 号》，张世桢编：《沪杭路屠家村港拆坝筑桥纪略》，第 4 页。

⑨ 《太湖流域防灾会成立会纪》，《申报》1922 年 5 月 13 日，第 15 版。

⑩ 张世桢：《沪杭路屠家村港铁桥改建启》，张世桢编：《沪杭路屠家村港拆坝筑桥纪略》，第 43 页。

程）达"二十四万元之巨"。① 此外，由于沪杭甬铁路的经营管理权实际上被英国建立的铁路金融投资机构中英银公司（British & Chinese Corporation）掌控，所有工程事务均在英国籍洋总管兼总工程司克礼阿（A. C. Clear）的"职权之内"，中方局长无权直接处理，因此麦劳尼等表示改建之事"须由局长商令总工程司筹划办法，方可进行"。②

3月26日，交通部批复路局的勘察报告，饬令路局尽快筹集屠家村港建桥工程费。③ 但任传榜表示"局款支绌，难以兴修"，故再向交通部请示办法。④ 孙宝琦、耿道冲、徐光溥、钱新之、张世桢等闻讯后即联名上书交通总长叶恭绰称："屠家村港坝后，损失何啻千万……但大部经费支绌，亦为宝琦等所深知。"因此他们提议由部饬令路局仿照救济华北五省旱灾之例，于铁路客、货票中"带征桥捐，以资建筑"，具体带征办法如下：

> 一、沪杭线客票、货票自十一年七月一日起，至十二年九月三十日止，援照北五省旱灾例，带征十五个月附捐，提作建筑屠家村港桥梁，以畅水流；二、是项附捐由江浙绅商呈部核准照征，应由交通部函聘江浙公正绅商四人襄理建桥事宜；三、征得之捐逐月月终由洋总管移交华总管，会同部聘绅商存入本国殷实银行，其存据由局长保存，一俟开工需款，即应会同四绅盖章提取；四、拆坝建桥及购买田地等一切设施，由华、洋各工程师会同部聘绅商参酌办理，务使路政、水利双方兼顾。⑤

他们根据任氏所言"每月带征约可得二万"计算，15个月所获钱款足够支付建桥所需的费用且"尚有敷余"。他们还从情感角度出发，认为"北方旱灾，害在一时；浙西水阻，害在百世。想彼江浙旅客必肯捐暂时之票价，拯屡创之灾黎"。⑥

---

① 张世桢编：《沪杭路屠家村港拆坝筑桥纪略》，第11—12页。
② 同上书，第41页。
③ 《国内专电》，《申报》1922年3月28日，第4版。
④ 张世桢编：《沪杭路屠家村港拆坝筑桥纪略》，第11页。
⑤ 同上。
⑥ 同上书，第11—12页。

4月，路局请示交通部是否可将"附收赈款"之收入作为造桥经费。① 但得到的答复是赈款由"赈务处指定之银行存储，听候赈务处拨用"，交通部不能擅自使用。同时，洋总管克礼阿和车务总管韦燕（C. L. G Wayne）也认为附加赈款"于营业上大有影响"，反对加征。21日，省长公署致交通部表示"附收赈款如难拨用，应请饬局仍在营业收入项下设法筹拨，克期兴工"。交通部遂令路局自筹工款，但任传榜表示"路款支绌"，仍请交通部拨款。②

鉴于汛期将至，而建桥经费问题迟迟得不到解决，6月16日浙江省长公署再致交通部称此案事关"浙省农田水利，万难缓办"，请求"迅另设法拨款办理"。交通部回复明确表示"部库空虚，力与愿违"，但已指令路局"熟察情形，权衡缓急，一面通盘计划，设法妥筹公款，一面就近与贵省长暨各公团洽商最善办法"。该部希望交涉双方"彼此互相谅解，工程可望次第施行"。③ 7月27日，克礼阿在与考工股主任李壅身经过实地考察后，向任传榜提出建设屠家村港桥、在海盐至乍浦附近设闸将洪水导入杭州湾以及沿线地区"大行浚河"3项解决泄洪问题的庞大计划。④ 但在当时交通部"陷于破产"之窘境⑤和路局连年亏损，⑥ 工程费用尚无法解决的情况下，上述计划更无异于纸上谈兵。但克礼阿仍表示屠家村港桥应"从速筹办，自属不容稍缓"，虽经费紧张，但"仍当积极筹划，并拟择其易举者先事筹"。⑦

---

① 张世桢编：《沪杭路屠家村港拆坝筑桥纪略》，第14页。

② 同上书，第15—16页。

③ 同上书，第23页。

④ 《交通部咨沪杭甬路所经屠家村港改建桥梁并添设水管电准照办并抄送附件由》，《浙江公报》第4103号，1923年10月，"训令"第6页。

⑤ 《交通部救济破产之计划》，《申报》1922年8月1日，第7版。交通部成立后，航政、邮政两项业务一向"收入无多"，路政及电政两项则"负债极重，债主盈门，已有岌岌不可终日之势"，而历届官员又"偷挖挪扯"，再加上1922年各铁路局多月未上缴钱款，导致该部于当年夏"陷于穷境"。参见《交通部之穷况》，《申报》1922年7月4日，第7版。

⑥ 该路收归国有后的亏损情况如下：1915年203732.41元，1916年444384.75元，1917年261076.38元，1918年68576.81元，1919年136487.51元，1920年458207.91元，1921年347606.23元。参见交通、铁道部交通史编纂委员会《交通史路政编》第11册，第3957页。

⑦ 张世桢编：《沪杭路屠家村港拆坝筑桥纪略》，第28页。

　　1922 年夏秋，浙江全省遭遇了"壬戌"特大水灾，① 治水工作刻不容缓，但屠家村港改建"事已经年，卒无影响，而浙绅等对于兹事之进行，仍不稍懈"——9 月，两位浙江籍前国务总理孙宝琦、钱能训直接与交通部磋商，最终通过了向沪杭甬铁路客、货车票征收附捐的方案，并由交通部饬令路局照办。但与此同时，浙江督军卢永祥因筹办浙江水灾急赈也准备征收客、货票附捐，"而客、货票又不能同时附征是项捐款"。任传榜"殊觉左右为难"，征收附捐一事再度拖延。因此，徐宗溥等人赴杭向卢氏商议，最终卢氏同意"急赈附捐以三个月为限，以后附捐，应归建桥之用"，并通知路局照此办理。"于是经年不决之问题，已告成功"。② 1923 年 2 月 1 日，加征附捐开始施行，但不久由英国人把持的路局洋账处再次"发生异议"，认为应停止征收。3 月 23 日孙宝琦等致电交通部称"按该项加征，与路政毫无妨碍"，呈请交通部向中英银公司说明情况，要求"仍照原案加征办理"。③

　　为了加快建桥的步伐，1923 年春任传榜赴北京参加交通部路政会议时，徐光溥亦同时前往并向总长吴毓麟"详陈其利害及不得不改建之故"。吴氏"为之动容"，遂当面嘱咐任氏回沪后"从事兴工焉"，④ 并从赈款中拨出 5 万元。5 月，交通部核准由路局工程司估计工程价格并编造预算书。⑤ 6 月汛期再度来临时，卢永祥直接派徐宗溥前往路局与任氏商谈，同时张世桢致信路局"催赶速办理，以期早日动工"。⑥ 7 月，交通部与路局再度磋商筹款办法，最终决定"将此项工程改归路办，所有经费亦由路款筹拨"。⑦ 8 月初，交通部派荷兰籍顾问方维因（H. Van der Veen）和技正孙谋二人会同路局人员前往勘察，任氏亦邀集姚文泽与徐光溥"讨

　　① 参见陶水木《浙江壬戌水灾述论》，《杭州师范大学学报（社会科学版）》2010 年第 5 期。

　　② 《沪杭路客货附捐不日实行》，《申报》1922 年 9 月 22 日，第 14 版。

　　③ 《孙宝琦等致交通部电》，《申报》1923 年 3 月 24 日，第 14 版。

　　④ 张世桢：《沪杭路屠家村港铁桥改建启》，张世桢编：《沪杭路屠家村港拆坝筑桥纪略》，第 43 页。

　　⑤ 交通、铁道部交通史编纂委员会编：《交通史路政编》第 11 册，第 3979 页。

　　⑥ 《浙长派员催筑桥梁涵洞》，《申报》1923 年 6 月 9 日，第 14 版。

　　⑦ 张世桢编：《沪杭路屠家村港拆坝筑桥纪略》，第 17 页。

论进行办法"。3 日，方、孙、姚、徐 4 人乘车至该港及北姚泾实地查勘。① 为密切联络，由孙宝琦致函交通部委任姚、徐二人担任咨议员，以便往来接洽。方、孙二人回交通部报告，"报告达部，遂得成议"，总长高洪恩同意照办。②

9 月 12 日，交通部表示"速办"改建工程。③ 当月，交通部批准屠家村港桥"招标承办"，④ 工程正式启动，新建的铁路桥被编为第 43 号桥，长 66 米。⑤ 1924 年 1 月开工建设，李其伟（L. P. Ridway）和陈思诚分任正、副工程师，涵洞工程亦同时推进。⑥ 同月 29 日，桥身钢梁开标采购。⑦ 2 月 28—29 日，任传榜两度上书交通部称中标者怡和洋行（中英银公司的出资方）的材料价格高出投标价格 403 英镑，3 月 1 日该部回复时表示沪杭甬铁路"需用此项铁桥甚急，如果厂家并无异言，应准即向订购"。⑧ 此后怡和洋行有所拖延，至 4 月 16 日与路局签订合同，5 月 8 日该行又报告称因"英国货市价骤涨"而转由美国钢铁公司承建。⑨ 在此过程中，交通部因无权介入而听任中英银公司控制的路局摆布。

9 月初，江浙战争爆发，工程被迫停工，战后随即恢复。1925 年 4 月，"所有该桥之桥椿工程，均已建筑完固"，钢梁于 19 日运抵枫泾，5 月 26 日启动桥身建设。⑩ 铁路工程处请姚文泽、徐光溥二人监督施工，并准备"于该桥竣时，电请两省绅耆暨当道派员察勘验收，以昭慎重"。⑪ 7

---

① 《地方通信：嘉兴 部委查勘屠家村港工程》，《申报》1923 年 8 月 9 日，第 10 版。

② 张世桢：《沪杭路屠家村港铁桥改建启》，张世桢编：《沪杭路屠家村港拆坝筑桥纪略》，第 43 页。

③ 该部另表示"海口设闸正在勘筹"。《国内专电》，《申报》1922 年 9 月 13 日，第 4 版。

④ 张世桢编：《沪杭路屠家村港拆坝筑桥纪略》，第 19 页。

⑤ 濮登青：《京沪杭甬铁路桥梁概况》，《京沪杭甬铁路日刊》第 1071 号，第 42 页。

⑥ 《地方通信 杭州 铁路桥梁开工改建》，《申报》1924 年 1 月 22 日，第 11 版。

⑦ 《交通部指令第 4516 号 令沪杭甬铁路管理局局长任传榜：呈一件遵将屠家村港钢桥招标案内标价有效期间六星期字样改去并呈报标日期乞鉴核备案由》，《交通公报》第 407 号，1923 年 11 月 24 日，"部令"第 4 页。

⑧ 《交通部致沪杭甬路局电》，《交通公报》第 495 号，1924 年 3 月 8 日，"公牍"第 4 页。

⑨ 《沪杭甬路局呈交通部 呈沪杭甬路向怡和洋行订购屠家村钢桥签订合同日期并陈明系由美国钢铁公司定造祈鉴核文》，《交通公报》第 573 号，1924 年 5 月 27 日，"公牍"第 2 页。

⑩ 《沪杭路四十三号桥面昨日运枫》，《申报》1925 年 4 月 20 日，第 14 版；《沪杭路建筑新桥将近完工》，《申报》1925 年 5 月 31 日，第 14 版。

⑪ 《地方通信：嘉兴 铁路桥梁行将工竣》，《申报》1925 年 6 月 23 日，第 7 版。

月2日下午2时30分，该桥正式通车。① 9月间开挖被堵塞的屠家村港，30日所有工程完工。②

至此，"竭两省人士之心力，历时四五载，靡费数十万，函件往来，累然盈尺"③ 的屠家村港"拆坝筑桥"事件终于圆满解决。

第三节　另一起"拆坝筑桥"：松江北姚泾桥的建设与改建

沪杭甬铁路上海至枫泾段沿线即为黄浦江上游的淀泖地区。环太湖地区有湖水经流的共计37个县，由东南部的黄浦江出水的县最多，达14个。④ "唐宋以来，言水利者，无不以疏通松江泖口为第一义"。⑤ 因此该地一直是江南水利工作的重点区域，所谓"泖湖不治，太湖不得治也"。⑥

1906年冬，沪枫段开始测量，次年1月开工。沿线"地系泽国，桥梁孔多"，大、小桥达48座，涵洞63处。⑦ 自东向西依次建有跨越北姚泾（桥长30米，现名油墩港）、斜塘（134米）、圆泄泾（122米）、角钓湾（61米，现名南湾港）4座大型桥梁。⑧ 各桥"或因位置不宜，或因宽度不足，颇有阻碍水流畅泄之势"，⑨ 其中跨度最小的是松江城西的北姚泾桥（后编为第30号桥）。

---

① 《沪杭甬路局呈交通部 呈报屠家村桥业于本年七月二日下午二时通车仰祈鉴察备案文》，《交通公报》第966号，1925年7月18日，"公牍"第7页。

② D. P. Griffith，"Report by the Engineer-in-Chief，" in Chinese Government Shanghai-Hangchow-Ningpo Railway，eds.，*Annual Report for the Year* 1925，Shanghai：Chinese Government Shanghai-Hang-chow-Ningpo Railway，1926，p. xiii.

③ 张世桢：《沪杭路屠家村港铁桥改建启》，张世桢编：《沪杭路屠家村港拆坝筑桥纪略》，第43页。

④ 《太湖问题之讨论》，《江苏水利协会杂志》第10期，1921年6月，第10页。

⑤ （清）姚文枏、徐用福等：《具呈为通泖防灾环请筹款疏浚以重民生而济钱漕事》，（清）徐用福编：《横桥堰水利记》，清光绪二十五年（1899）刻本，禀牍第61页。

⑥ 《太湖上下游水利工程预拟计划大纲》，胡雨人编：《江浙水利联合会审查员对于太湖局水利工程计划大纲实地调查报告书函》，出版地、出版机构不详，1921年，附二第1页。

⑦ 《沪嘉铁路行开车礼纪盛》，《申报》1909年5月31日，第4版。

⑧ 各桥长度由英尺换算，参见交通、铁道部交通史编纂委员会编《交通史路政编》第11册，第3781页。

⑨ 张世桢编：《沪杭路屠家村港拆坝筑桥纪略》，第37页。

北姚泾上承"三吴最下之区"青浦县之水，经下游吕冈泾注入黄浦江（见图 3-3）。因吴淞江淤塞变窄，西来之太湖水转入黄浦江，故青浦当地人士认为北姚泾恰为"东南诸水之要道"。[①] 因此从勘测之日起，该桥就引起中外各方的争议，要求维持、恢复原有河道的呼声持续了十余年。

1907 年北姚泾桥工程启动后，至 7 月"已做成开河填河之工"。[②] 8 月，苏路公司股东、青浦士绅蔡一隅听说铁路准备在吕冈泾"筑坝设闸"后，深感"于敝县水利关系极大"而致函公司"略陈利害"，得到的回复是工程师拟在北姚泾建桥，与吕冈泾无关。[③] 同月 26 日，苏路公司某股东视察铁路工地时在北姚泾附近遇到一村民，该村民认为此河可以堵截，不必造桥。该股东"惊问其故"，村民说此地北有古浦塘，南有横潦泾，东有小普陀河，西有斜塘，"悉系通行要道"。而北姚泾"平时商舶本绝少过此者，一经堵截，于水利毫无妨碍"。该股东又询问了其他数十名村民，"众口一词，无有异议"。所以，该股东向公司董事会提出意见书，详细地介绍了填河筑路对铁路施工及周边水利的影响，并分析了北姚泾填塞后的经济利益：

> 姚泾桥工，长二百五十尺，深二十尺，工程处估计须洋十二万元，如改筑堤岸一道，至多不过二、三万元，可为公司省近十万元之巨款，其利一。
>
> 松人开古浦距今仅六年，湖水枯落竟已见底，有提议重开者。若将姚泾堵截潮流，由斜塘直趋古浦，势必加急，急则刷沙甚易，古浦自日见深阔，无事再浚，省费甚钜，其利二。
>
> 姚泾南北距六里，中间横亘一堤，两头顿成水田数十百亩，养鱼、藕、菱、茨、菇、蒲，坐获厚利，或收为公产，或诸民间分段自治，其利三。

---

① 张世桢编：《沪杭路屠家村港拆坝筑桥纪略》，第 40—41 页。
② 《苏路公司工程处六月份报告》，《申报》1907 年 8 月 25 日，第 12 版。
③ 《苏路公司股东蔡一隅致王总理意见书（为姚泾桥筑闸事）》，《申报》1907 年 10 月 3 日，第 5 版。

该股东认为"此三利，公司居其一，松人居其二"，[1] 另有意见认为填塞后可"免涨潮灌入内河，吸水变味"。[2] 但由于没有顾及更大范围的水文环境，尤其是上游青浦县的宣泄问题，所以意见书一经公布，青浦"乡人奔走相告"。[3] 该县士绅以北姚泾位于吕冈泾上游，在该河筑坝"与吕冈泾筑坝无异"[4] 而强烈反对，故多次请求公司变更计划。

9月，旅沪士绅金咏榴等人在致苏路公司总理王清穆的信件中称，青浦东南乡河道"全赖姚泾宣泄以达黄浦"，故"姚泾筑坝，利在松江及公司者犹小，害在青邑者甚大"，他们恳请王氏"妥议做法"。[5] 王氏回复称工程师徐文泂已计划建"二十尺"之桥闸，"并无填塞之议"。而今所谓"又议筑坝……是必传闻失实"。故请金氏等人"转达同乡诸君，俾知公司决勿为拂逆人情之事"，同时令徐氏邀请青浦士绅方惟一"会同勘视，商酌做法，以昭郑重"。[6]

不久，蔡一隅前往上海会见金咏榴，在见到王清穆的回函后认为"乡间谣言之起"与建"桥闸"的说法不无关系——"究竟以闸代桥而时其启闭？"还是"两边筑坝缩小其口门，以闸为桥而平时并不启闭？"蔡氏询问的苏路公司人员对此"亦瞠目而不能封"。为慎重起见，蔡氏"不敢默而息"，致函王氏列举了光绪年间松江府两度欲在吕冈泾筑闸，又两度被青浦士绅驳回之事例，来强调"逢水筑桥，系公司普遍之原则"。而针对公司以节省费用为由，在"阔至三十余丈"的姚泾"仅筑二十尺之桥闸"之举，蔡氏认为建闸固然比造桥省钱，但"其利有限"，而建闸后对

① 《苏路公司股东论松江姚泾一河可以筑堤行车无须造桥意见书》，《申报》1907年9月14日，第4版。

② 《抄录詹天佑报告苏路工程实在情形以驳泰晤士报误说苏浙两路工程造法错误事禀文》，中国第一历史档案馆、北京大学、澳大利亚拉筹伯大学编：《清代外务部中外关系档案史料丛编——中英关系卷》第1册（路矿实业），中华书局2006年版，第243页。

③ 《苏路公司股东蔡一隅致王总理意见书（为姚泾桥筑闸事）》，《申报》1907年10月3日，第5版。

④ 于定等修，金咏榴纂：民国《上海县续志》卷4《山川·上》，民国二十三年（1934）刻本，第5页。

⑤ 《金咏榴等致苏路公司总理王清穆书》，于定等修，金咏榴纂：民国《青浦县续志》卷4《山川·上》，第5页。

⑥ 《苏路公司王清穆复书》，于定等修，金咏榴纂：民国《青浦县续志》卷4《山川·上》，第5页。

青浦来说则是"其害无穷"，故严厉质问"何独于此有害者而省之？且于大有害者而省之？"①

不久，公司回复称该桥"可展广十尺"。②青浦士绅席裕福获悉后，直接致信徐文洞指出在三十丈宽的河面修长二十尺的桥，哪怕再延长十尺，"亦只十分之一"，故提议"筑一正式之桥，以免后来口实"。③ 11月底，青浦士绅沈联第等鉴于徐、方二人勘察后"迄未宣布办法"，而"路工日兴，姚泾接近"，故再致王清穆表示当前方案"去堵塞也几希"，应建标准桥梁，并以较为严厉的口吻向公司及王氏本人问责：

> 现在预备立宪时代，官场且不能专制，况为社会办事？公司为营利法人，先生为法人之理事，工程师之责，皆先生之责也。法人有损害赔偿之例，将来如有损害，先生即能为公司担此赔偿之重任。

但他们也基于当时江浙保路风潮日炽、铁路亟须完工以排拒英国借款的实际情况而作出了两项让步：一是"让一步说，敝乡泄水之要道，不止一姚泾"，但多数已渐淤塞；二是在"不能待松人开浚各处上流淤塞之河"时，"亦应明白宣布放宽若干，以释群疑，而资共同之研究"。④

虽然青浦士绅表面上对苏路公司作了妥协，但他们仍在通过其他各种渠道维护自身利益。如列举三项改造方案——"或照府城东各河道之桥，或将闸口加阔，或筑永不闭塞之石闸"，并通过知县赵大令照会驻松江的铁路事务所及娄县县署。⑤此外，沈联第还与章纪纲、顾文棨、陈珍彝及耆老陈福全、黄月卿等联名上书两江总督端方，谴责松江士绅"以省费之说，耸动公司"，而"公司竟欲曲就其请"。他们请求总督署"转商苏路公司遵照逢水筑桥之例"，造一座标准桥梁代替桥闸，并请公司"绘就桥图，注明桥门丈尺，移交青浦县出示布告"。只有这样，才能使"青邑士

---

① 《苏路公司股东蔡一隅致王总理意见书（为姚泾桥筑闸事）》，《申报》1907年10月3日，第5版。

② 于定等修，金咏榴纂：民国《青浦县续志》卷4《山川·上》，第5页。

③ 同上书，第5—6页。

④ 《青浦绅士再致苏路王总理函（为姚泾桥闸事）》，《申报》1907年11月29日，第19版。

⑤ 《青浦县移请兼顾路工水利》，《申报》1907年11月30日，第18—19版。

夫知所适从，而无知乡愚亦可免于纷扰"。① 端方即电询苏路公司，12 月初公司回复称现计划之二三十尺桥闸"仍恐有碍水道，议再展长，绝无筑坝壅水之说"。② 随后公司再次令工程师会同地方官员"察看情形"。至 1908 年 1 月，端方批复沈氏等人，要求他们"静候官府商办，无庸多渎"，同时令苏松太道调查处理。③ 青浦士绅认为端方"瞀于利害、偏徇一方"，"势难复问"，故备感失望与无奈。④

最终，苏路公司"违反原议"，开挖新河。1908 年初，工程处"由旱地挖深十五尺，与原河底相平"，⑤ 但宽度不到原河的二分之一。至 4 月间"地基土约挖出二百余方，河坝业已填好"。⑥ 随后在新河上建造 30 米单孔桥一座，原河道"仅开舟楫不通之涵洞"。⑦《泰晤士报》指责施工方"如遇不便造桥河面，干地掘地为河，与天然河流适成直角形"的错误行为。但詹天佑考察后认为原河"面宽而流缓"，新河"用片石铺垫河底，且于两头高砌坝岸，使水可外泄而不内灌"，所以"老河填实，筑堤行车，作法悉当"。⑧

工程竣工后，南北宽 67 米的河面被缩小了一半，"水涨时，桥上、下之水相差至九英寸之高"，⑨ 以致"水势太急，两岸倾圮，舟船难行"。⑩金咏榴编纂的《青浦县续志》即认为河道"正流被阻，旁趋不畅，潆洄停潴"，1911 年"我邑受水灾甚巨"亦受北姚泾宣泄不畅的影响。⑪ 此外，青浦士绅还认定该桥导致县内"东南诸水，宣泄不畅，倒流旁溢，而

---

① 《沈联第、章纪纲等上江督禀》，于定等修，金咏榴纂：民国《青浦县续志》卷 4《山川·上》，第 6 页。

② 《苏路致江督电（辨明姚泾筑坝事）》，《申报》1907 年 12 月 2 日，第 18 版。

③ 《批饬沪道核明姚泾桥闸》，《申报》1908 年 1 月 9 日，第 19 版。

④ 于定等修，金咏榴纂：民国《青浦县续志》卷 4《山川·上》，第 5 页。

⑤ 《苏省沪嘉铁路二月份报告单（续）》，《申报》1908 年 4 月 21 日，第 20 版。

⑥ 《苏省沪嘉铁路三月份工程》，《申报》1908 年 5 月 20 日，第 27 版。

⑦ 于定等修，金咏榴纂：民国《青浦县续志》卷 4《山川·上》，第 5 页。

⑧ 《抄录詹天佑报告苏路工程实在情形以驳泰晤士报误说苏浙两路工程造法错误事禀文》，中国第一历史档案馆、北京大学、澳大利亚拉筹伯大学编：《清代外务部中外关系档案史料丛编——中英关系卷》第 1 册（路矿实业），第 243—244 页。

⑨ 交通、铁道部交通史编纂委员会编：《交通史路政编》第 11 册，第 3781 页。

⑩ 濮登青：《京沪沪杭甬铁路桥梁概况》，《京沪沪杭甬铁路日刊》第 1071 号，第 43 页。

⑪ 于定等修，金咏榴纂：民国《青浦县续志》卷 4《山川·上》，第 5 页。

农田胥被其害"。① 在松江士绅陈宗彝、刘至泽、杜崇祺三人致王清穆的调查报告中，图 3－4 中左下角的"鱼池村"农业生产也受到影响。因该村村民的农田都在铁路以北，"因小港筑断……非通农船不能耕种"，所以"乡民求置桥梁"。②

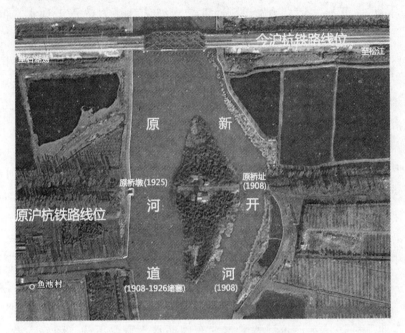

图 3－4　北姚泾与原铁路桥位置图

资料来源：取自 Google Earth，2010 年 8 月 13 日数据。

1919 年 11 月，青浦士绅胡公望曾提请江苏省议会讨论"放加姚泾港铁路桥门以卫农田案"。③ 1921 年屠家村港事起后，改建该桥的动议随之而起。1922 年 1 月，青浦县水利会函请路局"设法改建铁桥或添造涵洞，以防壅塞，致酿水患"。④ 2 月 7 日，此时已任该水利会主任的章纪纲与夏昌炽赴路局与任传榜商谈，洋总管克礼阿和车务总管顾烈斐（D. P. Griffith）对章、夏二人表示"该处有改建桥梁或忝造涵洞之必要"。

① 张世桢编：《沪杭路屠家村港拆坝筑桥纪略》，第 41 页。

② 《松绅苏路总理函（为路工关涉农田事）》，《申报》1908 年 5 月 29 日，第 20 版。

③ 《南京快信》，《申报》1919 年 11 月 20 日，第 7 版。

④ 《沪杭甬铁路管理局局长任传榜呈》，张世桢编：《沪杭路屠家村港拆坝筑桥纪略》，第 13 页。

两人回青浦后于 14 日再致信路局请求"饬令工程师迅定计划，早日开工，于涨水之前工程告竣"。① 2 月底，路局接交通部指令派遣课员李垕身前往查勘，章氏亦函请派人随同前往。② 3 月，金咏榴在时隔十五年后再度联名上书，江苏省长公署接到后即转路局"查明办理"。③

最终，路局决定"与屠家村港事同一例"④ 恢复被填塞的河道并架设 46 米桥梁一座，两桥改建费用合计达 24 万元。1923 年 8 月 3 日，方维因、孙谋、姚文泽、徐光溥 4 人在考察屠家村港的同时亦前往北姚泾实地查勘。⑤ 但工程进度也与屠家村港桥"事同一例"。1923 年 10 月路局甚至表示北姚泾桥"暂时可以缓建，俟改建屠家村桥，开阔斜塘港水流见效，再行照办"。⑥ 直到 1924 年，交通部才批准动工，⑦ 4 月开始办理招标工作。根据路局致交通部的报告记载，仅怡和洋行和西门子公司的投标价格较为适宜且符合招标章程，而前者"所开单价为最廉"。路局与怡和洋行磋商后，该行同意按照路局顾问工程师制定的修正方案和招标时所报价格承建，双方遂于 8 月 27 日签订合同。⑧ 几天后江浙战争爆发，工程推迟至 1925 年 2 月正式开工，11 月 19 日建成通车。10 月 12 日起开挖堵塞的河道，次年 3 月底竣工。⑨ 改建后，当地形成了图 3-4 中一河两桥一小岛的

---

① 张世桢编：《沪杭路屠家村港拆坝筑桥纪略》，第 41 页。

② 《交通部指令第 629 号》，张世桢编：《沪杭路屠家村港拆坝筑桥纪略》，第 17 页。

③ 《江苏省长公署批第六百九十四号 呈为沪杭路铁桥有碍水道请即改造》，《江苏省公报》第 2947 期，1922 年 3 月，"批"第 9 页。

④ 《沪杭甬铁路管理局局长任传榜呈》，张世桢编：《沪杭路屠家村港拆坝筑桥纪略》，第 13 页。

⑤ 《地方通信：嘉兴 部委查勘屠家村港工程》，《申报》1923 年 8 月 9 日，第 10 版。

⑥ 《浙江省长公署训令第 2859 号 令水利委员会、浙西水利议事会准交通部咨沪杭甬路所经屠家村港改建桥梁并添设水管电准照办并抄送附件由》，《浙江公报》第 4103 号，1923 年 10 月，"训令"第 3 页。

⑦ 交通、铁道部交通史编纂委员会编：《交通史路政编》第 11 册，第 3979 页。

⑧ 《沪杭甬路局呈交通部标购北姚泾钢桥一案遵于八月二十七日与怡和洋行签订合同附呈底稿等件请备案文》，《交通公报》第 680 号，1924 年 9 月 13 日，"部令"第 2 页。

⑨ D. P. Griffith, "Report by the Engineer-in-Chief," in Chinese Government Shanghai-Hangchow-Ningpo Railway, eds., *Annual Report for the Year* 1925, Shanghai：Chinese Government Shanghai-Hang-chow-Ningpo Railway, 1926, p. xiii.；A. C. Clear, "Report by the Engineer-in-Chief," in Chinese Government Shanghai-Hangchow-Ningpo Railway, eds., *Annual Report for the Year* 1926, Shanghai：Chinese Government Shanghai-Hangchow-Ningpo Railway, 1927, p. xii.

独特景象。

堵塞、缩减河道的做法不仅严重妨碍了水利，而且增加了铁路部门的工程经费。因此清末浙路公司的领袖工程师、时任京沪沪杭甬铁路管理局工务处副处长的濮登青在 1934 年作了如下评判：

> 跨河筑堤之办法，原为节省经费起见，而结果乃适得其反。此中得失，足为殷鉴。①

第四节　跨越清季民国：铁路与水利问题的各种交涉

屠家村港、北姚泾"拆坝筑桥"并不是孤立的事件，它不仅是清末以来铁路与水利关系问题的延续，同时也引发了地方上要求改建枫泾至硖石段桥涵的呼声，更成为此后江浙两省官民与铁路部门围绕铁路与水利问题不断交涉的一个开端。在后来的铁路设计和施工过程中，铁路对水利的影响成为地方官民密切关注的重要事项。

一　沪杭甬铁路松江段各大桥的质量问题

早在 1908 年春铁路建设时期，作为苏路公司股东的松江士绅张公屿、张绍贤、朱庆咸、钱鸿绪、唐家麟、周柏森 6 人联名向公司总理王清穆和协理许鼎霖反映"所筑各段桥梁，时见损坏"，而"各段工程师资格不一，用心亦不同，有顾全大局、矜惜名誉者，有坐糜巨俸、故意迁延者"，因此要求代表公司股东利益的董事局予以调查。②

1909 年 2 月 14 日，斜塘、圆泄泾、角钓湾三桥完成试通车，③ 但随后《泰晤士报》驻华首席记者莫理循（George Morrison）在该报上发文指责铁路工程质量不佳，"各处桥梁，不甚坚固"，提醒英国投资者"知所

---

① 濮登青：《京沪沪杭甬铁路桥梁概况》，《京沪沪杭甬铁路日刊》第 1071 号，第 43 页。
② 《松郡士绅致苏路总协理函》，《申报》1908 年 4 月 20 日，第 27 版。
③ 《苏路大桥试车详志》，《申报》1909 年 2 月 15 日，第 19 版。

警戒"。① 为驳斥这一说法，6 月 9 日詹天佑会同沪杭甬铁路工程师富尔德（英文名待考）前往各处进行验收，认为工程"均属料实工坚，建筑悉合法度"。他让富尔德逐次查验，其"亦极称妥善，验收既毕，毫无异议"。② 故詹氏认为《泰晤士报》所论"无非以一偏之私见，冀惑不谙工程者之听闻，其实概属虚谬"。③ 验收完毕后，詹氏在向邮传部的报告中颇为自豪地宣称："道平桥稳，利便交通，若吾华商办各路，惟此一线无外款外人，为第一次完全告成"。④ 詹氏所言一方面或出于外务部防止"英使干涉江浙铁路工程"⑤ 的需要，另一方面或因苏路工程师徐文泂曾经是詹天佑勘测京张铁路时的两名助手之一，⑥ 故存在詹氏为其辩护的可能性。

但从下文通车后出现的桥梁质量问题而言，莫理循的指责并非空穴来风。1914 年成立的江南水利局就认为沪宁、沪杭甬"两路建筑以来，上游清水益弱"，加之浚浦局设立后黄浦江"潮流改变"，所以"从前旧籍谈浙西水利者，遂无一有当于现状"，对民初太湖流域的治理造成了很大困难。⑦ 该局总办沈佺指出斜塘桥（时编为第 31 号桥）的桥墩两旁因"皆用巨石填砌河中，约有数尺，以致泥沙壅遏，流量益弱"。所以该局

① 《外人论沪杭甬铁路》，《申报》1909 年 3 月 12 日，第 12 版。笔者经多次查询仍未能在《泰晤士报》的数据库中查到这篇评论。

② 《抄录詹天佑禀报督同沪杭甬总工程师富尔德验收苏省沪嘉路各工程情形事禀文》，中国第一历史档案馆、北京大学、澳大利亚拉筹伯大学编：《清代外务部中外关系档案史料丛编——中英关系卷》第 1 册（路矿实业），第 236 页。

③ 《詹眷诚观察附禀邮部声明泰晤士报所论苏浙路工办法实属错误》，《申报》1909 年 7 月 17 日，第 26 版。

④ 《詹观察禀邮传部验收苏路工程文》，商办铁路公会编：《商办铁路公会第四次报告》，1909 年，工程类第 1 页。

⑤ 《邮传部为抄送詹天佑报江浙路工程稳固禀文事致外务部呈（1909 年 8 月 2 日）》，中国第一历史档案馆、北京大学、澳大利亚拉筹伯大学编：《清代外务部中外关系档案史料丛编——中英关系卷》第 1 册（路矿实业），第 234 页。

⑥ 参见《致丰台京张铁路工程学员徐文泂》，詹同济编译：《新编詹天佑书信选集》，华南理工大学出版社 2006 年版，第 5 页。

⑦ 《派张鼎会同浙派阮技士调查水利文》（1915 年 9 月），沈佺编：《民国江南水利志》卷3，民国十一年（1922）木活字本，第 16 页。

曾请求江苏省长公署通知路局将巨石除去。[①] 另据《淀泖工程计划书》记载，斜塘泖口以南至横潦泾河段平均深 12 米，但在铁路桥以南盛家浜一带"复又突起"，深仅 4—8 米，可见该桥延缓了从西北向东南的水流流速，造成河底泥沙淤积。[②]

横跨甬钧湾的 38 号桥最初为两孔，西桥墩"筑在河中，筑堤与大岸相连"。建成后因"河流甚急"而不得不在桥东端开挖河道，并于 1913 年在原桥上游 500 英尺（约 150 米）处建设两孔桥一座"以泄水势"。即便如此，河中心桥墩仍被河水强烈冲击以致两端"日见崩陷"。路局出于安全考虑将大量石块抛入桥墩两旁的河中，但此举又阻塞了水流，致使"河流奔疾，舟船视为畏途"。[③] 1914 年，路局决定在原桥西北建设跨度为 305 英尺（约 93 米）的新桥一座，铁路线也随之迁移，共耗资 24 万元，1918 年通车后将两座老桥一并拆除。[④] 目前新老各桥的桥墩尚存。

二　农业灌溉与河道通行能力

（一）农业灌溉

1908 年 3 月铁路上海至松江段即将开通之际，松江育婴堂陈宗彝致函王清穆认为娄县境内"皆上腴稻田，全赖水利"，而铁路自上海起至张庄渡（圆泄泾）、斜塘沿线"东、西、北各水之趋黄浦者"均遭拦截，"干河所留桥洞，减河身六之五；支河填塞，置一、二尺水洞甚高，减河身十之九，难资蓄泄，实于稻田有碍"。因此陈氏请求公司设法"加大、加阔、加深"，并"出立保单于地方衙署存案，担其责任"。陈氏表示如果"以商害农"，自己"虽亦股东，断难认可"。[⑤]

不久，地方人士也群起上访。4 月初，华亭、娄县两县士绅顾莲等 30 余人"以苏路公司筑造轨道，将华、娄二县小浜填塞，妨碍农田水利"为由向上海县署控诉，县署遂转令苏路公司前往调查。与此同时，为进一

---

① 《江南水利局总办沈佺呈江苏省长转送泖湖预算文》（1920 年 7 月），沈佺编：《民国江南水利志》卷 6，第 44 页。

② 沈佺编：《民国江南水利志》卷 3，第 112 页。

③ 濮登青：《京沪沪杭甬铁路桥梁概况》，《京沪沪杭甬铁路日刊》第 1071 号，第 42 页。

④ 《地方通信：杭州 沪杭铁路改建桥梁》，《申报》1915 年 7 月 6 日，第 7 版；交通、铁道部交通史编纂委员会编：《交通史路政编》第 11 册，第 3781 页。

⑤ 《松绅致苏路总理函》，《申报》1908 年 3 月 26 日，第 27 版。

步解决问题，松江士绅刘至喜等人以铁路莘庄以南路段"越占田地，阻塞水道，于农事有碍"直接上书江苏巡抚陈启泰，陈氏照会苏路公司要求迅速查明情况"以顺舆情"并令华亭、娄县两知县前往调查。① 同月中旬，同为股东的松江士绅张公峄等6人向王清穆和许鼎霖反映南门外第三段工程"因失于监察之故"，致使建在农田水渠上的涵洞"砌洞太高，水之往来，遂为中断，其病农实非浅鲜"。如果不能令工程师挖深涵洞，那么只能疏通铁路旁的水道，而此举须占用农田，故必将损害农民的利益。同时他们还强调公司与各股东"断不容情意不通，致地方情形，万分隔膜"，不可"不察实在，不求真际"。②

5月，苏路公司向陈启泰表达了反对意见，声称已多次令工程师按照松江士绅所指"细加履勘"，但仍担心没有与他们一起勘察而"不足以释群疑"，所以由王清穆亲自邀请刘至喜之弟刘至泽等人一同前往，经调查后方知"郡绅所虑，按之事实，殊觉过当"。刘氏亦表示公司筑路"只能从大段规画，即如开沟一事，有宜于开通者，亦有不宜于开通者。若徇农家之请，不但通流，并欲通船，岂能事事尽如人意？"公司认为此乃"洞明体要之言"，所以士绅们一闻刘氏所言"皆涣然承释"。最后，公司声称上海至枫泾段全线虽仅百余里，但建有大小桥梁47座，涵洞、水管58座，可谓"兼顾地方水利者，工程计划不为不周"，况且铁路两侧取土"四十万方"留下的水沟可以说为沿线地区"新辟一四十万方受水之区，于农田似亦有益无损"。③

上述苏路公司的表态中未提及的是刘至泽在陪同王清穆调查后，曾关照同行友人将应改建的桥涵地点列具清单并说明相关情况，再由陈宗彝交王氏审阅，该清单提出了"修岸路、铺板桥、开边沟、置水闸"四种改进方法。刘氏表示"时迫农忙，工难再缓"，并希望"工无草率，庶几实惠及民"。王氏阅后除三处未拟订改进方案的地点不予批准外，其余均同意照办。这三处其中之一便是前述北姚泾桥西南的鱼池上村，另两处在圆泄泾西的外树村和村西。鱼池上和外树两地皆因铁路阻断了农民来往农田

①　《铁路与农田水利之关系》，《申报》1908年4月5日，第18版；《铁路与水道之关系》，《申报》1908年4月10日，第12版。

②　《松郡士绅致苏路总协理函》，《申报》1908年4月20日，第27版。

③　《苏路公司咨呈苏抚文（为松江水利事）》，《申报》1908年5月24日，第4—5版。

的水道，外树村西则因为"地势颇高，沟狭而浅，田无进水"。不过公司仍表示"其无桥处令民绕通他港，无水处令民设法自开，由公司酌予津贴"，待有妥善方案后再向公司反映。

5月下旬，刘、陈二人就王氏亲往勘察、同意改建以及公司"既肯顾全乡民，不令因路工而妨农务"等事表示感谢。由于"时迫农忙"，他们希望重新提议并通过上述未批准的项目，同时请求提供经办人及工头姓名以便告知沿线民众。此举一方面是因为近日有工人在铁路两侧的水沟内埋设水泥管用以通水，但其直接在管子上方填土筑路的做法不妥，一旦管子破损就会导致水沟堵塞、道路损坏，"似乎无益有损"；另一方面则是工人"与乡民屡有龃龉"，或因彼此语言不通，或因农民吝惜食物和燃料，或因工人阻止农民在水沟内取水灌溉而启衅斗殴。如能联系监工"先事约束，遇事排解"，则或许可使"农工相安"。① 根据1909年铁路通车时《申报》的报道：沿线桥梁、涵洞从前述的47座和58座分别增加到48座和63座，② 可见沿线农田的灌溉问题得到了一定程度的改善。

（二）河道通行能力

1908年6月，英国驻杭州领事馆领事就浙路公司在"野窑"地方缩河筑桥，"将宽四十丈之水路填塞，只留二丈"一事在《申报》发表了如下看法，足见填河对河道通行能力的致命影响：

> 本领事已知有轮船多艘，在该处停候至四五点钟之久，须俟潮涨水平，方能驶过。如此耽延不便之办法，令其停止。况将来嘉兴、杭州一带，上水之船因不能行走，致在该处群集乱停；下水之船因水流过急，船工持舵甚难，恐时有彼此撞碰之事，以致货物损失，伤害性命，在所不免。更有一事，本领事视为紧要者，亦当为他人意料所及，即是该处两岸堤岸，日后水涨时将如何？目下运河水平，在该处尚如是之急，轮船不能行过，倘日后雨水略多，山流下泄，黄浦、运河水必漫溢，又将如何？总之铁路造桥，事所必有为莫大紧要之工程，但他项情事，非无紧要，自应察看当地情形，勿得妨碍他乡产业，方为合办合急。

---

① 《松绅苏路总理函（为路工关涉农田事）》，《申报》1908年5月29日，第20版。
② 《沪嘉铁路行开车礼纪盛》，《申报》1909年5月31日，第4版。

浙路公司闻讯后回应称公司所建路段沿线并没有"野窑"这个地方，而且黄浦江在江苏境内，附近路段由苏路公司承建，故认为"英领所称，或指娄县姚泾一水而言"。① 虽然英方的说法可能有误，但苏路公司堵塞屠家村港是不争的事实。沪宁铁路虽无类似情况，但铁路桥"桥孔宽度，无不较原河狭小"，② 严重削弱了河道的通行能力（见图3-5），所以地方官民多次提出改造桥梁的诉求。

图3-5　沪宁铁路桥梁缩减河道、妨碍通航的现象

资料来源：《沪宁铁路建设影集》，上海社会科学院历史研究所资料室藏。

沪宁铁路通车十年后，江苏省议员金天翮在《江苏水利协会杂志》撰写了一篇铁路与水利关系的专题文章，该文首先指出了该路对航运造成的直接危害：第一，常州横林、戚墅堰等处的路基"既不加高，而桥工又平，致民舟之往来桥下者多不便"；第二，江阴、大塘、丹徒、高资等沿线其他地区不但"弊与前同"，而且"害之中于农田者更甚"；第三，吴淞江、娄江等宣泄干河"皆扼于铁路"。而其"害之缓者"（间接危害）

---

① 《浙路公司咨呈浙抚文》，《申报》1908年6月16日，第11版。

② 费承禄：《苏嘉铁路请勿束狭水口议》（1934年），吴江区档案馆藏，0204-003-0286。

在于，江南水利局计划将吴淞江改道经黄渡、南翔，由蕴藻浜至吴淞口入海，但由于被跨越顾冈泾（蕴藻浜南翔以西段）的铁路桥束缚而无法开掘新河，而倘若吴淞江"不治，江南之水不得宁"。①

淞沪测量事务所调查后指出，虽然顾冈泾自铁路桥至吴淞江河段"愈渐窄狭，自六丈以至四丈不等"，但只有该桥南北两侧的"河身迂曲，间有九丈、十丈者一二处"，足见该桥对河身的强烈影响。而由于"桥面长五丈四尺，桥脚侵占河身，仅留水面三丈"，该事务所也认为将来开挖顾冈泾新河时"此桥须拆毁另建"。②

与金天翮在整治太湖流域问题上意见相左的太湖局参议胡雨人，③ 也认为疏浚顾冈泾时必须将宽13尺的铁路桥"当准河身放宽"。而在1921年浙西水利议事会对枫泾段桥涵进行调查后，胡雨人表示"苏省更不容缓矣"，故建议江苏省长公署饬水利处会同太湖局对沪宁铁路沿线桥涵进行勘察，"一一详记尺寸，绘图列说，审定放宽改造之办法"，并请交通部放宽。④ 但胡氏承认"交涉之难，更在意中"，⑤ 而此事也不见下文。

沪杭甬铁路方面，1916年松江县新桥乡自治委员钱策上书县知事，请其向沪宁沪杭甬铁路管理局提出在当地修筑六磊塘时挖深新桥站东北铁路桥桥下的河道并抬高桥身。路局遂令总工程司克礼阿前往调查，但收到的回复是"开深桥下河道，有碍桥基"。这是因为两座桥墩由建在河床上的混凝土连接，所以混凝土也是桥基的一部分，"固属万不可改动者也"。况且桥下河道颇深，而最浅处在桥东一带，不在路界范围内。所以路局认为最佳方案是由地方部门开挖桥东河道，使其与桥下等深，同时由路局开挖桥西边的取土坑，使该桥附近的河道深度基本一致，"此为本路对于地方尽力之最好办法"。态度看似友好，但路局未等县署回复就令工程人员

①　金天翮：《铁道与水利之关系》，《江苏水利协会杂志》第2期，1918年6月，该文第1页。

②　《淞沪测量事务所折呈实测苏州河、蕴藻浜图说》，沈佺编：《民国江南水利志》卷3，第38页。

③　参见冯贤亮《近世浙西的环境、水利与社会》第7章。胡氏1920年担任太湖局参议、江浙水利联合审查员及江苏省水利协会研究员。

④　胡雨人：《民国十年水灾后调查报告》，第2、7页。

⑤　胡雨人编：《江浙水利联合会审查员对于太湖局水利工程计划大纲实地调查报告书函》，第9页。

待当地人抽干河水时开挖取土坑。至于抬高桥身一事，路局认为该桥与道岔接近，如果"桥身抬高，桥堍一带斜度，势必更改，需费较巨，本路碍难照办"。① 可见地方诉求均被态度强硬的路局一一驳回。

三　民国初年的制度建设和预防措施

（一）沪宁铁路的制度建设

1911 年农历正月，真如绅民将沪宁铁路第 6 号桥桥基私自挖深 9 寸，导致路局"靡费巨款"，工程司遂制定以下处理办法并呈请官方饬令铁路沿线 17 县严格遵守。

> 轨道两旁农田，开挖水道，于路基辄受直接间接之影响。是以沿路农家之有事水利者，苟其工程较大，逼近路轨，无论在铁路界内界外，均应先期知照路局，后饬工程司履勘无碍，方可自由动工。遇有关碍路政而于农事又不得已者，在路界以外，则由工程司指示方法，切实照办；其在路界以内者，则由本路自行设法办理。总以路政农田双方兼顾为目的，凡此正当之理由与必须之手续，送与地方官绅董保等切实声明。②

1913 年 5 月初，宝山县江湾、殷行两乡农民王佛全等 12 人上书县公署，称在江湾乡北一里左右的淞沪铁路（根据借款合同已成为沪宁铁路支线）旁的水沟因春季雨水过多而"日形淤满"，以致田间积水无法排出而殃及作物。当他们疏浚水沟时被铁路员工阻止，并被要求将已挑出的淤泥倒回水沟。公署获悉后于 5 月 6 日回复王氏等人，谓"淞沪铁路公司既于路旁设有水窦，亦知沟通水利、保护路工，营业与农事两方，均无畸重之见，何至有心阻塞，专顾公司利益，妨害农田？"同时派员前往调查真相，确认属实后于 8 日致函沪宁铁路管理局表示该地虽然靠近铁路地界，"然距离轨道较远，与路工尚无妨碍，该农民等从事开挖，实有不得已之

---

① 《复松江县知事函开浚六磊塘河工本路对于地方尽力之办法由》，《交通部直辖沪宁沪杭甬铁路管理局公报合编》第 58 期，1919 年 3 月，第 19—20 页。

② 《布告淞沪路线旁农民文（路旁挖泥应先通知路局）》，《宝山共和杂志》第 8 期，1913 年 5—6 月，"文牍"第 118 页。

苦衷。贵公司保护路工，与维持农事，尚两无畸重之见"，① 希望得到路局方面的谅解。

局长钟文耀随即回复称所开挖的水沟"确系铁路产业，事前并未报明"。其接到工程司的报告后即派"管理地亩委员"与巡官等人一同前往勘察，当时所挑不多，故仅嘱咐当地地保告知村民将挑出的泥土填回原处，"如不得已，尽可呈报路局"，等工程司查明并批准后再开挖。钟氏认为"此盖于事理上必要之手续，非仅争主客之名义也"。但村民不愿照办，且当路局人员第二次前往调查时发现水沟已开挖完毕，"未免操切过甚"。但钟氏仍本着"不咎既往，须防将来"的态度要求县公署令村民"具一以后不再违章切结，送局备案"，同时在宝山境内从炮台湾至真如西的铁路沿线发布公告，要求务必遵守 1911 年的处理方法和以上切结办法。县公署表示同意，于 5 月 15 日向全县颁布了该公告。②

（二）沪杭甬铁路萧绍段的预防措施

沪杭甬铁路杭甬段由于跨钱塘江的桥梁位置一直无法确定而先由宁波向西修筑，1914 年通车至曹娥江东的上虞县百官镇，杭州至曹娥江段随后动工。1916 年绍兴、萧山两县水利联合研究会通过两县县署、浙江省长公署等部门，呈请沪杭甬铁路管理局在境内即将开工路段上多建桥梁、涵洞"以维水利"。该局随即令工程处前往调查，不久代理工程司顾烈斐（D. P. Griffith）回复称萧绍段应建桥涵的数量"尚未决定"，研究会"自应先予调查"，路局在"兴工之时，亦当与该处士绅，会商妥办，使铁路与地方两受裨益"，局长钟文耀复查后也同意顾氏的意见。浙江省省长吕公望遂于 10 月 18 日以此通令萧绍两县知事及水利联合研究会。③

但次年春，该研究会又提出将曹娥江西至东关镇路段土方施工时所填塞的河道全部改建为桥涵的要求。新任路局局长江绍沅回复称，前局长钟文耀令甬段工程司前往调查后发现从曹娥江桥起向西至塌塘头沿线均为沙田，其间除老塘下的沟渠为宣泄要道外，"别无河港，安有舟楫往来？"

---

① 《致沪宁路局公函（转行乡民王佛全等呈）》、《批江湾、殷行两乡农民王佛全等呈（路局阻塞水道恐妨农事请转商开通）》，《宝山共和杂志》第 8 期，"文牍"第 114、117 页。

② 《布告淞沪路线旁农民文（路旁挖泥应先通知路局）》，《宝山共和杂志》第 8 期，"文牍"第 118—119 页。

③ 《浙江省长公署训令第 856 号 令绍兴县据沪杭甬铁路局呈复函转绍萧两县水利联合研究会要求条件由》，《浙江公报》第 1655 号，1916 年 10 月 22 日，"训令"第 13—14 页。

而铁路土方已在文昌阁、塌塘头两处留有水道，"足资宣泄，并不有害农田"。此外，从塌塘头至东关镇的枫山港、勺水里、大观桥三条河道也将建设桥梁，并未填塞，因此"更无损害农田水利之可言"。3月，浙江省省长齐耀珊照此回复两县署和该研究会。受第一次世界大战影响，萧绍段工程中辍，该问题也随之不复存在。[①]

四　改造沪杭甬铁路枫泾至硖石段桥涵

浙西天目山水源的下泄区域一为嘉兴，二为湖州，其中进入嘉兴的水流"入于泖者半，入于运河者半"。[②] 由浙路公司建设的沪杭甬铁路枫泾至杭州段有近80%的路段位于嘉善、嘉兴、海宁[③]三县境内，路线"横亘南北，东归之水，遂被阻滞"。[④] 也就是说"入于泖者"的"东归之水"都受到了铁路的影响。

与前述松江段相比，浙路公司在上述三县境内堵塞水道的做法更为普遍（见图3-6）。据该公司报告记载，嘉兴至硖石段用于填河的土方就有1800方，而地方上认为"位置东北，出水最为紧要"[⑤]的嘉兴至枫泾段填河土方累计达46580方，改造河道的土方更高达77313方，但所设的通水口最小直径仅为6寸。[⑥] 与桥梁收缩河面所造成的"阻滞"相比，小河道的填塞对沿线水文环境所产生的影响更为强烈。

所以，当1921年水灾爆发后，"一般舆论，咸归咎于沪杭甬铁路建筑涵洞桥梁之时，对于泄水一层，未甚注意之故"。11月初，当众人发起改建屠家村港坝之时，嘉兴县自治会、农会亦"函具理由"，请浙西水利议事会派测量员进行实地调查，以便向省议会提议。[⑦] 沈金鉴接报后认为嘉

① 《浙江省长公署训令第758号 令绍兴县据沪杭甬路局呈据甬段工程司查复绍萧两县多筑桥工涵洞不害农田水利情形由》，《浙江公报》第1810号，1917年4月2日，"训令"3—4页。

② 陆启：《浙西水利述要》，浙西水利议事会编：《浙西水利议事会年刊》第1期，1918年，第29页。

③ 王店莲花桥以南至硖石镇北段位于桐乡县境内。

④ 张世桢编：《沪杭路屠家村港拆坝筑桥纪略》，第21页。

⑤ 同上书，第24页。

⑥ 根据商办全浙铁路有限公司编：《商办全浙铁路有限公司第三届报告》，1909年，第20、25、30页；《商办全浙铁路有限公司第四届报告》，1910年，第22页计算。

⑦ 《浙省水灾原因之推究 嘉兴团体请改铁路桥梁涵洞》，《申报》1921年11月5日，第14版。

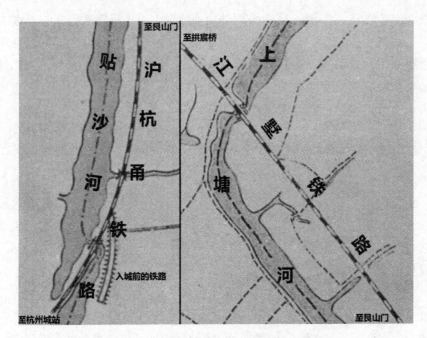

图 3-6　沪杭甬铁路杭州附近路段缩减河道图

资料来源：杭州市档案馆编：《杭州都图地图集（1931—1934）》，浙江古籍出版社 2008 年版。

兴方面的意见与孙宝琦等人改建屠家村港桥的理由"大致相同，自是实在情形"，故一方面征求江苏省省长同意，另一方面令浙江水利委员会前往勘察，同时也批准了浙西水利议事会推举的籍贯为铁路沿途各县的钱宗瀚、张廷梅、沈濬昌、张克勇、顾宗况、陈淮六名会员作为勘察人员。[①]六人遂于 10 月会同浙江水利委员会第三勘察队罗队长进行查勘。据调查发现，"除杭县、海宁关系较轻，无庸详勘外"，枫泾至硖石段河道被完全堵断者有 37 处，缩河改道者有 52 处。因此，嘉兴县知事与浙西水利议事会联名呈请交通部饬路局，请求添建直径 2 英尺（0.6 米）水泥水管 77处，其中嘉善至枫泾段因"位置东北，出水最为紧要"而要求添建桥梁 1座，加宽旧桥 6 座，添设水管 63 处（占全线 82%），"庶大水之年，不致

---

① 《国内要闻：查勘阻碍水利之铁路桥涵》，《交通公报》第 61 期，1922 年 1 月，"金载"第 10 页。

久阻"①（见图3-7）。

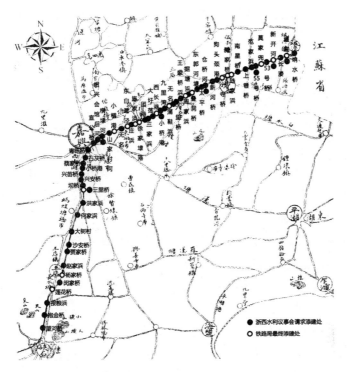

图3-7 沪杭甬铁路枫泾至硖石段改建桥梁涵洞地点示意图

底图来源：商办全浙铁路有限公司编：《商办沪杭甬浙境已筑路线图》，1908年。

资料来源：①"请求添建处"名称根据《沪杭路屠家村港拆坝筑桥纪略》第24—27页标注，以 *Shanghai Hangchow Railway*：*Kiangsu & Chekiang Companies*（美国国会图书馆藏地图）定位；②"最终添建处"根据《交通史路政编》第11册，第3786—3787页所载公里数，比照《沪杭路屠家村港拆坝筑桥纪略》第24—27页所载英里数确定。

同年12月，交通部回复称"部款支绌，一时恐难着手耳"。②经浙江省长公署催促，路局于1922年3月27日将此事与处理屠家村港坝之意见一并答复，称交通部虽已令拟定筹款办法，但因"路款支绌"，故须征求

---

① 《浙西水利议事会呈为议决调查杭嘉段内铁路桥梁涵洞阻碍情形报告书请予鉴核由》，张世桢编：《沪杭路屠家村港拆坝筑桥纪略》，第21、24页。

② 《浙水利会呈请改造铁路桥梁》，《申报》1921年12月15日，第14版。

交通部对赈款、附捐是否可以充作建桥经费的意见。① 但此方案终"被部驳斥"，故"经费无着，仍难动工"。当年 6 月嘉兴北部地区再遭水患，7 月 28 日嘉兴绅民联合杭嘉湖各县议会致电交通部，恳请该部"俯念此举关系国计民生，迅予饬局赶速兴工改筑"。② 8 月 26 日，交通部与路局"均以款项无着，见复实行，尚遥遥无期"为复。③ 因此，该请求与屠家村港坝改建工程一样，均因经费短缺而被搁置。

　　1923 年 5 月 11 日，新任浙江省省长张载扬致电交通部加宽松江至枫泾一带铁路桥洞，"俾水得宣泄，免令浙西水患"。④ 21 日，省长公署再次上书交通部请求"早日拨款动工"。⑤ 24 日，交通部回复省长公署称路局已同意由局款中出资，并派工程司进行估价、编造预算及招标建设。6 月 15 日，省长公署再致函路局催促"早日计划兴工"。⑥ 因汛期之后仍无动静，8 月间嘉兴县农会不得不严词声称："若长此迁延，农民既以铁路为矢的，必有不顾路基，自行凿坝泄水之一日"。省长公署亦认为"所称迫切情形，系属实在"，请路局迅速动工"以慰众望"。⑦ 9 月 12 日，交通部表示添设水管案"已办"。⑧ 10 月初，路局在派员进行勘测后表示添设水管工程"今可立时进行"，但仅同意敷设 19 处，不及地方上要求数的四分之一，且未同意改建桥梁。路局表示这样"足以恢复铁路未筑前原有之河量"，这是因为其赞同荷兰顾问方维因的说法，即 19 处"当可满足灌溉上之需要，若再拟多添水管以减轻水患，则该段铁路实少妨碍宣泄之

① 《催促沪杭路改良桥梁之答复》，《申报》1922 年 3 月 28 日，第 15 版。

② 《杭嘉湖人吁请改筑铁路桥梁》，《申报》1922 年 7 月 29 日，第 13 版。

③ 张世桢编：《沪杭路屠家村港拆坝筑桥纪略》，第 28 页。

④ 《国内专电》，《申报》1923 年 5 月 12 日，第 3 版。

⑤ 《浙江省长公署公函十二年函字第 86 号 为函请早日拨款修改枫泾一带铁路桥梁以慰众望由》，《浙江公报》第 3963 号，1923 年 5 月，"批示、公函"第 15 页。

⑥ 《浙江省长公署致沪杭甬铁路管理局函 为准交通部咨复改筑枫泾一带铁路桥梁已令局照办由》，《浙江公报》第 3988 号，1923 年 6 月，"指令、公函"第 18—19 页。

⑦ 《浙江省长公署训令第 2324 号 令嘉兴县知事据沪杭甬铁路局呈复改建屠家村桥梁俟部委查勘完竣报部奉准自当赶办由》，《浙江公报》第 4042 号，1923 年 8 月，"训令"第 2 页。

⑧ 《国内专电》，《申报》1922 年 9 月 13 日，第 4 版。

处，殊觉无据"。[①] 1924 年开工时又减为 17 处，同年 10 月完工。[②] 至此，枫桥段改建桥涵一案得以基本解决。[③]

五　渐入佳境：地方与铁路部门的互动

"铁路横断去水之说，积累岁之经验而益信"，[④] 而前述两起"拆坝筑桥"及枫桥段事件也进一步强化了地方表达意识。从此以后，每当有新开工的交通项目时，沿线官民都会密切关注其设计方案和施工情况，一遇可能妨碍水利之处即通过各种渠道上访，此类问题的地方表达似乎逐渐成为一种机制。同时，铁路部门的回应态度也日趋积极，并在此后的铁路建设中日益重视水利问题，大多数情况下都能听取建议并作出改进，从而基本实现了张世桢在《沪杭路屠家村港铁桥改建启》中所期盼的"尤望交通当轴（局），关于兴工建筑之区，于水利一道，三致意也"。[⑤]

（一）东硖铁路

1927 年南京国民政府成立后，孙中山在《建国方略》中提出的乍浦"东方大港"建设计划开始启动，由张静江主持的建设委员会具体负责实施。该会于 1930 年提出建设从该港口向西经由平湖、海盐、海宁 3 县，终抵沪杭甬铁路硖石站的"东硖铁路"，并准备于次年初开始设计。[⑥] 1931 年春，海宁县长从报纸上得知铁路即将勘测的消息，当即认为"路线大抵横截属县内河下游"，有碍宣泄，故即提交该县建设委员会第 6 次

① 《浙江省长公署训令第 2859 号 令水利委员会、浙西水利议事会准交通部咨沪杭甬路所经屠家村港改建桥梁并添设水管电准照办并抄送附件由》，《浙江公报》第 4103 号，1923 年 10 月，"训令"第 2、5 页。

② 交通、铁道部交通史编纂委员会编：《交通史路政编》第 11 册，第 3786 页。

③ 1928 年 5 月嘉兴士绅金蓉镜仍撰文称 17 处改建工程"尚未尽行，其水流宣泄不畅如故"。参见金蓉镜《嘉兴水利考》，《太湖流域水利季刊》第 1 卷 4 期，1928 年 7 月，第 105 页。

④ 《浙江省长公署训令第 2324 号 令嘉兴县知事据沪杭甬铁路局呈复改建屠家村桥梁俟部委查勘完竣报部奉准自当赶办由》，《浙江公报》第 4042 号，1923 年 8 月，"训令"第 2 页。

⑤ 张世桢：《沪杭路屠家村港铁桥改建启》，张世桢编：《沪杭路屠家村港拆坝筑桥纪略》，第 43 页。

⑥ 《建设委员会十九年度第二期行政计划》，《建设委员会公报》第 11 期，1930 年 11 月，"公牍"第 65 页；《本会工作报告（二十年一月份）》第 14 期，1931 年 2 月，"法规"第 75 页。本章使用沈云龙主编：《近代中国史料丛刊续编》第 57 辑，文海出版社有限公司，1983 年影印本。下文不一一注明。

常会讨论议决，后致函省建设厅转请建设委员会在设计时"特别加宽，以不害水流为度"。4月10日，建委会回复认为"该县长所呈实属切要"，遂令东方大港筹备处"于设计时加以注意"。①

与此同时，浙西水利议事会会员吴敦、陈邦彦、张廷梅等人于4月1日在该议事会的春季常会上提出"东硖铁路拟请宽放桥梁涵洞以维水利建议案"。该提案认为：3县农田水利"全赖干河纵横，支河交叉，以资泄蓄"，而铁路将各县"南部农田包围于铁路、海塘中间"。又因钱塘江"塘工险要，难以敷设闸坝"，水流无法宣泄入海，只能通过铁路桥涵。对此，三人"深恐"桥涵设计只要"稍有缩减"，被路、塘包围的农田"一遇淫雨，泛滥堪虞"。为避免"将来水灾"，他们请求议事会转呈建设委员会将桥涵的设计图纸"先期公布，并召集有关水利之人才，妥为研究"。提案经议事会议决获得通过后，由该会致函呈请省建设厅转建设委员会。② 5月中旬，建委会回复称已命令东方大港筹备处在将来设计时"特加注意，并将图件转送有关各机关参考"。③ 虽然东硖铁路最终未能付诸实施，但地方官民未雨绸缪之举和铁路部门的积极回应由此可见一斑。

（二）苏嘉铁路

最为成功的地方表达案例发生于此。"一二八"淞沪抗战后，中日双方签订的《淞沪停战协定》规定中国军队不得驻扎在安亭至常熟浒浦口一线以东的上海周边地区，此外日方还借口与停战协定不符，反对中方经由上海北站输送军队，④ 如此则京沪、沪杭甬铁路无法发挥其军事功效。

---

① 《建设委员会训令第146号 令东方大港筹备处》、《建设委员会指令第409号 令浙江建设厅呈一件呈请于设计东硖铁路时将桥梁涵洞特别加宽免碍水流由》（1931年4月10日），《建设委员会公报》第16期，1931年5月，"文书"第112—113页。

② 《呈建设厅呈请转呈建设委员会对于东硖铁路拟请宽放桥梁涵洞以维水利仰祈鉴核文》（1931年4月20日），水利议事会编：《浙西水利议事会年刊》，1933年，议决案表第30页、文牍第20—21页。

③ 《建设委员会训令第207号 令东方大港筹备处》、《建设委员会指令第550号 呈一件呈请检发建筑东方大港之东硖铁路沿路涵洞设计图说以便实地研究贡献意见由》（1931年5月18日），《建设委员会公报》第17期，1931年7月，"文书"第66、68页。

④ 中华民国国民政府外交部编：《中日上海停战及日方撤军协定（白皮书第22号）》，1932年，第9页；《吴铁城电蒋中正日方要求我军经沪北站转车需请共同委员会证明此种手续与停战协定不符请友邦代表查明》（1932年6月14日），"蒋中正总统档案"（简称蒋档）002090200006137，（台北）"国史馆"藏。

国民政府遂出于国防战备考虑，于 1934 年 1 月正式决定新建苏嘉铁路绕开上海。① 该路与京杭运河、苏嘉公路并行，沿线地区"濒临太湖，河流交错，适为水源宣泄要道"，铁路所跨河道的长度约占全线总长的 0.9%，而京沪铁路只有 0.62%，沪杭甬路也只有 0.67%，② 而且恰好穿过"枢纽湖心，朝夕吞吐，利害最大"的"吴江十八港"。③

　　因此，当铁路即将开工时，曾在太湖局任职的吴江人费承禄于 1934 年 11 月 7 日上书该县县长徐幼川，提出"苏嘉路系南北线，每一港口无不宜泻湖水，使之东去，比沪宁东西线更为重要"。如果束狭水口，"不独吾邑受损，将影响太湖全部"，故费氏"深望当局注意太湖水利，保存原有水口，勿蹈沪宁覆辙，则吴江、吴县数百万农田利赖无穷"。徐氏亦深表赞同，即转呈江苏省政府并咨铁道部办理。24 日，京沪沪杭甬铁路管理局（以下简称两路局）工务处回复称"已经缜密考虑"。④ 不久，铁道部应江苏省政府之请，指令两路局"应于流量巨细，特加考虑，并广咨博询以定"，并"应就当地水道航行情形，切实研究"。同时要求在桥梁与水流方向不垂直之处应建斜桥，"以免阻碍水流，而致舟楫往来，易肇碰撞"。⑤

　　由于铁路由北向南贯穿吴江县全境，1935 年 2 月，太湖流域水利委员会对该县境内的桥梁进行了实地调查，结果发现其设计多有妨碍宣泄之处，故即致函两路局提出《建筑苏嘉铁路桥梁补充意见》，要求将横跨运河的两座大桥，吴江城南的南大港桥及太湖进入吴淞江的瓜泾港桥各加宽一倍，并将吴江北门外的一座桥墩与水流斜交的桥梁加以改善，强调"不宜再蹈京沪路覆辙"。⑥ 3 月，铁路工程处计划填塞八坼镇附近最大的两条

<hr />

　　① 《杨永泰电蒋中正中英公司建议展筑苏州至嘉兴及杭州至曹娥两段另加筑京芜线》（1934 年 2 月 1 日），蒋档 002080200146020，（台北）"国史馆"藏。

　　② 王汝霖：《苏嘉线建筑计划书》（1934 年 12 月 13 日），笔者藏。

　　③ （清）金友理：《太湖备考》卷 2《沿湖水口》，江苏古籍出版社，1998 年点校本，第 85 页。

　　④ 《苏嘉铁路请勿束狭水口议》、《为苏嘉线沿途太湖水口本局工务处已经缜密考虑请转函太湖水利局派员会商由》，吴江区档案馆藏，0204 - 003 - 0286。

　　⑤ 《铁道部指令工字第 150 号 令京沪沪杭甬铁路管理局呈送苏嘉铁路全线估单图样等祈核示由》，笔者藏。

　　⑥ 《京沪沪杭甬铁路管理局总务处抄太湖流域水利委员会公函》（1935 年 2 月 14 日），笔者藏。

宣泄通道大浦港和二图港，同时另辟新河作为弥补。当地士绅赵省身、杨蔼如等鉴于苏嘉公路桥对泄水及农业生产已造成"极大影响"，上书太湖流域水利委员会转咨铁道部及两路局请求免予填塞并分别建桥。从20世纪50年代地图来看，该请求终获批准。①

面对地方上"往来交涉，久而不决"的情形，两路局最终放弃了全线建设跨度较小的混凝土钢梁桥的方案，65座桥改为用柏油浸泡后可以防腐的"药制木桥"，占全线水道桥涵数量（92座）的71%。两路局还通过降低桥梁载重标准、铺设旧钢轨及廉价的美松枕木等措施节省费用，以此增加桥梁跨度。因需重新勘测、预算，工程进度被迫延缓，至1935年7月两路局才与各承包商签订合同。由于沿线土质松软，木桥又远不如混凝土桥牢固，许多桥梁不得不多次返工，最终影响了铁路的通车时间。但从效果来看，木桥跨度合计为1359.06米，较混凝土桥增加约一倍。②根据现存档案判断，除吴江城北的大龙港"被铁路堵断，成死荡"③和盛泽镇东75号桥"填湖泊处"④外，其余河道几无堵塞、缩减。

此外，在1936年春铁路土建工程完工后，吴江县浦南乡翁泾桥至虹桥一带农田因"地形转变，水流失所宣泄"。当地民众庞训业等人呈请吴江县政府转商两路局处理，路局随即同意其挖深铁路旁水沟（路基取土后留下的土坑）"以利灌溉"。⑤

由此可见，苏嘉铁路工程成功处理了与太湖最主要泄洪通道的关系。

（三）沪宁、沪杭甬铁路

1929年7月，江宁县霞民村村民贝源旺等人直接上书铁道部，称沪宁铁路栖霞山东贝家陡门前的涵洞过高，以致水流量很小，本年更是"异

---

① 《京沪沪杭甬铁路管理局总务处抄太湖水利委员会第40号公函》（1935年3月22日），笔者藏。地图参见华东军政委员会水利部编《1950年华东区水文资料》第3册（太湖运河区），1952年，无页码。

② 《苏嘉铁路建筑始末》（1936年7月），笔者藏。亦可参见陆海鸣《苏嘉铁路始末》，中国社会科学院近代史研究所《近代史资料》编辑组编：《近代史资料》总79号，中国社会科学出版社1991年版，第258—262页。

③ 《调查吴江县滨湖区公路堵塞桥梁复桥查勘书》（1949年7月），吴江区档案馆藏，0212－001－0017。

④ 《奉谕填报苏嘉路暨杭甬段毁坏各较大建筑物之应摄取照片者遵即列表》（1946年12月），中国第二历史档案馆藏，457—6675。

⑤ 《沿线琐闻》，《京沪沪杭甬铁路日刊》第1582号，1936年5月11日，合订本第72页。

常大干，以致洞内田产，尽成赤道，人民生计，陷于绝境"，故请求该部令两路局加以改造。① 翌年 1 月铁道部批准后，2 月中旬即进行降低涵洞高度、重装水管的改建工程。② 1931 年夏，江苏省建设厅认为龙潭铁路桥阻碍水流，应将桥洞加以拓宽。京沪铁路管理局令工务处勘察后认为七八月暴风雨时期，该桥"两边水平，内地积水无处可通，致成大水之灾，与桥洞宽窄，并无关系"，桥洞"实已甚宽"，无须改造。③ 由此可见，虽然双方的良性互动成为主流，但仍有所反复甚至出现下文中的"倒退"现象。

1937 年初沪杭甬铁路萧山至曹娥江段在绍兴境内施工时，20 世纪初所采用的桥梁施工法（见图 3 - 1）又一次引发了地方社会群体的抗议——绍兴县商会、农会等团体纷纷指责桥梁建设单位"为偷减工程起见"所采取的先填塞原河再开挖迂回河道的做法，导致"全县水流，不能宣泄，将来有水患，势必壅滞淹没，易成巨灾"。2 月 15 日各团体举行了联席会议，决定立即通知铁路工程处暂停施工，同时呈请县政府转省政府及铁道部设法补救，请求桥孔宽度按照萧绍公路的桥梁标准予以加宽，使"直流河道，弗使曲折，壅滞水势"。④ 但 5 月 21 日时任浙江大学校长的竺可桢在从西兴前往定海的途中仍看到如下景象：

> 沪杭甬路所筑之桥梁已打水泥脚，均不在河上而在河边之大陆上，俟桥成后，将原有之河道填塞而另掘一道以迁就新造之桥，如此则每一桥洞必有一弯曲矣。

由此可见，绍兴各团体的努力未见成效，竺氏亦谴责这种做法"只顾目前公司利益而不顾绍人日后之永远行迂回绕道，贻害无穷"。⑤ 不过由

① 《铁道部训令第 1396 号令沪宁沪杭甬铁路管理局：江宁县民呈请改筑栖霞山东首贝家陡门涵洞仰查复由》，《铁道公报》第 9 期，1930 年 8 月，第 50 页。

② 《铁道部指令第 3994 号令京沪铁路管理局：呈一件复放低贝家陡门前涵洞约于二月中旬开始装管乞核由》，《铁道公报》第 34 期，1930 年 1 月 22 日，第 55 页。

③ 《铁部咨复龙潭桥洞无碍水流》，《江苏省政府公报》第 888 期，1931 年 11 月 5 日，第 10 页。

④ 《地方通讯 绍兴 妨害水利请救济》，《申报》1937 年 2 月 18 日，第 10 版。

⑤ 竺可桢：《竺可桢全集》第 6 卷（日记），上海科技教育出版社 2005 年版，第 305 页。

于萧曹段于 1938 年 1 月为防止日军入侵而由国民政府自行破坏，[①] 该问题得以消弭，而沪宁铁路的桥梁问题直到 1958 年建设复线时才得到彻底改观。[②]

第五节　各方对铁路与水利关系的认知和辨析

地方表达与铁路部门互动的渐入佳境，与双方对铁路与水利关系问题的重视和认识程度的日益加深密不可分，那么这种认识的表现如何，是否存在问题？而铁路建设究竟对水利具有何种程度的影响？下面我们首先来看地方官民对该问题的总体性认识，然后是各方分析屠家村港、北姚泾被阻塞后对当地及区域水利影响的各种论述，接着是铁路部门的处理意见和实施方案。最后笔者将综合相关文献（包括水文记录资料）和研究成果，运用铁路桥梁工程学的方法对双方的观点作出评判。

一　地方官民对铁路与水利关系的总体性认识

晚清时期，地方官民对于铁路这一新生事物尚缺乏了解，其观念亦欠成熟。如上文苏路公司股东在北姚泾遇到的数十乡民均认为该河四周干流围绕，"一经堵截，于水利毫无妨碍"；[③] 又如青浦士绅曾用堵塞阴沟来形容设计宽度不足河道十分之一的北姚泾桥建成后的影响：

> 譬如人家天井中有一阴沟，本来阔至一尺，忽然收小变成一寸，一旦大雨滂沱，不及宣泄，有不浸及堂阶者乎？[④]

到了北洋时代，随着西方科技的进一步传播，人们的认识水平有了一定的提升。如金天翮曾撰文专门分析了两者的"敌我矛盾"：[⑤]

---

① 参见张根福、岳钦韬《抗战时期浙江省社会变迁研究》，上海人民出版社 2009 年版，第 261 页。
② 参见《上海铁路志》编纂委员会编《上海铁路志》，第 56、58 页。
③ 《苏路公司股东论松江姚泾一河可以筑堤行车无须造桥意见书》，《申报》1907 年 9 月 14 日，第 4 版。
④ 《青浦绅士再致苏路王总理函（为姚泾桥闸事）》，《申报》1907 年 11 月 29 日，第 19 版。
⑤ 金天翮：《铁道与水利之关系》，《江苏水利协会杂志》第 2 期，该文第 1 页。

一国交通之命脉，在乎航路与铁轨，二者交互则相济，平行则相侵，故西国凡与铁道平行之运河，皆为公司收买，防其两损也。独至水利之关系，则平行与交互，二者皆与铁道不相容。盖铁道之为物，其线长，其基高而固，蜿蜒特起于大地之上，视之固一堤障也。路之所趋，惟平与直，然而平或不直，直或不平，大河支川，细流深洞，则上架桥梁以为渡，下开涵洞以通流，而水之受堤障之害者已不少矣，涵洞之广孰与？夫川之广，广川之上，虽增涵洞至于十数，水之不能畅行仍自若也。故路之东西行者，于南北水之所经，非常不利，若与水平行，宜若可以无碍矣，而支河细流，自左右翼来者，汇集于一二涵洞之下，其势遂杀而缓，久之，淤涨生，通津溢，而水遂隐受其害，或至于不可治，故水与铁道同为一国交通之命脉，而利害乃至不相容。铁路以水为蟊贼，患其冲决也，水以铁路为仇敌，患其障碍也。

上文洋洋洒洒，文采奕奕，但仍停留于感性抑或事实层面。嘉兴县农会的说法也体现了这一点："铁路未筑以前，霉水数日即退，此次雨雾已及旬日，而积水退不及尺。铁路横断去水之说，积累岁之经验而益信。"[1]这种感性认识虽然不无道理，且情真意切，但由于缺乏量化分析，常常出现自我矛盾甚至错谬之处。

例如胡雨人反驳金天翮"铁路钢桥，阏其泄口"的观点，认为"铁路钢桥，干流所在，到处宽深，并未阏水"。[2]金氏反问胡氏"何以但见干流，而不见支流耶？"胡氏又回应认为"历观金君数万言，惟此一言为有理"，表示自己"虑患未周"，但又不认同金氏增大桥梁跨度后可达到"支流之泄口皆通，即无夺流之患"的观点，认为"铁路桥所泄下者，仍归淀泖或其下游"，如果"吴淞以北各干不开，泄下愈多，夺流亦愈甚也"，[3]也就是说解决水患的关键不在铁路桥而在于全流域的整治。

---

① 《浙江省长公署训令第2324号 令嘉兴县知事据沪杭甬铁路局呈复改建屠家村桥梁俟部委查勘完竣报部奉准自当赶办由》，《浙江公报》第4042号，1923年8月，"训令"第2页。

② 《金天翮君报告驳论正缪》，胡雨人：《治湖箴言》，出版地、出版机构及时间均不详，第3页。

③ 《金科长阴谋之表出》，胡雨人：《民国十年水灾后调查报告》，第19页。

此外，胡雨人又认为"两省路桥之阻阕水流，沪杭路更甚于沪宁路"。因为"沪宁路与东流河道作并行线，路桥跨南北河上，水流关系较微，而桥亦较为宽大；沪杭路桥则多跨急流河上，而桥洞更小"。① 但从实际情况来看，胡氏所言有失偏颇，因为"与东流河道作并行线"仅为上海至苏州一段，而且途中斜穿的娄江与铁路就不是"并行"关系。铁路过苏州后即转向西北，与望亭港、百渎港等太湖东北宣泄要道垂直相交，其情形与沪杭甬路相差无几。可见在水利技术尚未充分发展的民国初期，地方上就水利整治与规划问题矛盾重重，难以统一口径，② 所以往往经不起铁路方面的回应。

二　与"拆坝筑桥"事件相关的地方表达

（一）在1921年10月以孙宝琦为首的请愿书中，开篇即开宗明义地指出：

> 苏属松江地方，与浙境毗连，濒近三泖，地势低洼，又当天目水源下流，幸赖各港疏通，因势利导，尚无泛滥之虞。自沪杭路成，顿失其利导之效，十四年中水灾三告，虽云灾自天降，而铁路之填塞泾浜，收狭港口，或偏面筑桥，水流迂折，实有以致之。

从相关史实推断，该请愿书的作者应为姚文泽、张世桢二人，他们还指出：道光、咸丰以来的八九十年间，江浙地区遭遇了1849年与1889年两次大水灾，每次"淫雨四五十日"。1921年"仅遭经旬之雨，且雨势又间日而作……盖地势高低今昔如故，何以已成泛滥之象？"从整个流域来看，嘉兴之水"以秀州塘入浦为尾闾"，汾湖、淀山湖、泖湖因北路出口吴淞江日趋淤塞而"南并趋黄浦"。一南一北两股水流均汇集于此，"故苏浙之交水势，极为拥挤，既为铁路桥梁之束缚，已不畅达"。

经实地考察后，他们列举了该港堵塞后的五大危害：第一，原屠家村港之水此时"必赖东角钓湾港并泄，因浙西诸水加入，湍急骤增"，由此导致1914年横跨角钓湾的铁路38号桥被大水冲毁，三年后才得以修复；

---

① 胡雨人：《民国十年水灾后调查报告》，第7页。
② 参见冯贤亮《近世浙西的环境、水利与社会》第7章。

第二，位于屠家村港南、北两条河上的第 43、45 号桥及附近的涵洞"因港门狭浅……舟楫难行，农田冲毁"；第三，1911—1912 年汛期"淫雨不过旬日，然浙西低洼之区与松境坝内低田已遭淹没，而坝（笔者按：即铁路路基）外荡田尚有五成收获"；第四，干旱时期附近地区须引黄浦江水以资灌溉，"但泄水不爽，进水亦难"；第五，航运方面，屠家村港"向系杭嘉湖至申要道"，堵塞后沪、杭各轮船公司"因阻碍航路，大起交涉"。后由枫泾当地地保引领航船绕道范塘，再由圆泄泾进入黄浦江，如此则"较原航线约远十里之谱"。故该港"不特为太湖入浦咽喉，且为杭嘉湖轮泄要道"。①

（二）枫泾镇士绅郁崇光认为苏路公司建设时"犹冀坝塞之后，上游浙水得向附近支港分泄入浦"；而浙路公司"亦因减省经费，将浙境泄水港门节节缩小，至西来之水，易于停滞，而东流之水，又受该坝影响"。也就是说，造成水流阻滞的原因是两家公司在铁路建设过程中各自为政，只顾维护自身利益。郁氏又转述当地农民，谓"此坝不开，此后水患年甚一年"。② 可见当地民众对堵塞一事甚为恐慌。

（三）嘉善县枫泾区自治委员施充、汪山认为该县"自筑沪杭铁路以来，迭遭水患，民不聊生。自辛亥至今甫及十年，而水灾四见"。他们通过对比该港堵塞前后嘉善境内河道东泄松江的水流走势，说明 1921 年水灾时"水高多在铁路以内，其泄水为铁路阻滞"的现象。

　　堵塞前——浙西之水，上承天目，迤东而流，环嘉善城壕，泄华亭塘，出枫泾之莫家圩，注江苏松江县境之秀州塘，出金山县境之小泖港达黄浦，为一支；由秀州塘分支东北，走金山县境之塘缺达黄浦，为一支。咸丰初，塘缺逐渐淤塞，光绪中成为沟浍。华亭塘出水，专恃秀州塘出小泖港一支矣，其在善邑西北乡诸水，经伍子塘、和尚塘，走筑城泾（即竹祥泾）、茜泾、清凉庵诸水，消于江苏松江县境之屠家村塘。马汇塘水亦走筑城泾，转入清凉庵，出施家白漾，分走松、善交界之定光塘、施王港。松江县境之俞汇塘、蒲宅塘等大

---

① 《呈为港坝堵塞积水成灾请疏泄以卫农田事》，张世桢编：《沪杭路屠家村港拆坝筑桥纪略》，第 1—2 页。

② 《地方通信：松江 请开屠家村港坝基》，《申报》1922 年 1 月 12 日，第 11 版。

支港，合流出屠家村塘，绕林家塘，出茹塘、五厍归黄浦，为一大干水；再由屠家村北流西泾港，分注六店湾（即用钓湾）、湾梁泾，出茹塘、五厍归黄浦，为一大支水。

　　堵塞后——浙西泄水门户顿闭，所恃以泄浙西之水，但由西泾港走六店湾一支，而六店湾又为铁路筑桥，港脉改易，收狭河身，致茜泾、马汇塘、筑城泾、清凉庵诸水趋东无路，转向北流，并走白牛塘（该塘两旁淤涨成田，最阔处不过五丈许）、大蒸塘达黄浦，又北流青浦县境之北长泖，转出黄浦，其道迂远，其港狭小，不及屠家村塘直泄而速。且西水东流，迂回曲折，将出浦口，浦潮适又起，而西流湍激而进，是以一遇淫雨，浙西便成泽国，况铁路经过桥门又皆改易，河身曲折而狭，更有坝断小支河者，皆阻滞西水东流之路，而浙西水患之所由多见也。①

　　上文的大致意思是原本西来之水可以通过屠家村港、角钓湾直接向东进入圆泄泾，而堵塞后水流必须先向北流入大蒸塘，再转向东入圆泄泾（见图3-3）。其核心观点是屠家村港为"浙西泄水门户"，所以其影响覆盖整个浙西。同样执此观点的还有浙西水利议事会和张世桢——议事会将1921年夏发生的水灾"归咎于西之太湖壅涨，东之泖河淤塞，而中间复阻以松属屠家村之坝塞"；②张氏认为："浙境内嘉湖府属各县，地居松江上游，凡遇水灾，全恃枫泾屠家村等处为宣泄，今以下流坝阻水性之东注不畅，初因人事之不臧，而谓天灾之莫救，其可慨又何如也！"③

　　（四）1919年赴桐乡调查水灾灾情的仁济善堂龚季搏报告了当地士绅陈寿庭、张子桓对铁路阻塞河道引发洪灾的看法：

　　　　此次被灾原因，系在夏历九月底，六月初积水迟退之故，向来宣泄之处，东北汇流入太湖，西南流各湖荡，乃今年太湖之水，已先涨

---

①　张世桢编：《沪杭路屠家村港拆坝筑桥纪略》，第5—6页。鉴于无法验证，笔者暂不作图。

②　《太湖流域防灾会成立会纪》，《申报》1922年5月13日，第15版。

③　张世桢：《沪杭路屠家村港铁桥改建启》，张世桢编：《沪杭路屠家村港拆坝筑桥纪略》，第43页。

满西南各湖荡，自沪杭车成立以来，为铁道桥梁所阻，宣泄久嫌不畅，然积水不退，至旬余日之久，亦为向来所未有。[①]

而发起修浚太湖请愿活动的嘉兴士绅金蓉镜对 1920 年"庚申岁大水"的现象也作了类似的阐述：

> 九月十三日测得平湖水退四尺一寸，已复常水位，潮之往来，亦复常状。嘉善仅退二尺四寸，未到常水位约一尺十寸，而潮来至今，尚未能使东流之水一刻停止，其故平湖之水，直由大河下黄浦，嘉善之水道既小，为西来湖水淀泖之壮流所遏，致嘉善之水，不能直下。嘉兴之水，仅退一尺五寸，未到常水位约二尺余，故灾尤重。再就予所目验言之，从前淫雨一月，水退极速，不至成灾，今则一雨，三日便拍岸盈堤，一月不能消尽灾象，由此绵延积年，所损何止千万计，而农民大致匮乏失业，铁路之梗塞，水流其害如此。……综论宣泄之方，首划铁路桥梁使宽，填塞者重开涵洞多所，庶几补救于万一。……若不然不及十年，嘉兴有三尽四空之叹矣。[②]

从上文可见，金氏通过空间（与平湖）和时间（铁路建成前后）的对比，认为嘉善、嘉兴两地河道被铁路阻隔，导致水位下降缓慢，最终酿成水灾。

三　铁路部门的处理意见与地方"再表达"

我们可以从具体的操作层面，即路局处理沿线水利问题的方案来了解铁路部门的认识。

（一）1921 年与 1922 年之交，养路工程司麦劳尼及副工程司洪嘉贻经实地考察后认为屠家村港堵塞后所建的 44 号桥无法替代原河道的宣泄功能，必须开通原河才可能缓解当地的水患：

> 现在第四十四号桥流水甚小，几无所用，拟测勘地势，将第四十

---

① 《赈务消息汇纪》，《申报》1919 年 9 月 17 日，第 11 版。
② 金蓉镜：《嘉兴水利考》，《太湖流域水利季刊》第 1 卷 4 期，第 105—106 页。

三号桥及四十四号桥之间，或疏浚淤塞旧港，或新开小河，使第四十三号桥之流水分其一部向第四十四号桥而行，第四十四及四十五号桥之间亦复如是，使二桥水流互相贯通，则水势既分宣泄较易，上流水患或可稍减。惟第四十四号桥宽不过十英尺，即能分流，亦属有限，若逢淫雨连绵，仍恐终难有济，势必将屠家村港坝改修桥梁方为妥宜。①

（二）1922 年春任传榜回复北姚泾桥处理意见时，除同意改建该桥外，认为"此外河港，本路已建有桥梁者，桥身所留河道均不充分开阔，是以桥下之水奔流迅急，设此拟筑之新桥梁二座，不足以分泄该项急流，则或者他处尚须开阔"。之所以有这样的认识，是因为调查人员从铁路与水道的方位走向的专业角度，认识到"沪杭甬路横过各河，顺浦江之方向而行，各河水流入浦之际，路上桥梁为必经由之道细。查该处各桥，或因位置不宜成因，宽度不足，颇有阻碍水流畅泄之势"。②

（三）英籍总工程司克礼阿于 1922 年 7 月进行实地调查后，发表了与上述观点不甚相同的看法，并"持此意甚坚"，似乎在为路局开脱责任：

　　枫泾、嘉兴一带，河流交错，水道复狭，一遇淫雨，最易成灾，固系实情，然测验本路路堤，东西两面与水平面并无出入，询之土人，亦称未筑铁路之先，曾数遭水患，非有铁路而始加甚。盖其泄水尾间，仅一黄浦江，而又迂回百数十里，始达出口。根本图治，似宜兼太湖及太湖东北诸小湖泄水之道，并筹疏浚，方足免其浸溢出泛滥，否则亦须先筹缩短水道，于海盐、乍浦各筑自动水闸，潮来则闭，以防海水倒灌，去则开，俾泄水迳由杭州湾出口。浙西水利议事会所请加阔旧桥六座，添设水管六十三道，虽于灌溉农田，不能谓为毫无裨益，而水潦为灾时，仍难以资宣泄。屠家村港坝，于河流实有

---

① 张世桢编：《沪杭路屠家村港拆坝筑桥纪略》，第 41 页。桥梁从上海起编号，44 号桥在屠家村港南。

② 《沪杭甬铁路管理局局长任传榜呈》，张世桢编：《沪杭路屠家村港拆坝筑桥纪略》，第12—13 页。

关系，应亟设法改建桥梁，开阔河道。①

可见，克氏认为铁路基本不构成对沿线水利的阻害，"治水之根本要图"应该是在钱塘江海塘上建设水闸，引导洪水直接流入杭州湾，同时疏浚内陆各河道。他表示"若不此之务，而惟枝枝节节，开凿沿路线水道，无久远之效力可得也"，② 意思就是说希望地方上不要纠缠路局，体现了外籍职员的一贯作风。事实上，路局在对待与地方关系的问题上都可以体现出"华洋有别"：1922 年浙江全省爆发大规模水灾后，华人员工多解囊相助，其捐款远多于外籍员工和地方官民。③

（四）浙江省官方对克礼阿的报告比较认同。一方面，在 1923 年 9 月 22 日省长公署致交通总长高洪恩的公函中表示："浙西一带，水流濡滞，易于泛滥，虽不尽由于铁路，而沿路桥梁、轨道，缩小河面，阻碍水流，不能谓绝无影响"；另一方面，针对报告中提到的计划设闸之海盐、乍浦"均非本路范围……请咨商浙江省长，试令该地绅耆，就近考查"等项，公署表示"海口设闸办法，已在勘筹之中"，④ 可见其非常重视这一问题。

（五）高洪恩在批复浙江省长公署的意见中承认"路成之后，于各该处原有水道，多所变更，影响及于邻近民田，不得不酌添流道"，并指示"浙西全部及黄浦一带防灾计划，事关地方行政"而由浙江省办理。⑤ 此外，批复中还附有"转各县绅民知照"的 1923 年 8 月交通部荷兰籍顾问方维因的调查报告，该报告在"拆坝筑桥"的所有处理方案中分析得最为详细：

1. 报告书称"该路影响该地之宣泄究竟至何程度，虽难断言，而其

---

① 张世桢编：《沪杭路屠家村港拆坝筑桥纪略》，第 28—29 页。

② 同上书，第 18 页。

③ 沪杭甬铁路局捐赠铁路附捐大洋 10 万元，任传榜局长捐大洋 1321 元，其余如机务处、车务处、材料处、警务处、工程处募款计大洋 914 元，小洋 955 角，铜钱 1690 文，另有大批衣物。地方官民从几元到几十元不等，而"洋账各员"仅捐大洋 37 元。参见浙江壬戌水灾筹振会编《浙江壬戌水灾筹振会报告书》，出版时间不详，经收赈款报告第 2、5 页，经收赈款旬报录第 71、136 页，施赈物品报告第 2 页。

④ 张世桢编：《沪杭路屠家村港拆坝筑桥纪略》，第 28—30 页。

⑤ 《浙江省长公署训令第 2859 号 令水利委员会、浙西水利议事会准交通部咨沪杭甬路所经屠家村港改建桥梁并添设水管电准照办并抄送附件由》，《浙江公报》第 4103 号，1923 年 10 月，"训令"第 2 页。

影响之大，则能断言"，所以"士绅等之要求殊非过当"。① 因为铁路桥梁确有阻碍水流的作用，如斜塘、圆泄泾两桥桥墩"四周皆厚积巨石以保护，桥下流道因之大减"。② 其原理如下：

> 盖凡遇障碍物使流道变狭，则在该障碍物上游之水势，必激叠增高，而在障碍狭小之处，水面坡度必为之增加。若狭窄过甚，则坡度骤增，即水面骤降。③

这种阻碍水流的现象在桥梁工程学中称为"壅水"。壅水是指因水流受阻而产生的水位升高现象。河道上建造桥梁之后，由于桥梁挤压了天然水流，所以在桥上游的河道中发生了壅水。④ 根据方氏的调查，"当大雨之时，该路桥梁水面骤降至六英寸者，盖有数处"，其遂以6英寸（15.24厘米）为例，对桥梁壅水进行了假设性分析：

> 当水流泛滥之时，假定桥下水面骤降多至六英寸，并假定河流若不受妨碍，其水面坡度每英里为三英寸，受桥下六英寸之水面骤降之影响者，自桥梁沿河上溯，亦不过四英里。若河流坡度较大，则影响所及更不能远。设河流坡度为每英里六英寸，故各水面骤降六英寸，则受其影响者，自桥而上不过二英里。查该地上游雨后退潮之时，诸河流之坡度，当远过每英里六英寸或三英寸，故沿路地方受桥梁之影响者，当不出二英里或四英里，自此以上固丝毫不受影响，仅自距桥二英里或四英里处起始，水面略见激高，距桥愈近，激高愈甚。由是观之，该路与该地水灾之影响，固极细微。⑤

---

① 《浙江省长公署训令第2859号 令水利委员会、浙西水利议事会准交通部咨沪杭甬路所经屠家村港改建桥梁并添设水管电准照办并抄送附件由》，《浙江公报》第4103号，1923年10月，"训令"第4页。鉴于标题较长，下文以"方维因调查报告"代替。

② 《方维因调查报告》，第4页。

③ 同上。

④ 铁道部第三设计院编：《桥涵水文计算》，人民铁道出版社1960年版，第49页。笔者选取接近民国时期技术标准的书刊。

⑤ 《方维因调查报告》，第5页。

根据以上文字，笔者绘制了如下示意图：

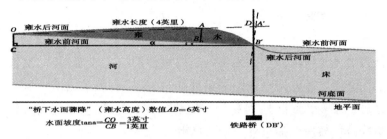

图 3-8　方维因报告中的铁路桥梁壅水示意图

资料来源：铁道部第三设计院编：《桥涵水文计算》，人民铁道出版社 1960 年版。

图中 $\alpha + \angle OB'D = 90°$，当 α 增大时，$\angle OB'D$ 变小，而 $\angle ODB'$ 又不变，所以 $\angle AOB$ 变大，$\sin\angle aOB = \dfrac{AB}{OA}$ 变大，其中 AB 不变，所以 OA 变小。因此，河流坡度越大，壅水长度越短，壅水量也就越少，所以方氏得出了铁路对水灾的形成基本不构成影响的观点。

2. 在说明了铁路对水灾几无影响后，报告书就"该路对于水灾应负之责任"作出了回答，反复强调不能将所有责任都归咎于铁路：

> 该地水流之宣泄，实多少受该路之影响，固不待言，然若谓该路即为妨害之主体，则又不然……须有声明者，即各该桥虽添筑加大，水势之激叠，或仍复散见各处。惟其与水灾之关系，较诸致灾之真因，故沧海一粟，而欲将其消除，则需款甚巨。若必强该路以从事，殊欠平允……该路之影响，则极为微细，因水灾而生纷扰时，若强将该路株连，殊欠平允。①

具体到工程上，他表示在完成屠家村港、北姚泾两桥的改建后，"该路应尽之义务，即已完毕"。②

3. 方氏指出了造成区域内，尤其是上海至枫泾段沿线地区水灾的主因：

> 潮汐作用实为妨害宣泄主因之一。潮汐作用不去，则障碍不除。

---

① 《方维因调查报告》，第 4、5、7 页。

② 同上书，第 5 页。

盖涨潮之时，水面增高数尺，河港湖泽贮水量之有用部分因之大减，原野之水，遂难宣泄矣。①

方氏认为上海至枫泾段铁路沿线河道受潮汐影响比较强烈，"涨潮与退潮时，水面高度之差，即在铁路桥梁处亦达五尺"；枫泾以南"则影响颇微，水道虽仍繁复，而陆地则高厂，地势较殊矣"。② 这种观点最终成为路局大幅削减枫硤段添加水管数量的理由。

4. 方氏提出了解决水患的方法——在支流汇入干流的河口上建造水闸，"闸内水高时使闸门可以开启，闸外水高时使闸门自行关闭"，如此即可避免潮汐作用的影响，从而形成"宣泄自速，水患自减"的良性局面。③ 除了技术层面的解决方法，他还发表了对人事问题的看法："兴利除害，必须政府、士绅通力协作，始克有济，舍此他求，不惟扰及责任无关之人，且亦终归徒劳，必无效果"。④ 其口气与克礼阿如出一辙。

（六）浙江水利委员会研究了方氏的报告书后，在《申报》上以"沪杭甬路与水利关系"为题发文，认为其内容"均极中肯"，且与该会之前的水利规划方案相类似。

> 沪杭甬路局酌量添设水管十九处，克日施工，复将屠家村港一段改建桥梁。虽与职会前拟数处略有核减，而对于水势之流通，自比前此为畅矣。其对于杭州湾之乍浦等处开辟出水一事，认为非宜，亦与职会前所陈请者相合。至注重浦泖之疏浚，及流入干处设闸以避浦潮各说，自是修治浙西下游之根本计划，职会曾亦计及。惟以浙西水患、山洪为多，非只避潮一端即可幸免，且浙省财力有限，亦应顾及。故前拟呈浙西防灾急要计划，专就浙境内通筹，上游以潴蓄为集，中下游以宣导为治，即此计划，已非积数年之力不为功。查此案业经呈奉钧署，令发水利议事会核复夺，如能见诸实行，灾情当可轻淡。行有余力，则设闸避潮一节，亦应酌办，若夫入浦诸港，悉行疏

---

① 《方维因调查报告》，第6页。
② 同上书，第3页。
③ 同上书，第6页。
④ 同上书，第7页。

浚，以畅尾闾，用意甚善，但地点均在苏境，且工大费巨，断非一省之力所能胜，应由太湖水利局暨苏省总其绪，浙省自应协助，以期于成。盖苏浙七郡之水利，休戚相关，苏境之尾闾通畅，浙境实与有利焉。[①]

四　铁路建设对水利影响的辨析

由上可见，铁路部门一旦以定量的专业调查报告回应"妨碍宣泄"、"致伤农田"等定性式的地方表达，就往往能在义理上占据较大的优势——浙江省长公署和浙江水利委员会尚对两份报告没有太大异议，何况那些缺乏科学、系统的水利知识的地方绅民，所以地方"再表达"常常因此中止。但站在今天的角度，我们有可能也有必要对双方的认知和观点作出更为全面的评判。

（一）针对前述地方表达认为铁路对水利造成极大影响的问题，我们应该注意到此类地方表达向来都不免有特意突出铁路妨碍水利的一面，目的在于强调宣泄无碍、保护水利对于当地民生的重要性。[②] 基于这种认识，并在综合相关文献和研究的基础上，[③] 笔者认为堵塞、缩减河道固然对水利带来害处，但太湖流域的水患主要还是由当地的自然与人文环境所造成的：

第一，每年汛期降雨量多、强度大，且常受台风影响；第二，地势周边高中间低，加上陆地下沉和海平面升高，中部（如淀泖地区、昆山南北

---

① 《沪杭甬路与水利关系》，《申报》1923 年 10 月 20 日，第 7 版。

② 钱杭：《库域型水利社会研究——萧山湘湖水利集团的兴与衰》，上海人民出版社 2009 年版，第 68 页。湘湖的情况也是如此。

③ 参见宗菊如、周解清主编《中国太湖史》，中华书局 1999 年版；冯贤亮《近世浙西的环境、水利与社会》；浙江嘉兴地区文管会编《杭嘉湖平原水灾成因考》，1980 年；汪家伦《古代太湖地区的洪涝特征及治理方略的探讨》，《农业考古》1985 年第 1 期；陈家其《太湖流域洪涝灾害的历史根源及治水方略》，《水科学进展》1992 年第 3 期；杨世伦、陈吉余《太湖流域洪涝灾害的形成和演变》，《地理科学》1995 年第 4 期；杨世伦、姚炎明《太湖流域洪涝的激发机制和减灾策略探讨》，《灾害学》1997 年第 3 期；史威、朱诚《太湖流域水灾演变与环境变迁的相关分析》，《自然灾害学报》2004 年第 1 期。

地区及苏嘉铁路沿线①）积水难以外泄；第三，区域海拔低，河道比降小，又受到江海潮汐的顶托倒灌，难以在短时间内排除大量水流；第四，人为因素，即清代以降人口增长的环境压力和江南水利事业的长期荒怠，许多河道日渐狭窄或被人为填塞，最终导致宣泄不畅，加剧了灾害的严重性。

到民国初年，浙西河道已"年久不治，巨流支港，菱封泥淤，水潦偏灾，屡见不鲜"。② 原本烟波浩渺的泖湖"大部分已成圩田，仅存通行水道"。③ 枫泾附近河道则遭"人为淤堵"，"农田隔绝水路，无从宣泄"，航道也"闭塞不通矣"。④ 因此河道疏浚成为民国时期太湖流域水利工作的当务之急，诚如前述胡雨人所指出的那样，解决水患的关键不在于铁路桥涵的改建，而在于全流域的整治。所以他将"要求交通部放宽"铁路桥列于"全湖流域各干流之鱼簖必须一律除去"之后，而且这两项都是审查报告的"补遗"。⑤ 不仅个人如此，在民国时期太湖水利部门的建设规划中，大到全流域的整治，小到疏浚泖湖等计划中都鲜有改造铁路桥涵的项目。⑥

中华人民共和国成立初期，在历次整治太湖流域的会议上，华东军政委员会水利部、上海市政府、江苏省水利厅以及相关学者所提交的报告也

---

　　① 参见中科院南京地理与湖泊研究所、水利部太湖流域管理局编《太湖流域自然资源地图集》，科学出版社 1991 年版。

　　② 《张会员廷梅等对于水利局整理浙西水道之意见书》，水利议事会编：《浙西水利议事会年刊》，1931 年，文牍第 73 页。

　　③ 《督办苏浙太湖工程局交议上下游水利工程预拟计划大纲案审查会报告》，胡雨人编：《江浙水利联合审查员对于太湖局水利工程计划大纲实地调查报告书函》，第 1 页。

　　④ 水利委员会编：《泖河测量报告书》，1915 年，第 4 页。

　　⑤ 胡雨人：《民国十年水灾后调查报告》，第 7、19 页。

　　⑥ 参见沈佺编：《民国江南水利志》、水利委员会编：《泖河测量报告书》；建设委员会编：《建设委员会工作计划概要》，1930 年；浙江省水利局编：《浙江省水利局总报告》，1935 年；武同举：《江苏水利全书》，南京水利实验处，1950 年；另可参见《江苏水利协会杂志》、《太湖流域水利季刊》、《扬子江水利委员会季刊》等期刊。

均未提及改建铁路桥梁之事，甚至没有与铁路相关的内容。① 后来各地认为铁路桥涵妨碍水利并要求改建的呼声——如沪宁铁路昆山正仪的娄江桥、沪杭铁路松江的通波塘、洞泾港桥以及嘉兴段 13 座大小桥梁、海宁境内 7 处桥涵等②——大都是 20 世纪 50 年代中期起江南地区大规模水网改造，部分河道流量大增以及地方政府不断对农业灌溉、排涝及航道标准提出高要求的结果，而并不完全是铁路本身的问题。如 1956 年上海铁路管理局称"目前各地农业合作化运动蓬勃发展，我局沿线区、乡政府常因规划农田水利，要求扩建铁路桥涵者甚多"。③ 有鉴于此，1958 年该局向浙江省人民委员会表示："如果能降低排涝及航运要求，减少新开河道"，则可节约大量改建资金；又如松江县人民委员会所言："通波塘是我县五七年冬、五八年春疏浚的一条南北主要入浦干河……沈锦塘、洞泾、龙兴港、口章泾和本身五大河流水源均汇集，由此入浦，排水量甚大……桥孔狭隘水急，航运不便，年年发生翻船和人身死亡事故。"④ 所以，笔者认为近代铁路建设对水利的影响并不是很严重，更不是造成太湖流域水患的主要原因。

（二）铁路部门的观点及处理方法也需要进行分析并作出相应判断。笔者并不否认方维因关于"潮汐作用实为妨害宣泄主因之一"的观点，更无意否定建造水闸以抵御潮汐影响的解决方案，只是对其壅水分析的方

① 参见《华东军政委员会水利部太湖水利委员会第一次会议（1951 年 8 月）》、《上海市水利事业四年来工作报告》、《关富权教授的意见》、《许止禅教授关于整治太湖水利初步规划意见》，《上海市农业局关于 1957 年太湖流域规划会议文件汇集》，上海市农业局档案 B45 - 2 - 201；《江苏省水利厅关于太湖流域规划的初步意见（1958 年）》，上海市档案馆藏，A54 - 2 - 317 - 12。

② 昆山市水利局水利志编纂委员会编：《昆山县水利志》，第 87—88 页；《上海市松江县人民委员会关于要求拓宽沪杭线铁路桥的第四次报告》，B10 - 2 - 32 - 54；《关于疏浚洞泾港拓宽二十六号铁路桥的通知（1969 年）》，B246 - 1 - 252 - 111；《上海铁路管理局技术改造工程指挥部关于沪杭铁路复线桥梁与水利航运配合问题的报告》，A54 - 2 - 344 - 42，以上均为上海市档案馆藏；《海宁县铁路桥涵影响农田水利调查表（1956 年）》，湖州市档案馆藏，0079 - 002 - 003。

③ 《函知有关农田水利规划涉及改建铁路桥涵的投资问题》，湖州市档案馆藏，0079 - 002 - 003。

④ 参见《上海铁路管理局技术改造工程指挥部关于沪杭铁路复线桥梁与水利航运配合问题的报告》，A54 - 2 - 344 - 42；《上海市松江县人民委员会关于要求拓宽沪杭线铁路桥的第四次报告（1964 年）》，B10 - 2 - 32 - 54，以上均为上海市档案馆藏。

法提出质疑。因为他的分析均为"假设"，如"假定桥下水面骤降多至六英寸"、"假定河流若不受妨碍"等语，可见其并没有掌握详细的水文资料，也没有对水位、流速、流量、水准高等必要数据进行采样，所以方氏的结论也经不起推敲。但由于沪杭甬铁路沿线河道水文资料的缺失，笔者也无法作出具有针对性的回应，所以只能另选其他铁路上既有铁路建成前后的水文记载，又是宣泄干道而具有代表性的河流，而且桥梁基本未缩减河道的个案进行分析——苏嘉铁路瓜泾港（见图3-9）即为最佳案例。

　　瓜泾港位于吴江城北，是太湖连通吴淞江的直接通道，"水急而深，湖底之浮泥难积，两旁之填占以不能固也"。[①] 河面宽60—70米，深约3.5米，断面良好。[②] 苏嘉铁路于1936年建成，而1929年起该河就有水文记载（图3-9上半图中1929—1931年观测点的记录，具体数据参见附录三）。瓜泾港桥为5孔排桩木桥，[③] 桥桩与水流的接触面比钢筋混凝土桥墩小，因此基本不存在缩减河面的现象。1943年夏，日汪政权为推行其"农业增产运动"而准备围垦瓜泾港外的东太湖。日本兴亚院大东亚省派员对当地的水利等各项情况进行了调查，7月9日[④]在与战前相同的地点测得流速为0.13米/秒，铁路桥造成的壅水使河道水位由西向东升高（图3-9下半图中的2.9米、3.8米、3.7米、4米），其最高点就出现在铁路桥前。1944年春，铁路被日军拆毁，路线虽然废弃，但仅仅是铁轨和枕木被掠夺，桥梁、路基甚至道砟均基本完好，[⑤] 因此铁路废弃前后桥梁对水流的影响基本不变，故1947年、1948年在铁路桥下（见图3-9中的观测点）测得的水文资料仍可使用。

　　首先我们从壅水高度 ΔZ 来分析，其计算公式如下：

$$\Delta Z = \eta \ (V_\mu^2 - V_0^2)$$

公式中的 η 系数系根据河流的类型和河滩的过水能力而定。低洼地区

---

① （清）金友理：《太湖备考》卷2《沿湖水口》，第89页。

② 《東太湖干拓基礎調査概要（二、土地改良班）》，《調査月報》第2卷第1號，1944年1月，第81頁。笔者使用的版本是龍溪書舍编：《興亞院大東亞省調査月報》，1988年復刻版。

③ 《苏嘉铁路第三段木桥工程估价单》，笔者藏。每孔9.14米。

④ 《東太湖干拓基礎調査概要（一、治水班）》，《調査月報》第1卷第12號，1943年12月，第153頁。

⑤ 参见岳钦韬《风雨苏嘉铁路》，嘉兴市历史学会编：《嘉禾春秋》第4辑，2001年；张根福、岳钦韬《抗战时期浙江省社会变迁研究》，上海人民出版社2009年版，第263页附图。

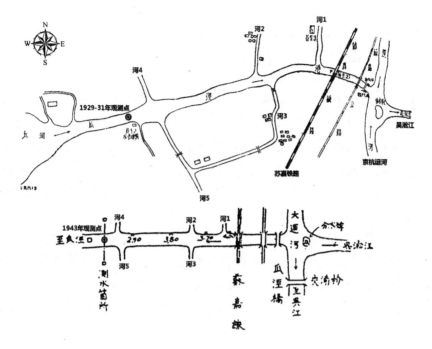

图 3 - 9　苏嘉铁路瓜泾港桥水文地图

资料来源：上图：华东军政委员会水利部编：《一九五一年华东区水文资料》第
3 册（太湖运河区），1952 年，第 40—2 页；下图：《東太湖干拓基礎調査概要（二、
土地改良班）》，《調査月報》第 2 卷第 1 號，1944 年 1 月，第 81 頁。

河流，河滩很大的河流，该河滩通过总流量的 50% 以上的，η 取 0.15
（瓜泾港"湖底之浮泥难积"、"断面良好"，故取之）。V_μ 为桥下的平均
流速，V_0 为水流未被挤压时（即桥梁未建造前）的平均流速。[①]

　　当地可供笔者使用的水文资料共有 1929 年、1930 年、1931 年、1947
年、1948 年五个年份。[②] 1931 年长江流域爆发了特大水灾，故这一年的
数据不宜使用，而其余年份当地均无水患，[③] 但因 1929 年仅有 4 天时间的
记录，故笔者仅取 1930 年 1—9 月的数据作为 V_0，1947 年、1948 年同时

---

　　①　铁道部第三设计院编：《桥涵水文计算》，第 49 页。

　　②　参见中央水利部南京水利实验处编《长江流域水文资料（第 10 辑 太湖区）》第 2 册，
1951 年。因页码混乱，不一一标注。

　　③　参见吴江县水利史志编纂委员会编《吴江县水利志》，河海大学出版社 1996 年版，第
211 页。

段的数据作为 V_μ。根据计算，1930 年的日平均流速 V_0 为 0.11 米/秒，1943 年单日的 V_μ 为 0.13 米/秒，1947 年的数值与之相等，1948 年则为 0.14 米/秒。通过计算，1943 年的壅水高度 ΔZ 为 0.00072 米，1947 年同前，而 1948 年为 0.001125 米。

1943 年铁路桥前 4 米的壅水水位，比 1931 年洪水时期也是当年的最高水位（即 8 月 1、2、5 三日，均为 3.94 米）都高，而 1948 年 ΔZ 值更大，其壅水水位也应当比 4 米更高。[1] 由此可见，壅水所形成的水位高度比水灾造成的水位高度更甚。而且一旦壅水，不仅河道本身的水位上涨，与该河连通的河道（见图 3 – 9 中的河 1—5）水位也会随之涨起，就会形成桥上游流域内水位的高涨。

但还是由于水文资料的缺乏，我们无法再进一步测算壅水造成的其他影响，包括桥上游流域水位高涨的范围和程度。此外，囿于重要档案的不开放，我们也无从获取近代铁路与水利部门的调查资料并了解它们的看法。[2] 但我们已可以基本认定，铁路对水利的影响并非方维因等人所认为的那样"极为微细"，无足轻重。

本 章 结 论

拙著从历史事件出发，通过分析时人的认识与经验，最后运用当代的研究成果和理论方法进行检验，就近代铁路建设对水利的影响问题得出以下结论：太湖流域的水患主要是由当地长期以来的自然与人文环境造成的，随着铁路等各种近代化事物的出现，其成灾因素变得更为复杂多样，但铁路本身并不足以成为导致水灾的关键性因素；不过铁路对水利的影响也并非无足轻重，因为几乎每一座铁路桥梁都具有壅水作用，而且不乏像屠家村港、北姚泾那样堵塞和缩减河道的现象。总之，由北向南贯穿整个太湖流域的近代铁路建设，使当地受到了自大运河开凿以后最大规模的人造工程的影响，从而初步改变了自明清以来形成的流域水文环境。因此，从铁路管理部门而言，铁路建设须与沿线水利建设相协调，尊重和保护地方利益，才能实现更多的社会效益。

---

[1]　壅水水位出现在桥前，所以 1947 年、1948 年桥下的水位均低于 4 米。
[2]　如中国第二历史档案馆馆藏的京沪、沪杭甬铁路管理局全宗、国民政府水利部全宗等。

近代中国的铁路建设可谓一波三折，从清政府官员关于是否建设铁路的多年争论，到具体实施过程中遇到的民间反抗，都能体现出在现代化进程中，国家对传统社会形态结构进行渗透与整合时所遭遇到的各种困难与阻碍。但这一进程仍不断推进，国家权力得以逐步下渗，社会力量日渐式微，地方社会逐渐丧失了可以与国家对抗的士绅群体，民间对于地方利益的争取，地方之间对于利益的分割，皆须直面强大的国家。① 但社会力量所遭遇的困厄不仅出于国家政权挤压之故，其自身的种种缺陷也成为阻碍发展的重要原因。例如水利工程理论等西方专业技术知识传入中国后，地方士绅群体的认知水平与知识结构难以适应知识体系的更新，往往只能听任代表国家的铁路管理部门的意见与处理方法。双方信息不对称导致了地方表达的失语，进而造成社会力量的减弱。

社会力量的减弱，进一步加剧了各自为政的局面。例如设于苏州的太湖水利管理部门——"督办苏浙太湖水利工程局"，自始至终都很少介入两起"拆坝筑桥"事件，仅在 1922 年春会同江浙两省代表视察屠家村港，并上书交通部请求"查照施行"，② 江苏水利协会在这一时期也几乎没有讨论过相关事宜。③ 这也许是因为沪杭甬铁路更多地关乎浙江的利益。再从事件的整个过程来看，我们也可以发现路局、浙江省官方、地方士绅等交涉各方多从自身角度出发，完成自身的"地方表达"，维护各自的"地方利益"。全流域的统一规划与治理也一直难以实现。因此，有关各方在面对新形势，解决新问题时，只有最大限度地突破地域壁垒，加强彼此信任，切实深化合作，才能处理好全流域的生态和社会问题。

①　冯贤亮：《近世浙西的环境、水利与社会》，第 318 页。

②　参见《交通部训令第 2342 号》，张世桢编：《沪杭路屠家村港拆坝筑桥纪略》，第 4 页。

③　江苏水利协会编：《江苏水利协会民国十一年常会议决案》、《江苏水利协会民国十二年常会议决案》，出版项不详，1922—1923 年。

第四章 路地之争：上海城市铁路
改造与土地征收

　　铁路的客、货运输最终是通过位于城市中的客、货站场来完成的。它的场地范围、坐落位置、线型布局不仅对城市空间结构产生了重大影响，对城乡经济的发展和商品经济的流通更具有重要作用。但随着城市的发展，铁路路线逐渐对城市发展产生了不良影响，所以地方市政部门①为了城市的发展而迫切需要改善既有铁路的路线布局，其面临的首要任务就是制订一整套改造城市铁路的规划方案。

　　城市铁路规划既是城市规划的有机组成部分，是对城市规划加以局部深化落实的重要环节，同时也是铁路土地管理和业务发展的重要环节。②城市规划的付诸实施需要市政部门拥有一定的土地征收权利，因此笔者认为，与铁路有关的土地征收可以分为"向下"和"向上"两个主体不同的层面——"向下"指的就是本书第二章涉及的铁路部门为兴建铁路而面向基层社会的征地工作；"向上"指的是市政部门按照其规划方案向铁路部门征求用地的交涉。但问题就在于市政部门"向上"的征地工作不仅牵涉铁路土地的产权问题，更与一个国家的铁路管理体制密切相关，因此市政部门往往面临着无法通过经济手段实践规划的尴尬。而在 20 世纪 30 年代的上海，两个层面的土地征收因缘际会地结合在一起，对城市发展产生了深远影响。因此本章将以上海城市铁路改造规划为例，重点分析"向上"的土地征收问题。

----

① 包括北京政府时期由地方精英组成的市政管理机构，如上海的沪北、沪南工巡捐局等。

② 张宏吉、汤士安主编：《铁路用地规划与管理研究》，东北师范大学出版社 1991 年版，序言第 5 页。

第一节　早期改造：铁路平交道的交涉与建设

早在 1898 年淞沪铁路通车之际，工部局就要求由盛宣怀督办的铁路总公司或其他单位个人在建造铁路之前，必须向其提交方案说明铁路"是要在上面架桥还是平面穿过，以便工部局能看到公共权利将受到怎样的影响"。① 不过铁路最终没有通过租界，其对城市道路的负面影响转而在华界逐渐滋生。

1907 年 10 月 1 日，沪宁铁路总管理处为维护行车安全而将闸北海昌公所至王家宅铁路沿线（见图 4 - 1）两侧用铁丝网围住，阻断了苏州河新闸以北的一条大路和数条小路，一周后又把一条石子大路"掘成深沟，以致马路北段，绝无行人"，通王家宅的几条道路也被截断，"新闸桥北新辟马路，大半作废，商贾往来，均须绕道租界，以致市面顿形冷落"。

就在闸北巡警分局准备将上述情况报告给上海巡警总局总办汪瑞闿时，二十七保十一图许家珍等地方绅商也联名上书总局称闸北迄西王家宅、海昌公所、苏州路等处各条官路、支路均被铁丝网和深沟阻断，而该处正是太仓州所辖镇洋、嘉定、宝山、崇明各县以及南翔、大场、真如等镇进出上海的陆路要道，"一旦横被隔塞，非特行人绕越，诸多不便，且附近各处市面，顿形减色，闸北商场从此恐无兴旺之日"。因此他们请求总局向铁路总管理处交涉，希望能拆除铁丝网或者"酌留出入门户，以便行人"，即要求开辟平交道。此事得到了汪瑞闿的支持，他认为闸北地区兴建道路以后，"往来称便，商业渐兴"，而铁网的阻拦使"市面顿衰，商情大拂，于闸北地方，关碍匪浅"，故呈请上海道台梁如浩与总管理处协商。②

总管理处接报后虽然表示将在该处建设一座跨铁路的"浮桥"，但此后不仅"未见诸实行"，③ 反而将铁丝网向西延伸至新大桥杉板厂及太阳庙一带，并在王家宅一带开挖地沟。地方官民不忍"市面日衰"而通过

①　Shanghai Municipal Council eds. *Report for the Year 1898 and Budget for the Year 1899.* Shanghai：Kelly&Walsh，Limited，1899，pp. 265 - 266.

②　《沪宁铁路公司掘沟筑围之交涉》，《申报》1907 年 11 月 23 日，第 5 版。

③　《铁路公司阻碍道路》，《申报》1907 年 11 月 12 日，第 19 版。

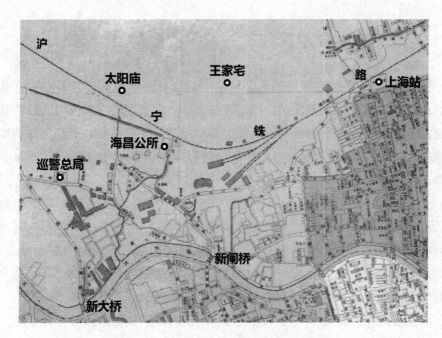

图 4 - 1 　清末民初沪宁铁路闸北沿线地图

资料来源：商务印书馆编：《实测上海城厢租界图》，1913 年；另参见《上海市区域北市图》，杨逸等编：《上海市自治志》，民国四年（1915）铅印本。

汪、梁二人等渠道不断上访，但总管理处置若罔闻，直到次年 4 月中旬沪宁铁路全线通车时铁丝网仍未拆除，此事也不见下文。①

以上事件成为铁路阻碍闸北发展问题的起源。当代城市规划理论普遍认为铁路路线分割了城市空间，导致被割裂的两部分缺乏有效的联系，并直接造成两部分城市形态特征的巨大差异。为减少这一负面影响，时人不断要求铁路部门拓宽、添建"栅门"（平交道两旁用于隔离途经火车的木质栅栏）或"旱桥"（跨越铁路的立交桥）。

---

① 《派员查视铁网阻碍要道》，《申报》1907 年 12 月 25 日，第 20 版；《铁路工程之阻碍》，《申报》1907 年 12 月 31 日，第 19 版；《铁路公司拦截要道》，《申报》1908 年 3 月 21 日，第 18 版；《阻碍道路》，《申报》1908 年 4 月 18 日，第 19 版；《请催铁路公司拆除铁网》，《申报》1908 年 4 月 20 日，第 19 版。

一　"栅门"、"旱桥"的拓宽与添建

（一）方案问题

1915 年 9 月，闸北工巡捐局因计划建设淞沪铁路虬江路平交道而致函沪宁铁路管理局。10 月 1 日，洋总管克礼阿（A. C. Clear）回复称平交道栅门及道路只能由路局负责修建。工程局以"不需翻动铁轨"为由要求自建，11 月 13 日钟文耀称克礼阿是为了"郑重路产起见"而提出自行修建，工程局只得表示同意。① 可见路局对自身土地和财产设备防范极严。

1922 年 2 月 15 日，因宝山路平交道"吴淞火车经过时，栅栏关闭，有时不免过久，行人车辆，□面麇集，迨至栅栏一开，拥挤不堪，行人深感不便"。沪北工巡捐局应地方商民之请致函沪宁铁路管理局请求在该处建人行天桥一座。② 8 月 28 日，闸北救火联合会职员会基于"闸北地方如宝山路等要道之交通，均被沪宁淞路轨栅门过窄所阻"，故开会决议联合自治筹备会函请沪北工巡捐局设法加宽栅门，"以利交通而便消防"。9 月14 日，沪北工巡捐再次致函路局提出了较此前更为全面的计划，即请求将大统路、海昌路（后改称共和新路）、宝山路、虬江路、广东街（今新广路）、宝兴路、横浜路、宝山路底、江湾路由西向东 9 处平交道放宽到与道路宽度一致，"以裨市政"。③ 该公文不仅充分阐述了改建理由，同时也指出了城市发展与铁路路线的矛盾。

> 铁道一带，马路市面渐盛，行人日多，原有栅门，均嫌窄狭，车马时见拥挤而阻滞，消防尤多妨碍。

该提议虽经路局审议，但并未加以实施，矛盾依然存在且进一步加深，尤其是与"与闸北之发展上有重大关系"的"淞沪铁路之第一栅

---

① 《闸北工巡捐局关于开辟虬江路越过淞沪支站与铁路局磋商办法、总站附》，上海市档案馆藏，Q204 - 1 - 62。

② 《沪北工巡捐局函路局建旱桥卷》，上海市档案馆藏，Q207 - 1 - 70。

③ 《闸北救火联合会职员会纪》，《申报》1922 年 8 月 29 日，第 15 版；《放宽铁路栅门之函请》，《申报》1922 年 9 月 15 日，第 14 版。

门"——宝山路平交道（见图4-2）。

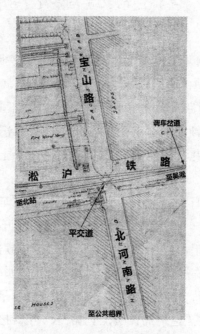

图4-2　宝山路平交道平面图

资料来源：《沪北工巡捐局关于筑路占用铁路局地产
交涉卷》，上海市档案馆藏，Q207-1-122。

20世纪20年代初，上海市区的汽车保有量已突破10000辆，[①]《申报》也随之特设了"汽车增刊"对其产生的各种问题进行讨论。1924年4月5日和12日的增刊上连载了一篇题为《整顿上海闸北交通之我见》的文章，作者周名赓是两路局的一名职员。[②] 该文首先对闸北最大的宝山路平交道的相关情况作了如下描述，并认为需要尽快加以改良：

　　此栅门每日必有三十余次之闭塞，每次闭塞，虽久暂不等，约自一二分钟以至一二十分钟，然在此时内，南北往来，完全阻绝，此项交通，亦即停顿。因之北河南路口，与虬江路间之南段宝山路上，秩

----

① 根据工部局历年颁发的"自动车"车辆执照数累加，参见罗志如编《统计表中之上海》，中央研究院社会科学研究所，1932年，第58页。

② 周名赓1915年进入路局。参见京沪沪杭甬铁路管理局编《京沪沪杭甬铁路职员录》，1935年，第238页。

序时常紊乱，恒有无数车马行人，被其覆留，必伫立以待。此栅门生
启后，方得通行，其不便已甚矣，乃其时路人，又多不知礼让，纷纭
嘈杂，均各争先恐后，倾轧夺路，互相诟谇扰攘，使妇孺老弱，几难
立足其间。①

除"放宽栅门"的方法外，周指出造成平交道关闭"最久之时"的
是北站火车的调车（即调头转向），因此作者建议将平交道以东用于调车
的铁路岔道迁移到平交道以西，或者在西端设置可以平移的活动岔道，从
而减少因调车而产生的影响。

但"为一劳永逸计"，周名赓认为应通过抬高铁路路基的方法，改平
交为立交——首先，作者通过清末跨越租界的高架铁路方案因耗资甚巨而
被否定的先例，认为抬高路基的费用低于高架方案；其次，鉴于北站站内
及市郊铁路路基已与平地等高而不便排水的情况，作者表示"为铁路自身
计，增高之，殊亦分内事耳"；最后，提出了详细的改造方案：从北站开
始分段实施，"所费必不甚大"。先抬高宝山路平交道两侧的路基 4—5
米，再架设跨越宝山路的桥梁，轨道置于桥上。然后以 1%—5% 的最小
坡度将宝山路路面向桥下挖深 4—5 米，如此就能在宝山路上建成一座下
沉式立交桥，使路面与桥上的铁路相距 10 米左右。建成后"各项车乘，
尽可由此通行无阻，而不受任何羁留，桥上轨道之上，则铁路车辆，亦可
往来自如，而无启闭栅门之烦琐"。同时，如果将所有市郊铁路路基如法
炮制，"此后非仅各栅门，均可废除，即现有之旱桥，亦无存在之余地"，
即彻底消除铁路对城市道路的阻碍。②

此方案为近代上海最早的改造既有铁路路线的方案，后世对此汲取甚
多（详见下文的"大上海计划"等内容）。但五个月后，江浙战争爆发，
沪宁、沪杭甬铁路成为双方军队争夺的重点，黄渡、松江等路段一度成为
主战场，路局忙于应付战事，故该提议未能实现。战后，改造各平交道以
及兴建北站西端连通王家宅路与北浙江路的"旱桥"（立交桥）仍是各方
最为关注的议题。1924 年年底，沪北工商学会致函沪宁铁路管理局局长

① 参见 1924 年 4 月 5 日《申报汽车增刊》。此处的"旱桥"指的是北站西端的人行桥。

② 周名赓：《整顿上海闸北交通之我视（续）》，《申报》1924 年 4 月 12 日，《申报汽车增刊》。

任传榜，请求加宽共和新路铁路栅门至与道路同宽的 50 英尺（15.24米）。次年 1 月，第二次江浙战争打响，3 月 26 日路局回复表示同意，但洋总管克礼阿认为 50 英尺"在目前情况似可不必"，30 英尺（9.14 米）"够用有余"，所需费用约 300 银元于开工后由沪北工巡捐局支付。① 4 月 6 日，工商学会认为改造工程"旬日以来尚未开工"，且 30 英尺之宽度非一劳永逸，"异日市面繁盛，尚须再放"，故致函新任局长沈成枵请求其与洋总管协商按其原计划办理，"以地方公意为重"。②

此时战事尚未完全平息，动荡的局势迫使此项计划不得不中止。同年 12 月局势稳定后，闸北市议事会召开临时会议讨论议员徐少棠、姜怀素、陈少荪等人关于改良交通的三件提案。徐少棠等提议兴建前述立交"旱桥"以减轻宝山路和共和新路两处平交道的交通压力，并使铁路以北各道路通过北浙江路与租界相连，由此"市面可普及振兴，而无偏瘠状态"；姜怀素等人继续就共和新路平交道问题发表意见，认为应请议事会联合上海市董事会及沪北市政局与路局再次协商；陈少荪则顺势提出改建宝兴路、同济路两处平交道的提案，认为两条道路是宝山路与北四川路的往来要道，故亦须改造。③ 但到次年 6 月，三项议案仍在讨论中。④

1926 年 12 月 23 日，闸北救火联合会再次以消防安全为由，请求铁路局尽快改造沪宁、淞沪铁路沿线 9 处"均不照路线放宽"的平交道，强调其"火警救火车被阻，倍形焦急，然救火如救兵，非片刻所能涎误"。⑤同时，该会也认为可以先对列车的行车时间进行调整：当时每天下午 2—5 点宝山路栅门因"行车关系，数数关门"，尤其是下午 4 点的一班列车通过时需关闭长达半小时。此时正值工人下班高峰，疏导交通则需 50 分钟，故该会请求将此班列车安排到晚上 9 点以后。另外还建议在平交道放宽后，于两侧架设两座跨越铁路的人行天桥，实现人车分离，以减少车辆通过时间。除直接致函路局外，该会还请淞沪商埠督办公署工务处与路局商洽。不久路局直接回复该会，表示对此"力求不有延缓之处，凡可办理

①《共和新路铁路栅门即日宽放》，《申报》1925 年 3 月 27 日，第 15 版。

②《沪北工商学会致沪宁路局函　为放宽栅门事》，《申报》1925 年 4 月 7 日，第 14 版。

③《闸北市议员提议改良交通》，《申报》1925 年 12 月 8 日，第 9 版；《闸北市议员议案汇录》，《申报》1925 年 12 月 12 日，第 13 版。

④《闸北市议会夏季常会议案》，《申报》1926 年 6 月 26 日，第 13 版。

⑤《闸北救火会请路局改良栅门》，《申报》1926 年 12 月 24 日，第 15 版。

者，无不照办"，同意在下次调整列车运行图时更改下午 4 点那趟列车的时刻，"该处交通，当可从容通过"。对于建天桥一事，路局虽然认为是"最善之法"，但"现时经济情况，实无余力办此工程"，故建议闸北当局自筹经费并预留用地。①

与此同时，路局也从自身安全角度出发谋求平交道的改善。11 月初，车务总管韦燕（C. L. G Wayne）建议在麦根路（今西苏州路等）、宝山路、虹江路、北四川路、天通庵路等"各繁盛之区"的平交道上建自动栅门，如此则"无须假借人力，则可免遗忘碰撞之险，又可免多耽延时间"。路局随即采纳并派人测量，计划不日动工。② 但次年的北伐战争不仅中断了该计划，宝山路平交道东侧两扇栅门也因战事而遭到破坏，仅余西侧两扇，以致出现部分心存侥幸的行人车辆强行闯关的危险情形。③

1927 年 10 月底，路局修复了被毁的宝山路平交道栅门，但《申报》认为在保障了安全的同时，"该路交通则殊感不便也"。④ 因此次年 11 月，国民党上海特别市党部第六区党务指导委员会通过了第七分部关于加宽宝山路栅门的议案，上书市党部转至路局办理。⑤ 路局随即着手办理，至 1929 年 2 月底完成加宽及新栅门的安装工程，"此后于交通上，可稍免拥挤云"。⑥ 至此，改建宝山路平交道一案终于尘埃落定。

这一时期建设立交桥的各种设想不断涌现，如 1927 年初，供职于浚浦局的黄炎在其撰写的《大上海建设刍议》一文中提出在北站以西建设三四处可供车辆行驶的立交"旱桥"。⑦ 而"大上海计划"也引起了民间的响应。1928 年 3 月，一位市民在《申报》上撰文提议将北站西端的人行旱桥改为可供车辆行驶的"宽阔大桥"，北接宋公园路（今和田路的一段），南连北浙江路，由此将消除宝山路至共和新路之间没有南北向干道的弊端，还可以和正在建设的中山路相连。此举不仅在路名上彰显了民国

① 《淞沪商埠督办公署关于闸北救火联合会函请转商路局放宽铁路各栅门卷》，上海市档案馆藏，Q208-1-54。

② 《淞沪路将建自动栅门》，《申报》1926 年 11 月 11 日，第 15 版。

③ 《宝山路口新装铁路栅门》，《申报》1927 年 10 月 27 日，第 15 版。

④ 同上。

⑤ 《六区指委会五十五次常会》，《申报》1928 年 11 月 16 日，第 16 版。

⑥ 《宝山路放宽铁路栅门》，《申报》1929 年 2 月 25 日，第 15 版。

⑦ 黄炎：《大上海建设刍议》，《工程》第 3 卷第 1 号，1927 年 3 月，第 35 页。

的两大人物，而且"贯通上海之中区及南市"，所以改建旱桥"不失为今日言建设大上海者应有之事"。①

铁路方面也在继续谋求立交化改造。1929 年 8 月，两路局向上海特别市政府工务局（以下简称市工务局）表示已计划在宝山路建立交桥，随后出示了初步设计方案（见图 4－3，上方为立交桥样式，下方为平面图）。②

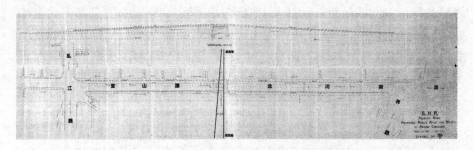

图 4－3　宝山路跨淞沪铁路立交桥设计图

资料来源：《上海市工务局有关沪宁路局在宝山路平交道上架筑桥梁文书》，上海市档案馆藏，Q215－1－7736。

1930 年，上海市政府建设讨论委员会委员张慰慈提议"为振兴闸北市面，便利人民交通起见"而改建北站以西 300 米跨铁路的民德路人行旱桥，以便车辆不再绕道宝山路。6 月 7 日经该会第 9 次常务会议讨论通过后，由市府致函铁道部商议改建。③ 该部于 17 日令京沪铁路局进行调查，路局工务处随后制订了改建方案，但表示应请市府先行改建宋公园路以通行汽车，否则即便旱桥改造完成也"仍属无用"。现有旱桥当年建造时完全由路局出资，但若改建则"现时财力，并无余款足资兴建"，因此 9 月10 日铁道部认为应"从缓建筑"。④ 24 日，两路局也致函市工务局表示目

①　钱贯一：《市民之言：改建闸北铁路旱桥议》，《申报》1928 年 3 月 29 日，第 20 版。宋公园为纪念宋教仁而命名。

②　《上海市工务局有关沪宁路局在宝山路平交道上架筑桥梁文书》，上海市档案馆藏，Q215－1－7736。

③　《函铁道部第 1555 号 准建设讨论委员会函拟改建京沪铁路旱桥请咨部办理等因函请查照由》，《上海特别市政府公报》第 57 期，1930 年 6 月 20 日，第 55 页；《令京沪铁路管理局 上海市政府函请改建该路旱桥仰查议复核由》，《铁道公报》第 77 期，1930 年 6 月 21 日，第 7—8 页。

④　《函上海市政府 京沪路在上海闸北新民路改建旱桥一案应从缓办希查照由》，《铁道公报》第 101 期，1930 年 9 月 13 日，第 10—12 页。

前"财力支绌"，无力筹措 77000 元的建筑费，但"如有财力，当可照办"。①

（二）经费纠纷

20 世纪 20 年代末，随着城市道路和跨地区公路的迅速发展，"筑路工程，日趋繁复，跨越轨道，在所难免"，铁路部门与地方政府在建设经费上的矛盾也日益突出。1928 年上海特别市工务局向两路局提议共同出资兴建中山路的两处平交道（一处在闸北的沪宁铁路上，另一处位于徐家汇附近的沪宁、沪杭甬两路联络线上），其中建设费需 2145 元，日常维护费为 620 元。② 兼任两路局总工程司的洋总管克礼阿表示反对，于 10 月 26 日提醒路局称：

> 铁路所经，不止上海一隅，且各省公路，现更积极建设，如果此端一开，势将不胜纷扰。

12 月 6 日，路局要求工务局承担所有的建设费和维护费，工务局表示可以承担建设费，但维护费应由路局出资。③ 市府经审议后要求路局照办，另致函铁道部称"非确定办法，不足以利进行"，进而提出将来建设平交道时都按照工务局承担一部分或全部建筑费，其他费用和维护费由路局承担的办法。路局对此颇为不满，1929 年 2 月 9 日铁道部向市府转述了路局的态度：

> 若无跨轨举动，此项工程无由发生……铁路兴办在先，公路建筑在后，如后来之建筑必须先前建筑之机关担任维持等费，则赔累损失，伊于胡底，根本上难以承认。

路局还援引浙江省公路局自行承担杭州南星桥平交道所有费用的先

---

① 《上海市工务局关于铁路旱桥文书》，上海市档案馆藏，Q215-1-7692。

② 《铁道部训令第 333 号 令沪宁沪杭甬铁路管理局 上海特别市政府建筑中山路跨越轨道建筑栅门费及常年维持费拟由路局及市工务局分别担任仰核议具复以凭核办由》，《铁道公报》第 3 期，1929 年 2 月，第 62 页。

③ 上海特别市工务局编：《上海特别市工务局业务报告》第 2—3 期，1928 年，第 211 页。

例，表示"事同一律，办法决难两歧"，要求工务局自筹维护费。① 为此市府再致函铁道部，该部表示"市长整理市政，深具苦衷，该局虽属万分困难，本部亦不能不特别通融"，遂令路局承担维护费。但路局调查后复函铁道部称其承担的维护费不能超过全年经费的半数，即要求工务局负责剩余部分"以昭公允"。工务局随即表示反对，并称租界"越界筑路"的平交道的所有费用均由路局承担，今中山路"本为纪念总理而筑，经费异常竭蹶"，路局方面更应格外通融"以昭公允"，市府也认同工务局的说法并向铁道部转述。6月25日铁道部为化解僵局而令路局支付维护费。②

但矛盾并未因此而化解。1930年上海市工务局开工建设打浦路，计划在所有跨越沪杭甬铁路的地方都设置平交道，8月曾函请沪杭甬铁路局办理，但路局仍回复称所有费用均须由上海方面承担。工务局随即援引上述中山路平交道的先例要求路局承担维护费，路局拒绝并表示中山路属于"特别通融，不得援以为例"。工务局则再次强调沪西"越界筑路"的平交道均由路局出资管理，"未闻租界工部局缴纳任何费用"，华界的其他平交道也是如此，所有此类工程"本属路局应管范围"。10月16日，该局上书市府转请铁道部令路局同意打浦路及将来所有平交道都能参照中山路的经费分配方案。③

铁道部接报后令路局工务处查办，不久该处回复称"不能援以为例"，理由有两点：第一，虽然租界方面确实不曾支付费用，但这是因为"越界筑路"权是否成立尚在外交交涉中，尽管工部局曾表示愿意出资，但路局"不便接受其经费"，因此所有费用"暂归"路局，待有定论后再由工部局偿还；第二，淞沪铁路宝山路、虹江路两处平交道市府没有支付任何维护费，而沪杭甬铁路现有的七处平交道每处每年约需620元，开销已经很大。如果沿线各地一一效仿，那么就会出现克礼阿所说的"不胜纷扰"的局面。最终，铁道部站在了路局这一边，于12月1日致函市府称

---

① 《函上海特别市政府 据沪宁路局呈称担任中山路栅门常年维持等费难于照办由》，《铁道公报》第4期，1929年3月，第110—111页。

② 《铁道部训令1171号 令沪宁、沪杭甬铁路管理局 中山路跨轨栅门常年费仰该局全数担任由》，《铁道公报》第8期，1929年7月，第39—40页。

③ 《上海市政府咨第955号 为据工务局呈沪杭甬铁路管理局不允分任打浦路筑栅经费请转咨铁道部请其维持中山路原案办理等情咨请查照由》，《上海市政府公报》第70期，1930年10月20日，第54—55页。

不便按照中山路之"特例"办理，以免路局"增无穷负担"。①

然而到半年后的 1931 年 5 月，双方仍未能取得一致，"以致新旧各路之亟待装设栅门者，均属无从进行"，工务局表示"设令长此迁延，殊与交通安危，关系匪细"。5 月 20 日，市府应该局之请致函铁道部要求尽快派员赴沪磋商相关办法并迅速开工。②铁道部遂派技正夏全绥前往，6 月 3 日与市府代表秦烈、工务局局长沈怡及第三科科长薛次莘讨论后制定了三条办法，该部经审核后于 20 日下发给两路局。③

道路与铁路平交叉处建筑栅门办法

一、凡交叉处业已建筑栅门并由铁路局担任维持者，仍照旧办理。

二、凡交叉处尚未建筑栅门，而双方认为有建筑之必要者，所有此项栅门之建筑费及常年维持费归市政府与铁路局各半负担。此项栅门如需改良时，办法同上。

三、凡交叉处业已建筑栅门，而双方认为有改良之必要者，所有此项因改良而支出之建筑费归市政府负担，常年维持费仍归铁路局负担，倘因改良而增加之维持费，应由市政府与铁路局各半负担。

虽然明确了各自的权责，但此后市府方面因谋求铁路的彻底改造（详下文）而鲜有相关计划出台，但民间的改建呼声仍不时涌现。1934 年春，两路局在麦根路站沿交通路北端建造水泥围墙，并计划拆除贯通铁路北的大阳桥与路南潘家湾的小木桥。大阳桥商民孙桂芳等人多次请求路局加以保留，但未获批准，故不得不公推代表向市府请愿。他们认为该桥贯通铁路南北，连接潘家湾，每天经过的市民在万人以上，大阳桥市面也全靠该桥得以维持。现在路局"不谙地方情形"的拆桥之举必将使"万家小工、

① 《铁道部公函第 3593 号 函上海市政府打浦路及以后越轨筑路栅门经费未便由路局负担由》，《铁道公报》第 125 期，1930 年 12 月 6 日，第 11—12 页。

② 《上海市政府咨第 1447 号 据工务局呈为本市跨越铁道各路装设栅门一案悬未解决呈请部派员会商办法以利进行等情咨请派员前来会商由》，《上海市政府公报》第 91 期，1931 年 5 月 30 日，第 54 页。

③ 《铁道部训令第 7471 号 令京沪沪杭甬铁路管理局抄发道路跨越铁道装设栅门办法由》，《铁道公报》第 181 期，1931 年 6 月 24 日，第 4—6 页。

商民之生计"陷入绝境。木桥虽小，但"关系民生之影响实巨"，故请求
保留木桥或改建为平交道并设置栅门，"俾自由往来，得维现状，则其功
德，实为万家之生佛也"。3 月 5 日，市府致函两路局处理此事。① 随后，
潘家湾一带住户亦以此墙堵塞小木桥通道而联名请求市府保留该桥，并在
桥墩墙边开辟小门以便出入。上海市商会也致函路局表达了此意。

路局工务、车务、机务三处会同讨论后，认为筑围墙的目的有以下三
条：一是为了便于铁路警察稽查宵小混入麦根路站；二是出于减少民众因
取道该桥而被火车轧死（平均每月一人）的安全考虑；三是防止贫民草
棚侵占铁路地界以免"污秽狼藉"。故若按照住户之请求，则"筑墙之原
意全失"。此外，潘家湾居民完全可以通过潭子湾路的铁路平交道抵达交
通路。所以，路局最终决定将小木桥迁移，同时兴建地下通道穿越铁路以
维持潘家湾方面的交通。同时路局建议住户向市府呈请建造连通潭子湾平
交道的道路及跨苏州河的桥梁，如此才能使"行人通过轨道，可无危
险"。② 从此后的史实来看，两路局仍以平交道替代了地下通道。③

1934 年 10 月，上海北站至南翔站的复线工程开工，这是两路发展史
上的一项重大进展。④ 但伴随着铁路事业的发展，地方社会希望避免铁路
阻碍道路交通的要求也再次出现。1935 年 2 月，闸北八路商界联合会等
机构举行会议，援引蒸汽车通行后迁移淞沪铁路车站（参见下文）之成
例请求两路局改造共和新路、大统路两处平交道。由于两处已有京沪、沪
杭甬两条铁路的三条轨道，每日各种车辆来回"不下四五十次"，而复线
完工后，据说每天将开行北站往返南翔站的专车 20 次，栅门关闭时间若
以每次 10 分钟、一天 60 次计就将达到 10 小时，"商民等日常往返所受时
间之损失，将不可设想"。因此该联合会提出了两种补救办法：请求路局
建造立交桥，"俾车辆行人得在桥上经过"；"如第一项建议办不到"，则

---

① 《上海市政府公函第 2951 号 为闸北大阳桥商民孙桂芳等呈为路局拆除小木桥阻碍交通请
迅予转函保存并请愿一案函请查照核办见复由》，《上海市政府公报》第 143 期，1934 年 4 月 10
日，第 182 页。

② 《筹移交通路小木桥》，《京沪沪杭甬铁路日刊》第 929 号，1934 年 3 月 21 日，合订本第
135 页。

③ 《改善上海中山路等栅门设备及管理办法》，《京沪沪杭甬铁路日刊》第 1802 号，1937 年
1 月 28 日，合订本第 175 页。

④ 京沪沪杭甬铁路管理局编：《京沪沪杭甬铁路大事记》，1935 年，第 21 页。

请将专车的始发站由北站转移到大统路西端的麦根路站，如此即可避免上述情况的发生。①

5月1日，沪翔复线建成通车。② 此后，两路局虽未完全采纳闸北商界联合会的请求，但鉴于大统路南通租界，北连通往罗店、嘉定、浏河、太仓等处的沪太公路，"为南北往返之要道"，该路东端也已经设立沪翔专车车站。因此决定对该路的原有平交道实施扩建，9月21日竣工，南北长约30米，东西宽约15米，"行人称便"。③ 在此后的一年多时间里，随着两路各项业务的迅速发展，路局于1937年6月公布了总投资2000万元以上的京沪铁路业务改进计划，共分为十项，第三项即为"改平交道为上下交道"，耗资约30万元。④ 但不久抗战爆发，所有改进计划均告终止。

二 迁移淞沪铁路上海站

20世纪20年代中后期，上海城市公共汽车的广泛兴起对近郊铁路客运产生了强烈冲击。1928年11月，上海华商公共汽车公司开通了北站宝山路口至劳动大学（江湾火车站旁）的1路公交车，每月乘客约7万人次。而此时的淞沪铁路班次少又常误点，故乘客"舍此就彼"。⑤ 为应对竞争，两路局引进了不同于普通客运列车的"蒸汽车"并加大了行车密度。

为避免蒸汽车开通后对宝山路平交道造成比之前更严重的交通梗阻，1930年2月，国民党上海特别市执行委员会呈请铁道部迅速设法将淞沪铁路上海站从北站中分离出来，迁往宝山路以东，专门作为淞沪铁路的到发站（见图4-4），避免列车再穿过宝山路平交道出入北站，"俾大上海计划易于实现"。京沪铁路局随即于3月5日对宝山路平交道栅门的启闭时间及阻断道路交通的时间进行调查，随后报告铁道部称：一般列车通过时间为1分钟到1分20秒，而蒸汽车仅需40秒，"似此情形，尚无十分

---

① 《闸北商民集议 沪翔火车有碍交通》，《申报》1935年3月12日，第11版。
② 《沪翔段双轨 行驶蒸汽车》，《中央日报》1935年5月2日，第2版。
③ 《大统路放宽铁道栅门》，《申报》1935年9月22日，第14版。
④ 《铁部批准京沪路三年改善计划》，《申报》1937年6月11日，第14版。
⑤ 赓：《淞沪支线与公共汽车》，《京沪沪杭甬铁路日刊》第1685号，1936年9月9日，合订本第59页。

障碍交通之处"。故不同意迁站之议，表示仍将继续执行现有的栅门启闭办法并加以改进以加快启闭速度，"此办法较诸移筑车站，当为节省"。铁道部认为"尚属可行"，于 3 月 24 日批准并通知国民党中央执行委员会。①

图 4－4　淞沪铁路上海站航拍图（笔者藏照）

　　1930 年 3 月 31 日起，蒸汽车开始在淞沪铁路上行驶。由于每日来往多达 74 次，比此前增加"一倍有奇"，路局不得不同意迁站至宝山路东的颐福里，并与相关被征者商讨拆迁办法。② 同月 15 日，市工务局、市公用局呈请市府转铁道部再令京沪铁路局按照预定计划办理。③ 但不久路局工务、车务两处告知市府方面称，在蒸汽车开通之前客车每日往返 20 次，

　　① 《函中央秘书处 据京沪路局呈复继续启闭宝山路栅门办法等情函请查照转知由》、《令京沪铁路管理局 据复拟具继续启闭宝山路栅门办法尚属可行准入所拟办理由》，《铁道公报》第 52 期，1930 年 3 月 26 日，第 21、24 页。

　　② 《淞沪路蒸汽自动车昨行开车典礼》，《申报》1930 年 4 月 1 日，第 15 版。

　　③ 《咨铁道部第 583 号 为据公安、工务两局呈请转咨令饬路局迅将淞沪支站迁至宝山路东首以利城市交通等情咨请查照由》，《上海特别市政府公报》第 52 期，1930 年 4 月 30 日，第 34 页。

每次关闭栅门 2 分半，总计 50 分钟。京沪、沪杭甬两路机车到达北站后的调头作业每天 10 次，每次 25 分，共 1 小时 15 分。改行蒸汽车以后，每次关闭时间最多不过 60 秒，以 74 次计，共 1 小时 14 分，而机车调头已不在该地操作。因此现在的关闭次数虽比之前多，但所费时间反较之前少。两处还把这一现象与城市道路的十字路口作比较，认为各方向"每日数十秒钟之停留，不知若干次数，以此类推，宝山路栅门虽启闭频繁，要于交通并无妨碍"，因此迁移车站"似可从缓"。

市工务、公用两局深感交涉"未得要领"，故派员进行实地调查，发现栅门每次关闭时间最多 3 分钟，最少 50 秒，"路局所称至多六十秒，殊非事实"，且未将蒸汽车以外的煤车、机车计算在内。但十字路口的交通可以调节，并不像火车一到规定时间就必须关闭栅门，而"不问道路通行车辆之多寡"。此外，欧洲各国城市的有轨电车已逐渐淘汰，铁路也基本实行高架或地下化改造，而上海市内仍有火车穿行"繁盛市街"，故"影响市政实匪浅"。因此两局坚决不同意路局拒绝迁站的各项理由，并再次呈请市府催促实施。[①]

铁道部接到市府公函后要求路局核查，路局工务处依照车务处最多 70 秒的试验结果认为市府所言"最多竟需三分钟之久……未免过甚其词"，故提议请市府派员与车务处人员一同进行调查，并声称在 70 秒以内就"不能视为与街道交通有碍"。铁道部于 9 月 23 日函请市府派人前往路局协同调查。[②] 10 月 3 日，上海市工务、公用两局派出技正周赞邦、曹省之二人与淞沪铁路东段段长王树春一同前往宝山路、虹江路、川公路、宝兴路、横浜路、天通庵路等平交道进行调查。调查结果显示，每处栅门的启闭时间都在 70 秒以上。来往的小工车、煤车因速度低于蒸汽客车，因此比客车通过平交道的时间长，尤其是煤车达到 2—3 分钟。当天宝山路平交道栅门启闭虽未达到 3 分钟以上，但天通庵路超过了 3 分钟。因此报告认为淞沪铁路"确属妨碍车辆交通，阻滞商市发展"。[③]

---

①　《市政当局再催迁移宝山路淞沪支站》，《申报》1930 年 8 月 13 日，第 16 版。

②　《函上海市政府 据京沪路请派员会同车务处考验宝山路栅门启闭时间希查酌办理由》，《铁道公报》第 105 期，1930 年 9 月 27 日，第 12—13 页。

③　《上海市政府公函第 2097 号 工务、公用两局呈报会查沪淞铁路栅门启闭时刻情形检陈纪录表等情据以函复查照由》，《上海市政府公报》第 71 期，1930 年 10 月，第 72 页。

铁道部接到市府公函后即令京沪铁路局再做调查，路局回复称：据淞沪铁路段长反映，测算时间与实际情况有所出入——首先，公用局人员计算时间是从栅门刚启动、"交通并未梗阻"时算起，故时间较长；其次，火车经过后，需待管理员将栅门拴住后才可认为交通恢复；最后，栅门管理员因王段长在场，唯恐违反铁路章程而延长了栅门的关闭时间。因此，京沪铁路局认为宝山路平交道栅门关闭时间仅"略为延长"，但鉴于市府坚持意见和确有妨碍道路交通等情况而同意实施迁站工程，铁道部也终于表示"依照市政府主张办理"。① 12 月 13 日，迁站工程启动，当日凌晨宝山路交通实行双向封闭以改铺铁轨，随后进行新车站的建设，次年 4 月 1 日竣工。②

第二节　超越租界："大上海计划"中的铁路改造规划

城市的发展不断对交通运输提出新的要求，不仅表现在运输经济领域中，也体现在地理空间层面上。从 1916 年浚浦局的港口改造计划起，到 1929 年开始制订的"大上海计划"，再到抗战和战后各方的规划以及新中国成立后的历次城市总体规划，都牵涉铁路路线和车站的改建。③ 换言之，既有铁路的路线布置对城市发展构成了不良影响，所以地方政府为了城市的发展而迫切需要改善铁路路线布局。但这并不像上述改造平交道、迁移车站那么简单，而是需要制订、实施一整套城市规划方案。

一　"大上海计划"之前改造铁路的各种设想

（一）浚浦局提出的疏港铁路设想

1916 年，浚浦局开始研究上海的港口改造问题。④ 在后来的报告中，该局明确指出既有铁路与港口的联系相当薄弱，以致水陆联运不畅：

---

① 《上海市政府训令第 6516 号 令公用局、工务局 准铁道部函复淞沪支线上海车站已准迁至宝山路东首令局知照由》，《上海市政府公报》第 74 期，1930 年 11 月，第 10—11 页。

② 《淞沪铁路支站定期迁至宝山路东首》，《申报》1930 年 12 月 9 日，第 10 版；《淞沪路新站竣工》，《申报》1931 年 4 月 1 日，第 11 版。

③ 限于研究时段，本章仅论述从 1916 年到 1937 年的历次铁路改造规划。

④ 《港口技术委员会报告书》，《江苏水利协会杂志》第 18 期，1924 年 6 月，"论坛"第 3 页。

上海与铁路相连之码头，未得一处，惟在吴淞有三千尺之滩岸，已经填驳者，有七百五十尺可作码头之用。在龙华亦有二千五百尺之滩岸，并有六十尺长之码头一座……二处码头如以西方之形势观察之，将来必多利用，但今因水道交通之便利，码头与铁路间滩地相隔，与夫地值荒僻之故，码头不甚得用。①

上文中的"吴淞"即为淞沪铁路张华浜码头，"龙华"即沪杭甬铁路日晖港码头，两座码头最初都是在铁路建设时期为运送筑路材料而修建的，因此规模都比较小，前者"只可泊轮船二艘"，后者"只容一船"。②因此该局在1916年就计划从淞沪铁路引出南北两条铁路，通往位于引翔、殷行两区黄浦江西岸的规划新港区，作为疏港交通线。南线从北站东北出发，紧靠公共租界东区北部界线向东抵新港区，一条从张华浜站南向东南前行（见图4-5），但此后未见实施。

（二）第二次吴淞开埠时的规划

1898年4月，吴淞因"淞沪铁路，将次竣工，商货往来，自必益形繁盛"③而宣布开埠，但不久即因《辛丑条约》规定疏浚黄浦江，航运优势重新回到租界手中而告失败。1920年11月，北京政府决定实行第二次开埠，由张謇担任商埠督办。1923年1月1日，张氏在《申报》上正式提出开埠的各项计划，其中沿袭了第一章中沪宁铁路接轨吴淞方案的理念，提出将铁路总车站（即北站）迁移到"张华浜宅后面"（即淞沪铁路张华浜站西，泗塘河东一带），然后通过建设一条便于"工厂之运输，码头之起卸"的环形铁路连接沪宁铁路。路线的具体走向为：从总站出发沿泗塘河东岸经过"东西县道"，向东南沿黄浦江西岸至虬江口，再转向西至淞沪铁路江湾站"北二三里之间接轨"（见图4-6）。张氏表示该计划曾与沪宁铁路管理局工程师商榷并获"大致同意"。④但吴淞的再次开埠在遭遇江浙战争等动荡后再度夭折，该项铁路规划亦付诸东流，不过迁移

---

① 上海浚浦局编：《上海港口大全》，1921年，第36页。

② 同上书，第70页。

③ 《吴淞新开商埠仿照沪界办理片》，中国科学院历史研究所第三所编：《刘坤一遗集》第3册，中华书局1959年版，第1030页。

④ 吴淞商埠督办张謇：《吴淞开埠计划概略》，《申报》1923年1月1日，第26版。

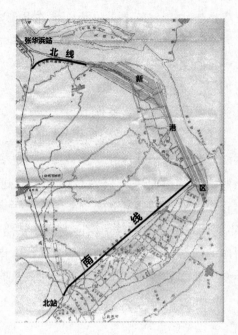

图 4 – 5   1916 年上海浚浦局黄浦江新港区铁路规划

资料来源：《江苏水利协会杂志》第 18 期，1924 年
6 月。

总车站的设想已可视为"超越租界"之端倪。

（三）继承张謇理念的董修甲方案

1926 年 7 月张謇去世后，其迁站筑路的计划和"超越租界"的理念
被较早将欧美城市规划理念引入中国的市政学家董修甲继承下来，[①] 并在
其关于上海特别市初期建设和收回租界的论证中进一步深化。1927 年 7
月 7 日上海特别市政府成立后，董氏撰写了《收回上海租界唯一之途径》
一文，强调上海租界有英、法、日、美等各国势力，不能使用收回汉口英
租界的武力手段，而应采取四步走的"和平方法"：第一步收回浚浦局，
第二步建设吴淞码头，第三步即为"迁移铁路总站于吴淞"（第四步疏浚
蕴藻浜）。其迁移原因如下：

①　参见《淞沪特别市问题及其建设之计划（1926 年）》，董修甲：《市政研究论文集》，青
年协会书报部，1929 年，第 232—233、246 页。

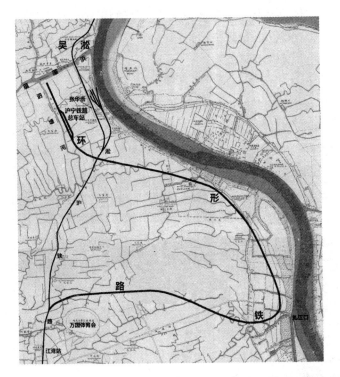

图 4 - 6　1922 年张謇设计的吴淞至江湾附近铁路图（底图为笔者藏图）

　　码头堆栈等之建设，固可便利水上之运输，但水陆如不能衔接适宜，徒生往返周折之劳，亦非所宜……北站与租界相离咫尺，是难转移租界之市面于吴淞。

该文从自然地理和现有交通条件的角度补充说明了总站的选址理由：

　　该处前临深水而不当三夹水之冲，中间除张华浜、殷行镇两小市集外，都为平地，村落甚稀，既设码头堆栈等，又有铁路之总汇，是水陆衔接，运输便利，市面兴盛，尤有把握。

　　董氏认为不宜立即公布该计划并通知国民政府交通部或沪宁铁路管理局，而应"暂守秘密"，等到吴淞码头和仓库建成后，且有"移迁总车站之必要时"，再由特别市政府与交通部进行协商。

　　该文制订了比张謇更为谨慎、全面的实施办法——由特别市政府将路线范围内及其附近的土地"多多收买"，以便将来铁路局需用土地时再行转售，防止地产商投机导致土地价格攀升，以廉价之土地"引诱铁路局将北车站移至张华浜宅后面也"。①

（四）其他

同时期还有两项铁路规划值得关注——一是黄炎在1927年3月发表的《大上海建设刍议》。该文除提议建设立交桥外，还为开发浦东而提出将沪杭甬铁路从龙华附近"驾桥直通浦东各处，如是则浦东之发达，当与浦西并驾齐驱矣"，这是目前可考的最早提出将浦东、浦西铁路连接起来的文本，②并为后来的"大上海计划"所采纳；二是次年6月一位署名为金敬宗的作者在《申报》上发文，建议开辟公共租界东区以北的引翔区作为上海未来的新市区。金氏认为吴淞离上海市区太远，且两次开埠效果均不甚理想，但开辟引翔区"必能吸收租界财富，而渐移其商业中心也"。该计划的第一条即为建设与前述浚浦局颇为类似的南线铁路，但起点改在虹口公园北，终点定于沪江大学周家嘴附近、黄浦江畔的"新式轮埠"，全长约8公里，建筑费用可与两路局协商由该局出资，或"借市政公债与路局建筑之"。同时金氏还认为，从前租界方面曾经计划从外滩兴建高架铁路至北站，但因耗资巨大而"不若兹线之为善也"，而且该路"虽似支线，实可以延长干线目之也"，即可以作为京沪铁路的延伸。③

二　谋求蜕变："大上海计划"中的铁路改造方案

"大上海计划"发轫于孙中山的《建国方略》之《实业计划》，其目的是在乍浦建设东方大港的同时维持上海港的地位，但仅就港口、航道作了规划，并未就其他方面进行设计。1927年7月上海特别市市政府成立后，黄郛、张定璠两任市长继承"总理遗教"，开始制定近代上海最早的一部城市总体规划，④其中改造既有铁路成为实现新市中心崛起并对抗租界的两大关键工程之一。

---

① 《收回上海租界唯一之途径（1927年）》，董修甲：《市政研究论文集》，第325—326页。
② 黄炎：《大上海建设刍议》，《工程》第3卷第1号，第37页。1924—1925年上川、上南两条轻便铁路先后通车。
③ 《开辟引翔区之意见》，《申报》1928年6月21日，第20版。
④ 其制定与实施及演变的过程，参见魏枢《"大上海计划"启示录：近代上海市中心区域的规划变迁与空间演进》，东南大学出版社2011年版。

（一）上海特别市政府工务局的初步规划

1928 年 7 月 7 日，在上海特别市成立一周年之际，其下属的市工务局出台了一项大规模的铁路改造计划，不久便纳入"全市分区计划草案"之中，将改造铁路与城市功能片区规划相结合，成为"大上海计划"中同类规划的蓝本。

该计划首先指出了市区铁路的不良现状：

> 车站与码头相距窎远，工厂与铁道无密切之联络，其影响于货物之运输与工业之发展，殊非浅鲜……其布置之地位，不特无裨于华界之现状，甚且妨碍未来之发展……且于道路平地相交，市民感受交通上之不便，与夫障碍该区市政之发展，均属不可掩之事实。

具体路线规划如下：

1. 根据市中心将迁移至江湾的"超越租界"之举，淞沪铁路"当亦不能任其存在"，沪宁铁路真如站（今上海西站）至北站的路线也必须予以拆除，"以免阻碍市中心之发展"。

2. 真如站至北站一段拆除后，两路联络线沪宁铁路一端的起点随之西移至真如站。

3. 将真如站定位为"运输总站"，同时再建设两条铁路配合江湾新市中心的建设——一条向北经大场、胡家庄后折向东，沿蕴藻浜南岸至殷行镇的剪淞桥，与规划中的黄浦江新港口相连接；另一条设计为高架铁路，经彭浦而抵江湾，并以江湾为未来的"上海总站"所在地，"则旅客及轻便货物，可直接输入中心"。

4. 市区南部的沪杭甬铁路南站至龙华段"仍可保存"，因计划从南站起向东延伸至董家渡，然后造桥越过黄浦江（最初计划在南站以西出叉，从高昌庙一带渡江），再沿浦江东岸向北直达江心沙（即高桥沙），使浦东方面"亦可起卸货物之一部分，无须麇集与浦西一地矣"，从而实现"全市水陆交通，相互衔接，货物运输可以便捷矣"。

上述计划总计拆除两段，改建一段，新建三段。工务局在此基础上对既有城市功能片区进行了补充和调整：

1. 工业区：保留苏州河沿岸、沪宁铁路以南的公共租界工业区，以及沪杭甬铁路以南、黄浦江以北的南市高昌庙工业区；浦东铁路周边的陆家嘴、洋泾镇地区作为首选工业区，真如、大场沿新铁路一带"因地制宜"作为第二工业区，且与"蕴藻浜一带之工厂与商港码头，固得有充分之联络"。

2. 商业区：新辟陆家浜路以南，日晖港以东，沪杭甬铁路以北的区块，"以资扩充"。

3. 码头区："沿浦两岸，铁道经过之处，均可划为码头区"，故选定殷行镇以北的黄浦江沿岸以及浦东陆家嘴两地。[①]

（二）上海特别市市中心区域建设委员会的设计方案

1929年4月张群出任市长，加快了制定规划的步伐。[②] 7月5日，市府在具体制订"大上海计划"前，先划定闸殷路以南、翔殷路以北、淞沪路以东、预定路线以西，约7000余亩的地块作为"上海特别市市中心区域"。其理由如下：

> 租界虽称繁荣，为本市目前事实上之中心，然年来往来市内之海舶吨位日增，租界及附近之码头，在地位与设备上渐不敷用，势须就近江海而水位较深，且地广人稀之吴淞一带，另辟新港，以应需要。且租界与闸北间之京沪铁路线，阻碍市内之道路交通，亦有迁移之必要。将来商港北移，铁路远迁，则租界不复能枢纽全市，自在意料之中。而江湾一带，北邻新港，南接租界，东近黄浦，交通便利，地位平坦，允宜于市中心之形成。[③]

由此可见，铁路的迁移和新港的建设是新市中心的形成重要前提。沈怡在回忆录中也坦言：该计划如果得不到这两大项目的配合，新市中心充其量只能发展成一个行政区和住宅区而已，那么"取租界而代之"的理想和"总理遗教"就没有实现的希望。[④] 所以市府对此十分重视，于8月

---

① 《一年中之工务概况》，《申报》1928年7月7日，"上海特别市市政府周年纪念特刊"；上海特别市工务局编：《上海特别市工务局业务报告》第2—3期，1928年，第3—4、6页。

② 上海市地方志办公室、上海市历史博物馆编：《民国上海市通志稿》第1册，上海古籍出版社2013年版，第207页。

③ 上海市市中心区域建设委员会编：《上海市市中心区域建设委员会业务报告（十八年八月至十九年六月）》，1930年，第1页。

④ 沈怡：《沈怡自述》，（台北）传记文学出版社1985年版，第113—114页。

12 日专门成立了"上海特别市市中心区域建设委员会"，承担原来由市工务局负责的规划设计工作，但仍派该局局长沈怡担任主席，以便将规划与建设更有机地结合起来。

12 月 4 日，该会呈请市府"变更现有铁路及商港地位，使与市中心区域互相呼应"。随后，该会首次公开发行了规划文本——《上海特别市市中心区域计划概要》，再次指出铁路助长租界发展的现状：

> 沪宁沪杭甬两路之总站，既接近租界，而船舶由吴淞入口，亦循黄浦而上，止于租界之滨，吴淞江又横贯租界之中央，水陆交通，实有助长租界发展之趋势。

铁路路线阻碍城市道路交通问题一般都需要通过建设高架铁路、地下或半地下（地堑）铁路等立交通道的方法才能彻底解决。因此，此次规划突出了铁路的高架化改造，主要针对通往吴淞新港区的货运铁路、予以保留的沪杭甬南站至新龙华站两段。京沪铁路真如站至北站区间和淞沪铁路全线或全部拆除，"或设法加高，以为市内高速铁路"。[①] 这也是首次出现的将国有铁路改为城市轨道交通的方案。此外，该文本对浦东铁路做了局部调整，其终点延伸至张华浜黄浦江对岸的江心沙西端并设新车站，起点从南站附近南移至龙华站，并扩建新龙华站（见图 4 - 7）。

12 月 12 日，美国市政专家龚诗基（C. E. Grunsky）应邀来沪，详细讨论该会及之前工务局制定的各项规划。[②] 龚氏回国后撰写了《对于市中心区域之意见书》，于 1930 年 3 月被译成中文发表，相关内容如下：

在铁路路线方面，龚氏认为规划在市中心区域三民路西端的客运总站"与环境相适合，堪称异常优越"；认同从剪淞桥出发向西经胡家庄、大场、真如、两路联络线、董家渡抵江心沙的 U 型"环市铁路"连接新港、既有铁路以及黄浦江两岸水陆交通的作用；需要改进之处为应从"环市铁路"引出两条支线连接沪宁、沪杭甬铁路，"则两路皆可开驶客车，直达

---

① 上海特别市市中心区域建设委员会编：《上海特别市市中心区域计划概要》，1929 年，第 5、9 页。

② 《本会呈市长文 为建议筹建新商港由》，上海市市中心区域建设委员会编：《上海市市中心区域建设委员会业务报告（十八年八月至十九年六月）》，第 23、43 页。

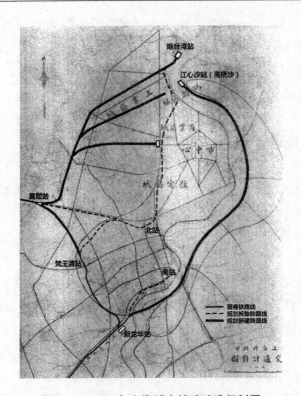

图 4 – 7　1928 年上海城市铁路改造规划图

资料来源：上海特别市市中心区域建设委员会编：《上海特别市市
中心区域计划概要》，1929 年。

位于市中心东西轴上之客运总站"。

在铁路路线与城市布局方面，他提出商业、工业区均"须接近铁路，
而铁路之路线又须环绕商业区及住宅区，而不宜通过之"，工业区内"铁
路线之方向，宜以南北为主"。

以上铁路新线建成后，现有的城市道路规划须进行调整，其主要集中
在客运总站的周边路段：其一，将总站西移数百米，然后在站前增加干道
一条，与原计划的干道相平行，以应付来往于吴淞新港的"繁重之交
通"；其二，没有必要在总站以西建筑干道，"盖因车站内路轨密布，道
路不应穿越而过也"。①

---

① 龚诗基：《对于市中心计划之意见》，上海特别市市中心区域建设委员会，1930 年，第
2—4、7—8 页。

（三）"大上海计划"核心成果中的铁路改造规划

在广泛听取包括龚诗基在内的意见和建议并遵循国民政府和市府的命令后，市中心区域建设委员会于1930年5月7日正式启动"大上海计划"的编制工作，其核心成果中的《上海市市中心区域道路系统图说明书》、《上海特别市全市分区及交通计划图说明书》、《上海市交通计划图说明书铁道计划之部》即专门针对铁路问题（见图4-8）。

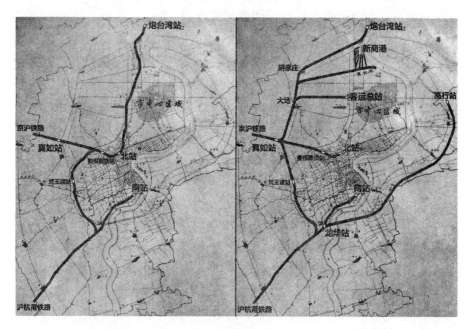

图4-8　1930年"大上海计划"中的城市铁路现状（左）与改造规划（右）图

资料来源：上海市市中心区域建设委员会编：《上海市市中心区域建设委员会业务报告（十九年七月至二十二年十二月）》第2期，1933年。

5月23日，市府第158次市政会议通过了《上海市市中心区域道路系统图说明书》，从标题上看虽然只针对城市道路，但因车站地点与市中心区域及全市发展密切相关，"势非改变不可"，所以实际上已将车站的问题确定下来，其原因如下：

现有沪宁及沪杭甬两铁路之总车站在闸北区域租界之间，距市中心过远，且路轨与道路等高，横贯市内，妨碍道路之交通，又与水道码头毫无联络，致运输效率无由增进，其规模狭小，不足以应将来运输上之需要。

该说明书根据当时国外城市的经验，首次提出实行客、货分站。"货运车站规模宏大，宜设地广人稀之处，客运车站则务求逼近市之中心"，故确定客运总站设于中山北路旁，并在站前建造 60 米宽的东西向主干道（即后来的三民路）直达市中心区域及黄浦江西岸，"俾旅客及轻便货物，可直接输入市中心"。会后，由于该计划中"铁道部分事关国营事业之设施，亟待铁路当局合作进行"，市中心区域建设委员会专就此部分内容作了详细说明，经市府批准后转报铁道部核查。①

6 月 6 日，第 159 次市政会议又通过了市中心区域建设委员会制定《上海特别市全市分区及交通计划图说明书》，指出"无论为市政，抑为铁路营业着想，现有市内铁路之布置，非加以相当改革不可"。其方案虽与 1928 年工务局的方案相似，但也做了部分调整，具体分为以下 7 个部分：

1. 将真如站作为两路的"货运总站"。

2. 从真如站向北建两条新线，一条经大场至胡家庄折向东，至炮台湾与新港口相连；另一条由大场出发，采用高架方式，"以免妨碍住宅区内之道路交通"，抵达江湾附近、中山北路旁的客运总站。

3. 拆除两路联络线梵王渡以北路段，新建直达真如站的路线。

4. 真如站至北站间的京沪铁路"保留为支路，但应设法加高路基，以免妨碍道路交通"。

5. 淞沪铁路除吴淞站至炮台湾站线路与规划线路合并外，其余路段"拟一律拆除"。

6. 沪杭甬铁路南站至龙华段"大致如旧"。

7. 浦东铁路从沪杭甬铁路龙华站出叉，向东渡过黄浦江后向东北延伸直达马路桥（江海关炸药栈附近），与江湾的客运总站隔江相望，不紧靠黄浦江，也不再向北至高桥沙。

上述方案较之前的计划更为理性：如鉴于真如站至北站路段拆除后将会减弱京沪铁路与市区的交通联系而予以保留，又如将浦东铁路从南站附近改至龙华站与沪杭甬铁路接轨，并从黄浦江东岸向西移至离江较远之处，以减少对将来南市和浦东地区发展的限制；在城市功能片区的划分

---

① 上海市市中心区域建设委员会编：《上海市市中心区域建设委员会业务报告（十八年八月至十九年六月）》，第 6 页。

上，高昌庙附近黄浦江以北、沪杭甬铁路以南为兵工厂、江南造船厂等大型工厂的所在地，因此"不得不设法保存"。① 沪西、大场两大工业区亦布置在铁路沿线，但仍有郊外部分住宅区将被铁路穿越（见图4-9）。

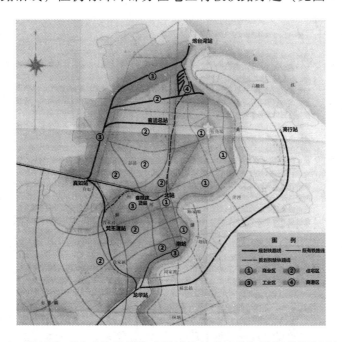

图4-9 1930年"大上海计划"中的城市铁路改造与城市功能片区规划图

资料来源：上海市市中心区域建设委员会编：《上海市市中心区域建设委员会业务报告（民国十八年八月至十九年六月）》，1930年。

随后，市中心区域建设委员会又推出了更具针对性的《上海市交通计划图说明书 铁道计划之部》，作了更为详细、全面的说明。

1. 该计划分析了铁路问题产生的原因

> 凡此各铁路，大都建于数十年前，其时本市尚无整个建设计划，故路线与车站之布置，对于市区之发展上，未能通盘统筹②……市面必益形发展，现有铁路与车站之布置，不足以应需要，殊在意料之中。即就现状而论，亦有与市政发展不相适应之处。

———————————

① 《上海特别市全市分区及交通计划图说明书》（1930年6月6日），《上海市政府第151—160次市政会议议程汇编（第5册）》，上海市档案馆藏，Q1-5-571。

② 笔者认为，事实上应为中外抗衡、博弈之故，参见本书第一章。

2. 指出了现有铁路亟待改进的三个方面

第一，北站"其便利仅限于租界，将来市中心随商港北移，总车站之地位亦将连带变更，况现在北站之近旁，道路密布，房屋林立，欲图扩充，亦殊不易"。

第二，现有铁路"无不与道路等高，致道路交通辄受梗阻，至今闸北方面市面凋零，未始非由于北站附近路轨妨碍该区与租界间之交通，且该段路线既位于已成市区之内，将来运输发达，货运、客运以及快车、慢车或须分道而驰，则设备势须扩充，然按照现在状况，实难办到"。

第三，两路车站与路线之布置"与水道码头毫无联络，实为最大缺憾……因之铁路运输效率无由增进"。

3. 颁布了具体的实施方针

第一，"货运总车站与客运总车站之分立"。北站"性质上既无货运、客运之分，规模又属狭小，殊不足以应将来之需要，而扩充不易"。故计划将货运总站"向市郊偏僻部分移出"，设于真如站附近。客运总站设于市中心区域中山北路旁，"以适应本市发展之趋势，而各该处又皆地广人稀，建站铺轨，事实上又易办到"。

第二，"通客运总站之路线"。由真如站出发向北，经大场抵达江湾中山北路旁。该路线经过规划中的商业区与住宅区，"故路轨筑于高堤之上，或在可能范围内，筑于低坎之内"，以便在与城市道路相交时建设立交桥，"而免两种交通互相妨碍"。

第三，"货运总车站与商港及工业区之联络"。"为海外货物之水陆联运，及工厂原料之供给，制造品之输出，便利迅捷起见，货运总站与商港暨工业区间，应有充分之联络。"因此规划自真如站起建设货运铁路，自大场向北分为两线，一条连接蕴藻浜南的新港区，以"直达将来商港内之各埠堤"，另一条经蕴藻浜工业区后直达淞沪铁路炮台湾站（见图4 - 10）。

第四，"联络两路路线之改移"。因客、货总站西移，故自梵王渡站北改向真如。

第五，"路线往浦东方面延展"。铁路设备"务求匀布城市之各部分，以免发展上或有偏枯"。计划从龙华站向东渡江，以高行（江海关炸药栈附近）为终点站，与规划的客运总站隔江相望。"此项路线以位于距浦稍远之腹地为宜，以免与南北干道线交叉，而利沿浦一带之发展。"同时配

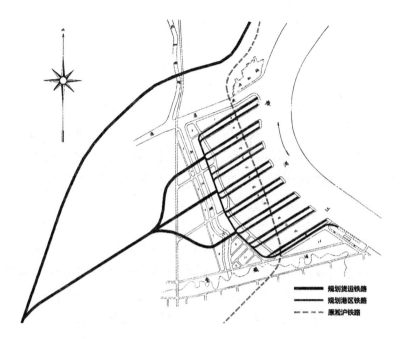

规划货运铁路
规划港区铁路
原淞沪铁路

图 4 – 10　连接吴淞新港的规划铁路线

资料来源：《上海市市中心区域建设委员会业务报告（十八年八月至十

九年六月）》。

合市区道路规划建设大桥或隧道穿越黄浦江连通两座车站。

　　第六，"京沪路真如与北站间一段之处置"。北站位置"咸称便利，

遽予废弃，亦属可惜"，因此计划仍将保留，作为"本市重要分站之一"。

但该段路基"须加高或放低"，以免妨碍道路交通。

　　第七，"淞沪支路之拆除"。该路沿线"两旁道路密布，房屋栉比，

既不利于扩充，复以轨面与道路平叉，妨碍交通特甚"。因铁路沿线规划

为住宅区及新港区，且计划建设从宝山到南市的南北干道，故该路"可以

公共汽车或电车为之替代，殊无存在之必要"。

　　4. 展望了规划实现后的理想状态

　　　　以上各端，诚能与本市之建设同时进行，则将来之大上海有完善

　　之铁路为之环绕，不特使商港与铁路联成一气，且黄浦左右两岸，自

　　上游以至出口，其间水陆交通，均得因此而连贯，又住宅及工商业区

　　得以接近铁路，而铁路横亘市内之弊，大致上复能以免除，凡此皆与

本市之盛衰有关，抑亦铁路事业荣枯之所系也。①

　　由于地方政府无权自行实施此项计划，"必须获得中央的同意和支持"，② 亦如 6 月 18 日市中心区域建设委员会在向市长吴铁城呈文中所述："惟查铁路为国营事业，设施之权不属本市，似应与主管机关会商进行，以便决定。"故该会将铁路部分"另制图说"提交市府第 159 次市政会议审议，同时呈请市府转告铁道部，希望该部予以采纳，或者派两路局人员与该会共同讨论研究，"务期由双方合作之结果，促成大上海之繁荣"。7 月 3 日市府表示已转至铁道部。③

　　7 月 2 日，市中心区域建设委员会召开第 17 次常会，讨论通过了《建设市中心区域第一期工作计划大纲》，计划于 1932 年商请铁道部改建现有铁路线并建设客运总站，至 1934 年完成市内铁路改建及客运总站工程。④ 但当年该计划基本没有什么进展，因此在 11 月 19 日的第 20 次常会上，上海市教育局局长徐佩璜指出"如欲市中心区域之形成，地价之涨高，则至少铁路必须改辙"。⑤ 12 月，该会出版了《建设市中心区域计划书》，对各项工程的建设费用作了初步预算，铁路部分为 500 万元，占全部工程预算的 10%（见表 4 - 1）。

表 4 - 1　　　　　　上海市市中心区域各项工程建设费用预算

项目	费用（元）
总车站工程及添设轨道	500 万
收买土地	2000 万
新商港一期工程	1000 万

① 上海市市中心区域建设委员会编：《上海市市中心区域建设委员会业务报告（十八年八月至十九年六月）》，第 15—17 页。

② 沈怡：《沈怡自述》，第 114 页。

③ 上海市市中心区域建设委员会编：《上海市市中心区域建设委员会业务报告（十八年八月至十九年六月）》，第 18 页；《上海市政府咨第 739 号 据市中心区域建设委员会呈送市内铁道改进计划图说及参考刊物咨请查照由》，《上海市政府公报》第 60 期，1930 年 7 月 20 日，第 52 页。

④ 上海市市中心区域建设委员会编：《上海市市中心区域建设委员会业务报告（十八年八月至十九年六月）》，第 45—47 页。

⑤ 上海市市中心区域建设委员会编：《上海市市中心区域建设委员会业务报告（十九年七月至二十二年十二月）》第 2 期，1933 年，第 4 页。

续表

项目	费用（元）
黄浦江桥	500 万
市府一期工程	200 万
道路与沟渠工程	500 万
其他	300 万
总计	5000 万

资料来源：上海市市中心区域建设委员会编：《建设市中心区域计划书》，1930 年，第 28 页。

最后，该计划书指出"将来计划之能否实施，全视经费之有无"。[1]

1931 年 4 月 22 日，上海市市中心区域建设委员会召开第 26 次常会，会上公布了市府的训令："准铁道部咨，对于铁路计划意见，已饬局派员参加研究"。[2] 沈怡在其晚年的回忆录中叙述了他与时任公用局局长黄伯樵（1932 年 12 月起任两路局局长）前往南京，参加铁道部关于迁移铁路和开辟吴淞新港讨论会时的场景和对话：

> 其时铁道部长是顾孟余先生，为迁移铁路及吴淞开港二事，曾通知市政府派员赴南京说明，市政府派的是我和公用局局长黄伯樵。这一天，顾先生亲自主持这个谈话会，铁道部所有高级人员几乎全体参加。
>
> 一开始就有人质询，说话的人是谁，我已不复记忆，只是很清楚地记得，他说得很是振振有词："你们的市中心计划，有时也自称大上海计划，但究其内容，哪有半点和总理的大上海计划相符？这究竟是从哪里说起呢？"这一问的来势确是极凶，伯樵推我答复，我沉着地想了一想，便说："在说明之前，请容许我把总理为什么要提出那样一个大上海计划先来作一检讨。我想，我们可以肯定的说，总理的大上海计划，它的主要用意，在使租界地位衰落，以求实现收回租界的目的，而其手段则为新黄浦江和建设东方大港。即以开新黄浦江一端而论，从实业计划中可以很清楚的看出，完全基于政治上的理由，

---

① 上海市市中心区域建设委员会编：《建设市中心区域计划书》，1930 年，第 28 页。

② 上海市市中心区域建设委员会编：《上海市市中心区域建设委员会业务报告（十九年七月至二十二年十二月）》第 2 期，第 9 页。

因为如此才可使原有的黄浦滩（Bund）失去它的重要作用。这样说来，倘如我们所用的手段同样可以达到收回租界的目的，我相信这就不能算违背总理的意旨。何况实业计划自序也看准了租界先天上的许多弱点，知道一旦吴淞实行开港，租界地位势必一落千丈。建设上海市中心乃是大上海计划的一部分，而大上海计划必须包括商港与铁路建设，更是势所必需，理所当然。"

我在说以上这一段话时，顾先生频频点首，随后略有一些细节方面的讨论，谈话会即告结束。散会后，我和伯樵当夜就坐车回沪复命。此行结果，可以说获得了中央主管部的了解，和后来的种种支持，颇是难能可贵。[①]

6月5日，市府批准由两路局派邝凯华等人与市中心区域建设委员会共同讨论市区铁路交通规划。[②] 7月，该委员会印发了《上海市中心区域计划概要》，首次在正式文本中提出："建设新商港、改进市内铁路问题，盖必待此二者解决，市中心区域之基础，始能确立，全市之健全发展，始能拭目以待。"[③] 此后，市府开始办理征地手续并停建位于高境庙的市立第一公墓。[④] 然而"九一八"事变后，京沪一带局势日趋紧张，加之次年"一二八"淞沪抗战的爆发，改建工程被迫中止。

第三节　战后复兴：铁路改造规划的继续推进与变动

"一二八"淞沪抗战给铁路和城市建成区都造成了严重破坏，但在被毁区域实施各项规划建设时，征地拆迁等工作的难度有所降低，因此市府方面认为"值此复兴战区之际，正为扩张铁路，迁移车站之时机"。[⑤] 铁

① 沈怡：《沈怡自述》，第114页。

② 上海市市中心区域建设委员会编：《上海市市中心区域建设委员会业务报告（十九年七月至二十二年十二月）》第2期，第98页。

③ 上海市中心区域建设委员会编：《上海市中心区域计划概要》，1931年，第10—11页。

④ 沙曾熠：《上海市之都市设计与土地利用》，萧铮主编：《民国二十年代中国大陆土地问题资料》第92册，（台北）成文出版社有限公司、美国中文资料中心1977年影印本，第48500页。

⑤ 上海市工务局编：《上海市复兴战区工程计划书》，1932年，第11页。

道部方面后来也认为"兹当兵燹之余，房屋倾颓，设备损败，与其补苴罅漏，一仍旧贯，既难期铁路交通之疏畅，复与市政进行之障碍，遂毅然择地改作，为一劳永逸之计"。[①] 正是基于以上共识，双方加快了规划实施的步伐，但也并非一帆风顺。

一　修正"大上海计划"之铁路改造规划

5月5日中日双方签署《淞沪停战协定》后，中方接收闸北、江湾、吴淞等战区的工作随即展开，同时市府在"大上海计划"之铁路改造规划的基础上作了修正，于同月制定了《迁移上海北车站及扩展铁路线商榷书》，阐述了改建铁路的紧迫性：

> 惟是复兴计划，与其囿于各市区局部之整理，毋宁彻底加以改善，为发展上海之宏图。故铁路线之扩展，与车站地位之确定，实为当务之急。

其具体方案除通往炮台湾（新增炮台湾港区作为内河联运码头[②]）和客运总站的甲、丙两线不予变动外，将乙线由原来的鹅爈浦、袁长河北岸调整至南岸，并向东经殷行镇的闸北水电公司，再转向东南抵达规划中的虬江码头。由于虬江码头成为"大上海计划"最先投入建设的对外交通项目，故该铁路线亦计划作为第一期工程加以实施。甲、丙两线作为第二期工程，大场一带将成为铁路枢纽，"凡属铁路方面之机厂，以及其他工厂，均可设置于斯"，运输条件十分优越，而大场以西及蕴藻浜沿岸也将成立新的工业区（见图4-11）。

作为新线路的丁线计划从真如站分出，向东北经柳营河之北，止于淞沪铁路江湾站，将既有的北站移至宋公园路北端。该地点与既有北站"距离不足三公里"，并可通过宋公园路直达公共租界的西藏路，"其与旧市场之交通亦颇便利"。该计划完成后，闸北自柳营河以南的地区即可充分

---

① 《京沪沪杭甬铁路真如联运总站计划说明》，《铁道公报》第426期，1932年12月12日，第8页。

② 沙曾熙：《上海市之都市设计与土地利用》，萧铮主编：《民国二十年代中国大陆土地问题资料》第92册，第48499页。

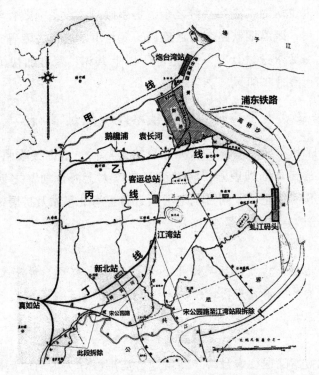

图 4 - 11　1932 年淞沪抗战后上海城市铁路改造规划调整方案

资料来源：上海市市中心区域建设委员会编：《上海市建筑黄浦江虬江口

码头计划书》，1932 年。

发展，"今日所感之一切痛苦，胥将祛除无遗"。

　　两路联络线京沪铁路的起点仍定为真如站，但缩短该站至梵王渡站的规划路线，改在曹家渡一带与原路线接轨，而曹家渡至潘家湾段以及北站至江湾站的淞沪铁路"一律拆除"。而甲、丙两线完成后，江湾至吴淞段也将全部拆除。①

　　浦东铁路布置于前述《上海市交通计划图说明书 铁道计划之部》所规定的路线之西，仍距黄浦江较近，终点也改回到高桥沙西端，起点则改为龙华站北（见图 4 - 12）。因 1 月中旬战争爆发前，国联工程专家考察上海港口规划后曾指出无论铁路还是城市道路跨黄浦江的桥梁均应建在龙

_____

　　①　上海市市中心区域建设委员会编：《上海市建筑黄浦江虬江口码头计划书》，1932 年，第 26—28 页。

华站附近，"以黄浦江中船舶大小与繁密，该处以下任何地点，均不适宜也"。①

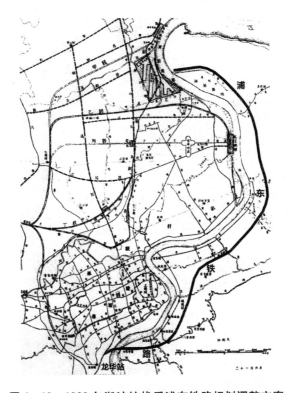

图 4－12　1932 年淞沪抗战后浦东铁路规划调整方案

资料来源：上海市工务局编：《上海市复兴战区工程计划书》，
1932 年。

6 月底，在"迁移北站，亦有渐成事实之可能"的情况下，市工务局也提出了"协助迁移北车站及扩展铁路线"的计划，强调"欲求闸北全区之兴盛，必先将阻碍市区发展之铁路及车站，设法迁移"，②并呈请市府继续推进市中心区域建设的各项规划。同时在上述草案的基础上就建设

① 全国经济委员会编：《国联工程专家考察水利报告书》，1933 年，第 12 页。

② 《工务局呈请市府继续进行市中心计划》，《申报》1932 年 6 月 29 日，第 13 版；上海市工务局编：《上海市复兴战区工程计划书》，第 1 页。

经费问题做了研究，指出应由国民政府主导，市府作为辅助。① 铁路部分由市府出资 50 万元作为乙线的建设费用，占整个计划的 6%，待虬江码头建成后再由两路局"分年拨还"，则"双方均蒙其利，市政之发展，指日可待也"。9 月，铁道部对虬江码头支线进行了勘测。②

表 4 - 2　　　　　　　　上海市复兴战区各项工程市府出资预算

项目	费用
协助扩展铁路线垫款	50 万元
整理战区公共建筑	300 万元
建设交通干道	250 万元
协助建筑虬江口码头垫款	200 万元
总计	800 万元

资料来源：上海市工务局编：《上海市复兴战区工程计划书》，1932 年，第 21 页。

至于迁移北站的费用，工务局认为可以把北站迁移后的原地块（约600 亩）全部出售，即可获得数百万元之收入，并计划由两路局"详加估计，规划进行"。③

二　迁移与异化：上海客运总站、京沪沪杭甬铁路联运总站的初步实施

北站原为四层楼大厦，由英国工程师西排立设计，于 1909 年 7 月 7日建成，总造价为 329448 元。长 60.5 米，宽 24.7 米，共占地 1494.55平方米。"不特气象雄伟，所用材料，亦极坚固，故历二十余年，仍无改变原状之象"。但不幸于 1932 年 1 月 29 日遭日军飞机轰炸，大楼燃烧"历一昼夜而未已"，共计损失达 50 万元。5 月 23 日两路局从日军手中接收北站后即由工务处进行拆卸，原计划保留二楼，但因发现已无法修复而继续拆除。后计划修复底层并新加盖一层，于 8 月 13 日获铁道部批准，

① 6 月 8 日召开的上海市市中心区域建设委员会第 33 次常会决议呈请市政府转呈国民政府，"对于建设商港及迁移京沪车站二事加以协助"。上海市市中心区域建设委员会编：《上海市市中心区域建设委员会业务报告（十九年七月至二十二年十二月）》第 2 期，第 17 页。

② 铁道部编：《铁道部中华民国二十一年九月份工作报告》，1932 年，第 12 页。

③ 上海市工务局编：《上海市复兴战区工程计划书》，第 13 页。

但随即因下文迁移北站计划的实施而停止修复。①

6月初，两路局拟将北站迁往真如站或麦根路站的位置，并主张将管理局迁往南京以免不测。局长陈兴汉则拟具《上海总站兴复计划意见书》呈送铁道部，该意见书认为铁道部对两路上海总站的重建"抱宏远之眼光与伟大之愿力"，而上海将来的发展"殆非今日所能冥想其范围与速度"，所以重建总站"尤不可无远大之眼光与缜密之计划"，必须适应当前城市的需要并促进其发展。基于这一点，意见书首先指出了当时国际各大都市的铁路总站存在的两大缺陷：一是车站四周缺乏发展空间，故"不得不利用昂贵伟大之工程计划以应需要"（笔者按：如立体化的上盖或地下工程）；二是车站位置不甚合理，但由于已投入大量资金而无法移动，"致形成都市运输上之不经济"。②

接着，意见书在叙述市府制定的各项铁路改造计划后认为"其可议之处甚多"，故逐条加以批判：

> 客运总站设置于江湾，不免过于偏重市中心区，而忽略整个的上海，以现在论，固远离工商业繁盛、人口稠密之租界及南市一带，而就尚未开辟之市中心区，此为造成理想市区计则可，若铁路营业之眼光则不可，即以将来而论，在市政府计划之理想，以吴淞开港及地价低廉种种关系，将来工商业繁荣，必向市中心区推移。但此种计划之完成，必经悠久之岁月，绝非一蹴可就，在此同一时期租界附近及南市一带，一切实业及住宅有重大之投资，亦必有相当之发展，若然，则总站设置偏重于中心区，仍非适宜。况以兼顾京沪沪杭甬两路而言，则总站设置江湾于势不便，更无待言。
>
> 通客运站之路线，及两路联络之改移，皆为客运总站设置江湾而设，今客运总站设置江湾之议既不可行，则此两项自无讨论之必要。
>
> 货运总车站与商港及工业区之联络，办法仍未彻底，盖若吴淞筑港计划完成，则当于吴淞设置近代式大规模之水陆联络站，支线岔道之联络不过枝节问题而已。

---

① 《上海北站昨行落成礼》，《申报》1933年9月11日，第13版。

② 陈兴汉：《上海总站兴复计划意见书》，《铁路月刊：京沪沪杭甬线》第2卷第11期，1932年11月，专载第4、9页。

路线向浦东方面延展，诚为全市各部铁路设备匀布起见，然而筑桥渡浦，费浩工巨，只能俟诸异日。

总站既移设江湾，则列车驶往北站在运转上观察点言之，于经济、效能两方面均无足取。

从上文第一、二段可见，陈兴汉反对客运总站设于江湾的观点与市府利用该站发展市中心区域以"超越租界"的理念截然相反。第三段说明他否定市府方面将货运总站设于真如的规划，提出应置于吴淞新港以便水陆联运。除了对浦东铁路规划稍加肯定外，最后他认为如果客运总站选址江湾，那么市府方面所提出的保留真如站至北站之间的铁路路线就没有必要。总之，"本路总站兴复不能采用市府之铁路计划盖甚明了"。

接着，陈兴汉认为北站深处城市中心，因地段所限而没有开拓的空间，虽然"市民习惯已久，觉其便利"，但从整个城市的角度来看"究非适中地点"。由于北站附近地价高昂，如果放弃该站，估计原有土地的出售价格最低也能达到六百万元。一旦得此巨款，"本路第一期兴复计划用费，即可足资挹注"。①

通过以上批判和论证，陈兴汉提出了他的"兴复计划"（详见本书附录二）：第一，放弃北站，将客运总站设于京沪铁路中山路路口以西、真如以东。经测算，该地与外滩、南京路西藏路口、静安寺、虹口公园、徐家汇、江湾等"沪市最繁荣稠密各地点"的距离比北站更为适中，能适应城市发展的需要。对铁路运输而言，该站建成后往返于京沪、沪杭甬两路的列车可避免必须进出北站的缺陷。该站工程分为两期，一期征地1785亩，计划兴建车站站房、站台、站前道路广场、调车场、机车房等站内设施以及连接淞沪、沪杭甬铁路的两条联络线，总投资为7572000元。二期工程除扩建车站本身外，还计划将吴淞机厂迁移至此，故将耗资8219000元。此外，两路联络线的梵皇渡站和淞沪铁路的江湾站也将根据实际需要扩建为"客运次要站"，开行一部分列车，这样"对于现在租界、南市及将来市中心区发展，均能兼顾"。为便于管辖两路，路局亦将移至该站。第二，将麦根路站改造成货运总站。待上述客运总站建成后，

①　陈兴汉：《上海总站兴复计划意见书》，《铁路月刊：京沪沪杭甬线》第2卷第11期，专载第11页。

两路货运将集中于该站，每年的货运总额"当在百万吨以上"。第三，扩充沪杭甬铁路日晖港站，将既有的黄浦江码头延伸加长，使该站成为吴淞新港发达之前最合适的水陆联络站。第四，组织"上海总站兴复筹建委员会"，内分设计、工程、财务、地亩四组，由铁道部派员设立筹建委员会，除该部和两路局负责人员外，另聘请专家数人作为委员，主任委员由部方人员担任。①

16 日，《申报》报道称铁道部认为此事关系重大未即批准，而是准备成立"京沪路整理委员会"或研究委员会，聘请专家担任委员来研究北站迁移地点、建筑式样等事宜。② 不过根据陈兴汉后来的说法，他的意见书"幸荷垂赐采纳"，③ 与以下史实相符。

7 月 2 日，铁道部正式成立"规复京沪沪杭甬铁路建设委员会"（以下简称规复委员会），部长顾孟余兼任委员长，次长曾仲鸣兼任副委员长，陈耀祖（财政司司长）、俞棪（业务司司长）、夏光宇（参事处参事）、萨福均（工务司司长）、孙谋（工务司技正）、陈兴汉为委员。随后该会多次派员赴沪与市府方面商讨北站迁移事宜。④ 由于复兴两路需筹款1000 余万元，为避免向中英银公司或国内银行界借款，俞棪建议迁移北站并出售该站的 400 亩土地，按当时市价每亩 35000 两计算即可得 1400万元。此举对兴建总站、铺设上海至苏州的复线以及完成沪杭甬铁路杭州至曹娥江段而言"尽可敷用"。该建议被顾孟余采纳，随即饬令规复委员会及两路局拟订详细计划并提交审议。⑤

23 日上午，规复委员会召开第一次会议，两路局相关人员亦赴南京与会，会议决定对北站迁移问题进行调查后再作讨论。⑥ 后来多数委员主张迁往麦根路站站址最为合适，"与市政府亦无妨碍"。⑦ 27 日，铁道部致电请市府派市中心区域建设委员会主席、工务局局长沈怡和公用局局长黄

---

① 陈兴汉：《上海总站兴复计划意见书》，《铁路月刊：京沪沪杭甬线》第 2 卷第 11 期，专载第 11—17 页。

② 《整理京沪路 聘请专家设计 委员会不久可成立》，《申报》1932 年 6 月 17 日，第 7 版。

③ 《两路局长陈兴汉昨忽辞职》，《申报》1932 年 12 月 13 日，第 8 版。

④ 铁道部《铁道年鉴》编纂委员会：《铁道年鉴》第 1 卷，1933 年，第 537 页。

⑤ 俞棪：《铁道业务两个月之整理工作》，1932 年，第 2—3 页。

⑥ 《规复两路建委会 昨在铁道部开首次会议》，《中央日报》1932 年 7 月 24 日，第 7 版。

⑦ 《上海北站迁移问题》，《中央日报》1932 年 7 月 31 日，第 7 版。

伯樵赴京与会。① 29 日，两人继上一年报告"大上海计划"之铁路改造规划后再度一同前往南京，两路局局长陈兴汉亦于当晚赴京。② 30 日上午，规复委员会第二次会议开幕，但会议中心议题是讨论市府计划接管淞沪铁路的问题（详见下文），未就迁站一事进行具体讨论，仅交换意见。③ 其中，市府的意见仍为在市中心区域新建客运总站，并将北站迁移至柳营河北。最终，铁道部鉴于北站是"京沪路之首站，行旅往来之繁，联运货物之多，于该路地位上颇占重要"，故同意市府的复兴计划中关于首先迁移北站及在江湾新建上海客运总站（以下简称客运总站）的要求，同时在陈兴汉意见书的基础上提出了规模更大的京沪沪杭甬铁路联运总站（以下简称联运总站）方案，"以壮中外之观瞻，而谋客商之便利"。④

31 日，铁道部选定客运总站和联运总站位置。客运总站地址与"大上海计划"一致，位于市中心区域的市达路（东段为今殷行路）以南，翔殷路（今邯郸路）以北及沿中山北路西南 6000 英尺（约 1829 米）一带。联运总站的位置与陈兴汉提出的总站位置相同，即京沪铁路中山路以西、真北路以东，沿京沪铁路南北各 3000 英尺（约 914 米）的地块。规复委员会委员夏光宇、陈耀祖二人被派往上述区域调查地价以备征收。⑤ 同日，行政院据铁道部之请令市府转饬市土地局发布公告，所有上述地区自 8 月 1 日起三星期内停止买卖过户，"以便测勘购用"。⑥

8 月 1 日，顾孟余向中央社记者表示同意市府意见，并在市中心区域"未繁盛之前"先将北站迁移至麦根路站附近。⑦ 次日，市府根据《土地征收法》第八条第一款规定认为此案应由内政部核准，故一面呈复行政院，一面令土地局先行公告，同时要求土地局协助铁道部人员进行地价调

---

① 《上海市政府秘书处公函 为奉□派黄伯樵沈怡两局长代表出席两路建设委员会等因函请查照由》，《上海市公用局关于京沪铁路上海北站迁移征地案》，上海市档案馆藏，Q5 - 3 - 3335。

② 《黄伯樵沈怡昨晚赴京 参与两路恢复建设会》，《申报》1932 年 7 月 30 日，第 14 版。

③ 《上海北站迁移问题》，《中央日报》1932 年 7 月 31 日，第 7 版。

④ 铁道部编：《铁道部中华民国二十一年八月份工作报告》，1932 年，第 8 页。

⑤ 《沪北站新址 政院令市府收购》，《中央日报》1932 年 8 月 2 日，第 2 版。

⑥ 《上海北站新址》，《申报》1932 年 8 月 2 日，第 13 版。

⑦ 《顾孟余谈沪淞路 不能移归市府管辖》，《中央日报》1932 年 8 月 2 日，第 2 版。

查。① 至此"考虑未决之北站新址"问题得以解决，② 市府方面也颇为满意地声称"此项决定，于铁道部方面，实无所谓利益，而于本市市政之发展，有极大关系"。③ 而对于这项规模空前的建设计划，国内其他铁路部门更是深表羡慕，其相关报道中充满了溢美之词，如津浦铁路方面宣称新站可容纳旅客两三万人，建筑"模仿美国车站中之最新式者……站内并设美丽之花园，以供旅客游憩，又设地底甬道，使车辆及旅客均得安全通过"，预计1933年底即可完工，成为"远东最新式之车站"。④

津浦铁路方面所指的并非市中心区域的客运总站，而是真如的联运总站（当时媒体称为"两路上海总站"），因为该站对于两路运输尤其是联运业务将发挥出比客运总站更大的效能，因此铁道部先对该站进行了勘测设计工作，具体由两路局工程处负责。8月中旬，该处将初步计划上报铁道部。两路局职员在接受中央社记者采访时声称该计划"规模甚为宏大"，并将视铁路业务的发展程度和发展需要逐步扩大，因此需要南北宽3000余英尺，东西长10000多英尺（3050米左右，自中山路西至真如站）的大片土地。从图4-13中可见，其规模相当于建设一片新的城区。该区域内多为民田，但也有村庄、民宅"散置其间"，其中管衖村的规模最大，且正处于中心位置。该职员表示"如能迁移最好，惟费用甚大耳"，因此对于是否将该村全部迁移之事需上报铁道部进行审核。

建筑工程方面，第一步先建设两路局各处、各课的办公用房和车站办公处，以解决北站被毁后路局办公不便的问题，同时建造货栈、月台、站内路轨及小型机车修理厂。此外还计划将吴淞机厂迁至此地，"俾便利水运"。所需经费约为七八百万（包括为便于建筑材料运输而扩建麦根路货站的费用），而全部建筑费"当在千万左右"，所以"尚须稍借外款"。第一期工程完成后，"如因路务兴盛，不敷应用，则即可扩大建筑"。而全

---

① 《上海市政府训令第1945号令土地局为奉行政院院长、铁道部长世电将择定地段内先行停止买卖过户并尽量协助由》，《上海市政府公报》第124期，1932年9月10日，第7页。

② 《两路上海总站勘定新址》，《铁道》第2卷第6期，1932年8月，合订本第125页；《上海北站新址》，《申报》1932年8月2日，第13版。

③ 《市府出席铁部会议代表返沪》，《申报》1932年8月3日，第14版。

④ 《北车站新址勘定在真如中山路旁》，《铁路月刊：津浦线》第2卷第6—7期，1932年7月，"路界纪闻"第12—13页。

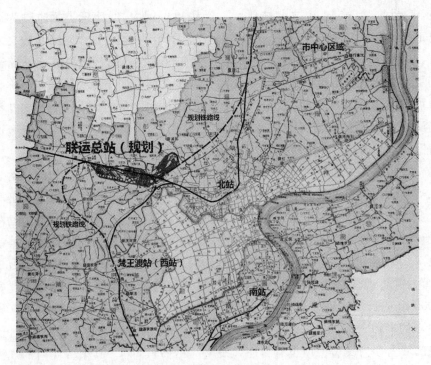

图 4 – 13　京沪沪杭甬铁路联运总站规划位置

资料来源：上海市土地局编：《上海市区域图》，1932 年。

部完工后，该站将"可供五十年之用"。①

　　虽然铁道部在"大上海计划"的铁路改造规划之外推行其自行设计的联运总站，而且后来通过先建联运总站将客运总站打入冷宫（后者是"大上海计划"规定的全市最大的火车站），实际上剥夺了上海市政府的规划实施权，但该站的付诸实施仍可视为实现上海城市铁路改造规划的良好开端，只是历史的契机往往稍纵即逝。

　　三　改"国有"为"市有"：上海市政府接管淞沪铁路计划

　　至 20 世纪 20 年代末，淞沪铁路已成为上海城市发展的一大顽疾，不仅妨碍道路交通，经营状况也比较低迷。1930 年蒸汽车开通后营业好转，但因来往班次密集而产生了新的问题，如前述因宝山路平交道交通恶化而

①《上海新站建筑计划》，《申报》1932 年 8 月 21 日，第 17 版；《沪新站建筑　路局拟就计划　向铁道部请示》，《中央日报》1932 年 8 月 21 日，第 3 版。

迁移车站之事，又如江苏省宝山县党部请求将该路延长至宝山县城南门，但 8 月底两路局表示办理困难，未予批准。①

1932 年 6 月 4 日，上海市公用局向市府提出《建议改善淞沪铁道火车办法案》，欲以此请求铁道部转让该路的管理权。该方案首先从具有普遍意义的市民住房问题引申出卫星城的建设与交通的关系问题，进而指出因淞沪铁路交通不便而导致居住环境的欠佳：

> 都市人口稠密，地价奇昂，故建筑居住，仅皆从经济着想，不复计及卫生，因此大则一街之中，房屋栉比，小则一室之内，长幼麇集，不特影响健康，抑且妨碍善良风俗，至若因房屋昂贵，致薪工阶级收支不能平衡，动酿劳资纠纷，尤为数见不鲜之事故。都市居住问题，是为社会问题中最不易解决之一端，其次则占地较广之工厂，倘设置于都市中心，则制造成本加巨，营业竞争为难，各国市政当局有鉴于此，于都市之外廓，养成无数集镇，以解决都市之人口居住及工厂设置问题，因具有完美之交通以为连贯，故居住或设厂于此间者，无都市之消费而有都市之便利。江湾、吴淞等处之于上海，实亦有同样情形，只以交通不便，甚少发展，致市内一隅之地，因人口密集而价格益昂，人民为情势所迫，虽不欲牺牲健康以局促于鸽笼式之赁宅而不可得。推原其故，实淞沪交通不便，有以造成之也。

然后，该办法从铁路业务和战区复兴两方面分析了淞沪铁路的不良现状。铁路业务方面，该路仅为单线铁路，但班次密集，故车辆往往需要靠站待避，且因蒸汽车动力不足而常出现晚点现象。机车燃烧未尽的煤屑被风吹落到铁路两旁的住户，不但污染环境，而且存在严重的安全隐患，"于市容、消防，均生影响"。此外两路吴淞（张华浜）机车修理厂的员工乘车（免费）时常常抢占车上较好的座位，而购买车票的一般乘客却无座可得。所以"此种种情形，遂致淞沪铁路大为各方所不满意"；战区复兴方面，市府认为当前正值吴淞、江湾等各战区亟待复兴之际，"淞沪交通，实为复兴问题中一重要关键"，如果不做彻底改良，战区难有恢复

---

① 《淞沪支线碍难展至宝山南门》，《江苏省政府公报》第 528 期，1930 年 8 月 28 日，第 10 页。

的希望，而非战区的发展也将"愈益畸形"。总之"本市市政发展，因亦大受阻碍"。

因此，市府站在发展市政的立场上表示淞沪铁路在组织上、技术上"均有改良之必要"，改良办法大致可分为以下两个方面：

第一，组织上意在改国有为"市有"。因该路起讫点均在市区范围以内，"实为地方交通性质"，故市府准备向铁道部提出接管该路的一切事务，"俾与其他市内交通线路，收调剂联络之效"。如果铁道部出于吴淞机厂的关系而不能完全交出，则不妨改为双方联合管理，或在交接合同中特别规定京沪、沪杭甬两路车辆往来该厂的行驶办法。

第二，技术上旨在改造铁路路线设备，改善交通条件与沿线环境。其一，实施电气化改造，这也是近代上海最早提出的铁路电气化项目。计划与闸北水电公司订立廉价的供电合同，既能弥补电气公司因战争而损失的电力用户，又能提高列车的行车速度，同时还可以杜绝沿线煤屑污染与火险隐患，"卫生、消防、市容关系"一并解决。交通便捷程度提高后，沿线各处均可作为住宅区，"都市居住问题，因此得一良好之解决"；其二，建设复线并从炮台湾站延伸至宝山县城。复线完工后即可消除车辆待避的问题，从而进一步加密班次，节省乘车时间。如因经费关系一时无法实施，则可以增设避车线，并选择重要路段先行铺设复线，"然后交通繁盛，而收入亦可增加"。而延伸至宝山后"于市区发展，亦有莫大裨益"（见图4-14）。

最后，市府认为以上种种改良办法在淞沪抗战前"因种种已成局势，改革容多困难"。目前正值战后复兴，京沪铁路正以全力恢复自身交通，对整顿该路"恐已无力兼顾"，所以"不如委之地方政府，俾可与其他复兴战区业务，通盘筹划，同时进行，此就移转管理言最良好之机会也"。而"不合时代性"的蒸汽车多数已损坏，更无必要加以补充。所以，如能趁此机会进行彻底改善，"对外更可表示我国建设之精神"。①

6月28日，市府第206次市政会议通过此案，② 7月13日致函铁道部

---

① 《上海市公用局改善淞沪铁路》，上海市档案馆藏，Q5-2-1209。
② 《上海市政府第201—210次市政会议议程汇编（第10册）》，上海市档案馆藏，Q1-5-576。

正式请求将该路划归市府管理或与铁道部联合经营。① 16 日两路局方面在接受记者采访时表示，因奉铁道部命令而不便正式回应，但也列举了不便转交的理由：如该路与两路的管理"尚难分离"，因管理不统一易"失联络之效"。在未完全清偿中英银公司 250 万英镑借款的情况下"亦不便遽有变更"。但路局表示在客运总站与联运总站建成且吴淞机厂迁移至两路干线后，届时该路"或可让归"。市长吴铁城随即表示中英银公司的借款可由市府负责偿还。② 19 日，顾孟余在上海发表谈话称由铁道部研究后再做处理，而该部某人表示此事需经部务会议讨论，而他本人也认为不宜移交，因该部已决定对此路进行改善，市府提出的各项改良意见"无不早在考虑之中"，成立规复委员会的目的也在于此。此外，由于该路仅办理客运业务，"向无赢余"，限于经费也只能进行改良。市府如感觉有对市政发展造成影响之处，可建议该部逐步加以改良。③

7 月 23 日，铁道部召集两路局人员开会，会议对该问题的决议是须在新北站站址选定之后"方有具体办法"。次日，铁道部次长曾仲鸣抵沪，在接受采访时表示该部将于 30 日再次举行会议，届时将邀请市府方面派员前往南京共同讨论。④ 27 日，铁道部将 30 日召开的规复委员会第二次会议的主题定为讨论"淞沪路移归市办问题"，并致电请市府派市中心区域建设委员会主席沈怡和公用局局长黄伯樵赴京与会。⑤ 29 日，两人与两路局局长陈兴汉均抵达南京。同日，两路局秘书丁兴亨表示该路现为京沪铁路的一段，无法确定其在全路借款中所占的比重及数目，且该路营业收入较少（每日仅 1000 余元），市府接管后尚须添购机车，改良工作"极为困难"。⑥

30 日会议正式召开，铁道部方面的出席者有部长顾孟余、次长曾仲鸣、各司司长以及各科科长，沈、黄二人陈述了要求接管的理由，重点强调该路"不能助本市中心区之发展，且有种种阻碍发展之处"，该部表示

---

① 《上海市政府咨第 288 号 为建议改善淞沪铁道火车办法咨请察核采纳由》，《上海市政府公报》第 123 期，1932 年 8 月 10 日，第 168—169 页。

② 《淞沪路应否改归市办 路局市府意见不一》，《中央日报》1932 年 7 月 17 日，第 3 版。

③ 《淞沪路改隶问题 铁部职员谈称应由部主管》，《中央日报》1932 年 7 月 20 日，第 3 版。

④ 《铁次曾仲鸣谈话》，《申报》1932 年 7 月 25 日，第 10 版。

⑤ 《淞沪路归市办问题 沪市府派员来京讨论》，《中央日报》1932 年 7 月 27 日，第 3 版。

⑥ 《黄伯樵沈怡昨晚赴京 参与两路恢复建设会》，《申报》1932 年 7 月 30 日，第 14 版。

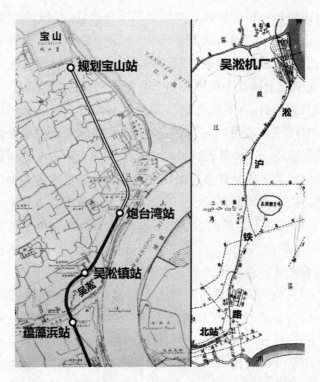

图4-14　淞沪铁路宝山延伸段规划及吴淞机厂位置图

资料来源：左图 *Shanghai Annual Trade Report and Returns* 1926，Order of the
Inspector General of Customs，1927；右图《上海市铁路终点改善计划》，上海
市档案馆藏，Q5-3-4315-99。

接受并加以考虑。①

　　然而8月1日，顾孟余接受中央社记者采访时表示淞沪铁路无法转交
市府管理，其原因主要是出于"联运关系"，即京沪铁路须通过该路张华
浜站的黄浦江码头与水路货物进行联运，为京沪路的"入海口"，归市府
管理将会带来不便。至于中英银公司的借款因素"不过为其次要之理
由"。他还表示"对市府意见决尽量容纳"，如改良此路的各项。市府代
表在会上也表示市府方面着重于改良，"俾无碍市政设施"，对于接管之
事"并不坚持"。②

　　接管之事引起了中英银公司的关注，该公司致函铁道部询问是否将该

①　《市府出席铁部会议代表返沪》，《申报》1932年8月3日，第14版。

②　《顾孟余谈沪淞路 不能移归市府管辖》，《中央日报》1932年8月2日，第2版。

路移交市府管理，铁道部于 7 日回复称并无此意。① 次日，铁道部令两路局就此进行讨论并向该公司咨询处理方法。② 17 日，铁道部特派专员李芳华、科长丁琪二人抵沪谒见市长吴铁城，阐述"不能归市办之理由"。③此后，因市府、两路局、铁道部三方将建设联运总站、客运总站作为复兴的首要任务，淞沪铁路的转让问题暂告搁置。

　　直到 12 月底，铁道部才对 8 月 10 日市府"咨第 288 号"公文作出回复。铁道部称两路局车务、工务、机务三处已对转让问题进行审议。其中，车务处认为市府所述各点"均与事实不甚相符"：首先，市府将江湾、吴淞欠发展的原因归结为"交通之不便"，而该处认为淞沪铁路初期每日上下行列车各只有 7 次，但此后不断增加，曾一度达到每天 72 次，平均每隔 25 分钟就有一趟，"是对于淞沪交通，未能斥为不便"。居民之所以聚居市内不愿在吴淞、江湾居住，是因为时局不稳、战争频仍，且吴淞等地常处于戒严状态，"纵交通甚为发达，亦难通行无阻"。因此郊外市镇发展欠佳的原因在于时局影响，并非交通不便；该路各车站之间的间隔距离比普通铁路短，列车待避时间不多，且车中座位足够旅客就坐，"无过挤之弊"。因此在短时期内没有建设复线的必要；最后，吴淞机厂员工上下班均乘坐员工专车，其余时间来往者为数不多，占座有限，不会导致购票旅客无座可得。

　　市府提出的关于组织、技术上的各点改良意见，两路局认为"亦非需要"，原因如下：第一，关于组织问题，就铁路方面而言，一旦该路划归市府或与市府合作经营，来往吴淞机厂的抢险车辆行驶将会受到影响。而且如果采用电气化列车，那么普通车辆是否能继续开行也是一大疑问。就市府方面而言，其计划将该路与市内其他交通路线相连，但由于租界的阻碍，从吴淞到南市等地仍存在障碍。因此"双方均无裨益"，不如维持现状，再谋发展；第二，关于技术问题，路局称电气化、建复线、延伸路线等计划早已在规划之中，但就目前情况而言"尚非需要"。因为淞沪抗战前该路每天共开行 64 趟车，战后从沿线迁移出去的居民尚未搬回，各工

---

　　① 《淞沪路并不移管 铁部函复中英公司》，《中央日报》1932 年 8 月 7 日，第 3 版。

　　② 《铁道部令 令京沪沪杭甬铁路管理局仰核议上海市政府咨为改善淞沪铁路办法具复由》，《铁道公报》第 320 期，1932 年 8 月 10 日，第 6 页。

　　③ 《淞沪路不能归市办》，《申报》1932 年 8 月 18 日，第 14 版。

厂被毁严重也尚未复工，因此乘客寥寥。路局将车次减少至"足敷应用"的水准，并计划每天及每周日各增开两次，同时将津浦铁路的 F 字机车收回，可拖带 5—6 节车厢，座位将随之增多，另准备延长各站站台以便行车。如此则可"应付裕如"相当长一段时间，等到不敷应用时再进行彻底改造不迟，"不必急图实现"。总之，该路归何方管理，从利益方面而言，"实无区别"，现行方案可以实现发展业务的目标，故"似毋须移让管辖"。从阻碍方面而言，归市府管理后两路使用吴淞机厂"发生巨大不便"，市府方面也不免受到牵连，所以车务处表示反对。

工务处则认为存在"诸多问题，须行考虑"，比车务处提出的六点意见更为重要、敏感：第一，1903 年清政府与中英银公司签订的《沪宁铁路借款合同》中规定把淞沪铁路作为抵押品，并与沪宁路合并。① 沪宁铁路的经营管理权虽已在 1929 年收回，但借款尚未还清，因此必须等到清偿债款后才能收回，而当前该路价值不能与并入沪宁路时的原价相提并论，故市府须待重新议价后才能接管。这不是出于债务的考虑，而是因为近年来京沪铁路收入激增，如以清末合并时该路的收入与现在作比较，再以当时的地价与现在相比，即可发现该路价值已大幅提高，故必须先征得中英银公司的同意，才能讨论由市府接收或合办的问题；第二，市府迁移该路的理由不充分。铁路建设在前，"大上海计划"在后，"其中时间，相距甚久"。铁路平交道虽然对城市交通不无阻碍，但火车方便了郊外居民往来上海，"两相比较，其利害适相等"；第三，两路局无法承担电气化改造费用，必须再次借款，而借款须得到中英银公司的同意。市府认为现有蒸汽车有损市容，但一旦改用新型机车即可避免；第四，建设复线"尚非需要"，将来车辆增多时可多建避车岔道，复线需求尚在"数年以后"；第五，如车务处所言妨碍吴淞机厂车辆进出；第六，经淞沪战役重创，两路局暂无力进行改良。

铁道部在总结两路局的观点后，向市府表示淞沪铁路不仅是京沪铁路机车、车辆进出吴淞机厂的要道，而且是"全国国有线中重要出口路线之一，关系国际贸易至巨，无论由管理、运输、技术、财务及债权各方面立论，均属不能分割"。世界各国铁路多为国有，孙中山也曾将铁路定为国

---

① 参见该合同第 3 款、第 23 款条文。交通、铁道部交通史编纂委员会编：《交通史路政编》第 11 册，1935 年，第 3038、3050 页。

营事业，故淞沪铁路划归市有，"似于总理政策，不无抵触之嫌"。此外，世界各国短途铁路均因不能吸引大量客货，运营成本高而亏损（南京京市铁路即为例证），故欧美短途铁路都不得不并入长距离铁路线。因此铁道部认为纵使该路划归市有，"无论经营如何良好，结果恐亦难操胜算"。①

12 月 16 日曾参与交涉的公用局局长黄柏樵调任两路局局长，② 因此市府又开始着手讨论接管问题。1933 年 1 月中旬，市府将上述铁道部咨文抄送市工务、公用、财政等局，令各部门共同讨论研究后"呈府议核"。③ 月底，顾孟余坦言已再三考虑，但仍因尚未还清建设与购买材料等各项"为数颇巨"的债款而"实属不可能"。④ 至于购置柴油车取代蒸汽车的计划，2 月中旬路局也表示"尚有许多困难"。⑤ 至此，市府接管淞沪铁路的计划胎死腹中。

四　式微与中止：改造铁路计划的变动

在自己提出的规划方案被铁道部否决、淞沪铁路接管失败而联运总站也无法实施（详下文）的情况下，1933 年 10 月 10 日市府各部门开始从沪南枫林桥迁往市中心区域的新址后，实现"大上海计划"的工作重心也转移到了中心区域的各项工程建设上。⑥ 12 月 25 日的《申报》新闻转述了沈怡对此问题的看法：⑦

　　　沈氏对于繁荣市中心区之企图，着力于繁荣市中心区之诸原动力。市府暨所属各处局之迁入，虽不若兴建虬江码头、开辟商港及迁移车站等事为重要，但沈氏认为市府迁移，亦为繁荣市中心区原动力

---

① 《咨上海市政府 据京沪路局呈复核议关于贵市政府改良淞沪铁路各点咨复查照由》，《铁道公报》第 440 期，1932 年 12 月 28 日，第 6—10 页。

② 《黄柏樵调任两路管理局长》，《申报》1932 年 12 月 17 日，第 11 版。

③ 《淞沪路移归市办仍在研究中》，《申报》1933 年 1 月 14 日，第 11 版。

④ 《顾孟余谈复兴两路》，《申报》1933 年 1 月 31 日，第 12 版；《顾部长谈复兴两路计划》，《铁道》第 3 卷第 5 期，1933 年 2 月，合订本第 121 页。

⑤ 《淞沪改革困难》，《申报》1933 年 2 月 14 日，第 11 版。

⑥ 至抗战爆发前先后建成了市政府大楼、各局临时办公用房、市体育场、市博物馆、市图书馆、市立医院以及虬江码头一期工程。参见《"大上海计划"大事记》，魏枢：《"大上海计划"启示录：近代上海市中心区域的规划变迁与空间演进》，第 307 页。

⑦ 《沈怡谈发展大上海》，《申报》1933 年 12 月 25 日，第 8 版。

中之一种，至于兴建码头等事，固为原动力中之重要者，但举办此种事业，或非目前环境之所许。市府暨各局处迁入后，将注意于另一原动力，如图书馆、博物院、体育场等，皆为繁荣市面必要建设。

可见"非目前环境之所许"是市府停止大规模的铁路改造工程、转变开发顺序的关键。1934 年 1 月 12 日，吴铁城提出了"繁荣市中心区计划"，经各局讨论后决议分两期进行。第一期为建设虬江码头并作为"当务之急"，第二期为建设连接码头的铁路线，但没有其他的铁路规划。市府秘书长俞鸿钧在接受采访时则表示："将来中心区内之圆路公共汽车及南北市之电车计划、电网计划以及淞沪支线等问题，皆分别轻重缓急，兼顾财力，逐步使其实现。""淞沪支线"的铁路问题已置于最后。①

尽管如此，市公用局仍联合两路局勘测了码头联络线并确定了路线布置的原则：②

以虬江码头为起点，达到淞沪路终点，互相联络衔接，俾虬江码头上岸的货物，即可交由该路运往本市各处销售。沪商货物欲向外输出时，也可由淞沪路转入该路而至虬江码头下水，转运至各埠。

（一）调整城市道路与铁路的关系布局

为了配合上述各项工程的开展，市府并未放弃改善与铁路相关的交通的各种努力，这不仅是出于眼前的需要，也是为了最终实现改造铁路的目标。

前述迁移北站的目的即在于发展闸北城区，因此市府曾对迁移后该区的道路系统作了详细的规划。1932 年 9 月，市府第 216 次市政会议通过了市工务局制定的《修正闸北区道路系统案》，重新规定了北站附近以及与之有裙带关系的各主要道路的宽度，并提出了延长计划，欲使闸北道路"与铁道以南各路，均取得相当联络"。③ 同时，沈怡致函吴铁城表示之前制定的道路系统"现因迁移北车站关系，已有一部分不能适用"。故应乘

① 《繁荣新市区第二步计划决先完成虬江码头》，《申报》1934 年 1 月 13 日，第 12 版。
② 上海市地方志办公室、上海市历史博物馆编：《民国上海市通志稿》第 1 册，第 212 页。
③ 上海市政府秘书处编：《上海市市政报告》，1936 年，第 5 章第 25 页。

此机会彻底改善，"以期适应今后交通上之需要"。① 经道路工程专家审核后，市府于 10 月 19 日将详细规划方案送达铁道部审核。② 随后，工务局第三科科长薛次莘表示，北站迁移后道路路线改动"于地主关系至大"，非不得已时"决不变更"，基本仍以既有道路进行修理、改良。③

1933 年 1 月 5 日，铁道部回复市府称对该道路系统及其路名、宽度均表示完全同意，其中一二八路和交通路的宝山路至大统路以东段宽 18 米，大统路以西至真如段宽 20 米。④ 2 月中旬，市工务局已准备拓宽宋公园路自新疆路至中兴路路段，以便北站迁移后实现该路与北西藏路的贯通。⑤ 而在迁站被迫中止、北站重建后，上述各项计划均已失去效力。因此，1934 年 4 月 20 日第 258 次市政会议通过了再修正案，规定已修正的道路"除有一部分已订立路界，仍须照常执行"。⑥ 紧接着的第 259 次市政会议又通过了市工务局的以下调整方案：第一，对新车站道路予以保留，"暂缓施行"；第二，其他拓宽及延长的道路"仍予维持"；第三，金陵路（今秣陵路）、会文路原计划与一二八路、北浙江路打通，但须拆去大量房屋，因此决定仍利用老路以免拆迁，且易于实现。⑦

此后，市府与两路局主要围绕位于京沪铁路北侧与之平行的交通路展开交涉。1934 年，两路局为建设上海至苏州段的复线而函请市府将交通路大阳桥至真如站一段向北移动。市工务局回复称该路原定 12 米的宽度因北站"迁移之议"而改为 20 米，并于 1932 年 9 月征得铁道部同意，同时也通过市政会议议决且发布了公告，故随即"定桩为界"。因此该局表示两路局的请求与"惯例不符"，"未便予以照办"，但仍同意恢复 12 米

① 《第 216 次市政会议议程》，《上海市政府第 211—220 次市政会议议程汇编（第 11 册）》，上海市档案馆藏，Q1-5-577。

② 《函上海市政府 前准函送修正闸北区道路系统等完全同意由》，《铁道公报》第 446 期，1933 年 1 月 6 日，第 9 页。

③ 《沪市中心区建筑近况》，《道路月刊》第 38 卷第 3 期，1932 年 11 月，"路市建设"第 11 页。

④ 《函上海市政府 前准函送修正闸北区道路系统等完全同意由》，《铁道公报》第 446 期，第 9 页。

⑤ 《宋公园路行将拓宽》，《申报》1933 年 2 月 16 日，第 13 版。

⑥ 《第 258 次市政会议议程》，《上海市政府第 251—270 次市政会议议程汇编（第 15 册）》，上海市档案馆藏，Q1-5-580。

⑦ 上海市政府秘书处编：《上海市市政报告》，第 5 章第 25 页。

的宽度"以免纠纷"，该调整方案于 5 月 18 日经第 260 次市政会议议决通过；① 如前所述，交通路从中山路到会文路一段原定宽 18 米，但两路局认为此路占用该局用地而多次致函工务局，"以车场余地无多，妨碍业务"为由要求将该段道路向北迁移。1937 年 1 月 29 日第 319 次市政会议审议后，此路向北缩进了 1.5 米，即改为宽 16.5 米。

（二）淞沪铁路三民路支线的建设与废弃

为繁荣市中心区域，密切与建成区的交通往来，1933 年 5 月 24 日上海市市中心区域建设委员会召开第 46 次常会时，有与会者"临时提议"请两路局在淞沪铁路三民路口"将来客运总站地位"② 设立车站"以利行旅"一案。11 月 15 日，该会主席沈怡在第 55 次常会上临时提出在三民路自淞沪铁路至淞沪路沿线铺设临时轨道，经讨论后决议函请两路局进行研究，如有可行性，等路局回复后再呈请市府转铁道部办理。12 月 20 日，市府令该会直接致函铁道部令两路局兴建该路。③（见图 4 - 15）

1934 年 2 月，铁道部决定与市府合作建设三民路支线。该支线从淞沪铁路 6.5 公里处出叉并设"三民路分路站"，沿三民路至淞沪路路口，全长 2 公里，作为前述虬江码头联络线的一期工程。1935 年 3 月开工，8 月下旬竣工，10 月 10 日通车，为同日在市体育场开幕的第六届全国运动大会提供了便捷的交通运输。④ 运动会闭幕后，该支线虽投入正式运营，但客流稀少，营业渐衰，而这一点铁道部在 1934 年就有预言："现在该区市面，尚未繁荣"，且路线过短，另有公共汽车行驶，"营业收支能否相抵"是一大问题。⑤ 由于营业颓势无法扭转，1936 年 8 月 15 日三民路分

---

① 《第 260 次市政会议议程》，《上海市政府第 251—270 次市政会议议程汇编（第 15 册）》，上海市档案馆藏，Q1-5-580。

② 沙曾熠：《上海市之都市设计与土地利用》，萧铮主编：《民国二十年代中国大陆土地问题资料》第 92 册，第 48500 页。

③ 上海市市中心区域建设委员会编：《上海市市中心区域建设委员会业务报告（十九年七月至二十二年十二月）》第 2 期，第 33、44、45 页。

④ 上海市通志馆年鉴委员会编：《民国二十五年上海市年鉴》，中华书局 1936 年版，A12 页。

⑤ 《铁道部令 令京沪沪杭甬铁路管理局 呈送敷设上海市中心区三民路支线轨道估价单图样祈核示由》，《铁道公报》第 856 期，1934 年 5 月，第 3 页。

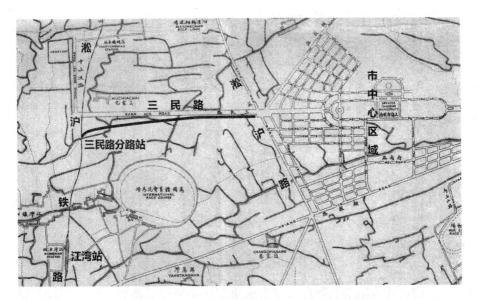

图 4 – 15 淞沪铁路三民路支线图（底图为笔者藏图）

路站降格为旗站,[①] 至 10 月 26 日全线停办客运业务。[②] 次年淞沪会战爆发前，该支线由中方自行拆除。[③]

五 对"大上海计划"之铁路改造规划的评价

城市铁路规划必须融入当地的城市总体规划，城市总体规划也必须充分考虑铁路在城市对外交通运输上的地位与功能。只有这样，才能做到既满足铁路运输的需要，又有利于城市的健康发展。[④] 从该角度出发，笔者对"大上海计划"的铁路改造规划作一简要评价。

国民党中央政治学校地政学院派往上海市政府的实习生沙曾炟，于 1937 年 12 月完成了他对"大上海计划"的考察报告。作者从技术角度出发，对铁路改造规划中路线车站的外迁、环城路线的设计、水陆联运的安

---

① 《三民路分路站改为旗站》，《京沪沪杭甬铁路日刊》第 1658 号，1936 年 8 月 7 日，合订本第 48 页。

② 《路务简讯》，《京沪沪杭甬铁路日刊》第 1726 号，1936 年 10 月 28 日，合订本第 179 页。

③ 《上海铁路志》编纂委员会编：《上海铁路志》，上海社会科学院出版社 1999 年版，第 49 页。

④ 张宏吉、汤士安主编：《铁路用地规划与管理研究》，序言第 1 页。

排、市内路线的改造等各方面作了总结：

> 路轨、客站、货房、车场等占市区之地面颇巨，而轨道之纵横，又常阻隔市面，使之分界。设有不当，则不仅货运不畅，交通拥隔，即市区繁荣亦蒙绝大恶劣之影响。今□沪市铁道之设计，环市均有铁路，则市区之发展，可获均匀。吴淞水陆联运，可以节省商旅船驳费用，客运货运分立，使客货各得其所，两皆便利。铁道场站大都设于市郊，则需用土地虽多，而价不甚高，且于市区发展毫无阻隔拥塞之弊，热闹市区之路轨，或设地下，或筑高架，必使无妨于人车之一般交通。拆除原有淞沪支路，而代以公共汽车线，所以排除市区发展之障碍，凡此皆足以使铁道之用地得宜交通增便者也。

上述设计方案与当时西方城市追求宏伟风格的思潮相一致，也比较符合现代铁路的规划理念。[①] 但迁移车站存在的风险是，若计划将老站迁移后的土地出售作为新站的建设费用，则可能会出现计划一公布，老站地价下跌致使土地无人接盘的情况。

对希望通过改造铁路达到"超越租界"的做法，沙氏也表示认同：

> 各铁路线对租界采大规模之包围形势，使客货之长距运输，便于市区而不便于租界，则租界之商业，必将日见其衰落，而市区之繁荣，则益增其保障。故吾于土地利用之本身目的而外，兼具压迫租界之作用，使租界当局，感觉其经济上所处地位之不利，而自动放弃其强租硬借之权利，重订平等之条约，以共同促进世界之繁荣。盖此项政策，实足以制租界于死命，而奠定发展市区之始基。[②]

笔者对上述评价亦表赞同，其初衷虽不无理想主义色彩，但在当时民族危机日益深重的年代，只有通过强调这一点才能突出规划的合法性与合理性，才能减少可能产生的各种阻碍。况且近代以来，中国的城市规划都

---

① 参见张文尝《城市铁路规划》，中国建筑工业出版社1982年版。

② 沙曾炤：《上海市之都市设计与土地利用》，萧铮主编：《民国二十年代中国大陆土地问题资料》第92册，第48677—48678页。

或多或少地带有政治色彩，因此所谓被民族主义、政治投机绑架①似乎言过其实。

随着 1937 年淞沪会战的爆发，"大上海计划"随之化为泡影。除了这一外来的致命因素外，后世的诸多学者指出内部因素也不可忽视：抗战胜利后上海市工务局局长赵祖康认为"限于经费，格于环境，中央、地方未能切实合作，至计划不能实现"；② 郭奇正认为主要是由于市府的经济扩张导致了严重的财政问题。③ 铁路改造规划未能实现固然受到战争、经费等因素的影响，但土地征收问题才是导致整个规划中辍的关键，诚如城市规划学学者魏枢指出未能妥善解决土地问题是"大上海计划"难以顺利推进的重要因素。④

第四节　现实逆转：1932 年京沪沪杭甬铁路联运总站征地风潮

此次风潮⑤是两路发展史上规模最大、持续时间最长的土地纠纷，包括铁道部在内的国民政府主要部门、京沪沪杭甬铁路管理局、上海市政府、真如和彭浦两区基层官员和当地民众以及中共地下党纷纷卷入，从一次较为单纯的经济纠纷演变为一场严重的政治风波。

一　风潮渐起

1932 年 8 月，铁道部认为国有铁路征地补偿与该部发展"实多妨碍"

---

① 郭奇正：《泡沫化了的新国族召唤：大上海计划与 1927—1937 年间上海的都市政治》，《台大地理学报》第 29 卷，2001 年。

② 赵祖康：《从都市计划观点论上海市之划界》，《市政评论》第 8 卷第 6 期，1946 年 8 月，第 10 页。

③ 郭奇正：《泡沫化了的新国族召唤：大上海计划与 1927—1937 年间上海的都市政治》，《台大地理学报》第 29 卷，2001 年，第 27 页。

④ 魏枢：《"大上海计划"启示录：近代上海市中心区域的规划变迁与空间演进》，第 278—280 页。

⑤ 反对征地运动的主要领导者，于 2009 年以 102 岁高龄去世的侯选青（参见下文注释中的介绍），曾于 1988 年第 12 期的《上海滩》杂志上发表了《发生在北站的一次农民大骚动》一文。该文不仅有回忆，还参考了当时的报刊，因此可以视作第一篇研究文章。此后仅有黄华平的一篇论文：《1932 年上海新站之争》，《兰台世界》2009 年第 17 期，但限于篇幅等原因而存在硬伤。

而提出应"无价收用"，后经行政院第54次会议审议通过。① 可见，铁道部在风潮爆发前就以傲慢的态度为此后的交涉定了官方基调。与此同时，由于7月31日所定的征地规模较为庞大等原因，8月17日铁道部以联运总站、客运总站勘测工作尚未完成，而原定时间"瞬将届满"，故呈请行政院令市府从原定的22日起再延长三星期。随后，顾孟余电请市府再次出示相关公告。②

当征地工作准备进一步开展时，随即出现了反对的声音——地处大连湾路（今大连路）的上海华生电器制造厂计划异地新建厂房，曾于1931年冬花费13万元购买了彭浦区境内中山路、交通路一带的一百余亩土地。联运总站征地计划公布后，厂方发现新厂址地块"适在被收买之内"。21日，该厂即致函"全国民营电业联合会"，将其可能受到的损失上升到对"国家实业、电业界前途亦所不利"的高度。23日，厂方特派代表虞树勋前往市府请愿，"设法补救"。市府秘书王绍斋接见后同意转请铁道部进行审查。同时，该厂经理叶友才等人前往南京向行政院、铁道部、实业部请求将新厂址划出站外，或通过置换靠近大连湾路厂址的土地作为补偿，并请上海市商会"据理力争"。③ 此事成为该站征地风潮的开端。

8月31日，铁道部致函市府表示愿意"切实合作，谋闸北市区战后之复兴，以促成大上海计划之实现"，故决定迁移北站，建设客运总站及联运总站，请市府公布征收土地的范围。但同时表示两站无法在短时间内建成，故准备先在北站西端的宋公园路设置临时车站，作为"实行迁移北站之预备"，并请市府建设通往联运总站的道路、桥梁，"收互相促成之效"。此外，关于新站土地征收及北站余地出售的所有手续也需要与市府

---

① 《上海市政府训令第2260号 令土地局 为准铁道部咨国营铁路占用国有土地仍准无价收用一案业经呈奉院令照准转行知照由》，《上海市政府公报》第124期，1932年9月10日，第32页。

② 《呈行政院 关于京沪沪杭甬路上海总车站征收地亩案请电令上海市政府延长三星期由》，《铁道公报》第329期，1932年8月20日，第10页；《两路新站址未勘定 附近地段停止买卖过户自昨日起再延长三星期》，《申报》1932年8月23日，第15版。

③ 《上海华生电器制造厂致本会函 为所购上海市彭蒲区土地被铁道部圈划新总车站联运站地点以内请分电院部将敝厂购地划出联运站范围以外或指划邻近彭蒲区同数十地拨归敝厂以资补偿由》，《电业季刊》第3卷第1期，1932年12月，文牍第2—3页；《华生电气厂昨向市府请愿因厂基将被铁部收买》，《申报》1932年8月24日，第14版。

协商办理，故决定再次派夏光宇、陈耀祖赴沪"面商一切"。①

9月1日，夏、陈二人抵沪。次日下午4时与市府代表进行会谈，达成了十项协议：

第一项 迁移宝山路以西、大统路以东京沪铁路的所有轨道及全部建筑物。

第二项 迁移步骤：先在宋公园路设立临时车站，暂时代替现有的北站，并清空宝山路以西、宋公园路以东之地段；联运总站落成后，随即废除宋公园路临时车站并将该处清空。

第三项 市府提前兴建宋公园路的新疆路至中兴路路段，以方便临时车站的交通。由市工务局派员会同两路局勘定铁路地界内的宋公园路的路线位置并设立路界，以便路局确定临时车站的位置。

第四项 市工务局对宝山路以西、大统路以东铁路地界内的道路系统进行规划设计，征得铁道部同意后即行公布。公布后即由工务局派员会同路局测定各条路线并钉立路界。

第五项 联运总站与宋公园路临时车站同时开工。

第六项 市府提前新建戈登路与小沙渡路（今江宁路与西康路）的延伸段（包括苏州河桥）接通中山路，以利联运总站之交通。由工务局制订联运总站周边区域道路系统的规划方案，征得铁道部同意后公布。

第七项 先建联运总站，客运总站"俟相当时再建筑"。

第八项 铁道部提前派员勘测，确定联运总站连接客运总站及规划中的虬江码头的联络线并征求市府同意。

第九项 铁路地界内的道路、沟渠建筑费用均由铁道部承担。由工务局拟订工程计划，征求铁道部同意后进行。

第十项 铁路地界以外的沟渠、桥梁建设费由市府承担。

最后，会议决定将以上各条交由铁道部部长、上海市市长核准后"方为确定"。②

铁道部随即表示对上述协议"完全接受"，并向市府作了三点声明，

①《函上海市政府 派本部参事夏光宇等商洽移建上海北站事宜由》，《铁道公报》第340期，1932年9月2日，第6页。

②《第215次市政会议议事日程》（1932年9月30日），《上海市政府第211—220次市政会议议程汇编（第11册）》，上海市档案馆藏，Q1-5-577。

作为"迁移北站以发展闸北市区应有之过程"：第一，第3、6、10条请市府立即执行；第二，在联运总站与客运总站的联络线未竣工前，宋公园路与宝山路中间暂留轨道一条，以便机车出入吴淞机厂；第三，先行勘测客运总站至虬江码头的路线，等到需要建设时再由双方商定详细办法。①随后，市府将协议及声明通知公用、工务、土地三局，后经9月30日第215次市政会议讨论通过，将"按事实之需要积极进行"。②

3日，顾孟余亲自致电市长吴铁城，表示已按市府请求确定了客运总站与联运总站的建设计划，除征地范围外另将详细计划与用地图纸转至内政部审核，收到回复即请市府公布用地范围。③ 8日，内政部发布征地公告，规定联运总站征地3800亩，略少于7月31日的预定数，客运总站800亩。全文如下：④

内政部公告

为公告事，案查前准铁道部咨，以择定上海市达路以南及中山路以西各地段，为京沪沪杭甬铁路客运总车站及联运车站地点一案，业经本部依法核准公告在案，兹准该部咨，以实须征用地亩，比较前定范围略小，计真如联运车站为中山路以西，沿原有铁路北面一小部分及南面一大部分，约共面积三千八百亩。江湾客运站为三民路之西，原有江湾车站之北，淞沪铁路路线之西，约共面积八百亩，似宜将各该公告内所开地域各节，分别修改，再行发贴等由，准此，核与土地征收法第二条第二款之规定相符，应予核准，除咨复查照，仍请依法办理外，合亟依同法第九条之规定，将应行公告事项，列载于后，俾众咸知，特此公告。

---

① 《上海市公用局关于京沪铁路上海北站迁移征地案》，上海市档案馆藏，Q5-3-3335。

② 《上海市政府公函第1029号 为迁移北站事市双方谈话纪录分别接受声明函复查照由》，《上海市政府公报》第126期，1932年11月10日，第130页。

③ 《电上海市政府 上海客运、联运车站计划所需地段已定俟内政部公告后即请通知收用由》，《铁道公报》第345期，1932年9月8日，第7页；《咨内政部 送沪沪杭甬铁路上海客运及联运站计划及用地图请查核公告收用由》，《铁道公报》第343期，1932年9月6日，第11—12页。

④ 《令京沪沪杭甬铁路管理局 令发该路客运及联运车站计划及用地图暨征地布告仰分别张贴并钉椿号由》，《铁道公报》第349期，1932年9月13日，第11页。

计开

一、兴办事业人　铁道部

一、事业之种类　开发交通之事业

一、兴办事业之地域　上海市中山路以西，沿原有铁路北面一小部分及南面一大部分，约共三千八亩

中华民国二十一年九月八日

9 日，铁道部发出公告通知"各该地段业户人等，听候给价收购"，同时令京沪铁路局在 12 日前将征地地图、内政部公告与铁道部公告张贴至该地区，并沿图中所绘制的红线界址分别钉立界桩，"俾资识别"，作为下一步征地工作的基础。[①]

由于上述被征用之地分布在彭浦区和真如区，故随即引发征地范围内各村庄民众的抗议。9 月 14 日，彭浦区交通路以北的王家井、张家宅、王家宅（地点见图 4 – 16）等村村民认为联运总站征地过多，理应避开各村，故推举代表侯选青[②]前往市府请愿并上书市长吴铁城"设法避让"。呈文列举了农民将失去土地房屋、补偿价格因建站带来的地价上涨而不敷搬迁费用等严重后果（参见附录二），这些理由也被后来卷入风潮的各方所沿用。同时文中还提到交通路一带地价高于京沪铁路以南地区，征用此地代价较高，交通路也将受其影响而改道。市府派总务科文书主任林炎南接见，侯选青当面陈述了各项理由，林表示将"尽量容纳民众意见"并转请铁道部核查，侯表示满意后即离去。[③]

16 日晨，真如区数百民众"扶老携幼"向该区市政委员洪兰祥、王守余请愿，两人随即上书吴铁城称该区自 1921 年以来已有暨南大学、暨南新村、国际无线电台等工程落成，总计征地面积在千亩以上，农民因此而失业者已"有数百户之多"。而此次联运总站又将占用全区面积的十分

---

① 《令京沪沪杭甬铁路管理局 令发该路客运及联运车站计划及用地图暨征地布告仰分别张贴并钉椿号由》，《铁道公报》第 349 期，1932 年 9 月 13 日，第 10—11 页。

② 侯选青（1907—2009），时任《新闻报》记者。1933 年春主编上海第一张农民报《晴报》，1937 年 1 月被任命为上海市彭浦区市政委员。1956 年加入中国民主促进会，20 世纪 80 年代参与编写《普陀区地名志》，曾任普陀区回民小学教师。

③ 《铁道部圈收村庄 村民昨向市府请愿 要求设法避让》，《申报》1932 年 9 月 15 日，第 14 版。

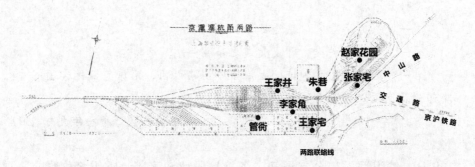

图 4 - 16　京沪沪杭甬铁路联运总站规划范围内各村庄地点示意图

资料来源：《上海市公用局关于京沪铁路上海北站迁移征地案》，上海市档案馆藏，Q 5 - 3 - 3335。

之一，预计失业农民将达到千户以上，故希望铁道部"变更原议，另觅相当地点"建设车站。[1]

　　17 日《申报》刊登了一则相关报道，文中写道：16 日下午侯选青应村民之请前往两路局请愿，向该局秘书丁振亨陈述了 14 日所说的各项理由，请求局长陈兴汉提请规复委员会讨论。大通通讯社记者于当日采访了陈兴汉，他表示当前的征地范围只是"暂时性质"，目的是"防止投机分子乘机买卖"，将来建造车站时将从其中选择一处。陈兴汉还表示此事由铁道部和两路局工务处具体负责，所以哪些地方可以避让"不十分明白"，但"村民困苦确为事实"，推想铁道部会在可能的情况下予以避让。[2] 但第二天，丁振亨在《申报》上声明否认了上述报道，并表示当日侯选青持大通社记者名片与其见面时并未请愿，故认为"其中别有作用"。[3] 鉴于侯选青的记者身份，笔者认为其有可能利用职务之便以达到自身目的。

　　21 日，彭浦区十余个村庄的民众向两路局请求将交通路以北各村庄划出征地范围，其呈文与侯文基本相同，仅新增了过多的用地"难免外界疑其另有作用"一项，[4] 故可证明 17 日《申报》上的新闻由侯选青杜撰，

---

① 《真如市委呈市长文　请咨铁部变更收用土地原议》，《申报》1932 年 9 月 17 日，第 14 版。

② 《被圈村庄向路局请愿　路局表示基地尚未确定》，《申报》1932 年 9 月 17 日，第 14 版。

③ 《来函》，《申报》1932 年 9 月 18 日，第 16 版。

④ 《被铁道所圈村户呈请路局避让》，《申报》1932 年 9 月 23 日，第 14 版。

"防止投机分子乘机买卖"亦非陈兴汉所言，因为后来侯选青等人正是抓住土地投机这一问题频频攻击对方。

26 日，又有王家井村村民侯宝成、汪福廷、侯晋成，朱巷村民陶仲渊、陶文渊、陶爱郎，张家宅村民姚祥华、谈颂生、张林根等 300 余人赴彭浦区市政委员办事处请求向路局交涉，该处人员侯史章答应上书市府并劝退村民。委员周念祖、凌志斌二人随即拟具呈文，提出该处地价已日渐上涨，原定预算"不足购原地五分之一"，所以如果不改变原定征地数量，则可以利用西南方向"余地较多"的两路联络线以南、苏州河以北一带的土地。① 此后，他们又认为车站仅需 700 亩，征地却高达 4000 亩，且因向陈兴汉"请愿无效"，故推举代表侯选青、侯宝成、张林根、谈仲生、陶文渊、陶爱郎 6 人于 29 日 23 时搭乘京沪夜快车前往南京，准备当面向顾孟余请愿。②

尽管风潮已初现端倪，但铁路改建计划仍在不断推出。9 月 20 日，铁道部令两路局尽快勘测、估算以下 4 条新铁路线，作为联运总站的配套工程：1. 由联运总站至客运总站；2. 联运总站至两路联络线的梵王渡站；3. 既有京沪铁路真如站西至梵王渡站；4. 客运总站至规划中的虹江码头。③ 27 日《申报》报道除建设联运总站外，铁道部已批准麦根路货站扩建并增加车辆调度功能的计划，市府则通过与铁道部交换意见，"俾将来不致与市中心区计划相冲突云"。④ 10 月 3 日，市府秘书张廷荣称市府将发行 100 万元公债专门用于联运总站至市区的道路建设和闸北铁路沿线的道路改建。⑤

二　矛盾深化

10 月 4 日，赴京代表时隔三日后（1—3 日顾孟余和曾仲鸣均不在部）终于见到了顾孟余的秘书张慰慈，代表作完陈述后张慰慈表示用地范围是暂定的，将令铁道部工务司与两路局做进一步的勘察，在可能范围内予以

---

① 《彭浦乡民为圈地请愿 市委转呈市府救济》，《申报》1932 年 9 月 27 日，第 14 版。

② 《两路被圈村民代表昨晋京向铁部请愿》，《申报》1932 年 10 月 1 日，第 14 版。

③ 《令京沪沪杭甬铁路管理局 仰由该局派员测勘真如接至江湾等处四轨道呈核由》，《铁道公报》第 356 期，1932 年 9 月 21 日，第 6 页。

④ 《两路建筑新站计划》，《申报》1932 年 9 月 27 日，第 14 版。

⑤ 《路站迁移后之交通》，《申报》1932 年 10 月 4 日，第 14 版。

避让。代表较为满意，遂于 5 日返沪。① 但随后铁道部对原计划进行的调整非但没有减少征地量，反而决定"增购"——8 日，顾孟余通过北站先行通知吴铁城及市土地局局长金里仁，称用地范围略有变更，需要增购交通路以北、中山路以西南北宽约 1000 米、东西长约 680 米的土地，请市府及土地局暂停区域内的土地买卖。② 随后正式函请市府出示征地公告并于 10 日起暂停土地买卖三周。③ 11 日，该部表示联运总站在京沪铁路北面的征地宽度仅为 152 米，且其中一半为调车场，并需要联络客运总站及麦根路站，"为路线上必需之地亩，无法避让"。同时认为设站以后，"地方亦随之繁荣，于民生经济自多裨益"，从而否决了村民们的请求。④

这一有增无减的计划随即引起更大的波澜，增购土地范围内的赵家宅、陆家宅两村百余户居民"咸不解"，故每户派出一人组成请愿团，与王家井等三村请愿团合并，一行 500 余人于 16 日上午前往彭浦区市政委员办事处，由赵础培、赵友亭两人作代表性发言。他们对于铁道部此举"未知是何用意"，且风闻该部"将划入区买进后，再用高价售出"一事，故请求凌志斌"设法救济"，凌仍表示将转呈市府办理。由于此次请愿未得铁道部批复，五百余村民遂准备绕过市府直接呈文，并表示若再无批复则将再次派代表赴京请愿。⑤

与此同时，由联运总站引发的土地问题开始触动其余各方的敏感神经。10 月中旬，江湾、殷行、真如、彭浦四区市政委员认为各区内被铁道部划入车站用地范围的土地已超过两个月，但仍未撤销 8 月间规定的三周内暂停买卖的禁令，故四区委员决定联合呈请市府尽快确定处理方案。⑥ 市府于 21 日与铁道部会商，确定联运总站用地与交通、中山两路

---

① 《彭浦乡民请愿代表昨由京返沪 结果尚称圆满》，《申报》1932 年 10 月 6 日，第 9 版。

② 《电上海市政府 真如联运站布置变更该区域内之土地请暂停止买卖过户由》，《铁道公报》第 374 期，1932 年 10 月 12 日，第 11 页。

③ 《函上海市政府 函送圈定加购上海交通路地亩详图并请公告由》，《铁道公报》第 376 期，1932 年 10 月 14 日，第 7 页。

④ 《批侯选青等 真如联运站圈地无法避让仰知照由》，《铁道公报》第 375 期，1932 年 10 月 13 日，第 10 页。

⑤ 《北站新址圈定居民再呈请铁部吁请》，《申报》1932 年 10 月 23 日，第 14 版。

⑥ 《北站新址圈定区域》，《申报》1932 年 10 月 17 日，第 10 版。

"尚无妨碍"。①

在双方相持不下之际，26 日凌志斌向市府提出将联运总站移至两路之间的建议。他认为该方案既方便两路联运，又因接近苏州河而便于水陆联运，而且该地地处两路之间，又有两条河流交叉经过，村庄少且地价低（周围三五里内最低），"一切进行，易收成效"。此外，他还反映了几项问题：第一，土地暂停买卖已超过三星期，但铁道部毫无动静，故引起村民猜忌，"某某拟附收若干亩，或路局方面拟置为产业"的谣言喧嚣尘上；第二，在交通路北征地似乎有将车站设于路北的迹象，如果属实，不但将引起民众不满，还会产生两大弊端：一是车站与铁路之间将被交通路隔断，而交通路为真如与南翔间的要道，交通将受其影响。如果迁移交通路，则因车站占地甚广而须北迁将近 1 公里，"论之实际，似失所宜"。如果南迁则需两次跨越京沪铁路，再越过两路联络线。因此"其弊不言可喻"。二是交通路以北的地价因交通便利而比苏州河以南地区高出数倍，政府补偿"似欠合算"。②

此议虽不无道理，但为时已晚。27 日，国民政府内政部根据《土地征收法》第二条第二款及第九条之规定，批准、公布了铁道部的最新征地方案。随后由市府、内政部与铁道部分别发布公告，并由两路局于 10 月底之前将各告示张贴于征收地点，然后按照征地图中的红线钉桩。③ 铁道部认为联运总站对两路业务发展甚为重要，"不得不力求完备适用，以减省调车之时间，而增加转运至效率"。因此经过反复考虑，决定"略为变更，以策永久"，可见该部希望通过此次公告达到一劳永逸的效果。具体变更计划为：将京沪铁路以南界线缩进 198 米，约减收土地 1400 亩，另于交通路北、中山路西增加 700 余亩，用来建设各种车房及弧形回车道等

---

① 《上海市工务局为函复铁道部加购交通路北地亩与道路方面尚无妨碍请主稿呈复由》，《上海市工务局有关铁路部建筑真如联运站、宋公园路临时收用、交通路北中山路西民地及北站土地转移事项文书》，上海市档案馆藏，Q215 - 1 - 7339。

② 《彭浦市委呈市府 条陈变更新站址意见》，《申报》1932 年 10 月 27 日，第 13 版。

③ 《令京沪沪杭甬铁路管理局 令发该路真如联运站改正用地图暨征地公告等由》，《铁道公报》第 392 期，1932 年 11 月 2 日，第 2 页。

工程（见图 4-17）。① 较 9 月 8 日公布的数字减少了 700 余亩，② 可见此前征地数确实较多。

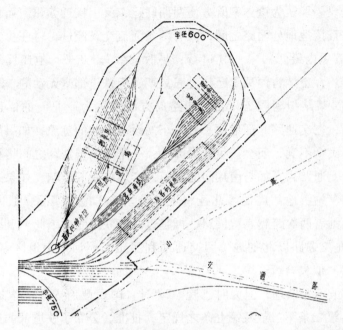

图 4-17　京沪沪杭甬铁路联运总站交通路北土地建设项目规划
资料来源：同图 4-16。

29 日，铁道部函请市府协助规复委员会地亩处办理征地事宜。③ 市工务局、土地局在勘测新增土地后认为该部绘制的征地地图过于简略，应由铁道部补绘详图，再请内政部核准"以符法定程序"。同时工务局也开始按照图纸确定的范围钉立界桩，以便土地局进行丈量。此外，两局认为联运总站原计划西起真如三民路、东至中山路，现中山路一侧土地数量有所增加，故于 31 日呈请市府与铁道部协商能否减少西端用地"以恤

① 《公告核准铁道部在上海北站建筑客运总站及联运站于前征土地略有增减一案俾众咸知由》，《内政公报》第 5 卷第 44 期，1932 年 11 月，"土地"第 25 页。

② 《两路客运站新址变更 收用土地减少七百余亩》，《申报》1932 年 11 月 6 日，第 15 版。

③ 《函上海市政府 送京沪沪杭甬铁路真如联运站改正用地图请分别公告俾便照章征用由》，《铁道公报》第 392 期，1932 年 11 月 2 日，第 11 页。

民艰"。①

王家井、赵家花园、东张家宅、西张家宅、朱巷等五处居民闻讯后，组成了 200 余人的请愿团，于 31 日上午 10 点从市区西北部步行前往位于西南部枫林桥的市政府，侯选青、赵础培、赵友亭、侯镜澄、赵文修、张仲祥等 6 人作为代表与吴铁城派出的代表袁省庐会面，提出应采纳凌志斌的迁移方案，袁省庐表示市长"将站于民众之立场"向铁道部反映此事。请愿团较为满意，遂于 12 时返回。② 此后不久，李家角、陈家宅、王家宅农民沈文生、李宪廷等人亲赴铁道部请求避让真如生九、生十两图和李家角宅等六村 200 余亩土地和房屋，随后又呈请市府、暨南大学转商铁道部。③

11 月 5 日，市府批复侯选青、赵础培等人关于避让村庄、公示界线之请，称已与铁道部协商并令土地局会同该部人员详细勘察，确定用地范围并"设法减免人民恐慌"，以利工程开展，同时要求随时报告进展情况。④ 但彭浦区民众仍决定召开记者会，邀请"报界同仁在言论上主持公道，赐予援助"。8 日晚，该区请愿团在福州路致美楼饭店招待到会记者，侯选青起立致辞陈述各点理由，强调"今应让者，反加圈地亩，不应让者，则缩小千余亩"，即反对铁道部的新方案。同时请愿团撰写了致国民政府及行政院的呈文，称之前两路局一再表示最多征用四五百亩，而现在多达五千余亩，故斥责铁道部"假联运站名义，滥收民地，预为渔利"，故恳请中央派员彻查并缩小征地范围，否则将"酿成川壅必溃之势，即蹈铤而走险之辙"。会后，侯选青、赵友亭、赵文修、张仲祥、陶文渊、赵祖炎、赵础培、赵嵩峰 8 人携带该呈文乘夜快车前往南京。

---

① 《上海市工务局土地局会呈市政府 为铁道部加购交通路以北地亩一案查核具复祈鉴核转咨由》，《上海市工务局有关铁路部建筑真如联运站、宋公园路临时收用、交通路北中山路西民地及北站土地转移事项文书》，上海市档案馆藏，Q215-1-7339。

② 《彭浦区村民昨向市府请愿 建议将新站圈地移址》，《申报》1932 年 11 月 1 日，第 13 版。

③ 铁道部编：《铁道部中华民国二十一年十一月份工作报告》，1932 年，第 6 页；《铁道部建筑两路总站计划》，《申报》1932 年 11 月 9 日，第 13 版。

④ 《上海市政府批第 457 号为所请圈地建站避让村庄已据情转咨铁道部由》，《上海市政府公报》第 127 期，1932 年 12 月 10 日，第 96—97 页；《上海市政府训令第 3274 号 令土地局为准铁道部函送改建新站圈地图及公告公布抄件并抄发各方呈请避让各呈令仰会同办理具报由》，《上海市政府公报》第 127 期，第 19 页。

　　第二天，《申报》将联运总站计划、铁道部与市府达成的十项协议、征用区域停止土地过户以及铁道部对商民呈请的批复等各项内容一并公布（与前述重复者不再列举）：联运总站总预算为 1000 万元，定于 1933 年元旦举行奠基仪式并开工建设，工期定为两年。土地依据《土地征收法》实施，补偿款由银行代发，建筑样式尚未完全确定，但基于中外观瞻，"当力求坚实美观"；驳回华生电器厂总经理叶友才、虞仲咸置换土地之请。王家井、张家宅、朱巷以及李家角、陈家宅、王家宅各处亦"无法避让"，都将依法征收。

　　同日，侯选青等人抵达南京，分赴国民党中央党部、行政院及铁道部递交请愿书，各机关均派代表接见。行政院参事同意令铁道部再做审查。铁道部方面由孙谋、杨志章接见，代表除提出避让交通路以北各村庄外，对被征的土地、村庄也"应谋补救"，并请该部公布确切的征地数额，两人答应将呈请曾仲鸣迅速办理。10 日，代表们再次前往中央党部，该部秘书处叶实之接见并答复称已交行政院办理，接到回复前不便表达意见。代表们认为一时难有圆满结果，故于 11 日返沪并向村民报告请愿经过，然后再确定交涉办法。[①]

　　事态的发展也引起了中英银公司的密切关注，该公司虽已于 1930 年放弃了两路的实际管理权，但仍握有多项借款的债权。所以此时该公司致函铁道部表示虽然对各项改建计划"不胜感激"，但要求宣布经费来源等事项，并催偿 1280 万元的到期债款。[②] 15 日，曾仲鸣称此事乃该公司以为铁道部在北站迁移后将原址变卖而"发生之误会"；至于欠款一事已派财政司长陈耀祖与该公司会谈，认为"不成问题"。[③]

三　事态激化

　　铁道部鉴于民众反对日甚，于 16 日决定派规复委员会委员夏光宇、陈耀祖赴沪与市府商讨变更用地范围及另行勘察之办法。[④] 而就在当天上

---

①　《真如乡民代表来京请愿》，《中央日报》1932 年 11 月 10 日，第 7 版；《彭浦代表向中央请愿》，《申报》1932 年 11 月 11 日，第 6 版；《彭浦区请愿代表昨返沪 尚无圆满结果》，《申报》1932 年 11 月 12 日，第 14 版。

②　《铁道部建筑两路总站计划》，《申报》1932 年 11 月 9 日，第 13 版。

③　《中英公司索欠》，《申报》1932 年 11 月 15 日，第 14 版。

④　《沪杭联运站 变秀圈收地址 彭浦乡民请愿》，《中央日报》1932 年 11 月 17 日，第 3 版。

午 10 点，因铁道部与市土地局开始钉立界桩，彭浦区民众一行 500 余人再度前往市府请愿并拟具呈文，对铁道部所发布告"誓死力争，万难承认"，请市府下令暂缓钉桩。他们抵达枫林桥后当场推举了侯选青、赵友亭、赵文修、张仲祥 4 人为谈判代表，"余均鹄候于市府前之空场上"，场面甚为壮观。市府派员接见，代表要求：第一，设法避让村庄，将车站移至两路之间（即凌志斌方案）；第二，因 9 日《申报》所载的市府与铁道部代表会谈经过并未列入他们提出的各点请求，故要求公布所有内容；第三，在此事未解决之前停止征地。市府方面称已令土地局会同铁道部人员调查已钉立的界桩，在"可能范围内"予以避让；铁道部并未派员前来接洽，故无从宣布经过；征用时间尚早，"勿事惶急"。代表们随即告知等候在外的村民，但村民并不买账，表示得不到满意答复"誓不离市府返家"，于是代表们再与市府方面磋商。傍晚 5 时许，市府秘书长俞鸿钧出面表示当晚就将村民的请求报告铁道部，代表告辞后也以此再三劝导民众返回，并称将于次日至市党部请愿，呈文以违反"总理遗教"为由计划通过中央党部向铁道部施压。至晚 6 时，民众才开始散去。①

王家井、朱巷、赵家花园三村民众返回后，不等市府回复即自行决议将各村周围所有界桩及布告一律拔除、销毁，"以示决绝"。17 日清晨，各村约 700 余人将界桩拔除并抛入河中，交通路王家井村口的布告"亦倾在河中汆去矣"。新声社记者前往采访时，所有界桩"均已一无所存，界线亦已莫辨矣"。村民表示如果铁道部在同意避让之前再次前来勘测钉桩，其已"准备办法"加以拒绝。两路局闻讯后一面通知市府转令公安、土地两局设法保护，一面随即向铁道部报告。当天下午 4 时，侯选青等代表率领 400 余村民手持请愿白旗前往市党部，但已过办公时间，无功而返。②

18 日，市府致函铁道部请求顾念淞沪战役"劫后余生，设法减轻人民痛苦"，同时也表示将全力协助车站建设。③ 21 日上午，曾仲鸣偕陈耀祖、萨福钧（铁道部工务司长）、俞椷（业务司长）抵达市府与吴铁城、

---

① 《彭浦区乡民五百余人昨赴市府请愿》，《申报》1932 年 11 月 17 日，第 13 版。

② 《彭浦区被圈居民 自动拔除木桩》，《申报》1932 年 11 月 18 日，第 13 版。

③ 《上海市政府咨第 665 号 为侯选青等一千余人请愿避让民村并求切实解释一案咨请查复并检送地图计划书由》，《上海市政府公报》第 127 期，1932 年 12 月 10 日，第 159—160 页。

黄伯樵、沈怡、金里仁等人进行了两个小时的会谈。首先由萨福钧说明联运总站计划书及详细地图的相关情况，继由吴铁城转述彭浦区民众的各项请求，全体人员交换意见并讨论后决定对所拟计划稍加修正后即行开工。征地费用由市府令土地局组织评价委员会依照市价确定，并以最优惠的标准实施。与此同时，侯选青等七人再度携带呈文前往市府，待曾仲鸣离场时向其当面申诉，表示历次请求均"未蒙切实答复"。曾表示所征之地为"五十年大计也"，且已出于民生考虑而减少了700亩，而交通路以北土地将为迁移吴淞机厂及各种车站必需建筑所用，故"无从缩减"，只能通过提高补偿标准来弥补被征者遭受的损失。各代表认为此非"切实办法"，而曾等未便久留，故将呈文当面递交给吴铁城，并声称若再无妥善办法则"事态易于扩大"。吴仍嘱咐其静候处理方法。

曾仲鸣离开后接受了记者采访，表示该部意在繁荣上海市，"为上海市居民谋福利"。外传6000亩的数字不确，实际上第一次计划为3500亩，后改为2800亩。因"计划五十年之用"，故已不能再有更改，至于补偿标准则"决不使人民吃亏"。总之政府将"一面固为国家建设、地方繁荣计，一面仍处处体恤人民也"。① 同月出版的铁道部工作报告也表示联运总站"既便联络两路运输，又能助市政之建设，彼此兼顾，莫善于斯"，土地征用"事关整个计划，殊不能因噎废食"。②

至此，征地范围内各村民众两月以来的交涉宣告失败。22日，彭浦区700余村民再度集会商讨反制措施，并达成以下三点共识：

> 一、全体村民同心协力，坚决反对；二、向上海各界呼吁，请予同情援助；三、请留沪各中委主持公道。

会后又有意见认为，市公用、工务、土地三局局长均为"上海战区复兴委员会"委员，与建设联运总站"不无相当关系"，故应通过他们请铁道部收回成命。对于铁道部派员前来勘测一事，村民决议"用和平手腕，规劝婉拒，须俟达到目的后始罢休"。③ 24日，侯选青等7人联名致函黄

---

① 《铁部圈购彭浦民地昨日集议办法》，《申报》1932年11月22日，第13版。
② 铁道部编：《铁道部中华民国二十一年十一月份工作报告》，第6页。
③ 《彭浦区被圈居民昨在本村开全体会》，《申报》1932年11月23日，第15版。

伯樵、沈怡，因两人均曾前往当地安抚民众。①

11 月初，中共地下党开始加入此次风潮中，号召工农开展革命斗争。4 日，驻上海的江苏省委宣传部发表了《为广州公社纪念告农民、灾民书》，指出"国民党为了执行日本及一切帝国主义的意旨"而迁移北站，并且"要使真如、彭浦的农民群众无端的又变成灾民，没有田耕、没有屋住、没有饭吃，活活的挨饿受寒！"因此号召农民、灾民"反对圈占真如、彭浦民地做火车站的地址！"23 日，江苏省委作出了关于纪念广州起义的决议，指出必须集中力量组织和领导灾民、失业工人进行斗争，尤其是上海地下党应抓紧"反对圈地的斗争，坚决的执行下层统一战线"，通过组织"反对圈地委员会"领导灾民"向铁道部、市政府、国民党斗争"。② 12 月，省委下属的"上海失业工人委员会筹备处"颁布了《上海失业工人行动纲领草案》，号召失业工人加入"反对圈地"的队伍中来。③

除了普通村民的土地和房屋外，交通路以北的赵家花园、朱巷等村是上海培育花木的重要基地。因此身为上海市花树业同业公会执行委员的赵友亭联合赵云堂、赵友祺等人致函公会反映了相关情况。该公会随即召开执委会进行讨论，并于 12 月 2 日通过上海市商会发表了"保卫赵家花园宣言"，④ 宣言中称该地花木种植已有两百年，"大小花木，计千百万棵"，占全市的五分之四，名贵品种四五十年才能收获，故"父业子承，孙曾相继"，数千人"皆利赖之"，若因联运总站建设而迁移必将影响花木生长，断送从业者之生计。⑤ 市商会随后据此向行政院、铁道部呈请免征。⑥

4 日，监察院院长于右任在接到村民请求调查征地内幕（即怀疑铁道

---

① 《侯选青等呈上海市公用局 为吁请俯念民艰准予提交两路复兴委员会将彭浦区征用地收回成命设法避让由》，《上海市工务局有关铁路部建筑真如联运站、宋公园路临时收用、交通路北中山路西民地及北站土地转移事项文书》，上海市档案馆藏，Q215－1－7339；《上海市公用局关于京沪铁路上海北站迁移征地案》，上海市档案馆藏，Q5－3－3335。

② 江苏省档案馆、中央档案馆编：《江苏革命历史文件汇集》省委文件（1932 年 9 月—1933 年 5 月），1987 年，第 91、124—125 页。

③ 江苏省档案馆、中央档案馆编：《江苏革命历史文件汇集》群团文件（1928 年 5 月—1936 年），1989 年，第 456 页。

④ 《铁部圈地反响 花树业同业公会宣言》，《申报》1932 年 12 月 3 日，第 12 版。

⑤ 《上海市花树商业同业公会关于铁道部征收民地影响本业生计发表的宣言及会务经济报告特刊》，上海市档案馆藏，S322－1－4。

⑥ 《铁道部圈地案 市商会电行政院 代表呈市参议会》，《申报》1932 年 12 月 8 日，第 9 版。

部囤地牟利）的呈文后，携妻女自驾汽车前往彭浦区做非正式调查，村民见其抵达后即推派代表请求该院派员彻查，于右任回答称此事并非如村民所说的那么简单，且"处于官方地位，未便有所表示"，但表示在返回南京后进行详细调查，然后秉公处理。随后于视察一圈，即行离去。①

6 日，彭浦区代表赵友亭、陶志刚、侯选青等人与花树业同业公会代表洪颂炯等人前往市商会请求主持公道，商会总干事郑澄清接见并同意将村民意见转呈行政院。结束后又赴市党部请愿，民训科赵尔昌亦答应将来意转呈中央党部。随后一行人又到市社会局向局长吴醒亚请愿，《申报》声称"结果颇为圆满"。②

但事实上各代表并不认为"圆满"，尤其是一口咬定铁道部大肆征地是为了私下牟利，因此赵友亭、侯选青、陶文渊上书市参议会，在原有基础上又增加了以下各点理由：第一，铁道部不按《土地征收法》将征地计划开诚布公；第二，他们听说京沪铁路以南地块缩进 198 米是为了避让该部人员购买的土地，虽"事无左证"，但仍坚称"如此措施，舞弊情形，昭然若揭"；第三，现正值内忧外患、国库空虚、民生凋敝之际，此类大规模建设是否必要，国家经济能否负担都成问题；第四，认为铁道部"欲借建设之名，而图借款折扣之实"；第五，上海市区正向东西两个方向扩展而不是南北方向，且市政不振，似无必要迁移北站；第六，南北两站周边地区理应蒸蒸日上，但实际却"萧条依旧"，故迁站未必能够振兴市面；第七，"大上海计划"各项规划均以吴淞为交通中心，故应将联运总站与客运总站合并设于市中心区域，对铁道部而言亦可节省建设经费。③ 笔者认为，以上各新增理由多为道听途说（如铁道部内部人员购地、以建设之名图借款折扣等），且第四点与第七点互相矛盾（发展吴淞即为市区向南北扩充）。

虽然对抗形势已十分严峻，但铁道部仍坚持己见，于 12 月 9 日公布了《京沪沪杭甬铁路真如联运总站计划说明》。④ 该说明书首先定下了建

---

① 《铁道部圈地案 于右任微服视察 众村民要求彻查》，《申报》1932 年 12 月 5 日，第 8 版。

② 《彭浦区乡民昨向各机关请愿 要求主持公道 结果圆满》，《申报》1932 年 12 月 7 日，第 10 版。

③ 《铁道部圈地案 市商会电行政院 代表呈市参议会》，《申报》1932 年 12 月 8 日，第 9 版。

④ 《铁道部说明真如联运站计划》，《申报》1932 年 12 月 9 日，第 10 版。

大站的基调：

> 北站为三十年前之计划，现在上海人口增加、商业兴盛，较之三
> 十年前，大相悬殊，故北站之地点设备，均不足以应付今日之需要，
> 遑论数十年后！

然后，出于"应付现在上海之需要，并足以替代北站之适中地点"
的需要，说明书指出了联运总站选址的三大原则：第一，距离上海市中心
不能太远；第二，必须便于两路联运，不能失其联络；第三，将来客运总
站仍设在市中心区域，故应顾及列车直达总站之便利。所以，联运总站必
须设在两路交叉点这个已经确定的位置，列车经行该站时应避免在北站辗
转迂回。

接着，说明书介绍了联运总站的设计方案（见图 4－18）：依照"穿
越站"（中间站）的规模设计，以满足将来客运总站建成后经过该站的日
益繁忙的各项运输。站内设多条站线，"均求经济适用"，月台、站房亦
以方便旅客为主。为减少调车起见，机车房及普通车房都需要妥善布置，
使列车在站台卸空之后能直接进入车房，机车经过曲线驶入机车房并转
向，以便调头回程。

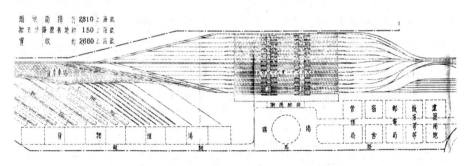

图 4－18　京沪沪杭甬铁路联运总站主站区建设项目规划

资料来源：同图 4－16。

最后，针对矛盾丛生的用地问题，说明书仍以"若不早为之图，则不
待五十年后，恐已不敷展布"为由维持原议：总占地面积 2800 亩，其中
路基约 150 亩，其余为轨道及各种建筑设备所需。此外，为便利旅客、商
家及铁路员工，货栈仓库、办公房屋、铁路旅馆、职员宿舍及其他与铁路

有关的建筑均分布在站房附近。因此该站"并非仅为应付目前之客货运输"，所占用的 2800 亩地"实已无可再减矣"。①

11 日，《中央日报》发表了顾孟余与记者就此说明书的谈话纪要，除转述说明书的内容外，顾孟余对征地手续及民众反对一事表态如下：征地手续将按《土地征收法》办理，以"最公允之地价"补偿土地及房屋、坟墓、庄稼、树木等附属物，并提供"相当之迁移费"。届时铁道部将联合市府调查当地情形，讨论各项价目，详细宣布后再与土地所有人签订收购协议，最后办理业主证明以支付各项费用；至于民众反对的问题，铁道部只能从铁路和上海市发展需要的角度出发，"着眼点自与拘墟于一隅之个人利害者不同"。顾本人"十分同情"民众，但"万一阻力太大"没有解决办法时也只能请示上级部门进行处理。②

从说明书和顾孟余的表态可知，铁道部已下定决心不顾民众反对按照原定计划建设联运总站。而此时处于上峰、市府和民众三方夹缝中的陈兴汉深感"久膺繁剧，心力交瘁"而决定辞去两路局局长的职务，于 12 日向铁道部递交了辞呈。③ 虽然《申报》称陈兴汉"缺乏建设才能"，而各方对两路复兴期望值很高，铁道部"对陈氏渐有不满"而迫使其辞职。④但笔者认为陈兴汉拥有丰富的铁路建设管理经验，⑤ 且提出了被铁道部基本采纳的《上海总站兴复计划意见书》，可见其既不缺乏建设才能，在辞职前亦与铁道部保持一致态度，没有迹象表明曾招致该部的不满，所以更合理的解释是陈氏作为联运总站的"始作俑者"，在建站方案无法实现并引发严重社会风潮的情况下，选择了引咎辞职。

铁道部批准陈兴汉的辞呈后，经考虑认为时任上海市公用局局长黄伯

---

① 《京沪沪杭甬铁路真如联运总站计划说明》，《铁道公报》第 426 期，1932 年 12 月 12 日，第 8—9 页。

② 《顾孟余谈真如联运车站计划》，《中央日报》1932 年 12 月 11 日，第 3 版。

③ 《两路局长陈兴汉昨忽辞职》，《申报》1932 年 12 月 13 日，第 8 版。

④ 《黄伯樵调任两路管理局长》，《申报》1932 年 12 月 17 日，第 11 版。

⑤ 陈兴汉是孙中山的邻居，早年曾任麦根路货站站长，后追随孙中山革命，广州国民政府时期曾被委以广九、广三铁路局长等要职，但在南京国民政府成立后受到排挤，仅在两路局普通岗位任职。直到淞沪抗战期间，因时任局长郭承恩未带出两路档案文件而被撤职，陈兴汉遂接任局长并负责战时运输及战后接收等各项庞杂事务。参见宋传骧《两路史料拾遗（十三）》，《京沪旬刊》第 13 期，1946 年 11 月，第 3 版。

樵为合适人选。黄表示在市府工作已久，各项建设粗具规模，如果市长不同意他也不愿离开。顾孟余随即面见正在南京出席国民党第四届三中全会的吴铁城，两人决定联名召黄晋京。同时，在 13 日召开的行政院第 80 次会议上，顾孟余报告了"迁移京沪路上海北站计划请鉴核案"，会议决定由内政、军政、实业三部联合协助铁道部办理。① 可见国民政府已开始动用军事力量。

四 爆发冲突

就在两路局易长之际，北站爆发了此次风潮中为最严重的群体性事件。12 月 13 日清晨，彭浦区 700 余村民以多次请愿无效而前往北站准备进京请愿。两路局见人数太多而加以阻止，遂引发村民卧轨、路局开枪喷水等严重冲突，但最终仍有 40 人登上列车。详情如下：

黎明时分，村民们在彭浦镇集中，"人头攒簇"，随即推举侯选青、陶文渊、赵友亭、张仲祥、赵文修、侯史章 6 人为代表，另由 10 人组成纠察队，由 16 人率领村民向北站进发，全体人员均佩戴"彭浦请愿乡民"的布章，手持请愿旗帜，于 8 时抵达，分散立于站外。随后由代表向两路局车务处要求开行专车，路局认为此事关系重大，故派警务署专员樊肇澜、警务长林增鼎及多名公安局督察员出面，以人数太多为由婉言拒绝，随即遭村民反对。

至 12 时许仍无结果，于是村民准备搭乘 12 点 15 分的列车赴京。当列车即将开出时，村民涌入站台自行登车，检票员章应鑫遂加以阻止，并与两名中老年妇女发生冲突。村民见状大为愤慨，上前与章理论，并将其衣服纽扣扯破。警察署遂将章召回，冲突方始平息。

但随后就有许多村民越过站台进入轨道区域，以卧轨方式阻止 12 时45 分的快车开出（见图 4 - 19）。此举迫使公安局迅速加派督察员等进行调解，而樊肇澜采取缓兵之计，答应 6 名代表免费乘车赴京。各代表随即劝导村民停止卧轨，至下午 1 点半被阻快车才得以开出。

随后代表与路局进行交涉，路局表示如果全体村民都要前往南京则必须购票，村民反对并提出 60 人免票，其余返回。林增鼎、樊肇澜等警务

① 《行政院会议 通过整顿长芦盐纲办法 迁沪北站交内部等筹划》，《中央日报》1932 年 12 月 14 日，第 2 版。

图 4－19　彭浦区村民在上海北站内卧轨

资料来源：《北站昨全日大纷扰》，《申报》1932 年 12 月 14 日，第 10 版。

人员再与代表协商，村民坚决要求 100 人赴京。此时已近 3 点，又将有列车开出，林增鼎等人为防止再有阻拦、卧轨事件发生而同意出面向路局请示，但此后答复称无法办到。

此语激怒了村民，他们再次冲入站台准备阻拦 4 点始发的列车。站台上的一名铁路警察随即朝天鸣枪，幸未伤人，另一名路警消防员则取出皮带龙头向村民喷射水柱。村民更为愤怒，将该消防员拖出并将其制服撕破。而其余大批村民再次进入轨道，拦住车头不让开行，该列车只得停止出发。

此时市公安局闻讯后派来了第五区七八十名警察，连同保安队 300 余人将车站四周围住，只准出站，不许进站。同时，公共租界方面也开来一辆"捕盗车"（警车），停在界路的来凤楼前。五六十名中、西租界巡捕采取了临时戒严的措施，将所有欲进站的乘客挡在界路的栅栏外，2000余名欲出站的旅客亦"不得越雷池一步"。

5 时，市公安局局长文鸿恩应路局警务署之请前来调停，与代表会谈后达成了两点口头协议：第一，由路局提供免费来回票一张，准许 10 人乘坐；第二，由代表劝导村民回家，并告之以路局无法接受全部村民上车。代表同意后即由赵文修、侯选青二人向村民解释，村民大致满意，但仍声明如果此次赴京请愿无效，下次必将全体搭车赴京。

于是，"一场风波，始告解决"。此时已是晚 7 点半，原定 4 点始发的列车也终于得以开出。随后，一天未进食的 10 名代表与自行留下并自费买票赴京的 30 名村民至站旁的大中华饭店就餐，后乘坐晚 10 点的夜班车前往南京，准备向三中全会和监察院呈文申诉。①

翌日晨，一行人抵达南京下关站，但又遭到路局刁难。该站警务段吴段长奉路局警务署之令吊销了免票回沪的资格。全体人员群情激奋，但几经交涉仍毫无结果，最后不得不致电同意其免票的文鸿恩，请其出面向警务署交涉，文鸿恩回电称已经与陈兴汉商定恢复免票并通知下关站站长。②

15 日上午 10 时，全体人员携带呈文、宣言、地图等前往三中全会会场请愿，但因当天只举行了会议开幕式，且已散会，大会秘书处又未成立，故无人接待，众人只得离去。中午 12 时他们在夫子庙金陵春饭店召开了京沪记者招待会，各报馆及通讯社记者 20 余人到场。侯选青表示将于次日向三中全会请愿，希望首都新闻界"予以同情援助"，部分记者也作了报告。③

16 日晨 9 时，全体人员赴军政部请愿，交际科李石泉接见后同意上报部长何应钦。10 点至实业部，劳工司长李平衡答应将与内政、军政两部协商或派员赴沪调查。11 点再前往内政部，该部秘书站在村民的立场上表示目前征地应以"急切应用者为主"，不宜一次性征收大面积土地作为长远计划而损害民众利益。下午 3 时，众人前往三中全会会场请愿，秘书处叶实之接见了侯选青、赵文修、侯史章三人，告诉他们此案已提交大会主席团审议，并将令行政院慎重处理，同时出示了大会主席丁惟汾、居正二人的批示，众人遂于 4 时许离去。

次日晨，全体人员认为请愿已告一段落，赵文修、陶文渊、赵知行、

① 《北站昨全日大纷扰》，《申报》1932 年 12 月 14 日，第 9—10 版。

② 《彭浦区一部分请愿代表返沪》，《申报》1932 年 12 月 18 日，第 12 版。

③ 《彭浦民众来京请愿 为圈地建沪北站事》，《中央日报》1932 年 12 月 16 日，第 7 版；《彭浦区一部分请愿代表返沪》，《申报》1932 年 12 月 18 日，第 12 版。

汪福廷等人先行回沪并报告此行经过，留京代表侯选青、赵友亭、侯史章、张仲祥、陶志刚等人计划再向行政院、监察院请愿，同时要求两路局将取消回沪免票资格的警务署人员撤职查办。① 20 日，其余人员全部返回上海，对于此行结果"尚称圆满"。②

五　矛盾延续

黄伯樵于 14 日抵达南京后，即与顾孟余、吴铁城商谈转任两路局局长一事。顾认为黄与联运总站等复兴两路事业"有重大关系"，吴亦表示赞同。黄遂表示同意担任，并以路局"事繁责重"而请求添设副局长一职，由铁道部业务司专员吴绍曾担任该职务，顾表示同意。③ 16 日晨黄伯樵返沪，上午办理完公用局的交接手续后，下午即前往两路局就职并发表就职演说，表示"当与上海市府当局合作，俾得早观厥成"。④

同日，上海市商会根据得到市总工会、各行业公会支持的花树业同业公会之请，致电三中全会请求免征赵家花园土地，并建议改征京沪铁路、交通路以南地块。此时，同业公会推举的黄岳渊、徐友青、奚载显、顾桂生等人已随同村民代表在南京请愿。⑤

23 日，市府召开第 224 次市政会议，沈怡呈请在沪西区道路系统规划中增加一条通往联运总站的道路和两座桥梁，会议决定征得铁道部同意后再公布相关计划。⑥ 月底，与黄伯樵一同到任的两路局总务处处长莫衡表示联运总站"非有一、二年之筹备，恐难观成"。而宋公园路临时车站预计将在 1933 年六七月完成，届时市内主干道北西藏路可以直达，而北

① 《彭浦区一部分请愿代表返沪》，《申报》1932 年 12 月 18 日，第 12 版。

② 《彭浦区请愿代表昨均返沪 结果尚称圆满》，《申报》1932 年 12 月 21 日，第 10 版。

③ 《市商会为花树业请命》，《申报》1932 年 12 月 17 日，第 13 版。

④ 《黄伯樵调任两路管理局长》，《申报》1932 年 12 月 17 日，第 11 版。

⑤ 《市商会为花树业请命》，《申报》1932 年 12 月 17 日，第 13 版；《上海市花树商业同业公会关于铁道部征收民地影响本业生计发表的宣言及会务经济报告特刊》，上海市档案馆藏，S322 - 1 - 4。

⑥ 《第 224 次市政会议议事日程》（1932 年 12 月 23 日），《上海市政府第 221—230 次市政会议议程汇编（第 12 册）》，上海市档案馆藏，Q1 - 5 - 578；《市政会议纪》，《申报》1933 年 1 月 1 日，第 19 版。

站将撤销，故"此举与上海市计划颇有密切关系"。① 29 日，黄伯樵、吴绍曾向全体职工发表了《敬告两路员工同人书》，声称目前两路受到淞沪战争破坏、偿还英方债款、恢复改进设备等方面的重重压力，已到了"困苦危急"的关头。②

1933 年 1 月初，行政院决定将此案交内政部联合铁道部、实业部、军政部三部共同商讨后再具体办理。③ 市府表示由于铁路属于国有，地方政府本无权参与其规划、建设、运营等各项事务，但鉴于联运总站已引起地方上的强烈反弹，故要求参加四部会议。铁道部在征得行政院同意后即邀请市府派员赴京与会，市府派出工务局工程科科长郑肇经、土地局第二科科长杨念祖、公用局技士安钟瑞为代表。11 日，"行政院交议铁道部征收上海民地建筑车站一案"第一次会议开幕。出席者除市府三名代表外，另有军政部参事蒋绍昌、内政部地政司司长郑震宇、科长骆力学、实业部参事余恺湛以及铁道部的俞棪、萨福均、夏光宇。

主席郑震宇报告：内政部于 9 月 7 日核准征收公告，但次日萨福均即致函称实际征用土地略少，故公告失效，内政部遂于同日迅速修正公告并由铁道部代表取回。此后铁道部再次变更，内政部又于 10 月 29 日重新公告，该公告即为真如、彭浦两区民众所反对者。侯选青等人完全反对建站计划，要求收回成命，或至少将征地范围避开其所在的村庄。花树业同业公会则要求按照 9 月 8 日第二次公告的范围避让赵家花园。

俞棪报告称铁道部对行政院将此案交由各部及市府共同筹划表示"固无不愿乐从也"，并曾计划出售北站土地作为联运总站的建设经费；萨福均、夏光宇说明了征地计划，并再度强调交通路以北用地是为了建设车房，以免机车及空车车辆来回倒车时占用京沪铁路主线。

市府代表报告如下：征地计划确定后，市府曾协助办理所有手续。村民虽多次请愿，但因事关铁道部既定计划，故市府"仅能转达而已"。此案如能酌情变通当然最好，否则就只能请铁道部"尽量多容纳人民之请求"，以便进行。

---

① 《京沪铁路总站迁宋公园路》，《铁路月刊：津浦线》第 2 卷第 12 期，1932 年 12 月，"路界纪闻"第 1 页。

② 《京沪沪杭甬铁路日刊》第 560 号，1932 年 12 月，第 6—7 页。

③ 《彭浦圈收民地案 市府派代表参加部议》，《申报》1933 年 1 月 11 日，第 10 版。

经各方讨论，会议最终达成了三项决议：1. 各部及市府都表示对铁道部的征地计划"应予维持"；2. 由各部联合市府招待上海各界代表，说明该计划的必要性，并与被征者进行磋商，在补偿费及迁移费上给予优惠，然后再行审议；3. 招待会的筹备及举办时间由铁道部派员与市府共同确定。

会后，郑肇经、杨念祖、安钟瑞三人于 13 日向吴铁城报告了会议情况，特别提及开会前各部代表与他们本人都均认为此次村民反抗甚为激烈，希望铁道部能酌情缩小征地范围或稍稍避让赵家花园。①

对于四部"维持原议"之举，村民再次表示失望，故于 17 日召开全体村民会议并作出五项决议：1. 呈请行政院转令四部重新讨论；2. 请求监察院彻查此案决议内容"是否公允"；3. 请铁道部详细答复去年 12 月村民所陈述的各点；4. 请求社会各界"力予援助"；5. 在未得到当局具体且充分的理由之前"誓死力争，决不退让"，同时派陶志刚、赵友亭等人前往市商会请求援助。②

18 日，铁道部回复行政院称，在接到监察院关于花树业同业公会呈诉"建筑真如联运站征地损民"一案后，即派员对赵家花园产业做了调查，发现该会呈文中的花木数量"过于浮报，实非确数"。同时表示征地计划已"兼筹并顾"自身需要与各方利益，且经四部会议认可，但仍在开会讨论中，待有定案后再行呈报。③ 一周后（25 日），因市府开始在客运总站征地范围内兴建江湾公墓，铁道部随即致函市府称公墓虽为社会所需，但不可"因小而失大"，以免打乱整个铁路改造计划。④

此时年关将近，村民及官方均无进一步行动，只有中共江苏省委仍在开展革命工作。28 日（年初三）发表了《为"一二八"号召告上海市郊农民书》，强烈批判国民党"用强占农民田地来回答反日反帝的农民、贫苦民众"。2 月初，省委为纪念二七大罢工发布了《告江苏工农劳苦群众

---

① 《上海市公用局关于京沪铁路上海北站迁移征地案》，上海市档案馆藏，Q5 - 3 - 3335。

② 《彭浦乡民全体会议 坚决反对圈地计划》，《申报》1933 年 1 月 18 日，第 10 版。

③ 《呈行政院 呈复真如联运站计划圈地及赵家花园树木情形请鉴核由》，《铁道公报》第 459 期，1933 年 1 月 21 日，第 12—13 页。

④ 《函上海市政府 复请维持本部江湾客运总站计划公墓房屋酌作他用由》，《铁道公报》第 464 期，1933 年 1 月 27 日，第 6 页。

书》，谴责当局"向反对强圈田地做火车站的彭浦农民群众开枪"。① 此后，省委认为中共中央针对上海地下党关于失业日初步动员计划下发后，"上海的党没有任何实际的工作表现"而决议抓紧斗争，指出"应在五天内派一同志去彭浦加强对彭浦一个支部的领导，定出当地斗争纲领，组织反圈地委员会，一星期内要听彭浦的工作报告，动员暨大支部帮助真如的工作"。② 为迎接"二二五"国际失业工人日，省委宣传部发表了《告上海近郊农民》一文，高呼"反对国民党政府圈占真如、彭浦农民田地设北火车站到底！"③

1 月 31 日《申报》报道内政、铁道、实业、军政四部将召开第二次会议，至于是否邀请彭浦区村民代表列席则尚未决定。2 月 5 日该报又报道了铁道部将于 25 日在沪召集各界谈话，期待村民谅解。④ 同日，曾仲鸣抵沪时接受记者采访，表示将在一周内由该部及内政部等派员来沪会同市府招待各界，报告详细情形，消除各界误会，使建站计划早日实现。⑤

虽然铁道部多次表示将召开说明会，但彭浦区村民因认定四部"对于实际情形、民生疾苦，毫不顾及"而于 6 日再次向行政院请求行政复议，强调四部对于村民所述各点是否可以采纳、会上是否进行讨论、所钉界址达 4000 余亩而车站仅需 2800 亩、剩余土地如何处置等问题"均未明白公布与答复"。他们还坚持认为铁道部迄今仍未清楚解释增收交通路以北土地而减收京沪铁路以南土地的理由，⑥ 而这一点正是风传该部徇私舞弊的根源。次日，行政院予以批准，并令四部再与市府协商。10 日，村民急电行政院代理院长宋子文请求派代表列席四部第二次会议，以便双方沟

---

① 江苏省档案馆、中央档案馆编：《江苏革命历史文件汇集》省委文件（1932 年 9 月—1933 年 5 月），1987 年，第 323、423 页。

② 暨大指的是暨南大学。《江苏省委对失业日运动的动员计划》（1933 年 2 月），江苏省档案馆、中央档案馆编：《江苏革命历史文件汇集》省委文件（1932 年 9 月—1933 年 5 月），第 425—426 页。

③ 江苏省档案馆、中央档案馆编：《江苏革命历史文件汇集》省委文件（1932 年 9 月—1933 年 5 月），第 437 页。

④ 《圈地续将讨论》，《申报》1933 年 1 月 31 日，第 12 版；《部议彭浦圈地结果》，《申报》1933 年 2 月 5 日，第 13 版。

⑤ 《曾仲鸣昨晨来沪 当晚返京》，《申报》1933 年 2 月 6 日，第 11 版。

⑥ 《铁部圈地计划不变 村民再请复议》，《申报》1933 年 2 月 7 日，第 15 版。

通，消除隔膜，避免"仍侧重原定计划"。①

联运总站工程虽因故暂停，但作为迁移北站的前期项目——宋公园路临时车站工程于2月初正式启动。该站占地200余亩，计划建设简易站房1所、站台6座、站线8条，并建支线经彭浦抵达市中心区域的虬江码头，以便水陆联运，初定6月底竣工，建设经费约为11万元。两路局计划在该站建成后拆除北站的所有建筑物，土地招标出售，其收入用于联运总站的建设，原地块则用于"建屋筑路"（如请市工务局接通被铁路阻断的北西藏路等闸北各条道路）。② 13日，两路局总务处处长莫衡向记者表示北站土地在临时车站建成前不予出售，而联运总站工程需要向各界解释清楚后方可进行。③

16日，在接到内政部关于四部举行第二次会议的通知后，市府除派员出席外另通知彭浦村民推举代表列席，侯选青等三人于当晚乘车赴京。17日下午会议开幕，最终决议由铁道部再前往当地进行勘测。④ 同日，两路局向市府表示原定25日召开的说明会因准备工作尚未完成而将延期举行，确定日期后将请市府方面加以协助。⑤ 26日，莫衡表示铁道部等将派员来沪与市工务、土地等局接洽，故征地一案"尚未商妥"。⑥

六　戛然而止

3月10日，铁道部通知市府称联运总站、客运总站及宋公园路临时车站等工程虽曾令京沪铁路局筹备，但经讨论后"因时局不定，金融紊乱"而决定暂停实施。⑦ 所谓"时局"，应指2月21日热河抗战的爆发，4月初中央社通讯中的"借以专心对外"⑧ 一词即可印证这一点。11日，

---

① 《圈地案准复议后 村民要求列席申说》，《申报》1933年2月11日，第13版。

② 《两路管理局临时车站定六月完成》，《申报》1933年2月8日，第15版。

③ 《苏沪间敷双轨 路局开始计划》，《申报》1933年2月14日，第11版。

④ 《圈地案今日在京商议 村民代表昨晚晋京列席》，《申报》1933年2月17日，第10版；《派员复勘圈地案》，《申报》1933年2月26日，第12版。

⑤ 《上海市政府秘书处公函 为铁路局招待各界说明总车站收地一事延期举行函达查照由》，《上海市公用局关于京沪铁路上海北站迁移征地案》，上海市档案馆藏，Q5-3-3335。

⑥ 《两路管理局将迁址》，《申报》1933年2月27日，第18版。

⑦ 《咨上海市政府 迁移上海北站及建宋公园路临时车站一案暂停进行请查照由》，《铁道公报》第504期，1933年3月15日，第6页。

⑧ 《市府咨询铁部两路圈地处置办法》，《申报》1933年4月5日，第13版。

曾仲鸣也向记者表示迁移北站及联运总站征地等工程均已暂停，"将来俟征求行政院各部长之意见如何再定"。① 次日，《申报》、《中央日报》都正式公布了该消息。②

14 日，莫衡接受记者采访时称奉铁道部之令，"以时局严重，经费困难"而停建已开始填土的宋公园路临时车站，同时首次表示将暂时维持两路各车站之现状，并将修复被毁的北站大楼。③ 此后不久的一篇文章描绘了修复后的北站除了办公用房外，还有酒吧间、公共电话间、商务课柜台等按照黄伯樵"铁路商业化"理念布置的设施，路局计划将其打造成为"一座美轮美奂的华厦"。④

停建联运总站对村民来说莫过于天大的喜讯，但仍有对此不甚满意者，因为铁道部未对是否取消原计划中征收土地的买卖禁令一事公开表态，而禁止买卖妨碍了土地所有者的权益。彭浦区市政委员周步濂、凌志斌认为既然已不征收就应立即放开，故于 24 日呈请市府解除禁令，"以舒民间经济而利民生"。⑤ 市府致函铁道部咨询应如何办理，该部随即派员来沪与市府共同讨论土地"是否立即作废"并商量解决办法。⑥ 4 月 4 日，铁道部回复市府称联运、客运两站土地"目前既不需要，自可将停止买卖之令先行布告取销"，等到迁站工程"赓续进行时，再行布告收用"。⑦ 6 日的《申报》（以号外形式）、《中央日报》同时公布了这一消息。⑧

14 日，铁道部批准了重建北站的计划。⑨ 18 日市土地局通知彭浦、真

　① 《曾仲鸣今晨赴港迎汪》，《申报》1933 年 3 月 11 日，第 20 版。

　② 《北站从缓迁移》，《申报》1933 年 3 月 12 日，第 12 版；《迁上海北站铁部决暂缓进行》，《中央日报》1933 年 3 月 12 日，第 3 版。

　③ 《两路管理局积极整理外债》，《申报》1933 年 3 月 15 日，第 9 版。

　④ 程志政：《未来的北站》，《申报》1933 年 3 月 21 日，第 12 版。

　⑤ 《铁部停止迁站 彭浦市委请恢复买卖》，《申报》1933 年 3 月 24 日，第 9 版。

　⑥ 《京沪路缩短行车时间》，《申报》1933 年 3 月 25 日，第 20 版。

　⑦ 《咨上海市政府 真如彭浦江湾等处地段可将停止买卖令先行布告取消俟移站问题进行时再行收用咨复查照由》，《铁道公报》第 523 期，1933 年 4 月 6 日，第 16 页。

　⑧ 《铁部咨复市府 取消圈地停止买卖令 俟将来再行布告收用》，《申报》1933 年 4 月 6 日，《申报号外》第 2 版；《两路新站圈地 停止买卖令即将取销 赓续进行时再行收用》，《中央日报》1933 年 4 月 6 日，第 7 版。

　⑨ 京沪沪杭甬铁路管理局编：《京沪沪杭甬铁路修复上海北站纪念刊》，1933 年，第 5 页。

如、江湾各区"不动产契纸分发行所"取消土地禁售并登报公告。① 24
日，铁道部告知两路局江湾市立公墓基地及房屋仍可继续使用，将来恢复
客运总站建设时再行征地。② 因此该部在 5 月 20 日回复内政部时明确表示
迁站工程"系暂时停止"，并非放弃。③ 然而，随着 9 月 10 日北站修复并
投入使用（如图 4 – 20 中的下图，仅将未遭战火破坏的底层加以改建，其
规模远小于原大楼），④ 联运总站、客运总站等"大上海计划"所制定的
以及铁道部此前批准的各项铁路改造规划均被束之高阁，直到 1937 年 8
月淞沪会战爆发都没有实施，历史契机从此消逝。直到 1987 年，上海才
出现了一座大型车站，也就是俗称"新客站"的上海火车站。

图 4 – 20　1932 年淞沪抗战被毁前与改造后的上海北站（笔者藏明信片）

---

① 《土地局布告 停征两路改站圈地》，《申报》1933 年 4 月 18 日，第 8 版。

② 《铁道部指令第 11804 号 令京沪沪杭甬铁路管理局 该路迁站计划暂停公墓房屋自可使用
由》，《京沪沪杭甬铁路日刊》第 662 号，1933 年 5 月 8 日，第 7 页。

③ 《咨内政部 咨复建筑上海联运站工程实系暂停希查照由》，《铁道公报》第 563 期，1933
年 5 月 24 日，第 9 页。

④ 《上海北站昨行落成礼》，《申报》1933 年 9 月 11 日，第 13 版。

七　小结

铁道部暂停联运总站等工程的原因除了上述的"时局不定"、"国难严重"外，[①] 时人另有两种说法：上海市政府于 1936 年称因"铁道部以经费无着，迁站之议从缓"；[②] 次年抗战爆发后则出现了以下看法：

> 一二八沪变发生，此项投资之是否安全，发生问题，抑新商港尚无筹筑之确期，目前吴淞工业亦不甚发达，以致迁站之议，暂告中寝。[③]

但我们从以上事件中可以很清楚地看到，土地征收的失败才是联运总站规划无法实现的关键。在整起事件中，铁道部明显处于强势地位——首先是采纳两路局局长陈兴汉违背"大上海计划"理念的规划方案，并在其基础上设计出联运总站来取代客运总站的交通枢纽地位，由此剥夺了上海市政府的规划实施权和土地征收权；然后又在征地过程中采取蛮横态度，一而再再而三地强行推行其征地方案，不顾当地民众多次交涉、请愿甚至卧轨，最终导致风潮不断升级。

但作为弱势群体的被征者在请愿时的各项举措也有诸多不当之处。首先，他们在明知铁道部征地面积的情况下仍向媒体及其他部门夸大用地范围，[④] 以此博取各方的同情；其次，地方保护主义色彩浓厚。10 月底铁道部新增交通路路北彭浦区境内的土地后，该区代表等团体多次声称其所在

---

① 京沪沪杭甬铁路管理局编：《京沪沪杭甬铁路修复上海北站纪念刊》，第 5 页；《上海北站昨行落成礼》，《申报》1933 年 9 月 11 日，第 13 版。

② 上海市政府秘书处编：《上海市市政报告》，第 5 章第 25 页。

③ 沙曾焗：《上海市之都市设计与土地利用》，萧铮主编：《民国二十年代中国大陆土地问题资料》第 92 册，第 48500 页。

④ 1932 年 9 月 8 日的内政部公告为 3800 亩，但 9 月底彭浦区民众代表向记者表示高达 4000 亩；10 月 27 日的铁道部公告改为 3100 亩，但因在交通路北增加了 700 亩，侯选青就在 11 月 8 日福州路记者招待会上宣称整座车站征地"多达五千余亩"，后来甚至到了 6000 亩，故由铁道部次长曾仲鸣出面向媒体澄清；12 月 9 日铁道部公布的计划说明书已缩减至 2800 亩，但次年 2 月 6 日彭浦区代表向行政院请求行政复议时仍称 4000 余亩。具体请见上文。

地村庄密集，而路南的真如区沿铁路一带没有村庄，① 但两路局在 8 月的第一次计划中就已说明用地范围内最大的村庄即为真如区的管衕村；② 最后，被征者在没有充分证据的情况下就一口咬定铁道部勾结商界、金融界甚至上海市政当局舞弊渔利，③ 并通过媒体不断造势。④

总之，铁道部与被征者双方的不理智、不互信最终导致联运总站计划的流产，并中断了上海城市铁路改造规划的实施，从而阻碍了城市和铁路的发展，正如侯选青在他 80 岁时所写的那样——"这样一来，也使上海新客站的建造，推迟了半个多世纪"。⑤

本 章 结 论

城市铁路规划是城市整体规划的重要组成部分。从某种角度而言，近代以来的城市规划就是研究如何使城市土地利用更为合理和有序的学科。然而由于现实情况的错综复杂、土地问题的盘根错节，规划方案往往意味着对城市土地价值的再分配。因此，近代以来围绕土地的权力争夺始终是城市规划的关键问题。⑥

城市用地结构的合理调整、大型基础设施的建设、道路系统的整理都会涉及大量的土地，要求市政部门具有一定的土地征收权去进行各种"权力争夺"。但是，当被征者不是基层社会或下属部门而是铁路等国家机构

---

① 《彭浦区乡民五百余人昨赴市府请愿》，《申报》1932 年 11 月 17 日，第 13 版；《铁道部圈地案 市商会电行政院 代表呈市参议会》，《申报》1932 年 12 月 8 日，第 9 版。

② 《上海新站建筑计划》，《申报》1932 年 8 月 21 日，第 17 版；《沪新站建筑 路局拟就计划 向铁道部请示》，《中央日报》1932 年 8 月 21 日，第 3 版。

③ 《时代公论》上的一篇文章称参与其中的有铁道部、"新交通系"、上海市土地局、"上海的一般投机家"、银行界以及上海地产公司等，但同时表示这些消息"是否绝对可靠，无人拿出真凭实据来"。参见鸣：《北站迁移用意何在》，《时代公论》第 37 期，1932 年 12 月，第 3—4 页。

④ 侯选青在 1988 年《上海滩》杂志上发表的文章中写道，《晶报》曾对铁道部官僚的营私牟利内幕加以揭露。参见氏著《发生在北站的一次农民大骚动》，《上海滩》1988 年第 12 期，第 23 页。众所周知，《晶报》是当时以登载小道消息赢得读者群的著名小报。

⑤ 氏著：《发生在北站的一次农民大骚动》，《上海滩》1988 年第 12 期，第 23 页。

⑥ 魏枢：《"大上海计划"启示录：近代上海市中心区域的规划变迁与空间演进》，第 278 页。

时，市政部门的土地征收往往面临着无法运用经济手段解决的更加艰难的局面，从而限制甚至剥夺了市政部门的土地征收权。这就是近代上海城市铁路改造规划推进缓慢且最终未能实现的根本性因素，而铁路改造又是实现"大上海计划"的两项关键工程之一，因此整个"大上海计划"的流产与"向上"的土地征收遭遇重重阻力的情况密切相关。

市政部门土地征收权受限的原因，即为铁路行业固有属性所决定的铁路土地产权及其行政管理的特殊性。铁路是国民经济的大动脉，是具有高度集中、半军事化等特征的特殊行业。历史上的世界各国政府都曾或多或少地介入铁路系统，以保证铁路的公益性、政治（军事）性，[①] 因此铁路与其他交通行业相比具有其明显的特殊性。清末就有中国学者从日本铁路的发展经验出发论述了这一点：

> 铁道虽与船舶、邮便、电信等皆为一种之交通机关，而其旨趣究有大不同。铁道者，因政府之特许，而对于其所敷设之线路有独占之权，无论何人，皆不得侵害之。[②]

这一时期的类似观点大多是在当时商办铁路兴起的背景下，基于铁路"国有"还是"民有"的现实议题的政策性探讨，并非针对铁路土地事务等具体管理问题的研究。但正是这种"政府特许"和"独占之权"决定了铁路土地产权及其行政管理的特殊性，并成为日后城市与铁路矛盾的根源。

从铁路土地产权的属性而言，铁路用地是国家特许的专项用地，是铁路部门为保证铁路运输而依法征用和留用的土地。它属于国有土地的重点保护部分。铁路部门依法享有使用权，其留用的土地也不能视为征而未用之地，因此严禁随意占用。[③] 以上各点不仅是当代铁路土地产权的法律内涵，也是民国时期的铁路制度规范，诚如下文所言：

> 铁路系国有特种建设事业，向来路界以内一切设施，胥以部令为

---

① 谷中原：《交通社会学》，民族出版社 2002 年版，第 198—201 页。

② 王盛春：《中国铁路要纲》，（东京）冈正一，1908 年，第 33 页。

③ 张宏吉、汤士安主编：《铁路用地规划与管理研究》，序言第 3 页，第 7、247 页。

奉行标准，固属自有范围，亦且自成系统。①

这句话源于 1929 年 11 月南京特别市工务局与京沪铁路发生的工程用地纠纷。不久，行政院经铁道部呈请后向全国各级市政部门发布命令："铁道为国营事业，其工程计划与市政府工务局定章所有公私杂项工程完全不同，关于建设与修造，在路线界限之内随时兴作，只能就工程上之需要而行，不但与私人之任何营建有异，亦与其他国家机关之普通营建有别。"② 因此当"大上海计划"的铁路改造规划和其他市政职能受阻时，③时任上海市公用局局长的黄伯樵斥责铁路"构成特别地带，不啻各国租界"。④

以上问题体现了铁路土地行政管理特征及其与市政权力之间的矛盾，而这一矛盾难以从根本上加以化解。因为铁路用地与一般厂矿企业或市县所占有的土地布局不同，它不完全局限在某个县、市甚至某一个省，而是随着铁路线呈带状分布，占用地域极广，不受行政区划的限制。所以就此而言，如果将铁路用地转交给铁路所经省、市、县的土地部门管理，那么势必将分成若干块，就无法适应具有高度集中、半军事化的铁路建设和运输任务。因此，这一不可分割的带有战略意义的综合性工作必须由铁路部门统一管理。⑤

① 《令各铁路管理局 路局工程局在路界范围以内营建工程如非地方工务计划有重大关系或妨碍者毋须在地方工务机关报勘已奉行政院核准仰即遵照由》，《铁道公报》第 21 期，1929 年 12 月 4 日，"命令"第 13 页。

② 《呈行政院 呈请明令规定凡铁路管理局及工程局在其范围之内营建工程一经主管官署核准即可施行毋须再候各地方工务机关之复核由》，《铁道公报》第 18 期，1929 年 11 月 23 日，"公牍"第 36 页。

③ 公安局方面：1. 北站新民路布置巡警岗哨被路局拒绝；2. 南站路警越界与巡警发生冲突；3. 本市警察不能在车站内执行任务。工务局方面：1. 路局自行建设修理房屋、道路、码头、桥梁等从不报备，有妨碍公共交通的可能；2. 在路界内建筑道路须与路局签约；卫生局方面：不能在路界内实施清扫和消毒工作，有碍城市环境及卫生防疫。公用局方面：1. 路界内广告无法征税或取缔；2. 路局自行发电供给用户，与市电气公司有抵触；3. 路界内无法布置停车场及查处车辆违章。参见《上海市公用局关于京沪铁路路产范围本市不能行使职权交涉案》，上海市档案馆藏，Q5 - 3 - 3369。

④ 《上海市工务局与铁路治权纠纷文书》，上海市档案馆藏，Q215 - 1 - 7007。

⑤ 张宏吉、汤士安主编：《铁路用地规划与管理研究》，第 9—10 页。

　　结合第二章"向下"的土地征收，我们可以发现铁路土地征收既引起了铁路建设初期沿线基层社会的变动，又制约了城市突破铁路发展后城市规划建设的良性推进。因此笔者认为，近代铁路土地征收的工程性影响存在着双重面向。

第五章　因江南而上海：工程性影响与上海城市空间结构的演进

　　路线布置对区域城镇兴衰影响的一个重要方面即为城市空间结构的演进。19 世纪末至 20 世纪初长江三角洲区域铁路路线的布置对作为区域铁路枢纽——上海的城市空间结构演进产生了百余年的深远影响，故笔者称为"因江南而上海"。

　　城市空间结构是经济地理学、城市规划学、交通工程学领域的重要概念，其基本含义一般解释为从空间的角度探索城市形态和城市相互作用网络在理性的组织原理下的表达方式。[①] 从其学术源流上来看，就是在 20 世纪 20 年代至 40 年代美国芝加哥学派提出的"同心圆带状结构"、"扇状结构"、"多核心结构"，[②] 这三种城市结构的基础上增加了空间维度的描述，即关注一座城市在与周边城乡尤其是其他城市互动的过程中，其城市结构在空间上发生的变化，而铁路等交通基础设施在这一过程中无疑具有关键性的作用。

　　交通基础设施和城市空间结构变迁的理论研究，按照地域规模可分为三个层面[③]（见图 5-1）：车站站区、所在城市、所在区域，这也分别对应了交通运输方式的节点、线路及网络三大属性。在车站站区层面，铁路促进周边土地使用的开发，形成城市新的增长点；在城市层面，铁路优化了资源配置，带动城市产业与人口的发展，加速了城市空间的扩张；在区域层面，铁路将缩短区域内城市之间的时空距离，改变区域城市网络的空

---

　　① 顾朝林等：《集聚与扩散：城市空间结构新论》，东南大学出版社 2000 年版，第 3 页。

　　② ［日］青山吉隆：《图说城市区域规划》，王雷等译，同济大学出版社 2005 年版，第 77—79 页。

　　③ 参见武廷海《大型基础设施建设对区域形态的影响研究述评》，《城市规划》2000 年第 40 期；张凯、曹小曙《火车站及其周边地区空间结构国内外研究进展》，《人文地理》2007 年第 6 期；王丽等《高速铁路对城市空间影响研究述评》，《长江流域资源与环境》2012 年第 9 期。

间关系，有利于建立跨区域的城市圈，推动区域和城乡整合发展。需要说明的是，本章从铁路路线布置的角度切入，探讨铁路与城市空间结构的关系问题，因此"区域层面"的问题暂不作分析。

研究层面		研究内容	选择指标
车站站区层面	中心型 ○ 新城型 ○ 边缘型	站区圈层范围界定 站区土地利用 站区产业布局	车站规模（流量） 在城市的区位与功能 站区土地利用指标 站区产业属性
城市层面	所在城市	城市产业布局与扩展 城市人口布局与增长 城市用地扩张	城市自身特征 城市内部可达性 车站到市中心的距离

图 5 - 1　交通基础设施与城市空间结构变迁关系图（城市部分）

资料来源：王丽等：《高速铁路对城市空间影响研究述评》，《长江流域资源与环境》2012 年第 9 期。

本章以 1937 年抗战前形成的上海铁路主骨架为分析对象，包括淞沪铁路、沪宁铁路、沪杭甬铁路、沪宁沪杭甬两路联络线、三民路支线，而浦东的上川、上南两条轻便铁路以及 1938 年至新中国成立后新建的路线（如虬江支线、新兴支线、真西支线、何真支线、南何支线、何杨支线等）均不包括在内。

第一节　两路与三界：铁路对城市空间结构演进的初步影响（1908—1937）

"铁路交通，关系城市之荣枯，而城市之荣枯，又足以影响铁路之营业。"[①] 城市发展与交通运输无疑具有密切的关系。一般情况下铁路作为引导城市空间结构演进的动力之一，对城市发展产生了积极的影响，但近代上海的情况又有所不同，其主要体现在车站与路线对城市空间结构的不同方面。

———————————

① 《上海市政府咨第 739 号 据市中心区域建设委员会呈送市内铁道改进计划图说及参考刊物咨请查照由》，《上海市政府公报》第 60 期，1930 年 7 月 20 日，第 52 页。

一　火车站对城市空间扩展的推动

铁路通车后，火车站不仅是城市基础设施的重要组成部分，而且成为一个新的经济增长点，从而拉动城市空间向其所在的方向扩张，并逐渐形成以火车站为中心的城市次中心区域。1956 年，英国学者卡罗尔·米克在其经典著作《火车站》一书中认为早期车站一般建设在城市的边缘，并对城市和区域的发展起到了巨大的促进作用。[1] 当前城市规划学、经济地理学对此问题主要有以下四种研究路径：车站地区空间结构研究、车站地区的土地利用研究、车站与地区经济发展研究、车站对周边地区社会影响研究。其中，土地利用和空间结构是其关注的焦点，因为两者是车站地区影响经济社会的主要根源。[2]

史学界关于车站与城市关系的专题著述尚不多见，一般都包括在对铁路和城市的总体研究中。[3] 本节根据历史史实和所掌握的资料，对 1908 年沪宁铁路全线通车后到 1937 年抗战爆发前这一时期，上海各主要火车站在发展道路交通、吸引人口集聚、优化投资环境、提升土地价值、引导城市规划五个方面的情况加以分析，重点突出引导城市规划、提升土地价值等史学界较少关注的方面。

（一）发展道路交通

火车站作为一种交通基础设施，其最根本的功能是连通城市内外的交通职能。车站地区的空间形态一般均以圈层状划分，不同圈层具有不同的功能种类。首先是"交通枢纽功能"，主要包括售票、候车、站台和集散大厅等车站内部设施；其次是"交通配套功能"，主要是指站前的集散广场和周边的联络道路；最后是"城市功能"，即车站对发展城市工业、商贸、旅游、办公、居住等方面的功效。若以紧密程度进行排序，则交通配

---

① Carroll L. V. Meeks, *The Railroad Station：An Architectural History*, Dover, 1995.

② 张凯、曹小曙：《火车站及其周边地区空间结构国内外研究进展》，《人文地理》2007 年第 6 期。

③ 如丁贤勇：《新式交通与社会变迁——以民国浙江为中心》，中国社会科学出版社 2007 年版；郭海成：《陇海铁路与近代关中经济社会变迁》，西南交通大学出版社 2011 年版；城市方面的研究主要有 Chang Yin-hwa, *The Internal Structure of Chinese Cities* 1920s-1930s：*An Ecological Approach*, Department of Sociology, Princeton University. 1982；苏智良主编：《上海城区史》下册，学林出版社 2011 年版，第 10 编第 2 章"新城闸北"。

套功能一般情况均大于城市功能。① 这种交通配套功能的直接影响就是车
站周边城市道路的增加和公共交通的发展。

　　从图 5－2 这张北站周边地区（闸北、北站以南、苏州河以北）的历
年道路变化图可以看到，直接服务于车站的道路在不断增多，如虬江路、
交通路、会文路、公兴路，界路（今天目东路）、北河南路（今河南北
路②）、民德路等道路也在逐渐延伸。需要指出的是，该区域中其他道路
的兴建并不是完全来自车站交通配套的需要，而是出于华界自我发展、抵
制租界的考虑，③ 但华界的发展毕竟借助了车站的区位优势。因此车站在
道路交通发展的过程中仍扮演着重要角色。

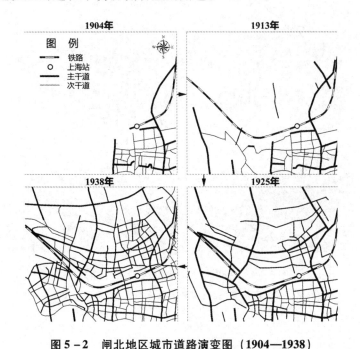

图 5－2　闸北地区城市道路演变图（1904—1938）

资料来源：周振鹤主编：《上海历史地图集》，上海人民出
版社 1999 年版。

　　1908 年 3 月，上海第一条公共汽车路线（有轨电车）开通，4 月沪宁

---

　　①　张凯、曹小曙：《火车站及其周边地区空间结构国内外研究进展》，《人文地理》2007 年
第 6 期。

　　②　下文北山西路、北四川路的现名也相同，不一一注明。

　　③　参见张笑川《近代上海闸北居民社会生活》，第 1 章。

铁路通车，次年 2 月 1 日公共租界调整了电车路线，六条中有两条以北站为起点，分别通往外滩和静安寺。① 20 世纪 20 年代初，北站始发的公交线路有四条，即英商电车公司的 5、6、7 路有轨电车，法商电车电灯公司的 5 路有轨电车。② 1937 年 4 月，以北站为起点的公交线路增至六条（见图 5 - 3），分别为英商公司 5、7 两路有轨电车、14 路无轨电车，法商公司的 5 路有轨电车，华商公司的 1、2 两路公共汽车，居全市之首。

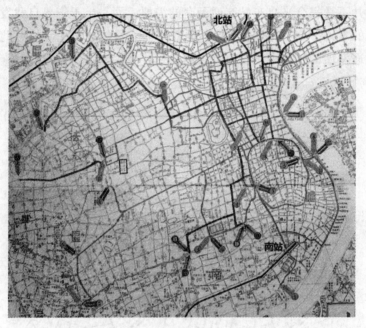

图 5 - 3　1937 年上海公交线路图（部分）

资料来源：上海图书馆编：《老上海地图》，上海画报出版社 2001 年版。

（二）吸引人口集聚

在当前关于车站地区的空间结构对周边居民生活形式和生活质量的影响中，有学者指出车站地区集中了大量的服务设施，从而提高了实现日常

　　① 商务印书馆编译所编：《宣统元年上海指南》，熊月之主编：《稀见上海史志资料丛书》第 4 册，上海书店出版社 2012 年版，第 212 页。

　　② 商务印书馆编译所编：《上海指南》，商务印书馆 1923 年版，第 84—105 页。

活动的机会，因此吸引了人口的集聚。[①] 历史也能证明这一点——根据1928 年 11 月 30 日上海特别市公安局的户口调查，全市人口总数为2712049 人，人口分布最高密度的区域在“闸北与公共租界及城厢与法租界接壤之处”（见图 5 - 4），前者即为北站周边地区，平均每亩达5.6 人。[②]

（三）优化投资环境

车站加强了城市和车站地区与外部人流、物流和信息流之间的联系，有利于城市的工业、商业、物流业等各项产业的发展。而车站周边的投资环境最先得到改善，从而吸引各方前来投资。[③] 汉语学界较早采用 GIS 理念的中国台湾学者章英华在其绘制的商业分布图中，北站附近几乎没有相关分布（如旅馆和餐饮业）的现象与历史事实不符，[④] 其原因可能是缺乏华界的相关记载。而根据苏智良等人的研究，1930 年北站地区已有较大商店 86 家，[⑤] 但其来源为回忆资料。故笔者仅以各种资料、论著中比较统一的工厂分布情况作为例证。

图 5 - 5、图 5 - 6 显示，全市工厂除分布在苏州河沿岸及公共租界东区（虹口、杨树浦）外，南北两站以及天通庵、日晖港两站的周边也围绕着诸多规模不等的工厂，而工厂的集聚最终形成了车站周边的块状工业区（如天通庵站西侧）或者两座车站间沿铁路伸展的带状工业区（如北站与麦根路货站间、南站与日晖港站间）。

（四）提升土地价值

大型交通设施与土地利用的关系非常密切，因为上述城市交通、人口、投资环境等各方面要素的改善，使车站周边的土地价值得到了极大的

---

① Jan Ritsema van Eck, Guillaume Burghouwt, Martin Dijst. Lifestyles, spatial configurations and quality of life in daily travel: an explorative simulation study. *Journal of Transport Geography*, Vol. 13, 2005.

② 《上海特别市市民分布图》，上海特别市工务局编：《上海特别市工务局业务报告》第 2—3 期，1928 年，插页。

③ Jianquan Cheng, Ian Masser, "Urban growth pattern modeling: a case study of Wuhan city", *PR China Landscape and Urban Planning*, Vol. 62, 2003.

④ Chang Yin-hwa, *The Internal Structure of Chinese Cities 1920s—1930s: An Ecological Approach*, Department of Sociology, Princeton University. 1982.

⑤ 苏智良主编：《上海城区史》下册，第 839 页。

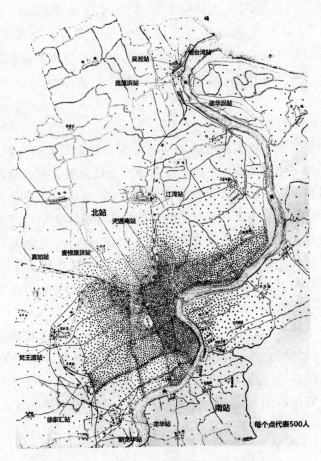

图 5 - 4　1928 年上海市人口分布图

资料来源：上海特别市工务局编：《上海特别市工务局
业务报告》第 2—3 期，1928 年。

提升。① 而近代上海的火车站在影响土地价值、推动土地价格方面也有着
较为显著的功效，诚如《上海市地价研究》所言：

> 近年来公共租界西区、法租界新西区，越界筑路，逐渐接近铁道

---

① 在当前的高速铁路研究中，国外学者在微观层面侧重关注高铁对房地产价值与土地利用
的影响上，比较注意考察交通需求的形成和如何用交通来引导土地利用。如 Snads B. , *The Devel-
opment Effects of High-speed Rail Station and Implication for California.* Berkeley：University of California，
1993。

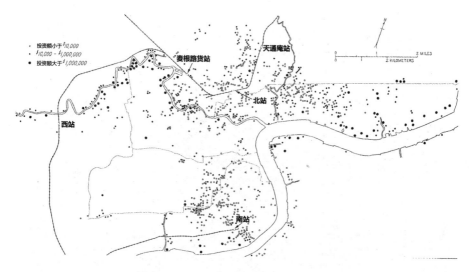

图 5 - 5　1928 年上海全市工厂分布图

资料来源：John E. Orchard, "Shanghai", *Geographical Review*, Vol. 26, No. 1（Jan., 1936）.

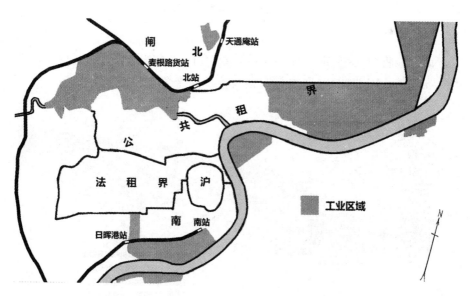

图 5 - 6　20 世纪 30 年代初上海市工业区分布图

资料来源：张辉：《上海市地价研究》，正中书局 1935 年版。

支站，运输更觉便利，地价必更趋高昂也。

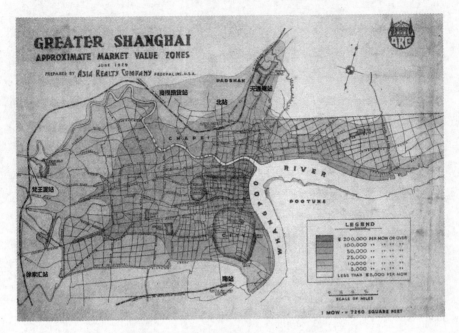

图 5 - 7　1929 年上海市地价等级图

资料来源：《老上海地图》。

该著除将图 5 - 7 重绘外，还单独绘制了一张公共租界的地价图（见图5 - 8），此中可以进一步发现车站与地价两者关系的某些特征。

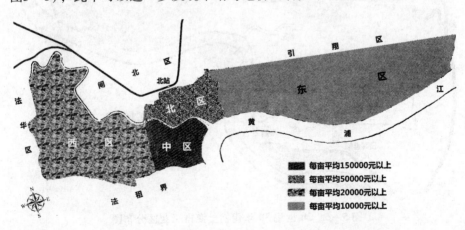

图 5 - 8　20 世纪 30 年代初公共租界各区地价图

资料来源：《上海市地价研究》。

从中可见，在公共租界的四大区域中，北区的地价位居第二，超过了建有大量高档住宅的西区和具有临港区位优势、工厂密集的东区。据此推测，北站在其中起到了不可忽视的作用。该书作者也认为"大上海计划"规划的京沪、沪杭甬铁路客运总站建成后，北站与南站"附近一带之地价，或将直接间接受其影响，有跌落之虞"。

前引作者的原文中所谓的"支站"，指的就是两路联络线上的梵王渡、徐家汇两站、从华界地价图中也可以发现两站所在的法华区，拥有北站、麦根路货站、天通庵站（临近）的闸北区以及南站所在的沪南区地价位居前三（见图5-9），即如作者所言"华界火车经过沿路地价较高"。①

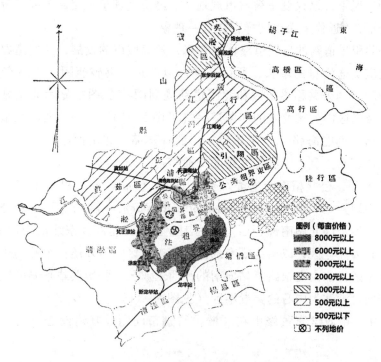

图5-9　20世纪30年代初上海市华界各区地价图

资料来源：《上海市地价研究》。

但作者也清楚地认识到以下问题：

　　　因上海商场中心与水陆联运地区在公共租界、法租界之故，遂使

---

①　张辉：《上海市地价研究》，正中书局1935年版，第55、60、85页。

铁道运输之利益，未能特别见效于华界……铁路虽完全驶行于华界，而皆与租界之越界筑路相贯通，其利便固无异于华界……虽华界火车经过沿路地价较高，而以华界全区面积论之，影响实微。①

笔者认为，造成"影响实微"的原因并非完全出于租界的交通优势，铁路路线的布置对城市空间的割裂以及在此基础上造成的对城市空间拓展的限制实为重要因素（详见下文）。

（五）引导城市规划

火车站具有引导城市规划的重要作用。在当前各地普遍兴建高速铁路车站的情况下，该议题正被城市规划学、经济地理学、交通工程学等学科广泛论证，② 近代上海也同样存在这一现象。

公共租界道路的早期道路比较狭窄，随着城市的发展，这些道路渐渐无法适应交通流量的增长，所以必须加以改造，突破瓶颈。1925 年公共租界印制了《公共租界中区和北区道路规划图》，③ 图中显示北站站前的界路以及辖区内连接北站的四条道路（见图 5 – 10）——从西向东依次为北浙江路、克能海路（今康乐路）—北福建路、北山西路、北河南路都将实施拓宽和拉直，以满足北站的交通需求。

1926 年，公共租界交通委员会（Traffic Committee）提出了《上海地区发展规划》（*Regional Development of Shanghai*），④ 在功能片区划分上多以车站为界：如北站南部、西南部为工业区，其北部及东北部为商业区；南站以北为商业区，以南为既有的高昌庙工业区。另外还在车站周边布设相应的片区，如由麦根路货站向南的沪西工业区、张华浜站东侧的航运区以及以炮台湾站为中心的吴淞港区（见图 5 – 11）。

同年，市政学家董修甲在《淞沪特别市问题及其建设之计划》一文

① 张辉：《上海市地价研究》，正中书局 1935 年版，第 54、60 页。

② 参见张凯、曹小曙《火车站及其周边地区空间结构国内外研究进展》，《人文地理》2007 年第 6 期。

③ 《上海城市规划志》编纂委员会编：《上海城市规划志》，上海社会科学院出版社 1999 年版，第 297—298 页。

④ 相关情况参见《上海城市规划志》编纂委员会编《上海城市规划志》，第 62 页；孙倩《上海近代城市公共管理制度与空间建设》，第 72—75 页。

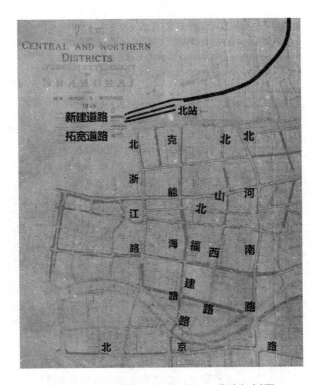

图 5 – 10　1925 年公共租界北区道路规划图

资料来源：《上海城市规划志》编纂委员会编：《上海城市规划志》，上海社会科学院出版社 1999 年版。

中提出将工业区设在蕴藻浜、泗塘河两岸，因该地与蕴藻浜车站"相距咫尺"。① 1927 年初，供职于浚浦局的黄炎撰写了《大上海建设刍议》一文，认为南市及龙华一带"可供将来发展者"即在南站及铁路西南区域。②

南京国民政府成立后，上海特别市政府工务局从 1928 年开始规划全市干道系统，其中多条道路连接市内各铁路车站（见图 5 – 12）。第一，在市郊建造一条从宝山起经杨行、胡家庄、大场、真如、北新泾、虹桥镇至沪杭甬铁路梅家弄站，终抵塘湾的"各镇间联络道路"；第二，建设统一路，北接四川路（与江湾区联络），南至南站，为"贯通全市南北之干

① 《淞沪特别市问题及其建设之计划》，董修甲：《市政研究论文集》，青年协会书报部，1929 年，第 225 页。

② 黄炎：《大上海建设刍议》，《工程》第 3 卷第 1 号，1927 年 3 月，第 35 页。

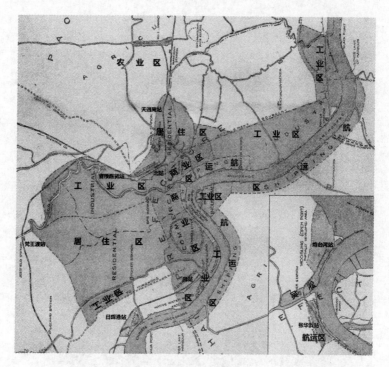

图 5 – 11　公共租界交通委员会制定的上海功能片区规划图

资料来源：上海浚浦局编：《上海港口大全》，1930 年。

路"；第三，海格路（今华山路）向北延伸，兴建曹家渡跨苏州河的桥梁，并筑路直通真如站，"成为本市南北干道之一"。此外还于同年 3 月对宝山路临近北站的界路（今天目东路）路口南北路段改造。① 市公用局也鉴于该路段"车马行人常现肩摩毂击之象"而会同市公安局进行整顿。②

"沪南区道路系统"规划则主要针对南站周边的道路加以改进，包括新建租界、老城厢通往南站的统一路（今河南南路）、沙家路（今沙家街）、肇周路，拓宽车站后路和国货路，延伸车站前路与瞿真人路（今中山南路、瞿溪路）；日晖港站附近亦兴建日晖西路（今瑞金南路）、兆丰

① 上海特别市工务局编：《上海特别市工务局业务报告》第 2—3 期，第 10、11、24、50—51、125 页。
② 上海特别市市政府秘书处编：《市政公报副刊各局业务汇报》第 3 期，1928 年，第 72 页。

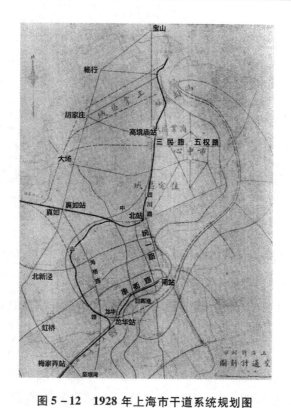

图 5 – 12　1928 年上海市干道系统规划图

资料来源：上海特别市市中心区域建设委员会编：《上海特别市
市中心区域计划概要》，1929 年。

路、木场路（今小木桥路）、木业路作为具有疏港功能的道路；龙华站周
边规划道路相对较少，但通过中和路、康衢路（今中山南一路、中山南二
路）等东西向干道与市区相连（见图 5 – 13）。①

　　1929 年工务局又计划将康衢路延伸至南站，接通国货路，并将道路
宽度改为 17.5 米。同时向西延伸，连接龙华路、斜土路、中山南路，建
成后"往来南车站之客货，可由此路直达各区，实为全市干道之一"。另
准备从日晖港港口南侧，北票煤矿公司租用沪杭甬铁路局的基地起，沿黄
浦江向南建一条宽 30 米的道路，"使运输得有相当之便利，以促进木业之

───────────

　　①　该规划的详细文本参见上海特别市工务局编《上海特别市工务局业务报告》第 2—3 期，
第 24—31 页。木业路、中和路，今无此路。

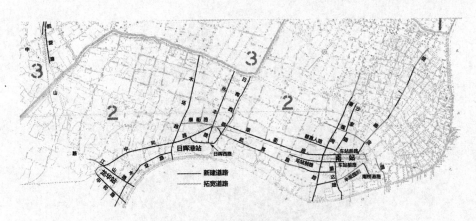

图 5 - 13　沪南区道路系统规划图

资料来源：上海市工务局：《上海市道路系统图》，上海市档案馆藏，Q215 - 1 - 5024。

发展"。① 1930 年，该局又选定北起北票煤矿基地，南至龙华港、薛家塘的地块作为"木业区域"，因此地"距沪杭甬铁路龙华车站极近，陆地运输益形优胜"。②

随着 1930 年"大上海计划"的推出，新一轮围绕车站的道路规划项目开始浮出水面。在市中心区域中（见图 5 - 12），规划建设自军工路衔接淞沪铁路及其高境庙站的三民路（今三门路）和五权路（今民星路）。其中三民路规划宽 60 米，"为水陆联运唯一之大路"。③ 京沪、沪杭甬铁路客运总站确定设于三民路西端后，三民、五权两路成为该站"联络市中心区与虬江码头之干道"，中山北路则作为"联络新商港及旧市场与沪南车站之干道"。④

沪西区方面（见图 5 - 14），除沿铁路两侧新建梵王渡路（今凯旋北路）—凯旋路、西宁路"与铁路平行"，作为站前道路将梵王渡、徐家汇两站连接起来外（梵王渡路与光复路相连，可抵麦根路货站），规划拓宽梵王渡站南北两头的极斯菲尔路（今万航渡路）和白利南路（今长宁路），但由于受到兆丰公园（今中山公园）的限制，站前辐射道路无法铺开。故计划重点建设徐家汇站站前广场，并在站东建构比较完善的道路系

---

① 上海特别市工务局编：《上海特别市工务局业务报告》第 4—5 期，1929 年，第 4—5 页。

② 上海市工务局编：《上海市工务局业务报告》第 6 期，1930 年，第 3 页。

③ 上海市工务局编：《上海市工务局业务报告》第 7—8 期，1930 年，第 48 页。

④ 上海市政府秘书处编：《上海市市政报告》，1936 年，第 5 章第 1 页。

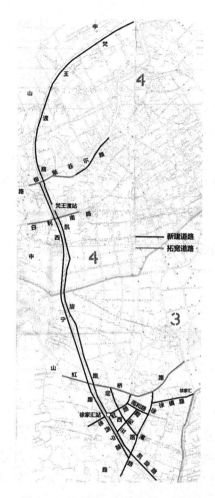

图 5 – 14　沪西区道路系统规划图

资料来源：《上海市道路系统图》。

统，包括徐虹路（今番禺路）、定西路南段、云和路（今徐虹路）、南和路（今南丹路）、徐漕路（今宜山路）。此外还规划拓宽站北的主干道虹桥路，并新建徐镇路直通徐家汇。该计划有意将徐家汇站及其周边地区作为未来市西南部的交通枢纽。①

---

①　《沪西道路系统计划说明书》（1930 年 12 月 26 日第 171 次市政会议通过），《上海市政府第 171—180 次市政会议议程汇编（第 7 册）》，上海市档案馆藏，Q1 – 5 – 571。今无西宁路和定西路南段。

二　铁路路线对城市发展的阻碍

城市的发展必然伴随着城市交通的发达，随着公共汽车、自行车等道路交通工具的广泛兴起，铁路的交通效能渐渐受到制约，尤其是短距离的市郊运输功能逐步下降甚至被取代，所以此时的铁路对城市空间结构的促进作用不再显著。而当城市需要跨越铁路做进一步发展的时候，其与铁路路线（并非车站）的矛盾——如破坏道路系统、阻碍其他交通工具行驶等——开始显现并日趋严重。因此，横亘于建成区的铁路常被认为是阻碍城市发展的关键，即如时人所言："铁道之存在，固地方之利，今则反为发展之障碍"。①

近代上海城市道路与铁路均采用平面交叉方式，没有一座立体交叉的跨铁路桥梁。截至 1946 年，市区范围内共有 44 处平交道（见图 5 - 15）。② 不仅极易引发交通事故，③ 而且使铁路对城市空间结构造成了长达近百年的负面影响。

早在两路联络线开工之初的 1915 年 6 月，沪杭甬铁路管理局英方工程师就向工部局请求对公共租界西区的白利南路和虹桥路的规划作出调整，"希望在原路线上建筑过道叉口时，将该两条路临时转向"，以减少铁路带来的负面影响，工部局经过第 607 次董事会讨论后予以批准。④ 根据后来的史实（20 世纪 50 年代中期之前）判断，两路联络线与城市道路的矛盾远小于闸北的沪宁和淞沪铁路。究其原因，除铁路局、工部局的未雨绸缪外，更与闸北这一"自治模范"城区⑤的发展程度超过租界西区的事实密不可分。1915 年 9 月，淞沪铁路从北河南路到北四川路一带已有 4

---

① 黄炎：《大上海建设刍议》，《工程》第 3 卷第 1 号，第 35 页。

② 沪杭甬铁路上海南站至日晖港段于 1938 年被日军拆毁，故图 5 - 15 中用虚线表示。其他资料表明截至 1930 年 12 月，该路上海段沿线共有以下 7 处（不包括越界筑路的道路，最后三处毁于日军之手）：中山路、漕溪路、沪闵路、龙华路、斜桥南路、南站后门、南站电车路。参见《铁道部公函第 3593 号 函上海市政府打浦路及以后越轨筑路栅门经费未便由路局负担由》，《铁道公报》第 125 期，1930 年 12 月 6 日，第 11 页。

③ 部分平交道缺乏必要的栅栏等安全设备。如 1930 年 6 月 10 日，来往于江湾的华商公共汽车在淞沪铁路平交道与火车相撞，死伤十余人。此类事故频出现，兹不赘述。参见《昨晚江湾路上惨事 火车与公共汽车猛撞》，《申报》1930 年 6 月 11 日，第 15 版。

④ 上海市档案馆编：《工部局董事会会议录》第 19 册，第 607 页。

⑤ 参见苏智良主编《上海城区史》下册，第 10 编。

图 5 – 15　1946 年上海全市铁路平交道分布图

资料来源：梅福强、侯彧华、张万久编：《上海市铁路终点问题》，1947 年。

条道路横穿铁路。[①] 到 1926 年年底，闸北铁路沿线的平交道已增至 9 处

---

① 《闸北工巡捐局关于开辟虬江路越过淞沪支站与铁路局蹉商办法、总站附》，上海市档案馆藏，Q204 – 1 – 62。

（部分见图5－16）；① 此外，如果沪宁铁路选择在吴淞与淞沪铁路接轨
（接轨吴淞方案），那么北站以西的路段就不会出现，更不会产生铁路横
亘闸北市区的现象。虽然这只是一种假设，但也可以视为路线变更带来的
工程性影响。

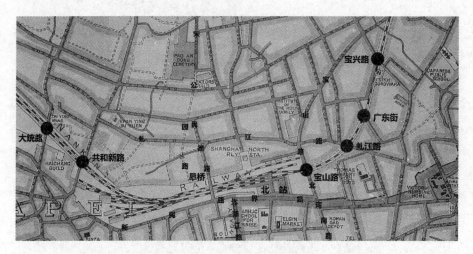

图5－16　20世纪20年代闸北地区部分铁路平交道位置图

资料来源：Shanghai Municipal Council, *Plan of Shanghai*, Stanford, 1928.

　　早在沪宁铁路全线通车之前的1907年11月，因沪宁铁路总管理处将
闸北海昌公所至王家宅铁路沿线两侧用铁丝围住，"往来乡民，颇称不
便，且与闸北市面大有关碍"。② 这成为铁路阻碍闸北发展问题的起源。

　　当代城市规划理论普遍认为铁路路线分割了城市空间，导致被割裂的
两部分缺乏有效的联系，并直接造成两部分城市形态特征的巨大差异。而
在近代规划理论被上海地方政权广泛运用之前，就有人认识到这种切割导
致铁路以外地区（如闸北铁路以北地区）的欠发达，并以此作为改建上
述平交道的理由，最早可以追溯到1907年沪宁铁路全线通车之前：

　　　　闸北迤西王家宅、海昌公所、苏州路等处……为太属四邑出入陆
　　　路要道，一旦横被隔塞，非特行人绕越，诸多不便，且附近各处市

----

　　① 《淞沪商埠督办公署关于闸北救火联合会函请转商路局放宽铁路各栅门卷》，上海市档案
馆藏，Q208－1－54。

　　② 《铁路公司阻碍道路》，《申报》1907年11月12日，第19版。

面，顿形减色，闸北商场从此恐无兴旺之日（1907 年）。[1]

宝山路与共和新路……交通屡阻，遂致铁路以北市面，受其限制（1925 年）。[2]

路北之商务，远逊路南，致此之故，因铁路为之梗，使往还大感不便……铁道不啻鸿沟，使全区不通声气（1927 年）。[3]

闸北方面，因铁道横亘其间，至今市面凋落，无振兴之余地（1928 年）。[4]

沪宁路线，为之中梗，路线以北之地，遂致仅为荒坟乱葬及贫民结茅之所，地利实优人，事未尽，可惜孰甚焉（1928 年）。[5]

1930 年 9 月，国民党中央政治学校第一期学生依所学专业不同被分派到江苏、浙江两省及南京、上海等地开展实习，结束后撰写调查报告。其中的《上海市政府实习总报告》对上述问题进行了更为精确的分析：

首先，该报告认为从闸北街区的区间距离来看，"自南至北，由密而疏，在铁道以南者，每区间约 90 公尺至 150 公尺（公尺即米）。在铁道以北者，每区间约 180 公尺"，故铁路南北的发展差异显而易见。其次，由此指出闸北市政"不克充分发展之原因，不外二端"：一是"沪宁、淞沪铁道之横梗其中，交通上发生种种不便"；二是"南北道路除宝山路外，俱不能与租界道路直接接连"。因此提出应打通宋公园路至北西藏路，建设跨铁路的立交桥，再经租界与南市的肇周路衔接，另将宋公园路向北延伸至江湾以连通吴淞，最终将此路建成"全市之要道"。[6] 最后，报告就连接北站站前界路的新民路（今天目中路）发表了如下看法：该路"近界路一段，路面狭窄，车辆拥集，交通不能畅利，且于路北又限于铁路之围墙，无拓展之余地"。而由于东新民路（今武进路）未贯通，北站至闸

①　《沪宁铁路公司掘沟筑围之交涉》，《申报》1907 年 11 月 23 日，第 5 版。

②　《闸北市议员提议改良交通》，《申报》1925 年 12 月 8 日，第 9 版。

③　黄炎：《大上海建设刍议》，《工程》第 3 卷第 1 号，第 35 页。

④　上海特别市工务局编：《上海特别市工务局业务报告》第 2—3 期，第 3 页。

⑤　钱贯一：《市民之言：改建闸北铁路旱桥议》，《申报》1928 年 3 月 29 日，第 20 版。

⑥　彭善承、宋孝颖、刘明顺等：《上海市政府实习总报告 工务行政》，南京图书馆编：《二十世纪三十年代国情调查报告》第 225 册，凤凰出版社 2012 年影印本，第 520—521 页。

北东部"必经租界方可通达，若此路辟成，则可直达，无须绕道矣"。①

在具体的实践上，同时期的上海市政府已陆续制订出打破平交道瓶颈、摆脱铁路路线制约的各种城市道路规划方案。1928 年，上海特别市工务局出台了"闸北区道路系统"规划方案。其中第一项工程就是将宋公园路与北西藏路接通，"其经越铁道之处，架设桥梁"。第二，拓宽大统路、共和新路、虬江路、东宝兴路、横浜路、同济路（今同心路）6 处平交道及道路本身；第三，新建彭潭路（今交通西路）、青云路、通利路（今广中路）、尘园路②以及几条未名道路的平交道，共计 7 处；第四，将新民路北西藏路以西一段以及宝山路这两条进出北站的主要通道进行拓宽、拉直；第五，与铁路并行的交通路向东延伸至宝山路，原共和新路至真如段也进行加宽；第六，仿照交通路新建、拓宽淞沪铁路两侧平行道路，加强北站与天通庵、江湾等站之间的联系（见图 5 - 17）。

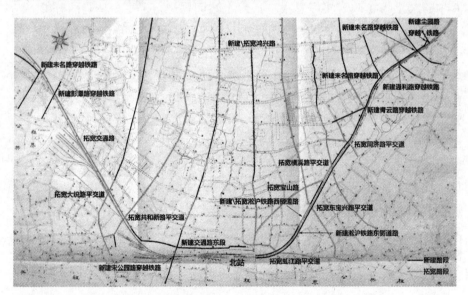

图 5 - 17　闸北地区穿越铁路的城市道路规划图

资料来源：《上海特别市工务局业务报告》第 2—3 期。

1930 年 12 月 26 日，上海市政府召开第 171 次市政会议，讨论通过了

---

① 彭善承、宋孝颖、刘明顺等：《上海市政府实习总报告 工务行政》，南京图书馆编：《二十世纪三十年代国情调查报告》第 225 册，第 524—525 页。

② 青云路、尘园路今已无。

《沪西道路系统计划说明书》。说明书开篇就指出："沪西一区，吴淞江横亘北部，沪杭甬铁路支线包围其西，致南北交通非常不便"。因此决定将忆定盘路（今江苏路）向北延伸过吴淞江（即苏州河），越两路联络线后直达真如镇，定名为曹真路，并作为"该区中部贯通南北之唯一干道"。[①]

综上所述，无论是在主观认识方面，还是在规划技术层面，时人对铁路阻碍城市道路交通的认识都在不断深化，为"大上海计划"及其改造铁路的专项计划做了必要的知识储备。

三　车站与路线的其他问题

（一）车站的选址问题

从铁路车站选址的原则角度分析，在城市尚未繁荣时，各车站尤其是客运站理论上应设在市中心或者其附近，使来往乘客都能享受旅行的便利，并应对汽车的竞争，诚如下文所言：

> 抑道路汽车竞争激进，其影响于铁道运输之最重者，厥为此项汽车，能遍达市乡中心地点及各通衢，运载旅客，极称便捷，故铁道车站位置距离城市各地之远近，亦为重要问题之一矣。[②]

此外，选址还需要考虑能否保持城市交通的畅通，并保证自身场地设备和后续发展的空间需求。世界各大都市对于车站的选址大多遵循以上原则，以使铁路发挥最大效能。[③]

从地理位置和道路交通而言，上海两大客运站北站、南站的情况都比较合理。北站是上海客运业务的中心站点，东距杨树浦，南距老城厢，西距梵王渡的路程大致相等，且紧邻租界及闸北华界城区，"行旅咸感便利"。[④] 南站地位虽然稍逊于北站，但也是南市老城厢一带的客货集散处。但从水陆联运的角度来说，南、北两站与黄浦江、苏州河码头尚有一定距

---

① 《沪西道路系统计划说明书》，《上海市政府第 171—180 次市政会议议程汇编（第 7 册）》，上海市档案馆藏，Q1-5-571。

② 《铁路客运应有之设计》，郑宝照：《铁路问题之管窥》，1932 年，第 97 页。

③ 参见梅福强、侯彧华、张万久编《上海市铁路终点问题》，1947 年。侯时任铁路局副局长，张时任工务处副处长。

④ 梅福强、侯彧华、张万久编：《上海市铁路终点问题》，第 4 页。

离，故存在一定问题。梵王渡站的选址也考虑到附近多为住宅区，北面曹家渡、苏州河一带则为工业区。因此沪杭甬铁路旅客在该站下车者也比较多，苏州河往来客货亦于此站换乘、转运。

虽然上述车站的选址尚属合理，对近代上海城市空间的拓展也发挥了重要作用，但也存在一些问题，如这种作用主要体现在作为两路总站的上海北站，其余站点尚不明显。同时，由于北站临近公共租界，工部局曾在界路上设置铁栅栏作为界线（见图 5－18），从而限制了该站各项功能的进一步发挥，对城市空间结构的正面影响也因此大打折扣。

图 5－18　上海北站前界路上的铁栅栏

资料来源：商务印书馆编译所编：《大革命写真画》第 5 集，商务印书馆 1912 年版。

货运车站理论上应设于最靠近货物来源地或仓储用地，以方便货物转运装卸并节省运费，而与水路之间的联系比客运站更为重要。最大的货运站为麦根路站，该站毗连市中心工业、商业区，且紧靠苏州河，建有两座船坞，可容纳 120 艘 30 吨的民船，故装卸、转运均非常便利。但该站空间有限，难以扩充；沪杭甬铁路日晖港站紧邻黄浦江深水航道，最初用以接纳来自水路的铁路材料。全路通车后该路货物也多在此站装卸，但仅为木质码头，且总体规模较小，到 1937 年抗战爆发也未实施扩建或改造。[1]

────────────

[1]　梅福强、侯彧华、张万久编：《上海市铁路终点问题》，第 5 页。

（二）路线的深层次问题

上述阻碍城市道路交通只是其工程性影响的一个方面，其深层次的顽疾则是铁路未能与水运航道取得充分联络，黄浦江沿岸从杨树浦到南市高昌庙的主要港区均无铁路直接连通（见图5－19），以致铁路无法有效对接近代上海交通领域中最为发达的港口航运，大型工业区的布置也无法选择在既有铁路沿线，从而导致两路货运业务徘徊不前，运输效能低下。

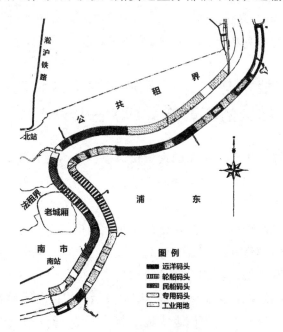

图5－19　铁路与黄浦江港区关系图

资料来源：《上海港口大全》。

造成这一现象的原因，除中方力避铁路进入租界之外，铁路建设与管理经费的不足也是重要因素。两路虽然有麦根路、日晖港、张华浜三处水陆联运车站及其附属码头，但其规模和吞吐量与黄浦江沿岸的码头不可同日而语。[①] 而改变这一现状必须通过制定和实施大规模的铁路改造规划才能实现。但由于租界的存在，三足鼎立的市政机构不可能联合制定出一套系统完整的城市总体规划，正如下文所言：

---

① 梅福强、侯彧华、张万久编：《上海市铁路终点问题》，页码不清。

凡此各铁路，大都建于数十年前，其时本市尚无整个建设计划，故路线与车站之布置，对于市区之发展上，未能通盘统筹。①

尽管从 20 世纪 20 年代末起，上海市政当局开始推行包括改造铁路在内的"大上海计划"，但近代中国铁路的国有性质决定了地方政府无法单独实施其规划，而这一历史契机又因国内外政治局势的干扰和战争的无情破坏而稍纵即逝（详见第四章），至 1949 年陷入城市交通系统各个项目与城市空间"互相妨碍发展"的窘境。②

第二节　战争与和平：两种环境下铁路对城市空间结构的再影响（1937—1998）

抗日战争左右了整个中国的现代化进程，其间在上海爆发的两场战役也对铁路与城市空间结构的关系产生了深远影响。而一条铁路如果没有被拆除或改建，那么它仍将伴随着城市的发展，其工程性影响始终存在。为了避免割裂历史的连续性，同时也出于实际分析的需要，本节的下限将延伸到 1998 年两路联络线、淞沪铁路拆除，上海市区平交道被基本消灭为止。但必须说明的是，虽然内容延续到当代，但研究对象仍为沪宁（包括淞沪）、沪杭甬铁路，1938 年至新中国成立后建成的各条路线（如虬江支线、新兴支线、真西支线、何真支线、南何支线、何杨支线等）均不包括在内。

一　战火摧残：铁路周边城市空间的毁灭

第一次大规模的战火摧残需要回溯到 1937 年前。1932 年 1 月 28 日，日军进犯上海，淞沪抗战爆发。由于战争时期交战双方往往以铁路作为攻守之凭借，因此铁路常常率先成为战场。29 日下午北站就遭到日军炮火轰击，"大好建筑，尽成灰烬"。③ 至 3 月战事初步停止时，淞沪铁路、京

---

① 《上海市交通计划图说明书 铁道计划之部》，上海市市中心区域建设委员会编：《上海市市中心区域建设委员会业务报告（十八年八月至十九年六月）》，1930 年，第 15—17 页。
② 上海市人民政府工务局：《上海市都市计划总图三稿初期草案说明》，1950 年，第 15 页。
③ 郑宝照编：《一二八事变京沪铁路车务纪要》，1932 年，第 5 页。

沪铁路北站至昆山青阳港站路段均遭破坏，而闸北、吴淞、江湾等沿线地区也都遭到了战火的毁灭性打击，其中以闸北地区最为严重（见图5－20）。铁路在未充分引导城市发展之前却先"引来"了炮火。

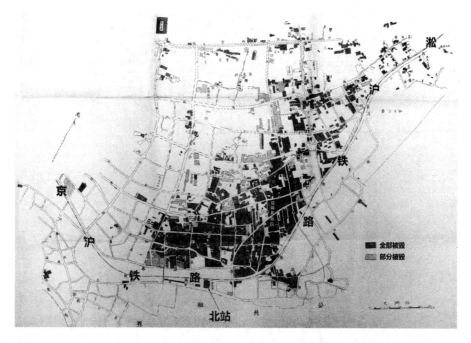

图5－20　1932年淞沪抗战期间闸北地区被毁区域图

资料来源：吴宏主编：《上海撤兵区域接管实录》，1932年。

此役之后，国内外局势持续动荡，上海市政府制订的"大上海计划"进展缓慢，而改造铁路的各项规划也因此中辍（参见第四章），而随着1937年第二次淞沪战事的爆发，所有规划均化为泡影。

"八一三"淞沪会战期间，战火扩大到华界全境，沪宁、沪杭甬、淞沪三条铁路及其沿线的闸北、南市、吴淞、江湾均遭到严重破坏，尤其是闸北与南市。[1] 根据法国学者安克强（Henriot Christian）的研究，闸北地区有近95%的建筑被摧毁。[2] 安克强还根据此役之后的航拍照片复原、绘制了上海全市被毁区域图（见图5－21）。

---

① 参见前引苏智良、张笑川等著。描述性的文字本章不复赘述。

② Christian Henriot, A Neighborhood under the Storm：Zhabei and Shanghai Wars, *European Journal of East Asian Studies*, Vol. 9, No. 2 (2010), p. 314.

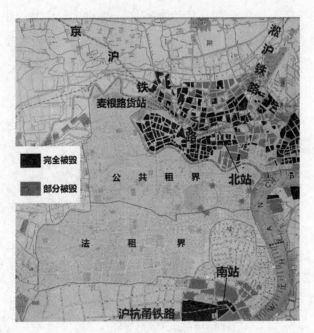

图 5 - 21　1937 年淞沪会战时期闸北与沪南地区被毁区域图

资料来源：http://virtualshanghai.ish-lyon.cnrs.fr/.

从图 5 - 21 可见，闸北铁路南北两翼和北站以南的公共租界地区均遭到战火的彻底破坏（黑色），而建成不到 30 年的上海南站遭到日军飞机大肆轰炸而近乎全毁（黑色），以南站为中心的周边区域也受到了不同程度的摧毁（灰色）。如前所述，火车站是一座城市的重要基础设施，其本身也属于城市空间结构的一部分，而图 5 - 21 中并未显示北站的被毁情况，笔者根据两路局的档案整理如下：

表 5 - 1　　　　　　淞沪会战期间北站、南站被毁情况

管理局大楼	6、7 两层
车站雨篷	5269m²
办公室	498m²
售票室	30m²
客货车房	1 间
机车房	1 间
南站站房	4 座

资料来源：《补报抗战期间本局工务部门财产损失调查表（1946 年）》，《部令查报本路抗战公私财产损失（1946 年）》第一册，京沪沪杭甬铁路管理局档案，中国第二历史档案馆藏，457—667、54、57—212。

淞沪会战结束后，南站彻底废弃，该站至日晖港站的铁路也被日军拆除。从此以后北站变成了上海唯一的客运站，直到 2006 年新上海南站建成，上海才恢复两座客运车站的运输格局。而在 1938—1987 年新客站（在麦根路货站地块新建）建成之前，由铁路路线引来的大面积战火破坏以及由战争引起的铁路运输格局的变化，给上海城市空间结构带来了两大深远影响：一是铁路沿线大片棚户区的出现，并成为一种变异的城市空间形态；二是北站周边地区道路交通日益拥挤，最终导致新中国成立后"蜂腰"地带的形成。

二 变异的城市空间：棚户区的大规模扩张

上海的棚户区并非源自抗战时期。根据苏智良、张笑川等学者的分析，其最早可以追溯到太平天国时期，进入 20 世纪后城市的迅速发展又吸引了大批外来穷苦民众来沪，棚户数量与日俱增。[①] 1928 年全市棚户合计为 20444 户，[②] 其分布地点见图 5 – 22。从图中可知，华界的棚户区已集中在铁路沿线，其中闸北地区大致可分为三块，[③] 有两块紧靠铁路：一块在闸北西部，苏州河与沪宁铁路之间，规模最大；另一块在淞沪铁路天通庵站附近，分布较零散。

一般认为铁路两侧棚户区的形成与居民从事交通相关行业的因素密不可分。[④] 笔者认为除此之外，铁路与城市的接壤处大多为铁路建设时留下的闲置土地，棚户虽在此搭建，但对于铁路运输并无太大的影响，因此铁路部门在没有使用或出租的情况下，一般都听之任之。而市政部门对棚户进行搬迁改造却可能引起铁路用地的纠纷，因此该地区逐渐形成了所谓的"三不管地带"，棚户区的扩张也随之愈演愈烈。到 1933 年，京沪铁路北侧交通路一带的棚户已出现"此拆彼建，禁不胜禁"的现象。[⑤] 这也是铁路路线对城市空间结构变迁的一种影响。

---

① 张笑川：《近代上海闸北居民社会生活》，第 271 页。

② 参见《市内各区棚户》，《申报》1928 年 11 月 1 日，《上海市政周刊》。

③ 张笑川根据蔡亮整理，张笑川：《近代上海闸北居民社会生活》，第 273 页。

④ 张笑川：《近代上海闸北居民社会生活》，第 272—273 页；苏智良主编：《上海城区史》下册，第 887 页。

⑤ 京沪沪杭甬铁路管理局编：《京沪沪杭甬铁路修复上海北站纪念刊》，1933 年，第 10—11 页。

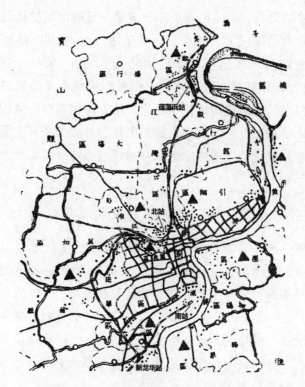

图 5 – 22　1929 年上海全市棚户分布图

资料来源：沙曾熙：《上海市之都市设计与土地利用》，萧铮主编：《民国二十
年代中国大陆土地问题资料》第 92 册，（台北）成文出版社有限公司、美国中文资
料中心，1977 年影印本。

虽然棚户区在抗战前已普遍存在，但战时原城市空间的毁灭和土地所
有者的消失才是此后大片棚户区出现的关键。原地处共和新路西侧、沪宁
铁路以南的蕃瓜弄棚户区的形成就是如此：

> 闸北铁路南边一处叫做姚家石桥的地方，原来也住着劳动人民，
> 可是在战争中被日本侵略军炸成了废墟，留下大小几十个弹坑，大的
> 有一丈多深，都积水成了水塘，周围的杂草长得齐胸高。等到战事过
> 去，一些穷苦的劳动人民又来到这里找地方栖身。于是，铁路边取水
> 近便的几个大水塘旁，陆续出现了"滚地龙"和草栅。空地上还有

人种着蕃瓜（即南瓜），所以这里后来就被人称作"蕃瓜弄"。①

抗战胜利及内战爆发后，北方战区等各地民众再度大规模涌入上海，棚户区空前膨胀。新中国成立初期，全市 200 户以上的棚户区已达 322 处（见图 5 - 23），② 按此数字计算，全市棚户总量已超过 64400 户，为 1928 年的 3 倍多。其分布地区与图 5 - 21 中战时被毁城市空间的区域基本重合，而两路联络线两侧又增加了不少。

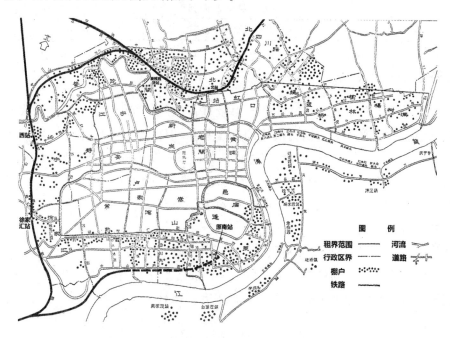

图 5 - 23　新中国成立前上海全市棚户分布图

资料来源：《换了人间》编写组编：《换了人间——上海棚户区的变迁》，上海人民出版社 1971 年版。

新中国成立后，上海市人民政府大力整治棚户区，肇家浜等一批棚户区得到改建，但到 1959 年 3 月，两路沿线棚户仍有 333000 平方米，其主要分布地点如表 5 - 2 所示。

① 《换了人间》编写组编：《换了人间——上海棚户区的变迁》，上海人民出版社 1971 年版，第 56—57 页。

② 张仲礼主编：《近代上海城市研究（1840—1949）》，上海文艺出版社 2008 年版，第 358 页。

表 5 - 2　　　　　　1959 年沪宁、沪杭铁路沿线棚户区分布情况

所在区域	分布地点	面积（m²）
闸北区	蕃瓜弄	33000
	交通路、共和新路至彭越浦一段	80000
普陀区	潭子湾	25000
	交通西路两旁	20000
	中山北路以北	60000
	中山北路 中潭路至苏州河间	65000
长宁区	苏州河至虹桥路铁路两旁	50000

　　资料来源：《上海市建设委员会关于城建局、闸北及长宁区对沪杭、沪宁铁路沿线改建方案的意见》，上海市档案馆藏，A54 - 2 - 745。

　　此后，上海市人民政府又投入力量进行整顿，尤其是 1963 年开始的蕃瓜弄改建工程，沪宁铁路沿线的棚户数量随即减少，到 1965 年比较集中的只有大洋桥两侧和中潭路以西两三处。棚户最多的地区逐渐转移到两路联络线两侧，如普陀区的大洋桥至武宁路，长宁、徐汇区的凯旋路以西，苏州河至虹桥路铁路以东的狭长地带。① 但两路联络线的问题尚不止于此（详见下文）。

　　1958 年《中华人民共和国户口登记条例》颁布后，人口的自由流动受到了严格限制，新的棚户区不再出现，加上上述政府的大力改造，这一变异的城市空间逐渐消解，被新建的住宅所取代，但到 20 世纪仍未完全消失。②

　　三　"蜂腰"地带的形成

　　"蜂腰"指的是蜜蜂的腰部，是其身体最细小的部分，比喻狭窄的区域。新中国成立后，随着上海的不断发展，城市道路系统由于受到黄浦江和铁路的阻隔，从而在外白渡桥至北站之间形成了交通日渐拥挤的"蜂腰"地带（见图 5 - 24）。③

----

　　① 《上海市人民委员会公用事业办公室关于整顿沪宁、沪杭铁路沿线上海市容面貌意见的报告》，上海市档案馆藏，B11 - 2 - 107 - 22。
　　② 张笑川：《近代上海闸北居民社会生活》，第 284 页。
　　③ 《上海城市规划志》编纂委员会编：《上海城市规划志》，第 305 页。

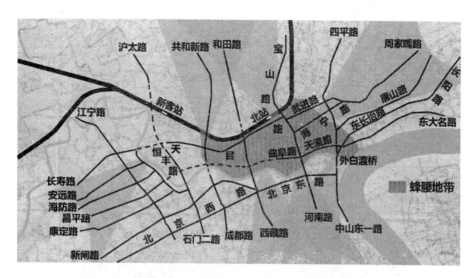

图 5 - 24　"蜂腰"地带与周边道路示意图

资料来源：根据文中内容绘制。

"蜂腰"地带虽然直到新中国成立后才形成，但与南站的废弃有很大的内在联系。直到 1937 年抗战爆发，北站与南市之间都没有一条"广阔直达"的道路，[①] 但由于南站尚在，南市的对外交通大多不需要前往北站。沦陷期间，南市的对外交通流就开始需要通过"中区"（即原公共租界）进出北站。抗战胜利后，随着城市经济的复苏，交通矛盾日益突出。1948 年，"全市大部分的交通，均须通过中区"，[②] 由此造成连接北站的浙江路、西藏路等通往南市的道路及苏州河桥梁"不能通行"的现象（见图 5 - 25）。

1948 年 7 月上海市公用局呈请市政府重建南站时，发表了如下看法：

> 目前本市各种货物运输，胥属由南向北，以北站为集中运输之枢纽，无形中益增交通之复杂与拥挤。

因此，该局希望尽早恢复南站，"以利西南行旅与货运"，对于恢复

---

① 侯彧华：《大上海市区铁路计划》，《市政评论》第 8 卷第 10 期，1946 年 12 月，第 9 页。

② 上海市都市计划委员会编：《大上海都市计划总图草案二稿报告书》，1948 年，第 27 页。

图 5 - 25   抗战胜利后中区道路通行状况

资料来源：上海市都市计划委员会编：《大上海都市计划总
图草案二稿报告书》，1948 年。

"南市固有之繁荣，亦深利赖"。[①] 此时国共内战已进入白热化阶段，此议
最终不了了之。

　　新中国成立后，上海城市空间拓展速度加快，但全市仍只有北站一个
客运站，其吸引半径长达 11 公里，超过了合理范围，客流进出极其不便，
而且节假日的客运量超过平日的 1 倍，超出了车站的负担能力。[②] 同时，
站前的道路仍基本维持在民国时期的状态，如天目路西端仅到浙江路为
止，南北向的西藏路也止于铁路南，使得以下三个方向的交通流都必须通
过"蜂腰"地带：

　　①从市区东北部的杨浦工业区到西、南部，必须经外白渡桥或河南路
桥，再走北京路或延安路。

　　②从北站到市中心区只能通过拥挤、狭窄的浙江路和河南路。

① 《上海市公用局迁移北火车站及兴建南火车站等》，上海市档案馆藏，Q5 - 2 - 3080。
② 张文尝：《城市铁路规划》，中国建筑工业出版社 1982 年版，第 45 页。

③普陀工业区来往麦根路货站、北站和沪东地区间的客货运输也只能绕道市中心。

为解决该问题，上海市人民政府首先解决重要道路与铁路的平交问题。1957 年 4 月，共和新路跨沪宁铁路立交桥建成，成为市区第一座机动车立交桥。① 与民国时期打通宋公园路相同的规划——西藏北路连接和田路（原宋公园路）的铁路隧道，分散共和新路立交桥和宝山路平交道交通的方案也再次被提出，但最终被搁置。②

为了根治"蜂腰"问题，1956 年、1958 年两次城市总体规划和 1957 年的上海铁路枢纽规划中均提出在市区南部新建车站以分流北站的运输压力。③ 1958 年上海市城市规划勘察设计院还专门做了"蜂腰交通研究"，其提出的建设淞沪铁路何家湾站至杨浦的支线铁路、改建"蜂腰"内部部分道路的设想得以实现，但新建南站的计划未能实施。

"文革"中后期，各项生产建设事业开始恢复，此时城市发展与铁路的矛盾再次出现。而当时闸北可以穿越铁路的城市道路仅存宝山路和共和新路两条，中间相距达 1.7 公里，较民国时期还少一条大统路，④ 民德路旱桥也早在 1940 年被日军拆除。⑤ 1972 年开始，全市的机动车和非机动车分别以每年 6000—7000 辆和 10 万辆的速度递增，⑥ 天目路宝山路口、天目路共和新路口、外白渡桥随之成为全市最大的三个交通节点。⑦ 1978 年全市高峰小时机动车流量超过 1500 辆的路口有 10 个，其中天目路共和新路口为 2032 辆列第一位，宝山路天目路口为 1701 辆，列第三位（见图

---

① 《共和新路车行旱桥下月一日开放通车》，《新民晚报》1957 年 10 月 30 日，第 4 版。

② 《上海市建设委员会城市建设处关于市政工程局有关地下铁道、下水道、共和新路旱桥设计及其他文件》，上海市档案馆藏，A54－2－30。

③ 《上海铁路志》编纂委员会编：《上海铁路志》，上海社会科学院出版社 1999 年版，第 104—105 页；《上海城市规划志》编纂委员会编：《上海城市规划志》，第 101 页。

④ 20 世纪 50 年代修建一座人行立交桥（今大统路非机动车地道原址）。《上海铁路志》编纂委员会编：《上海铁路志》，第 56 页。

⑤ 上海市闸北区志编纂委员会编：《闸北区志》，上海社会科学院出版社 1998 年版，第 183 页。

⑥ 上海市城市规划设计研究院编：《循迹·启新：上海城市规划演进》，同济大学出版社 2007 年版，第 180 页。

⑦ 《上海市城市建设局革命委员会关于改善"蜂腰"地带道路交通规划和 1973 年工程项目的报告》，上海市档案馆藏，B257－2－771－26。

5 - 26）。①

图 5 - 26　1978 年上海市区车流密集点分布图
资料来源：《循迹·启新：上海城市规划演进》。

　　因此，"蜂腰"地带的交通问题成为 20 世纪 70—80 年代上海城市建设中一项紧迫任务。在市政府的高度重视下，铁路新客站的开通（北站客运业务基本停止）、天目路向西延伸、南北高架等一批关键工程先后竣工，到 20 世纪 90 年代初基本消除了这一困扰城市发展的交通瓶颈。

　　四　从"外环"到"内环"：两路联络线与城市发展矛盾的上升

　　从民国初年到新中国成立之初，铁路路线与上海道路交通和城市空间结构的矛盾主要出现在闸北地区的沪宁、淞沪铁路上。随着新中国成立后城市的迅速发展，上海西部的两路联络线在建城区扩张的过程中，从原来市区外部的"外环线"逐渐变成了"内环线"（为便于行文，下文亦改称

————————————
① 《上海城市规划志》编纂委员会编：《上海城市规划志》，第 311 页。

沪杭内环线），与城市发展尤其是城市交通的矛盾也日益突出。

事实上，早在 20 世纪 20 年代末，上海市政当局就已注意到沪杭内环线对城市发展可能造成的限制。1928 年 7 月 7 日，上海特别市政府成立一周年之际，其下属的市工务局出台了一项大规模的铁路改造计划，其中就计划将潘家湾至苏州河一段路线拆除，由梵王渡站直接连接沪宁铁路真如站（见图5-27左图）。此后出台的"大上海计划"也沿袭了这一理念。

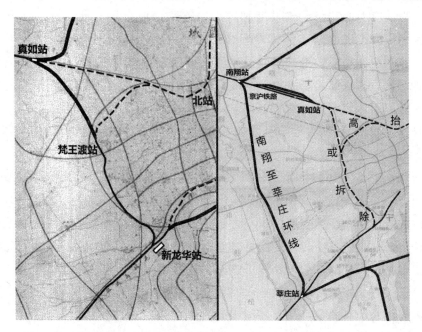

图 5 - 27　1928 年、1948 年改造两路联络线的方案

资料来源：《上海特别市市中心区域计划概要》（左图）；《上海市都市计划委员会有关上海干道系统计划说明卷》（右图），上海市档案馆藏，Q217-1-18。

抗战胜利后，上海市政府三度制订了"都市计划"。最先颁布的《大上海都市计划总图草案报告书》认为"现代都市交通之组织，绝不容两主要交通线之平交"。[1] 因此在以后的讨论过程中，陆续出现了抬高西站至新龙华站路基、建设 4 座立交桥等计划。[2] 而在 1948 年制定的《上海市区铁路计划初步研究报告》首次提出了将内环线迁移，建设南翔至莘庄

① 上海市都市计划委员会编：《大上海都市计划总图草案报告书》，1946 年，第 25 页。
② 梅福强、侯彧华、张万久编：《上海市铁路终点问题》，页码不清。

的外环线的方案（见图 5 - 27 右图）。[①]

1950 年 10 月 16 日，上海市第二届第一次人民代表大会召开，会上就有关于改善长宁路（原白利南路）平交道交通问题的提案。由于长宁路平交道北侧的上海西站站台较短，随着旅客列车附挂车辆的增多，在 1950 年代中期就已出现旅客列车在该站停靠时，末尾几节车辆不得不停在平交道的"压道口"现象。[②]

为适应上海铁路运输发展和城市中铁路合理布局的需要，1953 年城市规划部门就提出迁移沪杭内环线，建设南莘外环线的方案。1956 年上海铁路管理局委托铁道部第四设计院进行"上海铁路枢纽"的设计工作，次年 1 月，铁道部与上海市人民政府达成《关于上海铁路枢纽远期轮廓布置于保留用地协议》，沪杭内环线等保留为军事迂回线及旅客列车线，不再修建复线，"远期存废与否，视军事、城市交通与铁路业务需要而定"。

关于铁路与公路的平交问题，双方决定当沪杭线严重干扰公路时，由铁路负责改移公路，并由上海市规划部门做进一步研究。[③] 为此，上海市规划建筑管理局首先就长宁路平交道改建做了研究，但限于财力而采取了修建人行天桥和绕行支路的折中方案，[④] 该局还表示一时无法判断"抬高铁路路基和兴建立交桥是否经济合理"，[⑤] 所以此后其他道路（如武宁路、延安西路、虹桥路、漕溪路等干道）的铁路平交道也未进行立交化改造。

虽然沪杭外环线于 1970 年竣工，[⑥] 但该线主要开行货运列车，大部分客运列车（包括市郊列车）仍经由沪杭内环线，因此对城市交通的干扰日趋严重。1984 年，沿线平交道每天共需要封闭 100 余次，受阻各种车辆约 5 万，波及 30 多条公交线路，全年造成 670 余万元和 35 万个工作日

①　上海市都市计划委员会秘书处编：《上海市区铁路计划、上海港口计划、上海市绿地系统计划初步研究报告》，1948 年，第 3 页。

②　《铁道部上海铁路管理局关于改善长宁路铁路道口交通问题的报告》，上海市档案馆藏，A54 - 2 - 315 - 122。

③　《上海市基本建设委员会关于铁路枢纽规划》，上海市档案馆藏，A54 - 1 - 35。

④　《上海市市政工程局关于改善长宁路铁路道口交通问题的报告》，上海市档案馆藏，A54 - 2 - 342 - 35。

⑤　《上海市基本建设委员会关于铁路枢纽规划（专用线、铁路桥梁）》，上海市档案馆藏，A54 - 1 - 34。

⑥　1960 年经上海市委要求而改为南新（桥）环线。参见《上海铁路志》编纂委员会编《上海铁路志》，第 63—64 页。

的经济损失，① 此外还常常引发交通事故。②

但笔者认为，新中国成立后沪杭内环线问题的日趋严重与 20 世纪 50 年代城市规划的失误有一定的联系，而并不完全是铁路路线布置的问题。从 1950 年起，上海市人民政府在沪杭内环线外侧兴建住宅。第一个五年计划期间，由于市区住宅建设规模的扩大，迫切需要开辟新的建设基地。1956 年规划部门制定了《上海市 1950—1958 年住宅建设规划》，③ 此后市政部门按照该规划，于"文革"前又在沪杭内环线以外建成了天山、曹阳、石泉、洵阳、宜川等大型新村（见图 5 - 28 所示，沪宁、淞沪铁路外侧亦大量兴建）。由于市区的主要工厂大多分布在内环线以内，职工每天上下班等日常出行都必须穿越铁路，最终导致上述矛盾的与日俱增。

为了彻底解决这一既成问题，上海市政府与上海铁路局采取了两种手段：一方面，1986 年 12 月建成包括复线工程在内的沪杭外环线全部工程，减少内环线的列车开行次数；④ 另一方面，1984 年提出高架化改造方案。⑤ 此后，该方案被纳入"城市快速铁路线"规划，于 1990 年通过评审。⑥ 1996 年，上海市政府正式决定拆除沪杭内环线和淞沪铁路北站至江湾站段，改建为城市高架铁路。⑦ 1997 年 6 月这条称为明珠线（现改称轨道交通 3 号线）的轨道交通工程开工，⑧ 次年原沪杭内环线轨道与平交道基本拆除完毕，2000 年 12 月明珠线开通运营。至此，长期困扰城市的两路联络线和淞沪铁路（部分）寿终正寝，消除市区内铁路路线对城市发

①　《治疗上海交通拥挤顽疾一良方——市区铁路可借天高架》，《文汇报》1984 年 12 月 13 日，第 1 版。

②　比较严重的事故有 1987 年 4 月曹杨路平交道 63 路公交车与火车相撞，造成 42 人伤亡。参见《中山北路今晨发生重大惨祸》，《新民晚报》1987 年 4 月 18 日，第 1 版。

③　上海市城市规划设计研究院编：《循迹·启新：上海城市规划演进》，第 67 页。

④　《八千建设大军打了一场抢时间争速度的立体战 沪杭铁路外环线竣工通车》，《文汇报》1986 年 12 月 30 日，第 1 版。

⑤　《治疗上海交通拥挤顽疾一良方——市区铁路可借天高架》，《文汇报》1984 年 12 月 13 日，第 1 版。

⑥　《上海城市快速铁路线的建设初步方案通过评审》，《文汇报》1990 年 6 月 29 日，第 1 版。

⑦　《申城辟建南北轨道交通》，《新民晚报》1996 年 2 月 7 日，第 1 版。

⑧　《"彩练"当空梦成真——上海空中立体交通网编织成形》，《文汇报》1999 年 9 月 2 日，第 1 版。

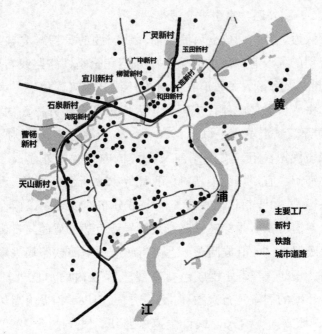

图 5 – 28　1979 年上海市新村与工厂分布图

资料来源：《循迹·启新：上海城市规划演进》。

展的不良影响的目标基本实现。

本 章 结 论

从理论角度而言，铁路与城市空间结构相互发展的过程大致有以下六个阶段（见图 5 – 29）：

第一，一条新建铁路（A、B）在城市的外侧经过，开设为城市服务的车站。

第二，在站前形成新市区，并渐与原城市建成区连接，城市发展突破城墙等既有边界，同时建起水陆联运码头，工厂、企业开始出现。

第三，城市工业进一步发展，为了运输之便，在铁路另一侧建设工厂，市区发展跨越铁路，同时，新铁路线 C 接轨，城市车站发展为区段站。

第四，城市规模迅速扩大，工业企业及仓储设施增多，在铁路（AB线）左侧随工业发展建立生活居住区，路线"切割"城市的局面形成。

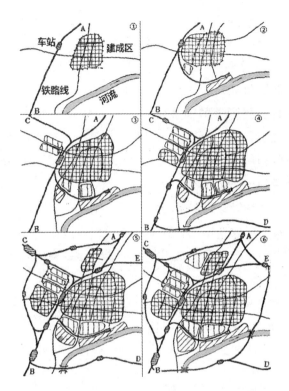

图 5 - 29　理论意义上的铁路与城市空间演进过程示意图

资料来源：张文尝：《城市铁路规划》，中国建筑工业出版社 1982 年版。

同时形成铁路枢纽，并进一步吸引第三条铁路 D 接轨。

第五，随着铁路枢纽作业量增加，为了增加能力和分流货车，建成枢纽联络线，在其上设站，进一步方便了城市，城市规模进一步扩大，工业区的运输得到进一步加强和改善。

第六，建成枢纽环线，形成混合型枢纽，城市规模应受到控制，并通过统一规划，进行综合改造。[①]

在上述理想状态下，无论是车站还是铁路路线，都能成为城市空间拓展的增长极和发展轴，都可以引导、促进城市空间结构的发展。但上海城市周边铁路形成于近代中西抗衡的特殊历史时期，很少出于经济发展的内生需求。区域层面的路线布置伴随着英国、清政府、地方绅商等各方势力的博弈，城市层面的路线布置也是在租界的扩张与中方的抵制过程中形成

---

①　张文尝：《城市铁路规划》，第 7—9 页。

的。而此后制定的各种铁路改造规划又无法实现，所以从 1909 年（沪杭甬铁路沪杭段通车）到 1957 年（上海铁路枢纽开工前）一直只有沪宁（包括淞沪）、沪杭甬两条铁路及部分支线，况且两路的复线工程亦未完成，因此战后的城市规划文件就曾指出由于上海只有两条铁路，"因此不能产生能与欧美各国同等的经济效果"。① 而铁路与城市空间结构演进的历程也因此出现次序上的显著差异，最终结果也与理想模型相去甚远。笔者根据前述各节的内容，将 1898 年（淞沪铁路通车）到 1957 年的次序和特征排列、概括如下：

第一，同上（1898—1908）。

第二，车站前形成新市区，并渐与原城市建成区连接，但缺乏大型水陆联运码头，大中型工业区无法沿铁路布置，城市空间发展受限（1908—1949）。

第三，中小型工商业在车站周边兴起，市区开始跨越铁路发展，路线"切割"城市的局面初步形成（1908—1937）。

第四，联络线建成，虽然也设有车站，但因远离市区，其触媒作用不甚明显（1916—1937）。

第五，局势动荡与历次战争导致车站、路线被毁，铁路改造计划也无法实现，城市规模最终难以扩大（1937—1949）。

第六，城市规模迅速扩大，在铁路外侧随工业发展建立生活居住区，导致路线"切割"城市问题日趋严重（1950—1957）。

而铁路与城市空间结构演进的最终结果可以通过以下三张地图窥得一斑——

1929 年，美商普益地产公司（Asia Realty Company Fed. Inc. U. S. A.）制作了一幅回顾与展望上海城市空间结构变迁的地图（见图 5 - 30），从中我们可以发现该公司并不认为铁路路线能充分拉动城市空间发展，即图中 1928、1948 两片区域除正北方向大致与淞沪铁路方向一致外，其余方向均不沿铁路延伸以及向铁路两侧拓展，而正北方的拉伸与吴淞港口发展之间的关系似乎比铁路更强。

这一预测被抗战胜利后的情况印证。上海市都市计划委员会经过调查

① 上海市都市计划委员会编：《大上海都市计划总图草案二稿报告书》，第 45 页。

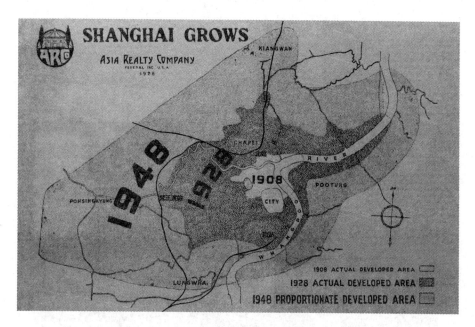

图5-30　1929年上海城市空间形态与预测图

资料来源：*The Far Eastern Review*（March 1929）.

认为，到1946年"以整个市区之发展而言，尚未到达中山路及沿铁路线各地"。[1] 新中国成立后，上海市规划建设部门曾对1949年的城市空间结构现状进行调查研究，其绘制的图5-31不仅证明了普益地产公司和都市计划委员会的观点，而且显示出两路联络线以外的建成区寥若晨星，该路对城市发展的阻碍相当显著。

再举1984年内部发行的《上海市地图集》中的一幅地图（见图5-32）为例，铁路沿线"城市建筑面积"的扩展基本都在1950—1982年实现，且沪宁铁路南京方向尚显薄弱。

车站对其周边地区的空间发展带来了触媒作用，引发该地区新的发展和转型（主要体现在北站与闸北地区），从而促进了近代上海城市空间结构的拓展，这一点毋庸置疑。但在近代上海城市政权三足鼎立尤其是中方抵制租界扩张诉求下形成的铁路路线，不但与港口的联系非常脆弱，与大型工业区的关系也不甚密切，而且对城市道路交通的妨碍程度随城市的发展不断增强，最终限制了城市空间的扩展。

---

① 上海市都市计划委员会编：《大上海都市计划总图草案报告书》，第16页。

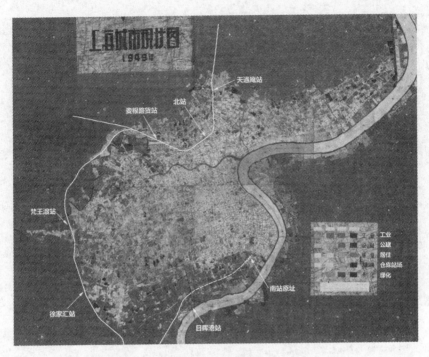

图 5 – 31   1949 年上海城市空间形态

资料来源：《循迹·启新：上海城市规划演进》。

综上所述，近代上海城市空间并未沿铁路路线方向延伸、拓展，铁路对城市空间结构的吸附作用并不充分，因此铁路未能成为城市空间的发展轴。所以，铁路对近代上海城市空间结构的影响基本停留在车站站区层面，在城市层面不仅未能引导发展，反而造成了较强的负面影响并一直延续到 20 世纪末。

图 5 – 32　上海城市建筑面积扩展图（1840—1982）

资料来源：《上海市地图集》编纂委员会编：《上海市地图集》，1984 年。

结　　论

　　上海为远东及我国之第一港口，面临太平洋，扼长江之咽喉，控
南北之枢纽，地理上成为水陆交通之要冲，而京沪、沪杭两铁路线，
横贯江南富庶之区，上海与国内各地之客货集散，陆上交通惟此是
赖，故铁路之种种设施，关系大上海之繁荣。[①]

　　诚如上文所言，铁路作为先进交通运输工具和新的社会生产门类，对
推动经济发展和社会变迁无疑具有积极影响。但也正是这种共识造成了当
前铁路史研究在观念和内容上普遍存在的两大问题：一方面，上述观念预
设严重制约了研究者的思维空间，从而有意或无意地忽视了"反推动"
和"不发展"的历史事实；另一方面，既有研究成果大多围绕运输管理
问题分析铁路的运营性影响及其与社会变迁的关系，对规划、建设等环节
的工程性影响着墨甚少。

　　社会变迁是指一切社会现象，尤其是社会结构发生变化的动态过程及
其结果。它是对社会变化演进的客观描述，并不包含价值判断。变迁的影
响既可能会带来有益或有害的结果，也可能会对既定的社会系统产生有利
或不利的影响。在人类历史上，作为社会变迁驱动力的新技术的积极和消
极作用"经常同时发生"。[②] 尤其是在后发外生型现代化国家里，铁路兴
起之初其自身具有的以及在社会变革过程中被建构的消极作用往往成为交
通发展的绊脚石；此外，社会对交通发展具有先决影响。因为交通本身就
是社会的大动脉和社会循环的子系统，系统中的任何要素都与其他要素处

---

① 侯彧华：《大上海市区铁路计划》，《市政评论》第 8 卷第 10 期，1946 年 12 月，第 7 页。
② ［美］史蒂文·瓦戈：《社会变迁》，王晓黎等译，北京大学出版社 2007 年版，第 3、10
页。

于相互依赖、相互作用的关系中。① 所以交通发展必然受制于社会系统中的各个条件，包括人文、经济、科技、政治、地理等方面的因素。②

因此，只有在明确社会变迁等理论内涵并掌握一定的铁路相关学科理论方法的前提下，我们才有可能更理性、更全面地认识近代中国铁路对经济发展和社会变迁的意义。笔者在努力贴近上述原则的基础上，通过前述各章的分析初步得出以下结论。

一 路线布置、土地征收与城市空间结构的演进

作为近代长江三角洲地区中心城市的上海，其城市周边铁路③形成于近代华洋杂处、中外抗衡的特殊历史时期，后因局势多变，战争频仍，从1909 年到 1957 年一直只有沪宁、淞沪、沪杭甬三条铁路干线及部分短距离支线，而且都未建成复线铁路。这种欠发达的状态即源于铁路的路线布置和土地征收所产生的工程性影响。

虽然火车站对其周边地区的空间发展带来了触媒作用，但近代上海城市空间并未沿铁路路线方向延伸、拓展，铁路对城市空间结构的吸附作用并不充分。其原因即为这些铁路路线是在中西双方围绕租界扩张的抗衡中形成的，很少出于工商业和港口发展的内生需求，难以和主要分布在（或途经）租界地区的港口、航道以及大型工业区取得充分联络。与此同时，铁路路线对城市道路交通的妨碍程度又随着城市的发展而不断增强，进而阻碍了城市空间的良性拓展。

出于城市发展的需要，各市政部门制订了以"大上海计划"为中心的改造城市铁路的规划方案。城市铁路规划是城市整体规划的重要组成部分，而近代以来围绕土地的权力争夺始终是城市规划的关键问题。规划的实施涉及大量土地，要求市政部门具有一定的土地征收的权力去进行各种

---

① 谷中原：《交通社会学》，第 25 页。

② 首先，交通是适合人类"行"动本能而发展起来的社会现象；其次，经济发展是交通发展最重要的动力源泉，为交通建设提供了可靠的物质基础；复次，交通发展的科技条件自然是科技的进步和科技在交通系统中的应用；再次，政治因素对交通发展的影响主要是统治集团利用交通作为达到政治目的的手段；最后，地理因素是交通建设的自然条件，对交通的发展有直接影响。参见谷中原《交通社会学》，第 40—50 页。

③ 由于近代上海城市空间不断拓展，这里的"周边"是一个相对浮动的概念，主要是指与建成区有密切联系的铁路。

"权力争夺"。但是，当被征者不是基层社会或下属部门而是铁路等国家机构时，市政部门的土地征收权往往受到限制甚至被剥夺，其原因即为铁路行业固有属性所决定的铁路土地产权及其行政管理的特殊性。铁路土地的特殊性与市政权力之间的矛盾难以化解，成为近代上海城市铁路改造规划推进缓慢且最终未能实现的根本性因素。而由土地征收风潮而中辍的两路联运总站工程实际上已经宣告了规划实践的终结，不待1937年淞沪会战爆发就已化为泡影。

以上两方面因素的结合，导致铁路对近代上海城市空间结构的影响基本停留在车站站区层面，在城市层面不仅未能引导发展，反而造成了较强的负面影响并一直延续到20世纪末。

二　土地征收、工程建设与沿线社会的变迁

铁路建设引发了中国历史上第一次大规模的土地征收，沿线社会也由此受到了铁路带来的第一波冲击。所以铁路土地征收的工程性影响远早于运营性影响，而且并未随着征地工作的结束而中止，其影响除了体现在有直接利益相关的征收者与被征者之外，也体现在间接相关的利益各方；既出现在征地过程中，又延续到铁路建成后。不仅引起了农业生产和铁路土地的管理问题等地方经济社会的相应变动，在近代中国内外交困的环境中更容易引发政治风潮。

以上各种工程性影响的根源在于拥有强制征地权力的铁路部门借由土地征收的制度缺陷占据了强势地位，而被征者这一弱势群体难以获得与之相似的平等地位，两个博弈主体实力和地位的不对等最终导致被征者成为利益博弈的失败者。结合第一部分内容，我们还可以发现铁路土地征收不仅引起了铁路建设初期沿线社会的变动，而且制约了城市突破铁路发展后城市规划建设的良性推进。因此笔者认为，近代铁路土地征收的工程性影响存在着双重面向。

土地征收所引起的社会变动大多集中在其推进的过程中，而工程建设的影响则具有更长远的持续性。水和水系在江南及整个长三角地区历来占有重要地位，而铁路作为工业化时期最主要的交通工具不仅在运输效能上超越了水上运输，其与水道相关的工程项目在施工过程中和建成后对水环境产生了如阻滞泄洪、妨碍航运、影响灌溉等负面影响。虽然该流域的水患主要是由长期以来的自然与人文环境造成的，但铁路的出现使成灾因素

变得更为复杂多样，因为几乎每一座铁路桥梁都具有壅水作用，并且不乏堵塞和缩减河道的现象。所以铁路工程建设使太湖流域受到了自大运河开凿以后最大规模的人造工程的影响，从而初步改变了自明清以来形成的流域水文环境。

与水利密切相关的地方社会遂基于自身利益和认识与铁路部门展开交涉。但在铁路作为新生事物出现在长三角地区的 20 世纪初，处理铁路与水利关系问题对双方而言都是一项新课题、新任务。此时社会群体的知识储备限制了其对铁路事务的认知水平，往往只能沿用"中学"经验甚或感性认识应对"西学"问题；而铁路方面的问题是沪宁铁路从借款筑路到设计施工的各个环节都受控于英国，中国商人集资兴建的沪杭甬铁路则因急于摆脱类似的列强干涉而加快建设进度、节省工程经费，所以铁路部门常常做出强硬或漠视的姿态。在双方缺乏理性和诚意的情况下，各种纠纷、冲突以及外交事件自然难以避免，但在经历一定的磨合期以及自然灾害对地方和铁路带来的重大损失后，双方为了维系水脉和文脉而逐渐形成了良性的互动。

综上所述，从工程性影响的视角来看，铁路对跨越铁路路线发展的城市往往具有阻碍其空间结构拓展的负面效应，淡化了车站带来的积极影响；对沿线社会则以搅动传统社会秩序、破坏生态环境为影响的主要方面。因此，铁路的工程性影响在不同的时间和空间上具有不同的正负效应，能更多地体现出经济社会欠发展与不发展的面向，是铁路史研究中有待进一步开拓创新的重要议题。拙著的研究仅仅是一个开头，受能力、时间、资料等方面的限制，对一些问题的分析尚不成熟，故衷心企盼学界方家给予批评指正。

附录一 商办苏省铁路股份有限公司苏嘉铁路路线勘测报告（1906年）[①]

自王江泾至嘉计二十七里，均秀水属地，嘉为浙苏中心点，王江泾为秀属小市镇，窃意浙路利不在是，多此一段，只觉其赘，而苏路至王江泾止，似欠完善（设嘉兴货客至苏，过王江泾仅一瞬目，又须换车，殊不便利），尚祈商请浙绅，妥善办法（秀水陶拙存即葆廉本王江泾人，可与之商酌）。

自吴江至苏，若经五龙桥，历盘门达阊门，询之乡人云无大河，似较宝带桥容易施工，应请预备测勘。

自平望至王江泾计十八里，直线须走莺脰湖中所筑官塘，若沿平望西荡滩经耽字圩绕盛泽镇东至王江泾，约多七里，而工程较易，此亦应请预备测勘之一。

就吴江购地而论（他邑未详，不敢妄论），自经清丈图册丘亩，均呈依据，惟清丈系准原额定率（二百四十□为中率，余则为盈率，不是则为胹率），恐兴工时，测量未必吻合，应请定一特率之法，俾小民不致吃亏争执。

---

① 《关于苏嘉路线购地各节略陈管见呈候察核》，苏州市档案馆藏，114 - 001 - 0296 - 020。

附录二　沪宁、沪杭甬铁路两路联络线高架方案（1910年）①

　　一、计划所拟之线，由沪宁铁路沪站发轫，迳向高行，以百分之一度为率，渐至离地高二十五英尺为止（即图内有※记者），循此伸展至※记处为止，旋即由此渐降而下，亦以百分之一度为率，直至平线而达沪城之西门对过平地，乃与沪杭甬铁路相接（如图中所绘者）。查此路最曲之弧线，计一千英尺之半径，于两路现时所置之车辆，均便行驶，至所拟设立车站之处，计有三处：一在公共租界之南京路，一在法界之宝昌路，一在西门是也。查两路首站之相距，计四英里又四分之一，若如此经行租界腹地，互相连接，则两路皆有裨益也。

　　二、路轨。拟由沪宁首站起点偏左上行，直至高度循此平行，经过北西藏路东首，沿路建置单线钢柱，俾可少占路地，所经苏州河之一段，应筑造大桥，查是处河面，计阔二百五十英尺。由此桥起，便用双线钢柱，接至跑马厅河滨东首，于是地基上所受压重之力，可以均各分任，而免独聚一方，惟沿滨土性较松，任重之力微薄，所有填筑地基之工程，必须确有把握，沿途地段尚宽，均可照此建筑，二者之中，犹以双线钢柱为愈。由有标记处起，渐向下行，用拱门式钢墩为道，直至便于筑堤之处为止，堤之两旁，用精料三合土筑成围墙，以资护卫，于是则免购许多地段，在沪宁路线一端，亦可照此筑法。其余路线，则照寻常筑法，达至沪杭甬之一端可也。

　　三、建设。查沿线所用之轻便通花横梁，除在街衢分路地方，应酌用长短外，通用六十尺长为准，此于建筑工程，最为省费。至所用轻便钢柱，既省地位，又节工费，惟竖立钢墩，基础须分外注意，其方法应用福

_____

　　①　《拟沪宁铁路与沪杭甬铁路接轨经过租界建设办法折》，上海图书馆藏盛宣怀档案，107730－1。

州杉木包铁打桩，上面筑精料三合土，最为稳固。其苏州河铁桥一座，亦须谨慎建筑，惟桥基既固，任力既匀，则无难事矣。

四、车站。所有上落月台，应设在上面，其车站房屋，则设法设在下面平地，俾省费用，惟南京路及宝昌路两车站，则仍拟设在上面，西门车站，即可在平地照常建设，所拟用此种横梁者，其利有二：一费用可以节省，二火车经过之处，多半在屋上行驶，既免另购特别机车，亦无煤烟污浊人居之患。至工人避车所在，应择沿途便处，间设几经过街衢之段落，或应设法之处，则将所有横梁，铺设铁板，防炭烬或他物坠落，致险之患也。

五、材料。枕木拟用硬木，钢轨每条用重八十五磅，全路应用材料，除轨、木外，皆为中国所自产，大利不致外溢，而工业界亦可普获惠泽。不宁唯是，两路由沪，交通发达，可操左券。近闻汉阳铁厂，因订购料件乏人，中有若干机器，暂拟停办。此项工程，可令该厂制造许多钢料，九用生料，所得之利益，则归该厂，此亦公家挹此注彼之一法也。其余工费，且可培养国人，其余应用洋灰、铁条，又与中国实业不无小补，实称善利。开办之始，即有直接益处，且此路之营业，亦必大见发达也。

六、成本。由沪宁铁路至北西藏路，沿途应购之房屋，为数甚少，与苏州河相近处，只须购买一屋，以便造桥，此外南京路有破屋数间，亦应购买。其在法界应购之地，宽阔递增，自十尺至五十尺为度，购至沪杭甬地段，其经过租界街道之路线及跑马厅河滨，应有之权利，由国际交涉，设法办理可也。

按此线未经详细测勘，尺寸亦未核定，所拟办法，不过大略，检计并按照大概价值约算已年。

附录三　《上海总站兴复计划》
节选（1932 年 6 月）[①]

（一）客运总站设置于京沪线中山路口以西，真如以东。沪市将来
发展之趋势，照市政府规划。A 商业区　现在商业汇萃之租界、南市，及
将来市中心区暨杨树浦一带，均划为商业区；B 工业区　吴淞江两岸除入
浦附近划为商业区外，其迤西一带现已设有工厂多处，拟划为工业区，沪
南高昌庙附近浦江以北、铁路以南，为兵工厂、江南造船所等大规模工厂
所在，拟仍保存。将来商港区迤西，沿蕴藻浜及计划中之铁路一带均划为
工业区；C 商港区　吴淞一带江水较深，蕴藻浜贯通其间，拟划为商港
区；D 住宅区　除划为工业区、商港区外，余均为住宅区。就市府计划而
观察，可见现拟客运总站之地点，诚能适合将来沪市发展之需要。再以现
在情势而论，新客运总站与现在沪市最繁荣稠密各地点距离实在里数
如下：

南京路外滩	$4\frac{1}{4}$ 英里	沿交通路、大统路、新闸路、西藏路、南京路
南京路西藏路	$3\frac{1}{4}$ 英里	同上
虹口公园	$3\frac{3}{4}$ 英里	沿交通路、永兴路、宝山路
静安寺	$4\frac{1}{4}$ 英里	沿中山路、愚园路
徐家汇南洋大学	$6\frac{5}{6}$ 英里	沿中山路、愚园路、忆定盘路、海格路
江湾路	$5\frac{1}{3}$ 英里	沿交通路、永兴路、宝山路、江湾路

---

① 陈兴汉：《上海总站兴复计划意见书》，《铁路月刊：京沪沪杭甬线》第 2 卷第 11 期，
1932 年 11 月，专载第 11—17 页。

从以上所举里数而观，更可见新客运总站与沪市各地之距离，实较现在上北站为适中，若将来沪市发展，再以现有梵皇渡、江湾两站扩充改善，为次要客站，酌量开往一部分列车，则全市旅客，更无不便之感。其他就京沪沪杭甬两路运输联络而言，则两路往来新总站之列车，可免现在往返北站转折之缺点，在运输上实较合于经济。又新总站地点附近尚未开辟，收购地段不受任何限制，且一经决定后，应即由政府明令禁止该处地亩转售，借杜地价投机之弊。

（二）改良麦根路站为货运总站　麦根路站事实上原已为本路上海货运总站，在新客运总站之东，其在全市地位之适中，与上述客运总站大致相同。且位于苏州河工业之中心，有水坞二处，往来货物多由该河转驳，近自浚浦局与市府协商疏浚，规定航路后，运输益畅。查一九二三年为两路货运极盛时期，麦站货物总量为六十七万余吨，上北货栈总量为二十五万余吨，若将来上北站改移，则该路货运亦将集中于麦站。每年货运总额当在百万吨以上，故将该站加以改良扩充，自可成为上海最适宜之货物总站。

（三）改良日晖港站为水陆联络站　日晖港站在沪市之南，有河岸二千五百尺，离河岸二十尺处，水深二十余尺，能容巨大船舶，只以码头短小，仅长六十尺，且货栈狭窄，年久失修，设备欠完，故货运未能发展，本路前已有改良之议。其实以地位而论，日晖港站与各轮船码头水陆距离与麦站大致相同，兹将各轮船码头与该两站距离列下——

轮船码头	日晖港站（英里）	麦根路站（英里）
招商局北站	$6\frac{1}{6}$	$4\frac{1}{2}$
招商局华栈	$7\frac{3}{4}$	6
公和祥码头	7	$5\frac{1}{4}$
太古华通码头	$4\frac{1}{6}$	5
招商局码头	$3\frac{5}{6}$	$5\frac{1}{3}$
十六铺	$4\frac{1}{6}$	$4\frac{5}{6}$

从以上种种观察，可见若将日晖港站加以改良，并筑较长之码头，则

在吴淞港未发展以前，实为最适宜之水陆联络站。

（四）组织上海总站兴复筹建委员会　本路总站兴复计划，规模伟大，即照估计书所拟，已需款近八百万元，以上所述，仅举其纲领，至关于详细设备尚待规划者甚多，且北站地亩转售，新总站地段收用种种手续，至为繁复。他如图案选定、工程监督、财政出纳等，事繁责重，拟请由部派员设立筹建委员会，除部、局负责人员外，并聘专家数人为委员，主任委员规定以部方人员充任。会内应分设计、工程、财务、地亩四组，以资负责办理。

总站兴复计划原为适应现在需要与将来发展起见，故举办程序，可分为两期，其目如左——

第　一　期

（一）购地共计一千七百八十五亩，以价格不同，分为四等。

（甲）真如以东，即终点车站本身，计六百三十亩，需款六十三万元。

（乙）真如以西车场及机厂地位，计七百四十五亩，需款二十九万八千元。

（丙）由终点车站至沪杭线，计九十亩，需款八万一千元。

（丁）由终点车站至吴沪支线，计三百二十亩，需款三十二万元。

（二）填土除上述（丁）项外，（甲）（乙）（丙）三项，共需四十万方，需款八十万元。

（三）轨道包括双轨线及南北两接轨线、总站月台旁十七线、停车场六线、车厢房四线、机车房五线，及所有来往要线计十四万尺，又岔道一百二十四副，共需款一百五十四万四千元。

（四）月台四条及站内广场连雨篷在内，共计三千八百方，需款六十四万元。

（五）管理局及车站大厦，暂定需款一百万元。

（六）车厢房足容四条轨道连灰坑工房在内，共需款二十二万二千元。

（七）机车房足容五条轨道连灰坑工房在内，共需款二十一万八千元。

（八）转盘该径八十尺，需款二万元。

（九）煤台长一百五十尺，需款一万五千元。

（十）工程处厂屋需款六万元。

（十一）电气处厂屋需款八万元。

（十二）材料处厂屋需款一万二千元。

（十三）号志设备连号志房屋天架在内，需款二万五千元。

（十四）用水设备拟由闸北水电厂总管接引前来，连水塔、水池、抽水间在内，需款二十万元。

（十五）办公处及屋内一切装修设备，需款二十万元。

（十六）迁移补充连电气机器、车务信号在内，需款十万元。

（十七）栅栏共计三万尺，需款九万元。

（十八）宿舍暂定二百家连医院、学校在内，需款六十万元。

（十九）站外广场二千七百五十方，需款八万三千元。

（二十）站前大路宽一百尺长一英里，需款十五万八千元。

（廿一）重建交通路及拆除屋舍贴费，需款十万元。

（廿二）扩张麦根路车场。

（甲）货栈三间，每长五百尺，共需二十一万元。

（乙）轨道三千五百尺，需款三万五千元。

（丙）南首建筑马路一千六百尺及货栈间小马路，共计需款二万三千元。

（廿三）改良日晖港车场、码头、货栈，去年已有计划，计第一期需款十五万八千元。

以上二十三项共需款七百九十二万二千元，内除旧轨道六万二千五百尺，值银二十五万元，及旧时建筑物值银十万元，实需款七百五十七万二千元。

第 二 期

（一）轨道十三万尺，及岔道二百五十副，共需款一百六十万元。

（二）月台八条连雨篷在内，共长十一万五千尺，需款八十万五千元。

（三）天桥二座，需款七万元。

（四）号志需款一万五千元。

（五）车厢房连灰坑工房在内，需款三十四万元。

（六）机车房连灰坑工房在内，需款二十五万四千元。

（七）煤台一百五十尺，需款一万五千元。

（八）飞桥马路，需款二十万元。

（九）宿舍暂定三百家，共需款九十万元。

（十）办公处增加设备及各项补充，需款十万元。

（十一）扩张麦根路车场、货栈，约需款四十万元。

（十二）扩张日晖港车场、码头、货栈，如去年计划，第二期需款九十七万六千元。

（十三）迁移吴淞机厂。

（甲）填土七万二千方，需款十四万四千元。

（乙）厂屋一百万元。

（丙）锅炉及机器发动间七万元。

（丁）材料货栈十万元。

（戊）办公舍五万元。

（己）用水设备八万元。

（庚）机器迁移及补充暂定，需款一百万元。

（辛）宿舍十万元。

以上十三项共需款八百二十一万九千元，内迁移吴淞机厂一项实占二百五十四万四千元，惟届时旧有地址当必辟为商港，或归官办，或归商办，本路当收回地价不少也。

附录四 彭浦区村民代表侯选青请求京沪沪杭甬铁路联运总站避让该区村庄呈上海市市长吴铁城文
（1932年9月）[①]

　　呈请铁道部建筑联运总站被圈村庄环请设法救济，并祈转咨铁道部准予避让，以恤民生而安里闾事。

　　窃查铁部于中山路以西、真如彭浦一带，圈地建筑两路联运总站，原为复兴沪市、利便国运，民等本不敢反对。惟观诸近日铁部测量、订界情形，被圈村庄，多在三十以上，而尤以沪宁路交通路以北一带，计王家井、张家宅、朱巷、朱家宅、章巷、王家宅等各村庄，更在乎意料之外。民等闻见之下，如晴天霹雳，惶悚万状，金以嗣后生计，从此断绝，迫不获已，沥陈下情，呼吁救济，幸祈垂察焉。

　　衣、食、住为人生三大要素，民等祖居治下，务农为业，平日生计全系农产维持，今农田已被收买，生产工具既经消失，而赖以庇寒之村舍，复被圈收，使民不能安居乐业，以维劫后余生。民等多属贫苦之家，农耕为终身事业，中途做工经商，事实有所不逮，兹既不能耕，复不得居，无异置民于死地，一旦迫趋歧途，铤而走险，则影响国计民生，实深且巨。此应请救济设法避让者一也。

　　铁部收买民田，虽给地价，所圈村庄另予迁费，但附近地价，因交通利便，势必飞涨，故所给地价，绝不能再买同样之地，所予迁费，决不能供再建之用。农民历年辛苦所得仅供糊口，更无余蓄以资迁移，且村庄与农耕系有密切关系，农民居于此，即耕食于此，苟有圈剩之地，则事业上难于远迁他方，放弃事业，况农村建屋向有地理习惯，未能如城中之随地

　　① 《铁道部圈收村庄　村民昨向市府请愿　要求设法避让》，《申报》1932年9月15日，第14版。

可造，因此既不能近居，又未可远迁，则将来生活惨苦，何堪设想。此应请救济设法避让者二也。

查铁部所圈基地，广在三四千亩，而于交通路以北，自厂家宅起，向东倾斜至中山路止一段，所圈之地，仅及百亩，而被累村庄几达十余，受迫农民三百余户，生产损失，年在百万以上，对于民间经济影响甚大。民等被圈村庄，均沿交通路，每亩地价多在数千元以上，较路南一带地价，相差数倍，于铁部收买殊不合算。抑且交通路原为闸北、真如、南翔间之交通要道，今亦被圈在内，将来势必变更路线，重费经济与手续，如向路南已圈基地之外扩充，则村庄既少，而地价又低，且接近原有沪杭铁路，对于原有交通路，亦不致妨碍，于情于理，两有裨益。此应请救济设法避让者三也。

铁部建设联站，已势在必行，惟对于民间疾苦，谅能体恤，为特具文环请钧长鉴核，予以救济，并祈迅予转咨铁道部，对于交通路以北村庄，请予避让，以恤民生而安里闾，实为德便。谨呈上海市市长吴。

附录五　苏嘉铁路吴江瓜泾港水流流速表

单位：米/秒

1930 年	平均流速	1947 年	平均流速	1948 年	平均流速
2 月 16 日	0.09	—	—	—	—
—	—	2 月 20 日	0.19	2 月 19 日	0.11
2 月 24 日	0.08	—	—	—	—
—	—	—	—	2 月 27 日	0.17
3 月 11 日	0.11	—	—	3 月 5 日	0.13
3 月 20 日	0.11	—	—	3 月 18 日	0.10
3 月 31 日	0.07	—	—	3 月 29 日	0.09
4 月 10 日	0.09	—	—	4 月 6 日	0.15
—	—	4 月 18 日	0.19	4 月 16 日	0.14
4 月 21 日	0.11	—	—	—	—
—	—	4 月 25 日	0.14	4 月 26 日	0.13
—	—	5 月 10 日	0.13	5 月 9 日	0.13
—	—	5 月 13 日	0.13	—	—
5 月 17 日	0.07	—	—	—	—
—	—	—	—	5 月 20 日	0.16
5 月 26 日	0.09	—	—	—	—
—	—	5 月 29 日	0.10	—	—
—	—	5 月 30 日	0.13	—	—
—	—	—	—	6 月 7 日	0.10
—	—	—	—	6 月 16 日	0.16
6 月 20 日	0.07	—	—	—	—
6 月 22 日	0.13	—	—	—	—
6 月 25 日	0.13	6 月 25 日	0.09	—	—

续表

1930 年	平均流速	1947 年	平均流速	1948 年	平均流速
6 月 27 日	0.15	—	—	6 月 28 日	0.12
6 月 30 日	0.16	—	—	—	—
7 月 6 日	0.15	7 月 7 日	0.18	—	—
7 月 9 日	0.16	—	—	7 月 9 日	0.10
7 月 12 日	0.18	—	—	—	—
7 月 16 日	0.15	7 月 19 日	0.09	7 月 17 日	0.23
7 月 21 日	0.17	7 月 22 日	0.11	—	—
7 月 25 日	0.14	—	—	—	—
7 月 26 日	0.14	—	—	—	—
7 月 30 日	0.11	—	—	7 月 29 日	0.23
8 月 5 日	0.13	—	—	—	—
8 月 7 日	0.12	—	—	—	—
8 月 10 日	0.12	8 月 9 日	0.16	8 月 9 日	0.13
8 月 12 日	0.13	8 月 13 日	0.16	—	—
8 月 16 日	0.13	—	—	—	—
8 月 19 日	0.09	—	—	8 月 18 日	0.10
8 月 21 日	0.10	—	—	—	—
8 月 24 日	0.10	8 月 25 日	0.12	—	—
8 月 26 日	0.08	—	—	—	—
8 月 29 日	0.08	—	—	8 月 28 日	0.11
8 月 31 日	0.10	—	—	—	—
9 月 2 日	0.11	9 月 2 日	0.11	9 月 1 日	0.11
9 月 6 日	0.09	—	—	—	—
9 月 8 日	0.09	—	—	—	—
9 月 11 日	0.09	9 月 12 日	0.12	—	—
9 月 14 日	0.08	—	—	—	—
9 月 16 日	0.09	—	—	9 月 16 日	0.16
9 月 19 日	0.09	—	—	—	—
9 月 22 日	0.09	—	—	—	—
9 月 24 日	0.07	9 月 24 日	0.11	9 月 24 日	0.11
9 月 27 日	0.07	—	—	—	—
9 月 29 日	0.07	—	—	—	—
年平均值	0.11	—	0.13	—	0.14

注：横线表示未对应之日期及流速。

资料来源：中央水利部南京水利实验处编：《长江流域水文资料（第 10 辑　太湖区）》第 2 册，1951 年。

参 考 文 献[①]

一 未刊档案

中国第二历史档案馆：

全宗号四五七（京沪沪杭甬铁路管理局）、二一四（铁道部）、一（国民政府）、三（国民政府财政部）、七八七（国民政府国防部史政局和战史编纂委员会）、抗战损失统计档案。

上海市档案馆：

全宗号Q1（上海市政府）、Q5（上海市公用局）、Q204（闸北工巡捐局）、Q207（沪北工巡捐局）、Q208（淞沪商埠督办公署）、Q213（上海特别市市中心区域建设委员会）、Q215（上海市工务局）、S322（上海市花树商业同业公会）、A54（中共上海市委基本建设委员会上海市基本建设委员会）、B10（上海市人民委员会农业办公室）、B11（上海市人民委员会公用事业办公室）、B45（上海市农业局）、B246（上海市人民政府经济委员会）、B257（上海市政工程管理局）。

上海图书馆：盛宣怀档案

苏州市档案馆：

全宗号I14（苏州商会）

苏州市吴江区档案馆：

全宗号0204（吴江县政府）、0212（吴江县庞山湖实验农场）

笔者藏：苏嘉、沪宁、沪杭甬铁路地产档案、京沪沪杭甬铁路管理局局务会议记录

（台北）"国史馆"：

---

① 由于各种类型的史料均包括中、英、日三种语言的文献，故不以中文、外文部分为标准进行划分。

档案号 526.43、1200.51（交通部）；002080200146020、00209020
0006137（蒋中正总统档案）

（台北）"中研院"近代史研究所档案馆：

档案号 02-11-017-02-001、02-11-018-10（清外务部档案）

台北故宫博物院清代宫中档奏折及军机处档折件（数据库）：

档案号 170242-1、168818、167596

英国国家档案馆：

档案号 FO228/571、FO228/577、FO228/593、FO228/594、FO228/
2522、FO228/2523、FO228/2527 、FO228/2528、FO371/220-1（英国外
交部档案）

英国剑桥大学图书馆：中英银公司（British and Chinese Corporation）
档案

上海公共租界工部局警务处特别部档案 *Policing the Shanghai Internatio-
nal Settlement*（数据库）

国立公文書館アジア歴史資料センター：

档 案 号 Ref. B04010926000、 B04010926500、 B04010927000、
B04010927500、B04010928100（外務省記録）

二　已刊档案

（台北）"中研院"近代史研究所编：《海防档 戊 铁路》，1957 年影
印本。

全国图书馆文献缩微复制中心编：《清邮传部珍存铁路文档汇编》，
2004 年影印本。

中国第二历史档案馆编：《北洋政府档案》，中国档案出版社 2010 年
影印本。

中国第二历史档案馆编：《中华民国史档案资料汇编》第 1—5 辑，江
苏古籍出版社 1979—1998 年版。

中国第二历史档案馆、中共中央党史研究室编：《抗战损失资料汇
编》，中共党史出版社 2011 年版。

中国第二历史档案馆等编：《中国旧海关史料》，京华出版社 2001 年
影印本。

（台北）"国史馆"史料处编：《中华民国海关华洋贸易总册》，1982

年影印本。

中国第一历史档案馆、北京大学、澳大利亚拉筹伯大学编：《清代外务部中外关系档案史料丛编——中英关系卷》第 1 册（路矿实业），中华书局 2006 年版。

上海市档案馆编：《工部局董事会会议录》，上海古籍出版社 2001 年版。

中央档案馆、上海市档案馆编：《上海革命历史文件汇集》，1986—1990 年。

中央档案馆、浙江省档案馆编：《浙江革命历史文件汇集》，1985—1995 年。

江苏省档案馆、中央档案馆编：《江苏革命历史文件汇集》，1984—1989 年。

财政科学研究所、中国第二历史档案馆编：《民国外债档案史料》，档案出版社 1992 年版。

华中师范大学历史研究所、苏州市档案馆编：《苏州商会档案丛编》第 1—4 辑，华中师范大学出版社 1991—2009 年版。

Jarman Robert L. eds. , *Shanghai Political and Economic Reports*, 1842—1943：*British Government Records from the International City*, Slough：Archive Editions, 2008。

三　资料汇编

（一）交通总类

邮传部编：

《邮传部奏议类编·续编》（沈云龙主编：《近代中国史料丛刊》第 14 辑），文海出版社有限公司，1974 年影印本。

《轨政纪要初、次编》，华文书局股份有限公司，1969 年影印本。

《邮传部第一次路政统计表》，1907 年。

《邮传部第二次交通统计表》，1908 年。

《邮传部第三次统计表》，1909 年。

交通部统计委员会编：

《宣统二年邮传部统计图表》，刊行时间不详。

《宣统三年邮传部统计图表》，1916 年。

（交通部）路政司编：

《交通部国有铁路民国四年份会计统计总报告》，刊行时间不详。

《交通部国有铁路会计统计总报告 民国五年份》，刊行时间不详。

《交通部国有铁路会计统计总报告 民国六年份》，刊行时间不详。

《交通部国有铁路会计统计总报告 民国七年份》，刊行时间不详。

《交通部国有铁路会计统计总报告 民国八年份》，刊行时间不详。

《交通部国有铁路会计统计总报告 民国九年份》，刊行时间不详。

《交通部国有铁路会计统计总报告 民国十年份》，刊行时间不详。

《交通部国有铁路会计统计总报告 民国十一年份》，刊行时间不详。

《交通部国有铁路会计统计总报告 民国十二年份》，刊行时间不详。

《交通部国有铁路会计统计总报告 民国十三年份》，刊行时间不详。

《交通部国有铁路会计统计总报告 民国十四年份》，刊行时间不详。

铁道部统计处编：

《民国十五年中华国有铁路会计统计总报告》，1930 年。

《民国十六年中华国有铁路会计统计总报告》，1930 年。

铁道部总务司统计科编：

《民国十七年中华国有铁路会计统计总报告》，1933 年。

《民国十八年中华国有铁路会计统计总报告》，1933 年。

《民国十九年中华国有铁路会计统计总报告》，1933 年。

《民国二十年中华国有铁路会计统计总报告》，1933 年。

《民国二十一年中华国有铁路统计总报告》，刊行时间不详。

《民国二十二年中华国有铁路统计总报告》，刊行时间不详。

铁道部秘书厅研究室编：

《民国二十三年度中华国有铁路统计总报告》，刊行时间不详。

《中华国有铁路民国二十四年度统计总报告》，刊行时间不详。

商办铁路公会编：《商办铁路公会第四次报告》，1909 年。

铁路协会编辑部编：《民国铁路一年史》，1914 年。

交通部路政司编查科编：

《交通部直辖各铁路民国元年兴革事项表》，1914 年。

《交通部直辖各铁路民国二年兴革事项表》，1915 年。

《交通部直辖各铁路民国三年兴革事项表》，1915 年。

《交通部直辖各铁路民国四年兴革事项表》，1917 年。

交通部统计科编：

《交通部统计图表汇编（民国元年）》，1918 年。

《交通部统计图表汇编（中华民国二年至五年）》，1918 年。

《交通部统计图表汇编（中华民国六年至八年）》，1921 年。

《中华民国九年交通部统计图表》，1923 年。

《中华民国十年交通部统计图表》，刊行时间不详。

《中华民国十一年交通部统计图表》，1925 年。

交通部编：《中华国有铁路第三次运输会议记录》，1921 年。

铁道部编：《铁道部工作报告》，1929—1933 年。

铁道部统计处编：《中华国有铁路会计统计汇编（民国四年至民国十八年）》，1931 年。

交通部总务司第六科：《中华民国十七年交通部统计年报》，1931 年。

俞棪：《铁道业务两个月之整理工作》，1932 年。

铁道部工务司工程科：《中华民国国有铁路工程状况表》，1934 年。

交通、铁道部交通史编纂委员会编：《交通史路政编》，1935 年。

铁道部《铁道年鉴》编纂委员会编：《铁道年鉴》第 1 卷，1933 年。

铁道部参事厅第四组编：《铁道年鉴》第 2 卷，铁道部秘书厅图书室，1935 年。

铁道部秘书厅编：《铁道年鉴》第 3 卷，商务印书馆 1936 年版。

［英］汉猛德：《汉猛德将军视察中国国有铁路报告》，1937 年。

交通部编：《十五年来之交通概况》，1946 年。

邮传部编：《邮传部船政统计表》，1907—1909 年。

唐有烈：《浙江省航政之概况》，浙江省航政局，1930 年。

交通、铁道部交通史编纂委员会编：《交通史航政编》，1931 年。

宓汝成编：《中国近代铁路史资料（1863—1911）》，中华书局 1963 年版。

宓汝成编：《中华民国铁路史资料（1912—1949）》，社会科学文献出版社 2002 年版。

姜明清编：《铁路史料》，（台北）"国史馆"，1982 年。

秦孝仪主编：《抗战前国家建设史料：交通建设》（《革命文献》第 78 辑），中央文物供应社，1979 年。

江沛主编：《中国近代铁路史资料选辑》，凤凰出版社 2015 年版。

聂宝璋编：《中国近代航运史资料》第 1 辑（1840—1895 年），上海人民出版社 1983 年版。

聂宝璋、朱荫贵编：《中国近代航运史资料》第 2 辑（1895—1927年），中国社会科学出版社 2002 年版。

鐵道調査部編：《支那資料蒐錄》第一編、第二編，1938 年。

南滿洲鐵道株式會社編：《中南支鐵道工務概要》，1938 年。

近藤實編：《從軍紀念 中支軍鐵道局》，橋岡寫真館本店，1939 年。

（二）沪宁、沪杭甬铁路类

《昌言报》馆：《淞镇铁路估价清单》，上海会文学社，1903 年。

佚名：《沪宁铁路总管理处会议日记》（抄本），上海图书馆藏。

沪宁铁路研究会编：《沪宁铁路研究资料》，申报馆，1905 年。

佚名编：《沪宁铁路最近之调查》，商务印书馆 1906 年版。

商办苏省铁路股份有限公司编：

《苏省铁路营业报告》，1908 年。

《商办苏省铁路股份有限公司第一届报告清册》，1908 年。

《商办苏省铁路股份有限公司第二届报告清册》，1909 年。

《商办苏省铁路股份有限公司第三届报告清册》，1910 年。

《商办苏省铁路股份有限公司第四届报告清册》，1911 年。

《商办苏省铁路有限公司自丙午开办至己酉年底止报告总册》，1911 年。

《商办苏省铁路股份有限公司辛亥年第五届报告册》，1912 年。

《商办苏省铁路股份有限公司民国元年第六届报告册》，1913 年。

《商办苏省铁路股份有限公司民国二年第七届报告册》，1914 年。

《商办苏省铁路股份有限公司详章》，刊行时间不详。

商办全浙铁路有限公司编：

《商办全浙铁路有限公司第一次帐略》，1907 年。

《商办全浙铁路有限公司第二届报告》，1908 年。

《商办全浙铁路有限公司第三届报告》，1909 年。

《商办全浙铁路有限公司第四届报告》，1910 年。

《商办全浙铁路有限公司第五届报告》，1911 年。

《商办全浙铁路有限公司第六届报告》，1912 年。

《商办全浙铁路有限公司第七届简明报告》，1913 年。

《奏准商办全浙铁路有限公司章程》，1908 年。

墨悲编：《江浙铁路风潮》，1907 年。

佚名编：《苏杭甬铁路档》（合订本），1907 年。

汪大燮：《苏杭甬路案说帖》，1909 年。

佚名：《驳苏杭甬路案说帖》，1909 年。

陈毅编：《苏杭甬铁路始末记》，邮传部图书通译局，1910 年。

佚名编：《苏杭甬铁路公牍》，刊行时间不详。

沪宁沪杭甬两路编查课编：

《沪宁沪杭甬铁路旅行指南》，1918 年。

《沪宁沪杭甬铁路第二期旅行指南》，1921 年。

佚名编：《全国铁路职员录 沪宁沪杭甬线》，1919—1929 年。

沪宁沪杭甬铁路编查课编：《沪宁沪杭甬铁路第三期旅行指南》，1922 年。

沪宁沪杭甬铁路管理局编查课编：《沪宁沪杭甬铁路史料》，1924 年。

张世桢编：《沪杭路屠家村港拆坝筑桥纪略》，1925 年。

京沪沪杭甬铁路管理局编：《京沪沪杭甬铁路民国十八年工作报告书附十九年上半年进行计划》，1930 年。

铁道部编：《铁道部发展京沪路计划报告》，1931 年。

郑宝照编：《一二八事变京沪铁路车务纪要》，1932 年。

京沪沪杭甬铁路特别党部监察委员会编：《一二八两路创痕》，京沪沪杭甬铁路特别党部执监委员会，1933 年。

京沪沪杭甬铁路管理局编：

《京沪沪杭甬铁路一览》，1933 年。

《京沪沪杭甬铁路修复上海北站纪念刊》，1933 年。

《京沪沪杭甬铁路管理局工作概况》，1933—1935 年。

《京沪沪杭甬铁路一览（二十二年度)》，1934 年。

《京沪沪杭甬铁路一览（二十三年度)》，1935 年。

《京沪沪杭甬铁路大事记》，1935 年、1937 年。

《京沪沪杭甬铁路职员录》，1934—1935 年。

《京沪沪杭甬铁路管理局重建局所落成纪念刊》，1936 年。

《京沪沪杭甬铁路管理局工务车务机务三处对于二十六年份中心工作进度程度》，1937 年。

《一个五年间之京沪沪杭甬铁路总务行政》，1940 年。

上海市都市计划委员会秘书处编：

《上海市区铁路计划初步研究报告》，1948 年。

《上海市区铁路计划、上海港口计划、上海市绿地系统计划初步研究报告》，1948 年。

Richard C Rapier, *Remunerative Railways for New Countries*；*with Some Account of the First Railway in China*, London：E. & F. N. Spon, 1878。

Imperial Chinese Railways Shanghai-Nanking Railway, eds., *Capital and Revenue Accounts for the Year ending* 31*st December*1910, Shanghai：1911。

南滿洲鐵道株式會社鐵道總局調查局調查課編：《中南支鐵道概說》第一編（蘇嘉鐵道），1939 年。

南滿洲鐵道株式會社鐵道總局調查局調查課編：《中南支鐵道概說》第五編第一、二部（京滬滬杭甬鐵道），1940 年。

（三）其他

刘锦藻编：《清朝续文献通考》，商务印书馆 1936 年版。

商务印书馆编译所编：《大清光绪新法令》，商务印书馆 1910 年版。

王彦威、王亮编：《清季外交史料》，书目文献出版社 1987 年影印本。

王铁崖编：《中外旧约章汇编》，生活·读书·新知三联书店 1959 年版。

中国人民银行总行参事室编：《中国清代外债史资料（1853—1911）》，中国金融出版社 1991 年版。

南京图书馆编：《二十世纪三十年代国情调查报告》，凤凰出版社 2012 年版。

李文海主编：《民国时期社会调查丛编》，福建教育出版社 2004—2010 年版。

章开沅、罗福惠、严昌洪主编：《辛亥革命史资料新编》，湖北人民出版社 2006 年版。

上海图书馆编：《上海图书馆藏稀见辛亥革命文献》，上海科学技术出版社 2011 年版。

李少军编译：《武昌起义前后在华日本人见闻集》，武汉大学出版社 2011 年版。

刘萍、李学通主编：《辛亥革命资料选编》，社会科学文献出版社 2012 年版。

冯天瑜、刘柏林、李少军编：《东亚同文书院中国调查资料选译》，李少军等译，社会科学文献出版社 2012 年版。

商务印书馆编译所编：《大革命写真画》，商务印书馆 1912 年版。

中央党部国民经济计划委员会编：《十年来之中国经济建设》，扶轮日报社，1937 年。

建设委员会编：《建设委员会工作计划概要》，1930 年。

海关总税务司署统计科编：《民国十一年至二十年 最近十年各埠海关报告》，1935 年。

全国经济委员会编：《国联工程专家考察水利报告书》，1933 年。

商务印书馆编译所编：《上海指南》，商务印书馆 1923 年版。

上海浚浦局编：《上海港口大全》，1921 年、1930 年、1934 年。

上海特别市工务局编：《上海特别市工务局业务报告》，1927—1931 年。

上海特别市市中心区域建设委员会编：《上海特别市市中心区域计划概要》，1929 年。

上海特别市公用局编：《上海特别市公用局业务报告（十七年一月至六月）》，1929 年。

上海特别市土地局编：《上海特别市土地局年刊（中华民国十九年 后期）》，刊行时间不详。

上海特别市社会局编：《上海之工业》，中华书局 1930 年版。

上海市市中心区域建设委员会编：《上海市市中心区域建设委员会业务报告（十八年八月至十九年六月）》，1930 年。

上海市市中心区域建设委员会编：《建设市中心区域计划书》，1930 年。

上海市市中心区域建设委员会编：《上海市中心区域计划概要》，1931 年。

李尊庸编：《战地摄影 日军暴行集》，上海好运道书局 1932 年版。

中华民国国民政府外交部编：《中日上海停战及日方撤军协定》，1932 年。

吴宏主编：《上海撤兵区域接管实录》，1932 年。

上海市工务局编：《上海市复兴战区工程计划书》，1932年。

上海市市中心区域建设委员会编：《上海市建筑黄浦江虬江口码头计划书》，1932年。

罗志如编：《统计表中之上海》，中央研究院社会科学研究所，1932年。

费唐：《费唐法官研究上海公共租界情形报告书》，工部局华文处，1932年。

上海市市中心区域建设委员会编：《上海市市中心区域建设委员会业务报告（十九年七月至二十二年十二月）》第2期，1933年。

陈炎林编：《上海地产大全》，1933年。

上海市地方协会编：。

《民国二十二年编上海市统计》，1933年。

《民国二十三年编上海市统计补充材料》，1935年。

《民国二十五年编上海市统计第二次补充材料》，1936年。

上海市年鉴委员会编：《民国二十四年上海市年鉴》，上海市通志馆，1935年。

上海市通志馆年鉴委员会编：《民国二十五年上海市年鉴》，中华书局1936年版。

上海市通志馆年鉴委员会编：《民国二十六年上海市年鉴》，中华书局1937年版。

上海市政府秘书处编：《上海市市政报告》，1936年。

上海市都市计划委员会编：《大上海都市计划总图草案报告书》，1946年。

上海市都市计划委员会编：《上海市都市计划委员会会议纪录初集》、《上海市都市计划委员会会议纪录贰集》，1946—1948年。

上海市都市计划委员会编：《大上海都市计划总图草案二稿报告书》，1948年。

上海市工务局编：《上海市建成区干路系统计划说明书》，1948年。

上海市都市计划委员会秘书处编：《上海市建成区暂行区划 上海市闸北西区重建计划说明》，1948年。

上海市人民政府工务局编：《上海市都市计划总图三稿初期草案说明》，1950年。

上海市城市规划设计研究院编：《大上海都市计划》，同济大学出版社 2014 年版。

熊月之主编：《稀见上海史志资料丛书》，上海书店出版社 2012 年版。

徐雪筠等译编：《上海近代社会经济发展概况（1882—1931）：海关十所报告译编》，上海社会科学院出版社 1985 年版。

中共上海市委党史研究室编：《上海市抗战时期人口伤亡和财产损失》，中共党史出版社 2010 年版。

上海市杨浦区史志编纂办公室编：《上海市杨浦区抗战时期人口伤亡和财产损失》，中共党史出版社 2011 年版。

中共上海市虹口区委党史资料征集办公室编：《上海市虹口区抗战时期人口伤亡和财产损失》，中共党史出版社 2011 年版。

中共闸北区委党史办编：《上海市闸北区抗战时期人口伤亡和财产损失》，中共党史出版社 2011 年版。

中共普陀区委党史研究室编：《上海市普陀区抗战时期人口伤亡和财产损失》，中共党史出版社 2011 年版。

中共长宁区委党史研究室编：《上海市长宁区抗战时期人口伤亡和财产损失》，中共党史出版社 2010 年版。

中共上海市黄浦区委党史研究室编：《上海市黄浦区抗战时期人口伤亡和财产损失》，中共党史出版社 2010 年版。

江苏省长公署统计处编：《江苏省政治年鉴》，1924 年。

胡雨人编：《江浙水利联合会审查员对于太湖局水利工程计划大纲实地调查报告书函》，1921 年。

胡雨人：《民国十年水灾后调查报告》，刊行时间不详。

武进县建设局编：《武进年鉴（第二回）》，1928 年。

宝山清丈局编：《宝山清丈局报告书》，1915 年。

昆山清丈局编：《昆山清丈局报告书》，1926 年。

江苏水利协会编：《江苏水利协会民国十一年常会议决案》、《江苏水利协会民国十二年常会议决案》，1922—1923 年。

江苏省垦殖设计委员会编：《江苏省各县荒地统计汇编》，1935 年。

实业部国际贸易局编：《中国实业志·江苏省》，1933 年。

贾子彝编：《江苏省会辑要》，江南印书馆 1936 年版。

南京市政府秘书处编：《十年来之南京》，1937 年。

钱公治编：《无锡区汇览》，东吴书局，1937 年。

新运视察团编审组编：《东南》，扫荡报社，1936 年。

水利委员会编：《泖河测量报告书》，1915 年。

武同举：《江苏水利全书》，南京水利实验处，1950 年。

华东军政委员会土地改革委员会编：《江苏省农村调查》、《浙江省农村调查》，1952 年。

中央水利部南京水利实验处编：《长江流域水文资料》第 10 辑（太湖区），1951 年。

华东军政委员会水利部编：《1950 年华东区水文资料》第 3 册（太湖运河区），1952 年。

中华人民共和国苏州海关编：《近代苏州通商口岸史料集成》，文汇出版社 2010 年版。

《无锡文库》编辑委员会编：《无锡文库》，凤凰出版社 2011—2012 年版。

浙江省情展览会编：《浙江省情》，正中书局 1935 年版。

浙西水利议事会编：《浙西水利议事会年刊》第 1 期，1918 年。

浙江壬戌水灾筹振会编：《浙江壬戌水灾筹振会报告书》，刊行时间不详。

水利议事会编：《浙西水利议事会年刊》，1931 年。

浙江省水利局编：《浙江省水利局总报告》，1935 年。

实业部国际贸易局编：《中国实业志·浙江省》，1933 年。

《嘉善日报》社编：《嘉善概况》，1937 年。

中华人民共和国杭州海关译编：《近代浙江通商口岸经济社会概况——浙海关、瓯海关、杭州关贸易报告集成》，浙江人民出版社 2002 年版。

浙江省辛亥革命史研究会、浙江省图书馆编：《辛亥革命浙江史料选辑》，浙江人民出版社 1981 年版。

浙江省政协文史资料委员会、杭州师范大学民国浙江史研究中心编：《辛亥革命浙江史料汇编》，国家图书馆出版社 2011 年版。

汪林茂主编：《浙江辛亥革命史料集》，浙江古籍出版社 2013—2014 年版。

各地文史资料不——列举。

Shanghai Municipal Council eds.

Report for the Year 1895 *and Budget for the Year* 1896. Shanghai：Kelly & Walsh，Limited，1896.

Report for the Year 1896 *and Budget for the Year*1897. idem，1897.

Report for the Year 1897 *and Budget for the Year* 1898. idem，1898.

Report for the Year 1907 *and Budget for the Year* 1908. idem，1908.

Report for the Year 1908 *and Budget for the Year* 1909. idem，1909.

Wright，Arnold. eds.，*Twentieth Century Impressions of Hong-kong Shanghai and Other Treaty Ports of China*：*Their History*，*People*，*Commerce*，*Industries*，*and Resources*，London：Lloyd，1908.

外務省通商局编：《清國事情》，1907 年。

東亞同文會编：《支那經濟全書》，1908 年。

台北"国立中央图书馆"台湾分馆藏（東亜同文會）支那各地调查报告書。

東亞同文書院大學學生調查大旅行指導室编：《東亞同文書院大學東亞調查報告書（昭和十五年)》，1941 年。

帝国海军社编：《昭和七年上海事變紀念寫真帖 第一航空戰隊》，1932 年。

《朝日新聞》社编：《支那事變寫真全輯（二）上海戰線》，《朝日新聞》社，1938 年。

四　报刊

（一）交通类

《交通官报》、《交通月刊》、《交通公报》、《铁道公报》、《国有铁路统计月刊》、《中华民国国有铁路工务统计》、《交通杂志》、《铁路杂志》、《铁道半月刊》、《铁道》、《铁路协会会报》、《铁道生活》、《交通经济汇刊》、《交通部直辖沪宁铁路管理局公报》、《交通部直辖沪宁沪杭甬铁路管理局公报合编》、《铁路公报：沪宁沪杭甬线》、《铁路会计统计年报：沪宁铁路》、《铁路会计统计年报：沪杭甬铁路》、《京沪沪杭甬铁路周刊》、《铁路月刊：京沪沪杭甬线》、《京沪沪杭甬铁路日刊》、《京沪沪杭甬铁路车务周报》、《两路党声》、《铁路青年》、《京沪周刊》、《京沪旬刊》、《运务周报》、《铁路月刊：津浦线》。

（二）其他

《申报》、《中央日报》、《新闻报》、《东南日报》、《浙江商报》、《苏州明报》、《文汇报》、《益世报》、《新民晚报》、*The Times*，*Chinese Repository*，*North China Daily News*，*Illustrated London News*、上海社会科学院经济研究所企业史中心剪报；《北洋官报》、《南洋官报》、《东方杂志》、《实学报》、《广益丛报》、《中国教会新报》、《时务报》、《杭州白话报》、《浙江公报》、《江苏省公报》、《上海特别市市政府市政公报》、《市政公报副刊各局业务汇报》、《上海市政府公报》、《宝山共和杂志》、《工程》、《市政评论》、《江苏水利协会杂志》、《江苏省政府公报》、《道路月刊》、《时代公论》、《内政公报》、《建设委员会公报》、《太湖流域水利季刊》、《扬子江水利委员会季刊》、《社会月刊》、《江苏建设》、《江苏省政建设月刊》、《浙江省建设月刊》、《烽火》、*Journal of the North China Branch of the Royal Asiatic Society*，*Social Shanghai*，*The Far Eastern Review*、《支那事變畫報》、《アサヒグラフ》、《調査月報》（興亜院大東亜省）。

五　人物文献

盛宣怀：《愚斋存稿》，思补楼，1939 年。

王尔敏、吴伦霓霞编：《盛宣怀实业函电稿》，（台北）"中研院"近代史研究所，1993 年。

王尔敏、吴伦霓霞编：《盛宣怀实业朋僚函稿》，（台北）"中研院"近代史研究所，1997 年。

北京大学历史系近代史教研室编：《盛宣怀未刊信稿》，中华书局 1960 年版。

中国科学院历史研究所第三所编：《刘坤一遗集》，中华书局 1959 年版。

苑书义等主编：《张之洞全集》，河北人民出版社 1998 年版。

《汤寿潜档案》，杭州文史研究会、民国浙江史研究中心等编：《辛亥革命杭州史料辑刊》第 1—3 册，国家图书馆出版社 2011 年影印本。

政协浙江省萧山市委员会文史工作委员会编：《汤寿潜史料专辑》，1992 年。

张謇研究中心、南通市图书馆编：《张謇全集》，江苏古籍出版社

1994 年版。

张元济：《张元济全集》，商务印书馆 2008 年版。

顾廷龙编：《王同愈集》，上海古籍出版社 1998 年版。

陈奋主编：《北洋政府国务总理梁士诒史料集》，中国文史出版社 1991 年版。

郭沫若著作编辑出版委员会编：《郭沫若全集》，人民文学出版社 1992 年版。

茅盾：《茅盾全集》，人民文学出版社 1986 年版。

丰子恺：《车箱社会》，良友图书印刷公司 1935 年版。

竺可桢：《竺可桢全集》，上海科技教育出版社 2004—2012 年版。

叶圣陶：《叶圣陶文集》，人民文学出版社 1958 年版。

中国社会科学院近代史研究所编：《近代史所藏清代名人稿本抄本》第 1 辑，大象出版社 2011 年版。

端方：《端忠敏公奏稿》，1917 年。

王清穆：《农隐庐文钞》（沈云龙主编：《近代中国史料丛刊续编》第 40 辑），文海出版社有限公司 1974 年影印本。

上海图书馆编：《汪康年师友书札》，上海古籍出版社 1987 年版。

詹同济编译：《詹天佑书信选集》，华南理工大学出版社 2006 年版。

林贺峒：《味雪堂遗集》，古闽林氏 1909 年版。

胡雨人：《治湖箴言》，刊行时间不详。

上海人民出版社编：《清代日记汇抄》，上海人民出版社 1982 年版。

劳祖德编：《郑孝胥日记》，中华书局 1993 年版。

叶昌炽：《缘督庐日记抄》，蟫隐庐，1933 年。

徐兆玮：《徐兆玮日记》，黄山书社 2013 年版。

张嘉璈日记，胡佛研究所藏。

孙善根编：《中国红十字运动奠基人沈敦和年谱长编》，浙江大学出版社 2014 年版。

胡思敬：《国闻备乘》，上海书店出版社 1997 年版。

包天笑：《钏影楼回忆录》，香港大华出版社 1971 年版。

包天笑：《钏影楼回忆录续编》，刘幼生点校，山西古籍出版社、山西教育出版社 1999 年版。

沈怡：《沈怡自述》，传记文学出版社 1985 年版。

〔美〕柏生士：《西山落日：一位美国工程师在晚清帝国勘测铁路见闻录》，余静娴译，国家图书馆出版社 2011 年版。

侯选青：《发生在北站的一次农民大骚动》，《上海滩》1988 年第12 期。

Ian C. Ruxton eds. , *The Diaries of Sir Ernest Satow*, *British Envoy in Peking* 1900-06, Morrisville, N. C. : Lulu Press, 2006。

Jun Ke Choy（蔡增基），*The China Years*, 1911-1945, *Practical Politics in China after the 1911 Revolution.* 哥伦比亚大学图书馆藏。

六　方志

凌鸿勋编：《中国铁路志》（沈云龙主编：《近代中国史料丛刊续编》第 93 辑），文海出版社有限公司 1974 年影印本。

《上海铁路志》编纂委员会编：《上海铁路志》，上海社会科学院出版社 1999 年版。

《上海铁路局志》编委会编：《上海铁路局志》，中国铁道出版社 2004年版。

《上海铁路分局志》编委会编：《上海铁路分局志》，中国铁道出版社2003 年版。

江苏省地方志编纂委员会编：《江苏省志·交通志·铁路篇》，方志出版社 2007 年版。

《杭州铁路分局志》编委会编：《杭州铁路分局志（1906—1995）》，中国铁道出版社 2005 年版。

吴馨等修，姚文枏等纂：民国《上海县续志》，民国七年（1918）刻本。

杨逸等编：《上海市自治志》，民国四年（1915）铅印本。

上海市地方志办公室、上海市历史博物馆编：《民国上海市通志稿》第 1 册，上海古籍出版社 2013 年版。

《上海通志》编纂委员会：《上海通志》，上海社会科学院出版社 2005年版。

陈征琳等编：《上海地名志》，上海社会科学院出版社 1998 年版。

陈传德修，黄世祚纂：民国《嘉定县续志》，民国十九年（1930）铅印本。

张允高等修，钱淦等纂：民国《宝山县续志》，民国二十年（1921）铅印本。

（清）博润修、姚光发等纂：光绪《松江府续志》，清光绪十年（1884）刻本。

于定等修，金咏榴纂：民国《青浦县续志》，民国二十三年（1934）刻本。

《上海城市规划志》编纂委员会编：《上海城市规划志》，上海社会科学院出版社 1999 年版。

上海市闸北区志编纂委员会编：《闸北区志》，上海社会科学院出版社 1998 年版。

上海市松江县地方史志编纂委员会编：《松江县志》，上海人民出版社 1991 年版。

《松江县水利志》编志组编：《松江县水利志》，上海科学技术出版社 1993 年版。

缪荃孙等纂：《江苏省通志稿》，民国三十四年（1945）铅印本。

（清）金友理：《太湖备考》，薛正兴点校，江苏古籍出版社 1998 年版。

沈佺编：《民国江南水利志》，民国十一年（1922）木活字本。

张玉藻、翁有成修，高觐昌等纂：民国《续丹徒县志》，民国十九年（1930）刻本。

昆山市水利局水利志编纂委员会编：《昆山县水利志》，上海科学技术文献出版社 1995 年版。

吴江县水利史志编纂委员会编：《吴江县水利志》，河海大学出版社 1996 年版。

浙江省通志馆编：《重修浙江通志稿》，浙江省地方志编纂委员会点校，方志出版社 2010 年版。

（清）徐用福编：《横桥堰水利记》，光绪二十五年（1899）刻本。

《杭州市交通志》编审委员会编：《杭州市交通志》，中华书局 2003 年版。

東亞同文會编：《支那省别全誌》江蘇省、浙江省，1919—1920 年。

七　工具书与地图

麦健曾、李应兆编：《中国铁道问题参考资料索引》，交通大学研究所北平分所，1936 年。

北平图书馆索引组：《铁路工程论文索引》，1937 年。

北京图书馆编：《民国时期总书目》，书目文献出版社 1986—1996 年版。

《全国民国档案通览》编委会编：《全国民国档案通览》，中国档案出版社 2005 年版。

全国图书联合目录编辑组编：《全国中文期刊联合目录（1833—1949)》，书目文献出版社 1981 年版。

上海图书馆编：《上海图书馆馆藏近现代中文期刊总目》，上海科学技术文献出版社 2004 年版。

上海图书馆编：《中国近代期刊篇目汇录》，上海人民出版社 1979—1983 年版。

《申报索引》编辑委员会编：《申报索引（1919—1949)》，上海书店出版社 2008 年版。

包伟民、傅俊编：《浙江历史文化研究论著目录》，山西古籍出版社 2005 年版。

江庆柏主编：《江苏地方文献书目》，广陵书社 2013 年版。

全国经济委员会水利处编：《水利论文索引》，1935 年。

中国大百科全书总编辑委员会《地理学》编辑委员会编：《中国大百科全书·地理学》，中国大百科全书出版社 1990 年版。

王荣华主编：《上海大辞典》，上海辞书出版社 2007 年版。

周锡三编：《中外度量衡表》，商务印书馆 1935 年版。

商办全浙铁路有限公司编：《商办沪杭甬浙境已筑路线图》，1908 年。

戚鸣鹤：《中国国有京沪沪杭甬铁路区域图》，1938 年。

佚名编：《最新皇朝分省图》，武昌亚新社，1906 年。

（台北）"中研院"近代史研究所档案馆 内政部典藏地图 http：//webgis. sinica. edu. tw/map_ imh/。

中科院南京地理与湖泊研究所、水利部太湖流域管理局编：《太湖流域自然资源地图集》，科学出版社 1991 年版。

《上海市地图集》编纂委员会编：《上海市地图集》，1984 年。

周振鹤主编：《上海历史地图集》，上海人民出版社 1999 年版。

上海图书馆编：《老上海地图》，上海画报出版社 2001 年版。

中华地图学社编：《上海 1927》、《上海 1932》、《上海 1948》，中华地图学社 2006 年版。

上海市土地局编：《上海市区域图》，1932 年。

学苑出版社编：《上海 1932：城市记忆·老地图》，学苑出版社 2005 年版。

点石斋编绘：《上海县城厢租界全图》，1884 年。

商务印书馆编：《实测上海城厢租界图》，1913 年。

上海市工务局：《上海市道路系统图》，上海市档案馆藏，Q215 - 1 - 5024。

葛石卿编：《袖珍上海里衖分区精图》，国光舆地社，1946 年。

张震西等：《上海市行号路图录》，福利营业股份有限公司，1947—1949 年。

黄文蔚：《松江府属水道全图》，上海时中书局 1907 年版。

黄守孚、姚昌煌编：《嘉定县地图》，1930 年。

宝山清丈局编：《宝山全境地图》，1915 年。

宝山清丈局编：《宝山各图圩形细号图》，刊行时间不详。

宗源瀚等：《浙江全省舆图并水陆道里记》，浙江舆图总局，1894 年。

浙江省公路管理局编：《浙江省公路路线图》，1937 年。

杭州市档案馆编：《杭州都图地图集（1931—1934）》，浙江古籍出版社 2008 年版。

湖州市地名委员会办公室编：《湖州古旧地图集》，中华书局 2010 年版。

A. H. Collinson, *Shanghai & Quinsan*, 1903（笔者藏）。

Shanghai Hangchow Railway: *Kiangsu & Chekiang Companies* 美国国会图书馆图书馆藏。

Shanghai, 1902. 美国国会图书馆藏。

Authority of the Municipal Council, *Plan of Shanghai*, 1904. 美国国会图书馆藏。

North-China Daily News & Herald Limited, *Map of Shanghai*, 1918. 美国

国会图书馆藏。

Shanghai Municipal Council，*Plan of Shanghai*，Stanford，1928.

美国得克萨斯大学奥斯汀分校图书馆馆藏地图 http：//www. lib. utexas. edu/maps/ams/china/。

Bryant Rowe，*Map of Shanghai and Environs.* 美国斯坦福大学藏。

"视觉上海"网站地图 http：//virtualshanghai. ish-lyon. cnrs. fr/。

滿鐵上海事務所調查課編：《中南支鐵道關係文獻目錄》，1938 年。

華中鐵道株式會社編：《海杭線線路圖》，1939 年。

八　专著

（一）交通类

韩托夫：《马克思、恩格斯、列宁、斯大林论交通运输》，人民交通出版社 1959 年版。

铁道部党校《马恩列斯论铁路》编写组编：《马克思、恩格斯、列宁、斯大林论铁路》，1984 年。

刘馥、易振乾：《中国铁道要鉴》，东京中国书林，1906 年。

湖南铁道编辑社社员：《铁道全编》，1907 年。

曾鲲化：《中国铁路现势通论》，化华铁路学社，1908 年。

王盛春：《中国铁路要纲》，东京冈正一，1908 年。

［英］柯尔宾：《现代铁路丛谭》，冯雄译，商务印书馆 1926 年版。

杨隽时：《铁路学 ABC》，世界书局 1929 年版。

连声海：《铁道概论》，1931 年。

郑宝照：《铁路问题之管窥》，1932 年。

曾仲鸣：《路政论丛》，1934 年。

金士宣：《中国铁路问题论文集》，交通杂志社，1935 年。

交通大学研究所北平分所编：《铁道问题研究集》第 1 册，1936 年。

陈晖：《中国铁路问题》，新知书店 1936 年版。

沈奏廷：《铁路问题讨论集》，商务印书馆 1936 年版。

金士宣：《铁路与抗战及建设》，商务印书馆 1947 年版。

张家璈：《中国铁道建设》，杨湘年译，商务印书馆 1946 年版。

陈嘉庚：《我国行的问题》，南洋华侨筹赈祖国难民总会，1946 年。

黎德扬等：《社会交通与社会发展》，人民交通出版社 2001 年版。

谷中原：《交通社会学》，民族出版社 2002 年版。

黎德扬、高鸣放、成元君：《交通社会学》，中国社会科学出版社 2012 年版。

北方交通大学经济系等编：《铁路运输经济》，中国铁道出版社 1981 年版。

严作人等：《运输经济学》，人民交通出版社 2009 年版。

张文尝等主编：《交通经济带》，科学出版社 2002 年版。

荣朝和主编：《探究铁路经济问题》，经济科学出版社 2004 年版。

凌鸿勋：《铁路工程学》，商务印书馆 1925 年版。

吴承祺：《铁道测量及土工》，商务印书馆 1936 年版。

刘建熙：《铁路定线概论》，文通书局 1947 年版。

詹振炎：《铁路选线设计的现代理论和方法》，中国铁道出版社 2001 年版。

刘灿齐：《现代交通规划学》，人民交通出版社 2001 年版。

［苏］霍达塔也夫：《城市规划中的铁路运输问题》，殷彭龄译，建筑工程出版社 1955 年版。

张文尝：《城市铁路规划》，中国建筑工业出版社 1982 年版。

［英］朱利安·罗斯：《火车站：规划、设计和管理》，铁道第四勘察设计院译，中国建筑工业出版社 2007 年版。

王春才：《城市空间演化与交通的互馈解析》，冶金工业出版社 2008 年版。

梅福强、侯彧华、张万久编：《上海市铁路终点问题》，1947 年。

刘武君：《大都会：上海城市交通与空间结构研究》，上海科学技术出版社 2004 年版。

麦健曾、朱祖英：《全国铁道管理制度》，交通大学研究所北平分所，1936 年版。

张宏吉、汤士安主编：《铁路用地规划与管理研究》，东北师范大学出版社 1991 年版。

朱士宾：《铁路桥涵设计》，商务印书馆 1950 年版。

铁道部第三设计院编：《桥涵水文计算》，人民铁道出版社 1960 年版。

洪瑞涛：《铁路与公路》，交通杂志社，1935 年。

魏启宇:《交通史学概论》,兰州大学出版社 1990 年版。

《中华民国交通史》编纂执行小组编:《中华民国交通史》,华欣文化事业出版社 1991 年版。

袁德宣:《中国铁路史》,集益书社 1907 年版。

曾鲲化:《中国铁路史》,新化曾宅,1924 年。

谢彬:《中国铁道史》,中华书局 1929 年版。

关赓麟:《中国铁路史》,广益印务局,刊行时间不详。

[英] 肯德:《中国铁路发展史》,李抱宏等译,生活·读书·新知三联书店 1958 年版。

李占才主编:《中国铁路史 (1876—1949)》,汕头大学出版社 1994 年版。

杨勇刚:《中国近代铁路史》,上海书店出版社 1997 年版。

张雨才编:《中国铁道建设史略 (1876—1949)》,中国铁道出版社 1997 年版。

宓汝成:《帝国主义与中国铁路 (1847—1949)》,上海人民出版社 1980 年版。

中国国民党台湾区铁路党部委员会:《中国国民党与中国铁路》,1965 年。

[法] 约瑟夫·马纪樵:《中国铁路:金融与外交 (1860—1914)》,许峻峰译,中国铁道出版社 2009 年版。

《中国铁路建设史》编委会编:《中国铁路建设史》,中国铁道出版社 2003 年版。

张治中:《中国铁路机车史》,山东教育出版社 2003 年版。

《铁路勘测史》编写组编:《铁路勘测史》,中国铁道出版社 1996 年版。

《中国铁路桥梁史》编委会编:《中国铁路桥梁史》,中国铁道出版社 2009 年版。

[日] 支南钰一郎:《浙路风潮汤寿潜》,永川会社,刊行时间不详。

《上海铁路工人运动史》编写组编:《上海铁路工人运动史:沪宁、沪杭甬部分》,中共党史出版社 1991 年版。

张公权:《抗战前后中国铁路建设的奋斗》,传记文学出版社 1974 年版。

宓汝成：《宓汝成集》，中国社会科学出版社 2008 年版。

张瑞德：《中国近代铁路事业管理的研究：政治层面的分析》，（台北）"中研院"近代史研究所，1991 年。

尹铁：《晚清铁路与晚清社会变迁研究》，经济科学出版社 2005 年版。

张瑞德：《平汉铁路与华北的经济发展（1905—1937）》，（台北）"中研院"近代史研究所，1987 年。

朱从兵：《铁路与社会经济：广西铁路研究（1885—1965）》，广西师范大学出版社 1999 年版。

朱从兵：《张之洞与粤汉铁路——铁路与近代社会力量的成长》，合肥工业大学出版社 2011 年版。

朱从兵：《中国近代铁路史新探——朱从兵自选集》，苏州大学出版社 2014 年版。

王致中：《中国铁路外债研究（1887—1911）》，经济科学出版社 2003 年版。

马陵合：《清末民初铁路外债观研究》，复旦大学出版社 2004 年版。

苏全有：《清末邮传部研究》，中华书局 2005 年版。

黄华平：《国民政府铁道部研究》，合肥工业大学出版社 2011 年版。

熊亚平：《铁路与华北乡村社会变迁（1880—1937）》，人民出版社 2011 年版。

王斌：《近代铁路技术向中国的转移——以胶济铁路为例（1898—1914）》，山东教育出版社 2012 年版。

郭海成：《陇海铁路与近代关中经济社会变迁》，西南交通大学出版社 2011 年版。

庞瑞垠：《大道无垠——江苏铁路百年变迁史》，江苏文艺出版社 2011 年版。

南京铁路史志办公室编：《南京铁道史话》，1990—1991 年。

庞广仪：《粤汉铁路艰难的筹建与"国有化"》，合肥工业大学出版社 2011 年版。

孙自俭：《民国时期铁路工人群体研究——以国有铁路工人为中心（1912—1937）》，郑州大学出版社 2013 年版。

蔡龙保：《推动时代的巨轮：日治中期台湾的"国有"铁路（1910—

1936)》，台湾书房出版有限公司2007年版。

〔美〕斯蒂文·J. 埃里克森：《汽笛的声音：日本明治时代的铁路与国家》，陈维等译，江苏人民出版社2011年版。

朱荫贵：《中国近代轮船航运业研究》，中国社会科学出版社2008年版。

〔日〕松浦章：《清代内河水运史研究》，董科译，江苏人民出版社2010年版。

樊百川：《中国轮船航运业的兴起》，中国社会科学出版社2007年版。

复旦大学历史地理研究中心主编：《港口—腹地和中国现代化进程》，齐鲁书社2005年版。

吴松弟主编：《中国百年经济拼图：港口城市及其腹地与中国现代化》，山东画报出版社2006年版。

束方昆主编：《江苏航运史（近代部分)》，人民交通出版社1990年版。

《浙江航运史》编委会编：《浙江航运史（古近代部分)》，人民交通出版社1993年版。

中国航海史研究会编：《上海内河航运史》，人民交通出版社1995年版。

王列辉：《驶向枢纽港：上海、宁波两港空间关系研究（1843—1941)》，浙江大学出版社2009年版。

杨文渊主编：《上海公路史》第1册（近代公路），人民交通出版社1989年版。

上海市交通运输局公路交通史编写委员会编：《上海公路运输史》第1册（近代部分)，上海社会科学院出版社1988年版。

刘荫棠主编：《江苏公路交通史》第1册，人民交通出版社1989年版。

浙江省交通厅公路交通史编审委员会编：《浙江公路史》第1册（近代公路），人民交通出版社1988年版。

浙江省汽车运输总公司编史组编：《浙江公路运输史》第1册（近代公路运输），人民交通出版社1988年版。

陈文彬：《近代化进程中的上海城市公共交通研究（1908—1937)》，

学林出版社 2008 年版。

Percy H. Kent. , *Railway Enterprise in China*：*an Account of Its Origin and Development*, London：E. Arnold, 1907.

Mongton Chih Hsu, *Railway Problems in China*, New York：Columbia University, 1915.

H. Stringer. , *The Chinese Railway System*, Shanghai：Kelly and Walsh, Limited, 1922.

Chang Kia-ngau, *China's Struggle for Railroad Development*, New York：The John Day Company, 1943.

Robert Fogel, *Railroads and American Economic Growth*：*Essays in Econometric History*, Baltimore：Johns Hopkins Press, 1964.

Ralph Huenemann, *The Dragon and the Iron Horse*：*The Economics of Railroads in China*, 1876 – 1937, Massachusetts：Harvard University Press, 1984.

Carroll L. V. Meeks, *The Railroad Station*：*An Architectural History*, Dover, 1995.

Lee, En-han, *China's Quest for Railway Autonomy* 1904 – 1911：*A Study of the Chinese Railway-Rights Recovery Movement*, Singapore：Singapore University. Press, 1977.

Sun, E-tu Zen, *Chinese Railways and British Interests*, 1898 – 1911, New York：King's Crown Press, 1954.

Reid Alan, *The Woosung Road*：*The Story of the First Railway in China* 1875 – 1877, Woodbridge：Monewden Hall Suffolk, 1979.

Crush Peter, *Woosung Road*：*The Story of China's First Railway*, Hongkong：The Railway Tavern, 1999.

D. McColl, *Transport in Cities*：*with Special Reference to Shanghai*, Shanghai：The Shanghai Mercury Ltd. , 1921.

上海鐵道省辦事處編：《鐵道部成立後の支那鐵道》，1935 年。

吾孫子豐：《支那鐵道史》，東京生活社，1942 年。

千葉正史：《近代交通体系と清帝国の変貌：電信・鉄道ネットワークの形成と中国国家統合の変容》，日本経済評論社，2006 年。

高橋泰隆：《日本植民地鉄道史論：台湾、朝鮮、満州、華北、華中鉄道の経営史的研究》，日本経済評論社，1995 年。

高成鳳：《植民地鉄道と民衆生活——朝鮮、台湾、中国東北》，法政大学出版局，1999 年。

（二）其他

［德］马克思·韦伯：《经济通史》，姚曾廙译，上海三联书店 2006 年版。

［美］史蒂文·瓦戈：《社会变迁》，王晓黎等译，北京大学出版社 2007 年版。

陈旭麓：《近代中国社会的新陈代谢》，上海人民出版社 1992 年版。

汪敬虞：《中国资本主义的发展和不发展：中国近代经济史中心线索问题研究》，经济管理出版社 2007 年版。

李长莉：《中国人的生活方式：从传统到近代》，四川人民出版社 2008 年版。

樊树志：《江南市镇：传统的变革》，复旦大学出版社 2005 年版。

陈学文：《明清时期太湖流域的商品经济与市场网络》，浙江人民出版社 2000 年版。

张海英：《明清江南商品流通与市场体系》，华东师范大学出版社 2002 年版。

黄宗智：《长江三角洲小农家庭与乡村发展》，中华书局 1992 年版。

［美］白凯：《长江下游地区的地租、赋税与农民的反抗斗争：1840—1950》，林枫译，上海书店出版社 2005 年版。

包伟民主编：《江南市镇及其近代命运（1840—1949）》，知识出版社 1998 年版。

马学强：《从传统到近代：江南城镇土地产权制度研究》，上海社会科学院出版社 2002 年版。

冯贤亮：《太湖平原的环境刻画与城乡变迁（1368—1912）》，上海人民出版社 2008 年版。

黄敬斌：《民生与家计：清初至民国时期江南居民的消费》，复旦大学出版社 2009 年版。

马俊亚：《混合与发展：江南地区传统社会经济的现代演变（1900—1950）》，社会科学文献出版社 2003 年版。

张佩国：《近代江南乡村地权的历史人类学研究》，上海人民出版社 2002 年版。

陈建勤：《明清旅游活动研究：以长江三角洲为中心》，中国社会科学出版社 2008 年版。

张仲礼主编：《近代上海城市研究（1840—1949）》，上海文艺出版社 2008 年版。

熊月之主编：《上海通史》，上海人民出版社 1999 年版。

［美］罗兹·墨菲：《上海——现代中国的钥匙》，上海社会科学院历史研究所编译，上海人民出版社 1986 年版。

［法］白吉尔：《上海史：走向现代之路》，王菊等译，上海社会科学院出版社 2005 年版。

智良主编：《上海城区史》，学林出版社 2011 年版。

褚绍唐：《上海历史地理》，华东师范大学出版社 1996 年版。

上海人民出版社编：《上海公共租界史稿》，上海人民出版社 1980 年版。

王揖唐：《上海租界问题》，聚珍仿宋印书局 1919 年版。

徐公肃、丘瑾璋：《上海公共租界制度》，中央研究院社会科学研究所 1933 年版。

刘大钧：《上海工业化研究》，商务印书馆 1940 年版。

丁日初主编：《上海近代经济史》，上海人民出版社 1997 年版。

戴鞍钢：《港口·城市·腹地——上海与长江流域经济关系的历史考察》，复旦大学出版社 1998 年版。

戴鞍钢：《大变局下的民生——近代中国再认识》，上海人民出版社 2012 年版。

樊卫国：《激活与生长：上海现代经济兴起之若干分析（1870—1941）》，上海人民出版社 2002 年版。

［法］安克强：《1927—1937 年的上海：市政权、地方性和现代化》，张培德等译，上海古籍出版社 2004 年版。

龚诗基：《对于市中心计划之意见》，上海特别市市中心区域建设委员会，1930 年。

沙曾熠：《上海市之都市设计与土地利用》，萧铮主编：《民国二十年代中国大陆土地问题资料》第 92 册，（台北）成文出版社有限公司、美国中文资料中心，1977 年影印本。

张辉：《上海市地价研究》，正中书局 1935 年版。

上海市城市规划设计研究院编：《循迹·启新：上海城市规划演进》，同济大学出版社 2007 年版。

付磊：《转型中的大都市空间结构及其演化——上海城市空间结构演变的研究》，中国建筑工业出版社 2012 年版。

魏枢：《"大上海计划"启示录：近代上海市中心区域的规划变迁与空间演进》，东南大学出版社 2011 年版。

孙倩：《上海近代城市公共管理制度与空间建设》，东南大学出版社 2009 年版。

马长林等：《上海公共租界城市管理研究》，中西书局 2011 年版。

张鹏：《都市形态的历史根基：上海公共租界市政发展与都市变迁研究》，同济大学出版社 2008 年版。

牟振宇：《从苇荻渔歌到东方巴黎：近代上海法租界城市化空间过程研究》，上海书店出版社 2012 年版。

《换了人间》编写组编：《换了人间——上海棚户区的变迁》，上海人民出版社 1971 年版。

上海社会科学院经济研究所城市经济组：《上海棚户区的变迁》，上海人民出版社 1962 年版。

忻平：《从上海发现历史：现代化进程中的上海人及其社会生活（1927—1937）》，上海大学出版社 2009 年版。

张笑川：《近代上海闸北居民社会生活》，上海辞书出版社 2009 年版。

宋林飞：《江苏通史》，凤凰出版社 2012 年版。

王树槐：《中国现代化的区域研究　江苏省（1860—1916）》，（台北）"中研院"近代史研究所，1984 年。

唐文起：《江苏近代经济史探讨》，江苏大学出版社 2013 年版。

姜新：《区域社会经济研究》，光明日报出版社 2013 年版。

段本洛主编：《苏南近代社会经济史》，中国商业出版社 1997 年版。

张海林：《苏州早期城市现代化研究》，南京大学出版社 1999 年版。

朱英、马敏：《传统与近代的二重变奏——晚清苏州商会个案研究》，巴蜀书社 1993 年版。

张丽：《非平衡化与不平衡——从无锡近代农村经济发展看中国近代农村经济的转型（1840—1949）》，中华书局 2010 年版。

宗菊如、周解清主编：《中国太湖史》，中华书局 1999 年版。

金普森、陈剩勇主编：《浙江通史》，浙江人民出版社 2005 年版。

李国祁：《中国现代化的区域研究 闽浙台地区（1860—1916）》，（台北）"中研院"近代史研究所，1985 年。

钱杭：《库域型水利社会研究——萧山湘湖水利集团的兴与衰》，上海人民出版社 2009 年版。

冯贤亮：《近世浙西的环境、水利与社会》，中国社会科学出版社 2010 年版。

汪林茂：《浙江辛亥革命史》，浙江大学出版社 2001 年版。

胡国枢：《光复会与浙江辛亥革命》，杭州出版社 2002 年版。

张根福、岳钦韬：《抗战时期浙江省社会变迁研究》，上海人民出版社 2009 年版。

浙江嘉兴地区文管会编：《杭嘉湖平原水灾成因考》，1980 年。

汤洪庆：《杭州城市早期现代化研究（1896—1927）》，中国社会科学出版社 2013 年版。

夏东元：《盛宣怀传》，上海交通大学出版社 2007 年版。

夏东元编：《盛宣怀年谱长编》，上海交通大学出版社 2004 年版。

易惠莉、陈吉龙主编：《二十世纪盛宣怀研究》，江苏古籍出版社 2002 年版。

陈志放主编：《汤寿潜研究》，团结出版社 1995 年版。

张人凤、柳和城编：《张元济年谱长编》，上海交通大学出版社 2011 年版。

张海林：《端方与清末新政》，南京大学出版社 2007 年版。

张晓辉、苏苑：《唐绍仪传：中华民国第一任内阁总理》，珠海出版社 2004 年版。

姚崧龄编：《张公权先生年谱初稿》，传记文学出版社 1982 年版。

董修甲：《市政研究论文集》，青年协会书报部 1929 年版。

顾朝林等：《集聚与扩散：城市空间结构新论》，东南大学出版社 2000 年版。

［日］青山吉隆：《图说城市区域规划》，王雷等译，同济大学出版社 2005 年版。

周春山：《城市空间结构与形态》，科学出版社 2007 年版。

刘露：《天津城市空间结构与交通发展的相关性研究》，天津大学出版社 2011 年版。

鹿心社主编：《研究征地问题探索改革之路》，中国大地出版社 2002 年版。

王才亮：《农村征地拆迁纠纷处理实务》，法律出版社 2006 年版。

隋福民：《创新与融合：美国新经济史革命及对中国的影响（1957—2004）》，天津古籍出版社 2009 年版。

［美］陈锦江：《清末现代企业与官商关系》，王笛、张箭译，中国社会科学出版社 1997 年版。

田东奎：《中国近代水权纠纷解决机制研究》，中国政法大学出版社 2006 年版。

［日］森田明：《清代水利社会史研究》，郑樑生译，（台北）"国立编译馆"，1996 年。

［日］森田明：《清代水利与区域社会》，雷国山译，山东画报出版社 2008 年版。

［日］夫马进：《中国善会善堂史研究》，伍跃等译，商务印书馆 2005 年版。

Chi-ming Hou, *Foreign Investment and Economic Development in China*, 1840—1937, Cambridge, Mass: Harvard University Press, 1965.

G. Lanning and S. Couling, *The History of Shanghai*, Shanghai: Kelly & Walsh, Limited, 1921.

Ching-Lin Hsia, *The Status of Shanghai: A Historical Review of the International Settlement. Its Future Development and Possibilities through Sino-Foreign Cooperation*, Shanghai: Kelly and Walsh, Limited, 1929.

九　论文

（一）交通总类

金凤军、王姣娥：《20 世纪中国铁路网扩展及其空间通达性》，《地理学报》2004 年第 2 期。

陶宝良：《建立交通社会学理论解决城市交通问题》，《东北汽车运输》1993 年第 1 期。

章辉美、谷中原：《交通社会学：对一门新生应用社会学的构想》，

《湖南师范大学社会科学学报》2003 年第 6 期。

何玉宏、邢元梅：《交通社会学研究》，《理论月刊》2004 年第 12 期。

谷中原：《关于交通社会学发展的学术研究问题》，《求索》2006 年第 8 期。

程家明：《中国铁路社会学初探》，《石家庄铁道学院学报》1993 年第 2 期。

武廷海：《大型基础设施建设对区域形态的影响研究述评》，《城市规划》2000 年第 40 期。

张凯、曹小曙：《火车站及其周边地区空间结构国内外研究进展》，《人文地理》2007 年第 6 期。

王丽等：《高速铁路对城市空间影响研究述评》，《长江流域资源与环境》2012 年第 9 期。

杨家文、周一星：《通达性：概念、度量及应用》，《地理学与国土研究》1999 年第 2 期。

江沛：《中国近代铁路史研究综述及展望：1979—2009》，载徐秀丽主编：《过去的经验与未来的可能走向——中国近代史研究三十年（1979—2009）》，社会科学文献出版社 2010 年版。

苏全有：《近十年来我国近代铁路史研究综述》，《苏州科技学院学报（社会科学版）》2005 年第 2 期。

高忠芳：《十余年来中国铁路史研究概述》，《广西师范大学学报（哲学社会科学版）》2006 年第 4 期。

苏全有、王丽霞：《交通部与北洋时期铁路发展研究综述》，《安阳工学院学报》2006 年第 6 期。

刘石吉：《罗拔福格〈铁路与美国经济成长〉评介》，（台北）《史原》第 3 期，1973 年 10 月。

陈正书：《近代东南沿海交通投资取向之考察》，《华东理工大学学报（文学科学版）》1995 年第 4 期。

刘华明：《近代上海地区交通运输、邮电通讯工具的变迁（1840—1949）》，《史学月刊》1999 年第 3 期。

姜新：《近代江苏交通发展的不平衡及其影响》，《中国矿业大学学报（社会科学版）》2000 年第 2 期。

戴鞍钢：《近代上海与长江三角洲的陆上交通》，《上海研究论丛》第

16 辑，上海社会科学院出版社 2005 年版。

戴鞍钢：《口岸城市与周边地区近代交通邮电业的架构——以上海和长江三角洲为中心》，《复旦学报》2007 年第 1 期。

戴鞍钢：《清末民初上海与杭州的交通联系》，上海市档案馆编：《上海档案史料研究》第 9 辑，上海三联书店 2010 年版。

戴鞍钢：《区域交通与社会变迁的互动——以清末民初沪苏杭地区为中心》，南京大学中华民国史研究中心编：《第六次中华民国史国际学术讨论会论文集》，2010 年。

戴鞍钢：《江海河联运与近代上海及长江三角洲城乡经济》，《国家航海》2011 年第 1 期。

祁龙威：《论清末铁路风潮》，《历史研究》1964 年第 2 期。

徐卫国：《1927—1936 年中国国有铁路的经营效益和财务状况》，《中国经济史研究》2003 年第 4 期。

苏全有：《近代中国铁路的另面影响——论 20 世纪初我国铁路对内河航运的冲击》，《石家庄铁道大学学报（社会科学版）》2011 年第 4 期。

朱从兵：《线路趋向与区域社会——1930 年代广西铁路筹议、筹建和建设述论》，《广西师范大学学报（哲学社会科学版）》2012 年第 5 期。

马陵合：《近代江淮地区铁路交通区位研究——以津浦铁路改线为中心》，邹逸麟主编：《明清以来长江三角洲地区城镇地理与环境研究》，商务印书馆 2013 年版。

黄华平：《民国成渝铁路土地征收问题考察》，《重庆工商大学学报（社会科学版）》2009 年第 5 期。

林淑华：《评介高桥泰隆著〈日本植民地鉄道史論：台湾、朝鲜、满州、華北、華中鉄道の経営史的研究〉》，（台北）《近代史学会通讯》第 8 期，1998 年 10 月。

蔡龙保：《评介高成凤〈植民地鉄道と民衆生活——朝鲜、台湾、中国東北〉》，《台湾师大历史学报》第 34 期，2005 年 12 月。

安明子：《盛宣怀与清末铁路建设》，台湾政治大学历史研究所硕士论文，1986 年。

吴俊范：《从水乡到都市：近代上海城市道路系统演变与环境（1843—1949）》，复旦大学历史地理研究所博士论文，2008 年。

武强：《近代上海港城关系研究（1843—1937）》，复旦大学历史地理研究所博士论文，2011 年。

　　丁戎：《津浦铁路研究（1898—1937）——近代铁路线路史研究的探索》，苏州大学历史系博士论文，2013 年。

　　李沛霖：《抗战前南京城市公共交通研究（1907—1937)》，南京师范大学历史系博士论文，2012 年。

　　朱锦：《浙赣铁路的兴建及初期经营管理状况》，浙江大学历史系硕士论文，2006 年。

　　吴沛然：《我国新建铁路征地现状研究及对策建议》，北京交通大学硕士论文，2008 年。

　　孙凯：《盛宣怀与清末铁路总公司研究》，苏州大学历史系硕士论文，2011 年。

Glenn Yago, "The Sociology of Transportation", *Annual Review of Sociology*, Vol. 9 (1983).

Jan Ritsema van Eck. etc., "Lifestyles, Spatial Configurations and Quality of Life in Daily Travel: an Explorative Simulation Study", *Journal of Transport Geography*, Vol. 13 (2005).

Chi-Keung Leung, *China: Railway Patterns and National Goals*, Ph. D, Centre of Asian Studies, University of Hong Kong, 1972.

Arthur L. Rosenbaum, "Railway Enterprise and Economic Development: The Case of the Imperial Railways of North china, 1900 – 1911", *Modern China*, Vol. 2, No. 2 (1976).

Stephen L. Morgan, "Personnel Discipline and Industrial Relations on the Railways of Republican China", *Australian Journal of Politics and History*, Vol. 47, No. 1 (2001).

（二）沪宁、沪杭甬铁路类

　　岳钦韬：《风雨苏嘉铁路》，嘉兴市历史学会编：《嘉禾春秋》第 4 辑，2001 年。

　　徐文述：《吴淞铁路是我国第一条铁路》，《社会科学战线》1984 年第 3 期。

　　邹宏仪：《吴淞铁路不是我国的第一条铁路》，《社会科学战线》1982 年第 1 期。

　　戚其章、骆承烈：《对我国第一条铁路建成与拆毁的估价问题》，《山西师范大学学报（社会科学版）》1981 年第 2 期。

孙昌富、陈蕴茜：《从民众态度看吴淞铁路的兴废》，《开放时代》2005 年第 1 期。

金志焕：《中国第一条铁路诞生与铁路敷设争论》，载中国社会科学院近代史研究所、河北师范大学历史文化学院编：《晚清改革与社会变迁》下册，社会科学文献出版社 2009 年版。

戴鞍钢：《近代江浙沪地区铁路修筑述略》，《徐州工程学院学报（社会科学版）》2013 年第 5 期。

徐占春：《近代沪宁杭地区铁路建设与运营》，《交通与运输》2008 年第 5 期。

朱从兵：《近代铁路的"反日常"现象论析——以 1916 年〈申报〉对铁路的报道为例》，载张宪文主编：《民国研究》总第 22 辑，社会科学文献出版社 2012 年版。

朱从兵：《张之洞与沪宁铁路》，载中国社会科学院近代史研究所政治史研究室、苏州大学社会学院编：《晚清国家与社会》，社会科学文献出版社 2007 年版。

高志斌、王国平：《晚清政府借外债修筑沪宁铁路述论》，《江海学刊》2000 年第 3 期。

马逸敏：《沪宁铁路的修筑与江南市镇经济结构的演变》，《吴中学刊（社会科学版）》1992 年第 1 期。

刘炳志：《从严前"总统"家淦先生谈沪杭甬铁路圣约翰高材生当材料处长》，（台北）《商业周刊》第 322 期，1994 年 1 月。

黄铁琼：《1907—1908 年间江浙人民反对苏杭甬铁路借款的斗争》，《史学集刊》1957 年第 1 期。

赵金钰：《苏杭甬铁路借款和江浙人民的拒款活动》，《历史研究》1959 年第 9 期。

何玉畴：《清朝末年江浙人民收回苏杭甬铁路自办运动》，《历史教学》1963 年第 4 期。

竺公：《汤寿潜与浙路》，（台北）《交通建设》1971 年第 4 期。

沈雨梧：《浙路风潮》，《历史教学（高校版）》1985 年第 3 期。

金学史：《浙江兴业银行与浙路公司》，《上海金融》1985 年第 1 期。

王树槐：《江苏铁路风潮——一个社会运动的实例》，许倬云等编：

《中国历史论文集》，台湾商务印书馆 1986 年版。

闵杰：《浙路公司的集资与经营》，《近代史研究》1987 年第 3 期。

杨菁、杨树标：《汤寿潜与中国第一条最长的商办铁路》，《浙江学刊》1994 年第 5 期。

王逌：《浙路风潮再反思——光复会计划失败的原因》，《史学月刊》2001 年第 2 期。

王逌：《绅商在浙路风潮中的两重性》，《唐都学刊》2001 年第 1 期。

王逌：《张元济与浙路商办》，《学术论坛》2001 年第 2 期。

吴新宇：《汤寿潜与保路运动》，《浙江档案》2001 年第 10 期。

姚培锋：《略论汤寿潜与浙江收回路权运动》，《绍兴文理学院学报（哲学社会科学版）》2001 年第 2 期。

理明：《汤寿潜与浙江保路运动》，《档案与史学》2004 年第 4 期。

王逌：《汤寿潜"晚以铁路见贤"评析》，《浙江师范大学学报》2004 年第 5 期。

易慧莉：《清末新政时期上海官、绅、商结合的实业活动——主要考察浙路公司和汉冶萍合并商办案》，华东师范大学中国现代思想文化研究所编：《思想与文化》第 4 辑，华东师范大学出版社 2004 年版。

王逌：《人文环境与商办浙江铁路》，《史林》2005 年增刊。

易慧莉：《论浙江士绅与浙路废约》，朱荫贵、戴鞍钢主编：《近代中国：经济与社会研究》，复旦大学出版社 2006 年版。

黄文：《晚清沪杭甬铁路对英借款刍议》，《牡丹江师范学院学报（哲学社会科学版）》2007 年第 4 期。

马陵合：《江浙铁路风潮中代表入京问题考评》，《浙江教育学院学报》2008 年第 1 期。

陈晓东：《沪杭甬铁路风潮中浙路公司的维权斗争》，《苏州大学学报（哲学社会科学版）》2008 年第 5 期。

苏全有、申彦玲：《袁世凯与苏杭甬风波》，《重庆交通大学学报（社会科学版）》2009 年第 6 期。

孙祥伟：《汤寿潜与浙路风潮》，《兰台世界》2009 年第 1 期。

赵晓红：《从反帝到反清：由浙路运动看辛亥革命之社会基础》，《浙江社会科学》2011 年第 11 期。

姚竹明：《晚清沪杭甬铁路的集资研究》，《内蒙古农业大学学报（社会科学版）》2011 年第 2 期。

黄华平：《1932 年上海新站之争》，《兰台世界》2009 年第 17 期。

熊迪简、贾骏祥：《京沪铁路之改进》，交通大学土木系铁路组学士论文，1948 年。

葛玉红：《1903—1927 年沪宁铁路研究》，南京大学历史系博士论文，2009 年。

孙祥伟：《东南精英群体的代表人物——汤寿潜研究（1890—1917）》，上海大学历史系博士论文，2010 年。

仲一虎：《近代江苏铁路交通研究》，扬州大学历史系硕士论文，2008 年。

胡进：《江浙绅商与铁路风潮（1905—1908）》，苏州大学历史系硕士论文，2008 年。

林艳：《博弈与离合：苏杭甬铁路风潮中的官、绅关系研究》，华东师范大学历史系硕士论文，2008 年。

杨娟：《绅商阶层与苏杭甬铁路风潮评述（1905—1910）》，华中师范大学历史系硕士论文，2008 年。

黄文：《论沪杭甬铁路的商办历程》，扬州大学历史系硕士论文，2008 年。

王方星：《汤寿潜的铁路思想研究》，苏州大学历史系硕士论文，2013 年。

沈晔：《更新城市中废弃的货运轨道空间——以上海江湾片区为例》，同济大学建筑与城市规划学院硕士论文，2009 年。

David Pong, "Confucian Patriotism and the Destruction of the Woosung Railway 1877", *Modern Asian Studies*, Vol. 7, No. 4 (1973).

Blair C. Currie, "The Woosung Railroad (1872 – 1877)", *Papers on China*, No. 20 (1966).

Wen Mei Cheng, *General Department of Nanking-Shanghai and Shanghai-Hangchow-Ningpo Railways*, Ph. D, Graduate School of Arts and Sciences, University of Pennsylvania, 1936.

E-Tu Zen Sun, "The Shanghai-Hangchow-Ningpo Railway Loan of 1908", *The Far Eastern Quarterly*, Vol. 10, No. 2 (February 1951).

Lee En-han, "The Chekiang Gentry-Merchants vs. the Peking Court Officials: China's Struggle for Recovery of the British Soochow-Hangchow-Ningpo Railway Concessions, 1905 – 1911", （台北）《中研院近代史研究所集刊》第 3 期上册，1972 年 7 月。

Madeleine Chi, "Shanghai-Hangchow-Ningpo Railway Loan: A Case Study of the Rights Recovery Movement", *Modern Asian Studies*, Vol. 7, No. 1 (1973).

野村亨：《淞滬鉄道に関する一考察》，佐久間重男教授退休記念編委会編：《佐久間重男教授退休記念 中国史·陶磁史論集》，燎原株式会社，1983 年。

栗林幸雄：《清末中国における鉄道建設の課題——滬寧鉄道理事会議事録の整理と分析》，《紀要》（土浦日本大学高等学校）第 27 号，2012 年。

藤井正夫：《清末江浙における鉄路問題とブルジョア勢力の一側面》，《歷史学研究》第 183 期，1955 年 4 月。

閔鬥基：《清末江浙鐵路糾紛（1905—1911）》，（韓國）《東亞文化》第 11 輯，1972 年。

栗林幸雄：《浙江鉄路公司研究についての覚書——地域エリートの政治活動》，《史峯》第 10 号，2004 年 2 月。

佐野実：《光緒新政期鉄道政策における借款の再評価とその経緯——滬杭甬鉄道の建設方針を巡る官民の対立》，《史潮》第 64 期，2008 年 11 月。

佐野実：《滬杭甬鉄道借款契約の実効性を巡るイギリスと地方の関係：地方有力者層の対立·協力が中英間外交に影響を及ぼした一事例について》，《史学》第 78 巻第 4 号，2009 年 12 月。

佐野実：《清末期杭州における日本の鉄道? 水運事業》，《鉄道史学》第 29 号，2011 年 12 月。

佐野実：《利権回収運動と辛亥革命》，辛亥革命百周年記念論集編集委員会編：《総合研究辛亥革命》，岩波書店，2012 年。

佐野実：《清末民初期中国における地方有力者と列強の対立——上海—杭州—寧波間鉄道を題材として》，一橋大学経済学研究科博士論文，2013 年。

（三）其他

唐力行主编：《江南社会历史评论》第 1—5 期，商务印书馆 2009—2013 年版。

方书生：《近代中国的经济增长——基于长江三角洲地区的验证》，《上海经济研究》2012 年第 9 期。

马学强：《近代上海道契与明清江南土地契约文书之比较》，《史林》2002 年第 1 期。

郭春华：《试论南京国民政府的土地征收制度》，《民国档案》2004 年第 4 期。

郭春华：《国民政府时期的征地补偿》，《南京农业大学学报（社会科学版）》2005 年第 4 期。

王瑞庆：《学术史视野下近代中国土地征收思想的演进》，《华南农业大学学报（社会科学版）》2011 年第 4 期。

王方：《上海近代公共租界道路建设中的征地活动》，《全球视野下的中国建筑遗产——第四届中国建筑史学国际研讨会》，2007 年。

王瑞庆：《涨价归公与南京国民政府时期土地征收地价补偿研究》，《中国社会经济史研究》2012 年第 1 期。

刘燕萍：《征地制度创新与合理补偿标准的确定》，《中国土地》2002 年第 2 期。

周振鹤、陈俐：《清代上海县以下区划的空间结构试探——基于上海道契档案的数据处理与分析》，周振鹤、辛德勇主编：《历史地理》第 25 辑，上海人民出版社 2011 年版。

郭奇正：《泡沫化了的新国族召唤：大上海计划与 1927—1937 年间上海的都市政治》，《台大地理学报》第 29 卷，2001 年。

刘铁梁：《姻亲关系和乡邻合作——上海郊区张泽镇两个村庄的案例》，《民俗研究》2001 年第 3 期。

［日］森田明：《中国水利史研究的近况及新动向》，孙登洲等译，《山西大学学报（哲学社会科学版）》2011 年第 3 期。

晏雪平：《二十世纪八十年代以来中国水利史研究综述》，《农业考古》2009 年第 1 期。

陶水木：《浙江壬戌水灾述论》，《杭州师范大学学报（社会科学版）》2010 年第 5 期。

汪家伦：《古代太湖地区的洪涝特征及治理方略的探讨》，《农业考古》1985 年第 1 期。

陈家其：《太湖流域洪涝灾害的历史根源及治水方略》，《水科学进展》1992 年第 3 期。

杨世伦、陈吉余：《太湖流域洪涝灾害的形成和演变》，《地理科学》1995 年第 4 期。

杨世伦、姚炎明：《太湖流域洪涝的激发机制和减灾策略探讨》，《灾害学》1997 年第 3 期。

史威、朱诚：《太湖流域水灾演变与环境变迁的相关分析》，《自然灾害学报》2004 年第 1 期。

刘俊：《晚清以来长江三角洲地区空间结构演变过程及机理研究》，南京师范大学地理系博士论文，2009 年。

方书生：《近代经济区的形成与运作——长三角与珠三角的口岸与腹地（1842—1937）》，复旦大学历史地理研究所博士论文，2007 年。

张海荣：《甲午战后清政府的实政改革（1895—1899 年）》，北京大学历史系博士论文，2013 年。

杨士泰：　《清末民国土地法制研究》，中国政法大学博士论文，2008 年。

梁志平：《太湖流域水质环境变迁与饮水改良：从改水运动入手的回溯式研究》，复旦大学历史地理研究所博士论文，2010 年。

童旭：《论民国南京政府时期的土地征收制度》，华中科技大学硕士论文，2011 年。

王瑞庆：《1927 年—1937 年南京市征地补偿研究》，南京师范大学硕士论文，2008 年。

Robert W. Fogel, "Notes on the Social Saving Controversy", *The Journal of Economic History*, Vol. 39, No. 1 (Mar., 1979).

Douglass North, "The New Economic History after Twenty Years", *American Behavioral Scientist*, Vol. 21, No. 2 (1977).

Chang Yin-hwa, *The Internal Structure of Chinese Cities 1920s – 1930s: An Ecological Approach*, Ph. D, Department of Sociology, Princeton University, 1982.

Ma De-bin, "Economic Growth in the Lower Yangzi Region of China in 1911 – 1937: A Quantitative and Historical Analysis", *The Journal of Econom-*

ic History，Vol. 68（2008）.

John E. Orchard，"Shanghai"，*Geographical Review*，Vol. 26，No. 1
（Jan.，1936）.

Christian Henriot，"A Neighborhood under the Storm：Zhabei and Shang-
hai Wars"，*European Journal of East Asian Studies*，Vol. 9，No. 2（2010）.

十　口述采访与实物

1997—2012 年，苏嘉铁路沿线调查、采访沿线居民及地方文史工
作者。

2009 年 10 月，在上海采访两路局列车员陈关康先生之女陈正青
女士。

2010 年 11 月 17 日，在珠海采访沪宁铁路局首任局长钟文耀之孙钟仁
国先生。

中国铁道博物馆、詹天佑纪念馆、上海铁路博物馆馆藏文物。

上海社会科学院历史研究所资料室馆藏《沪宁铁路建设影集》。

笔者收藏的老照片、明信片、日军"写真帖"。